会计与税收差异深度解析及实务操作

KUAIJI YU SHUISHOU CHAYI

SHENDU JIEXI JI SHIWU CAOZUO

徐珺婷◎编著

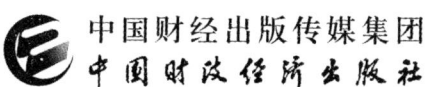

中国财经出版传媒集团
中国财政经济出版社

图书在版编目（CIP）数据

会计与税收差异深度解析及实务操作 / 徐珺婷编著
. --北京：中国财政经济出版社，2023.4

ISBN 978 - 7 - 5223 - 2102 - 8

Ⅰ. ①会… Ⅱ. ①徐… Ⅲ. ①会计 - 研究 - 中国②税收管理 - 研究 - 中国 Ⅳ. ①F23②F812.423

中国国家版本馆 CIP 数据核字（2023）第 047140 号

责任编辑：陈志伟　　　　　　　责任校对：胡永立
封面设计：孙俪铭　　　　　　　责任印制：刘春年

会计与税收差异深度解析及实务操作
KUAIJI YU SHUISHOU CHAYI SHENDU JIEXI JI SHIWU CAOZUO

中国财政经济出版社 出版

URL：http：//www.cfeph.cn
E - mail：cfeph@cfeph.cn

（版权所有　翻印必究）

社址：北京市海淀区阜成路甲 28 号　邮政编码：100142
营销中心电话：010 - 88191522
天猫网店：中国财政经济出版社旗舰店
网址：https://zgczjjcbs.tmall.com
北京时捷印刷有限公司印刷　各地新华书店经销
成品尺寸：170mm×240mm　16 开　27.75 印张　473 000 字
2023 年 4 月第 1 版　2023 年 4 月北京第 1 次印刷
定价：88.00 元
ISBN 978 - 7 - 5223 - 2102 - 8
（图书出现印装问题，本社负责调换，电话：010 - 88190548）
本社质量投诉电话：010 - 88190744
打击盗版举报热线：010 - 88191661　QQ：2242791300

前　言

　　财政部颁布实施企业会计准则以来，推进了我国与国际会计准则的接轨。用国际化语言表达企业的财务状况，满足了对外开放的需要，不断规范了企业的会计核算，提高了会计信息质量，但企业会计准则（以下简称会计准则）的全面实施也扩大了会计准则与税法之间的差异，导致会计准则与税法差异的原因有以下三点：

　　实施目的不同。会计准则主要反映企业的财务状况、经营成果和现金流量，以满足会计信息使用者的需要。税法主要保证国家强制、无偿、固定地取得财政收入，依据公平税负、方便征管的要求，对会计准则的规定有所约束和控制。

　　规范内容不同。会计准则在于规范企业的会计核算，真实、完整地提供会计信息，以满足有关各方了解企业财务状况和经营成果的需要。而税法是税收机关征税和纳税人据以纳税的法律依据，具有强制性和无偿性的特点。

　　发展速度不同。会计是国际化的商业语言，我国会计准则的建设进展迅速，实现了与国际会计准则的趋同。而税法的完善和制定是在保证国家经济发展目标实现的前提下进行的，相对会计准则而言，税法的推进比较稳妥，更具中国特色。

　　就现阶段来说，会计准则与税法的主要差异主要表现在：一是会计原则与税收法规。会计原则是会计信息质量的基本要求，如相关性、一贯性、权责发生制、配比性、谨慎性和重要性等原则。而税法的原则主要包括权责发生制、配比、相关性、合理性原则等。二是会计计量和税收法规。如在会计实务中，资产计价主要是对非货币性资产进行货币计量。在资产的计量属性上可通过计提资产减值准备，对传统的历史成本进行修正，而税法则严格以历史成本为计量属性。三是会计政策和税收法规。会计政策是企业在会计核算时所遵循的具体原则以及企业所采用的具体会计处理方法。其中，会计折旧政策规定，企业可合理地确定固定资产的预计使用年限和预计净残值，选择合理的固定资产折旧方法。而税法规定，企业固定资产的折旧必须在法定使用年限内依直线法计算，对未经批准而采取加速折旧或直线法以外的其他折旧方法，纳税时需做纳税调整。四是会计实务和税收法规。具体包括收入确认、成本费用确认、关联交易、债务管理费用、非货币性交易等会计实务方面与税法的处理存在较大的差异。

综上所述，会计准则与税法同属规范经济行为的专业领域，但两者分别规范不同的对象，遵循不同的原则，且存在诸多的差异。而这些差异必然会增加纳税人遵从税法和会计准则的成本及难度。因此，帮助纳税人、税务系统干部和税务师事务所执业人员系统地了解、学习会计准则与税法差异及其实务处理等方面的专业知识和技能，以利于更好地遵从税法规定和执行企业会计准则的规定。这正是编著者出版本书的初衷所在。

本书内容涉及会计准则与全税种的税法差异分析，分三编二十三章加以论述。主要包括第一章存货会计与税法差异、第二章长期股权投资会计与税法差异、第三章投资性房地产会计与税法差异、第四章固定资产会计与税法差异、第五章无形资产会计与税法差异、第六章应付职工薪酬会计与税法差异、第七章收入会计与税法差异、第八章政府补助会计与税法差异、第九章租赁会计与税法差异、第十章借款费用会计与税法差异、第十一章股份支付会计与税法差异、第十二章资产减值会计与税法差异、第十三章所得税会计与税法差异、第十四章非货币性资产交换会计与税法差异、第十五章债务重组会计与税法差异、第十六章或有事项会计与税法差异、第十七章金融工具确认和计量会计与税法差异、第十八章金融资产转移会计与税法差异、第十九章合营安排会计与税法差异、第二十章企业合并会计与税法差异、第二十一章会计政策、会计估计变更和差错更正会计与税法差异、第二十二章资产负债表日后事项会计与税法差异、第二十三章关联方披露会计与税法差异等。每一章节都对所涉及业务的会计概念、税法概念、税会差异、会计处理及税法处理进行了全面、详尽的解读和讲述。

本书可作为企业财务人员、税务干部、税务师事务所从业人员以及相关教学工作者等专业人士的实用工具书。在体例上按照业务的逻辑关系，层层递进，展开分析。在写作上具有以下特点：

第一，阐述会计、税法概念及税会差异。对每一经济业务的会计概念、税法概念进行准确、规范的阐述，并对交易或事项所涉及的税会差异进行透彻的分析，帮助读者正确理解和把握交易或事项的属性以及在会计处理和税法处理过程中存在的差异。第二，讲解交易或事项的会计、税法处理及差异。在分别按照会计准则规定和税法规定，详细讲解交易或事项的会计处理要求和税法处理要求的基础上，按相关税种具体分析税法处理与会计处理的差异。不仅有利于读者能够清晰比较会计和税法在处理上的不同点，而且也具有较强的实操性。第三，在相关章节穿插大量的案例分析。案例分析运用实际业务对会计及税法处理的规定及过程进行了举例说明，以助于读者更好地理解和应用会计准则及税法的规定。第四，全面提供会计及税收政策依据。本书在相关章节末尾提供了业务所涉及的会计准则及税收法规政策文件，包括文件名称和文号等内容，以便于读者在学习时进一步查考。

限于时间和水平，书中难免存在疏漏之处，恳切希望读者批评指正。

编著者

2023 年 1 月

目 录

第一编 资产负债类

第一章 存货会计与税法差异 /2

第一节 存货概念的会计与税法差异 /2

第二节 存货初始计量的会计与税法差异 /3

第三节 存货计提减值的会计与税法差异 /11

第四节 存货处置的会计与税法差异 /13

第二章 长期股权投资会计与税法差异 /18

第一节 长期股权投资概念的会计与税法差异 /18

第二节 长期股权投资初始计量的会计与税法差异 /19

第三节 长期股权投资后续计量的会计与税法差异 /22

第四节 长期股权投资核算方法转换的会计与税法差异 /28

第五节 长期股权投资计提减值的会计与税法差异 /36

第六节 长期股权投资处置的会计与税法差异 /38

第三章 投资性房地产会计与税法差异 /41

第一节 投资性房地产概念的会计与税法差异 /41

第二节 投资性房地产初始计量的会计与税法差异 /42

第三节 投资性房地产后续计量的会计与税法差异 /45

第四节 投资性房地产后续计量模式变更的会计与税法差异 /53

第五节 投资性房地产计提减值的会计与税法差异 /56

第六节 投资性房地产处置的会计与税法差异 /57

第四章 固定资产会计与税法差异 /59

第一节 固定资产概念的会计与税法差异 /59

第二节 固定资产初始计量的会计与税法差异 /61

第三节 固定资产计提折旧的会计与税法差异 /67

第四节 固定资产后续支出的会计与税法差异 /74

第五节 固定资产计提减值的会计与税法差异 /78

第六节 固定资产处置的会计与税法差异 /80

第五章 无形资产会计与税法差异 /91

第一节 无形资产概念的会计与税法差异 /91

第二节 无形资产初始计量的会计与税法差异 /92

第三节 研发费用的会计与税法差异 /96

第四节 无形资产计提摊销的会计与税法差异 /112

第五节 无形资产计提减值的差异 /117

第六节 无形资产处置的会计与税法差异 /119

第六章 应付职工薪酬会计与税法差异 /126

第一节 应付职工薪酬概念的会计与税法差异 /126

第二节 应付职工薪酬具体核算内容的会计与税法差异 /127

第二编 收入费用类

第七章 收入会计与税法差异 /142

第一节 收入概念的会计与税法差异 /142

第二节 商品销售收入的会计与税法差异 /147

第三节 提供劳务企业销售收入的会计与税法差异 /156

第四节 其他特定交易的会计与税法差异 /160

第八章 政府补助会计与税法差异 /176

第一节 政府补助概念的会计与税法差异 /176

第二节 政府补助初始计量的会计与税法差异 /178

第三节 政府补助后续计量的会计与税法差异 /189

第九章 租赁会计与税法差异 /192

第一节 租赁概念的会计与税法差异 /192

第二节 租赁初始计量的会计与税法差异 /194

第三节 租赁后续计量的会计与税法差异 /200

第四节 售后租回交易 /203

第五节 使用权资产计提减值的会计与税法差异 /206

第六节 租赁期届满的会计与税法差异 /208

第十章 借款费用会计与税法差异 /212

第一节 借款费用概念的会计与税法差异 /212

第二节 借款利息的会计与税法差异 /213

第三节 辅助费用的会计处理 /220

第四节 汇兑差额的会计与税法差异 /221

第十一章 股份支付会计与税法差异 /223

第一节 股份支付的概念 /223

第二节 不同结算方式下股份支付的会计与税法差异 /223

第三节 特殊股份支付业务的会计与税法差异 /229

第十二章 资产减值会计与税法差异 /234

第一节 资产减值概述 /234

第二节 各类资产减值的会计与税法差异 /237

第十三章　所得税会计与税法差异　/252

第一节　所得税概念的会计与税法差异　/252

第二节　所得税计税基础的会计与税法差异　/253

第三节　所得税确认会计与税法差异　/263

第四节　合并报表内部交易抵销会计与税法差异　/269

第三编　特殊事项类

第十四章　非货币性资产交换会计与税法差异　/276

第一节　非货币性资产交换概念的会计与税法差异　/276

第二节　以公允价值为基础计量的非货币性资产交换的会计与税法差异　/278

第三节　以公允价值计量的非货币性资产对外投资的会计与税法差异　/282

第四节　以账面价值为基础计量的非货币性资产交换的会计与税法差异　/285

第十五章　债务重组会计与税法差异　/291

第一节　债务重组概念的会计与税法差异　/291

第二节　债务重组不同方式下的会计与税法差异　/292

第十六章　或有事项会计与税法差异　/306

第一节　或有事项概述　/306

第二节　或有事项的会计与税法差异　/308

第三节　煤矿企业维简费和高危行业安全生产费的会计与税法差异　/310

第十七章　金融工具确认和计量会计与税法差异　/314

第一节　金融工具的会计与税法概念的差异　/314

第二节　金融资产和金融负债的计量与税法差异概述　/315

第三节　以公允价值计量且其变动计入当期损益金融资产的会计与

　　　　　　　税法差异　/318
　　第四节　以摊余成本计量的金融资产的会计与税法差异　/322
　　第五节　以公允价值计量且其变动计入其他综合收益金融资产
　　　　　　的会计与税法差异　/326
　　第六节　嵌入衍生工具的确认和计量与税法差异　/331
　　第七节　金融工具特殊业务的会计与税法差异　/333

第十八章　金融资产转移会计与税法差异　/337
　　第一节　金融资产转移的概念的会计与税法差异　/337
　　第二节　金融资产转移的终止确认与税法处理　/338
　　第三节　金融资产转移的未终止确认与税法处理　/340
　　第四节　金融资产整体转移满足终止确认条件时的计量和税法
　　　　　　处理　/342
　　第五节　金融资产部分转移满足终止确认条件时的计量与税法
　　　　　　处理　/345
　　第六节　金融资产未满足终止确认条件时的计量与税法处理　/346
　　第七节　继续涉入条件下金融资产转移的计量与税法处理　/347

第十九章　合营安排会计与税法差异　/351
　　第一节　合营安排的概念　/351
　　第二节　合营安排的认定和分类　/352
　　第三节　共同经营参与方的会计处理与税法处理概述　/357
　　第四节　合营方与共同经营发生业务往来的会计处理与
　　　　　　税法处理　/361
　　第五节　合营企业参与方的会计处理与税法差异　/366
　　第六节　对合营安排不享有共同控制参与方的会计处理与税法
　　　　　　差异　/372

第二十章　企业合并会计与税法差异　/375
　　第一节　企业合并概念的会计与税法差异　/375
　　第二节　企业合并的会计处理和税法处理　/377

第二十一章 会计政策、会计估计变更和差错更正会计与税法差异 /382

第一节 会计政策变更的会计与税法差异 /382

第二节 会计估计变更的会计与税法差异 /388

第三节 差错更正的会计与税法差异 /392

第二十二章 资产负债表日后事项会计与税法差异 /396

第一节 资产负债表日后事项的概念 /396

第二节 资产负债表日后事项的会计与税法差异 /401

第二十三章 关联方披露会计与税法差异 /407

第一节 关联方披露会计与税法差异 /407

第二节 特别纳税调整 /422

后 记 /430

第一编

资产负债类

第一章 存货会计与税法差异

第一节 存货概念的会计与税法差异

一、存货的会计概念

根据《企业会计准则第 1 号——存货》第三条规定:"存货是指企业在日常活动中持有以备出售的产成品或商品、处在生产过程中的在产品、在生产过程或提供劳务过程中耗用的材料和物料等。"

二、存货的税法概念

(一) 增值税

根据《中华人民共和国增值税暂行条例实施细则》(财政部令第 65 号)第二条规定:"条例第一条所称货物,是指有形动产,包括电力、热力、气体在内。"

(二) 企业所得税

根据《中华人民共和国企业所得税法实施条例》(中华人民共和国国务院令第 714 号)第七十二条规定:"企业所得税法第十五条所称存货,是指企业持有以备出售的产品或者商品、处在生产过程中的在产品、在生产或者提供劳务过程中耗用的材料和物料等。"

三、存货概念的税会差异分析

(一) 增值税和会计准则差异

根据以上会计准则和增值税条例及营改增试点办法对存货的定义,在会计准则方面，存货和固定资产分别适用各自的准则，而在增值税方面，存货和固定资产同属货物的范畴，只是在计算不得抵扣进项税额等方面存在一定差异。根据《中华人民共和国增值税暂行条例》（中华人民共和国国务院令第691号）第十条规定："下列项目的进项税额不得从销项税额中抵扣：（一）用于非增值税应税项目、免征增值税项目、集体福利或者个人消费的购进货物或者应税劳务。"《中华人民共和国增值税暂行条例实施细则》（中华人民共和国财政部令第65号）第二十一条规定："条例第十条第（一）项所称购进货物，不包括既用于增值税应税项目（不含免征增值税项目）也用于非增值税应税项目、免征增值税（以下简称免税）项目、集体福利或者个人消费的固定资产。"如存货用于集体福利，进项税额不得从销项税额中抵扣；固定资产同时用于集体福利和生产经营，进项税额可以从销项税额中抵扣。

（二）企业所得税和会计准则差异

根据以上会计准则和企业所得税法规对存货的定义，在存货概念上，税会并不存在明显的差异，只是在会计上更强调与企业日常经营活动相关。

第二节　存货初始计量的会计与税法差异

一、外购存货初始计量的差异

（一）外购存货初始计量的会计处理

原材料、商品、低值易耗品等通过购买而取得的存货的初始成本由采购成本构成。存货的采购成本，包括购买价款、相关税费、运输费、装卸费、保险费以及其他可归属于存货采购成本的费用。

（二）外购存货初始计量的税法处理

根据《中华人民共和国企业所得税法实施条例》（中华人民共和国国务院令第714号）第七十二条规定："通过支付现金方式取得的存货，以购买价款和支付的相关税费为成本。"但如果存货未取得合规的税前扣除凭证，则存货的计税基础应为零。

（三）外购存货初始计量的税会差异分析

外购存货的税会差异主要在于能否在规定的时间内取得外购存货的发票，根据《企业所得税税前扣除凭证管理办法》（国家税务总局公告2018年第28

号)、《国家税务总局关于发布〈企业所得税税前扣除凭证管理办法〉的公告》(国家税务总局公告 2018 年第 28 号)、《增值税发票开具指南》(税总货便函〔2017〕127 号)等文件规定,企业应在当年度企业所得税法规定的汇算清缴期结束前取得税前扣除凭证;企业在规定的期限未能补开、换开符合规定的发票、其他外部凭证,并且未能按照《企业所得税税前扣除凭证管理办法》第十四条的规定提供相关资料证实其支出真实性的,相应支出不得在发生年度税前扣除。

二、自制存货初始计量的差异

(一) 自制存货初始计量的会计处理

根据《企业会计准则第 1 号——存货》第五条规定:"存货应当按照成本进行初始计量。存货成本包括采购成本、加工成本和其他成本。"

(二) 自制存货初始计量的税法处理

根据《中华人民共和国企业所得税法实施条例》(中华人民共和国国务院令第 714 号)第三十七条规定:"企业在生产经营活动中发生的合理的不需要资本化的借款费用,准予扣除。企业为购置、建造固定资产、无形资产和经过 12 个月以上的建造才能达到预定可销售状态的存货发生借款的,在有关资产购置、建造期间发生的合理的借款费用,应当作为资本性支出计入有关资产的成本,并依照本条例的规定扣除。"第三十八条第(二)款规定:"非金融企业向非金融企业借款的利息支出,不超过按照金融企业同期同类贷款利率计算的数额的部分准予扣除。"根据《中华人民共和国企业所得税法》(中华人民共和国主席令第 23 号)第四十六条规定:"企业从其关联方接受的债权性投资与权益性投资的比例超过规定标准而发生的利息支出,不得在计算应纳税所得额时扣除。"

(三) 自制存货初始计量的税会差异分析

自制存货的税会差异主要在于企业自制存货动用了专门和一般借款的,根据借款费用准则的规定,符合条件的可以资本化计入存货的成本,而企业所得税法对向非金融企业和关联方借款存在利息扣除方面的限制,超过规定标准的利息支出不得在计算应纳税所得额时扣除,相对应的,资本化的利息支出不得计入存货的计税基础,从而导致存货的计税基础小于会计成本。

三、受赠存货初始计量的差异

（一）受赠存货初始计量的会计处理

受赠存货的初始计量应按照公允价值计量。受赠资产相关的文件、协议、发票等凭证中的金额与公允价值差异不大的，应当以相关凭证中的金额作为公允价值；如果相关凭证中没有金额或者与公允价值差异较大的，应当根据有确凿证据表明的同类或类似资产市场价格作为公允价值。

（二）受赠存货初始计量的税法处理

1. 一般情况处理

根据《国家税务总局关于企业所得税应纳税所得额若干问题的公告》（国家税务总局公告2014年第29号）规定："企业接收股东划入资产（包括股东赠予资产），凡合同、协议约定作为资本金（包括资本公积）且在会计上已做实际处理的，不计入企业的收入总额，企业应按公允价值确定该项资产的计税基础。企业接收股东划入资产，凡作为收入处理的，应按公允价值计入收入总额，计算缴纳企业所得税，同时按公允价值确定该项资产的计税基础。"

2. 特殊情况处理

根据《财政部 国家税务总局关于促进企业重组有关企业所得税处理问题的通知》（财税〔2014〕109号）规定，对100%直接控制的居民企业之间，以及受同一或相同多家居民企业100%直接控制的居民企业之间按账面净值划转股权或资产，凡具有合理商业目的、不以减少、免除或者推迟缴纳税款为主要目的，股权或资产划转后连续12个月内不改变被划转股权或资产原来实质性经营活动，且划出方企业和划入方企业均未在会计上确认损益的，可以选择按以下规定进行特殊性税务处理：（1）划出方企业和划入方企业均不确认所得。（2）划入方企业取得被划转股权或资产的计税基础，以被划转股权或资产的原账面净值确定。（3）划入方企业取得的被划转资产，应按其原账面净值计算折旧扣除。

因此，企业以资产无偿划转方式取得的存货，若适用特殊性税务处理办法，则划入方取得存货的计税基础按照划出方原持有存货的计税基础确定。

（三）受赠存货初始计量的税会差异分析

1. 一般情况处理

受赠存货在会计准则和企业所得税上的处理均是按照公允价值确认会计成本与计税基础，并无明显的差异。

2. 特殊情况处理

适用特殊性税务处理情形的，划出方企业和划入方企业均未在会计上确认损益的、均不确认所得，按照划出方原持有存货的计税基础确定，因此不存在税会差异。

四、以非货币性资产交换方式取得存货初始计量的差异

（一）以非货币性资产交换方式取得存货初始计量的会计处理

1. 公允价值模式计量

根据《企业会计准则第 7 号——非货币性资产交换》第六条规定："非货币性资产交换同时满足下列条件的，应当以公允价值为基础计量：（一）该项交换具有商业实质；（二）换入资产或换出资产的公允价值能够可靠地计量。"

第八条规定："以公允价值为基础计量的非货币性资产交换，对于换入资产，应当以换出资产的公允价值和应支付的相关税费作为换入资产的成本进行初始计量；对于换出资产，应当在终止确认时，将换出资产的公允价值与其账面价值之间的差额计入当期损益。有确凿证据表明换入资产的公允价值更加可靠的，对于换入资产，应当以换入资产的公允价值和应支付的相关税费作为换入资产的初始计量金额；对于换出资产，应当在终止确认时，将换入资产的公允价值与换出资产账面价值之间的差额计入当期损益。"

第九条规定："以公允价值为基础计量的非货币性资产交换，涉及补价的，应当按照下列规定进行处理：（一）支付补价的，以换出资产的公允价值，加上支付补价的公允价值和应支付的相关税费，作为换入资产的成本，换出资产的公允价值与其账面价值之间的差额计入当期损益。有确凿证据表明换入资产的公允价值更加可靠的，以换入资产的公允价值和应支付的相关税费作为换入资产的初始计量金额，换入资产的公允价值减去支付补价的公允价值，与换出资产账面价值之间的差额计入当期损益。（二）收到补价的，以换出资产的公允价值，减去收到补价的公允价值，加上应支付的相关税费，作为换入资产的成本，换出资产的公允价值与其账面价值之间的差额计入当期损益。有确凿证据表明换入资产的公允价值更加可靠的，以换入资产的公允价值和应支付的相关税费作为换入资产的初始计量金额，换入资产的公允价值加上收到补价的公允价值，与换出资产账面价值之间的差额计入当期损益。"

2. 成本模式计量

根据《企业会计准则第 7 号——非货币性资产交换》第十一条规定:"不满足本准则第六条(上文公允价值模式计量提及)规定条件的非货币性资产交换,应当以账面价值为基础计量。对于换入资产,企业应当以换出资产的账面价值和应支付的相关税费作为换入资产的初始计量金额;对于换出资产,终止确认时不确认损益。"

第十二条规定:"以账面价值为基础计量的非货币性资产交换,涉及补价的,应当按照下列规定进行处理:(一)支付补价的,以换出资产的账面价值,加上支付补价的账面价值和应支付的相关税费,作为换入资产的初始计量金额,不确认损益。(二)收到补价的,以换出资产的账面价值,减去收到补价的公允价值,加上应支付的相关税费,作为换入资产的初始计量金额,不确认损益。"

(二)以非货币性资产交换方式取得存货初始计量的税法处理

1. 一般情况处理

根据《中华人民共和国企业所得税法实施条例》(中华人民共和国国务院令第 714 号)第七十二条第(二)规定:"通过支付现金以外的方式取得的存货,以该存货的公允价值和支付的相关税费为成本。"第十三条规定:"企业所得税法第六条所称企业以非货币形式取得的收入,应当按照公允价值确定收入额。前款所称公允价值,是指按照市场价格确定的价值。"第二十五条规定:"企业发生非货币性资产交换,以及将货物、财产、劳务用于捐赠、偿债、赞助、集资、广告、样品、职工福利或者利润分配等用途的,应当视同销售货物、转让财产或者提供劳务,但国务院财政、税务主管部门另有规定的除外。"

2. 特殊情况处理

根据《财政部 国家税务总局关于企业重组业务企业所得税处理若干问题的通知》(财税〔2009〕59 号)第六条规定:"企业重组符合本通知第五条规定条件的,交易各方对其交易中的股权支付部分,可以按以下规定进行特殊性税务处理……(三)资产收购,受让企业收购的资产不低于转让企业全部资产的 75%(财税〔2014〕109 号将比例调整为 50%),且受让企业在该资产收购发生时的股权支付金额不低于其交易支付总额的 85%,可以选择按以下规定处理……2. 受让企业取得转让企业资产的计税基础,以被转让资产的原有计税基础确定。……(六)重组交易各方按本条(一)至(五)项规定对交易中股权支付暂不确认有关资产的转让所得或损失的,其非股权支付仍应在交易当期确认相应的资产转让所得或损失，并调整相应资产的计税基础。非股权支付对应的资产转让所得或损失＝（被转让资产的公允价值－被转让资产的计税基础）×（非股权支付金额÷被转让资产的公允价值）。"

因此，企业以资产收购方式取得的存货，若适用特殊性税务处理办法，则收购方取得存货的计税基础按照转让方原持有存货的计税基础确定。

（三）以非货币性资产交换方式取得存货初始计量的税会差异分析

1. 一般情况处理

企业发生非货币性资产交换，应当视同销售货物，其价值按照公允价值确定。因此，在公允价值模式计量下的存货，税法和会计处理并无差异；但是成本模式计量下，有税会差异，换出的资产应视同销售调整应纳税所得额，换入的存货待结转存货成本时做相反的纳税调整处理。若交换发生在母子公司等关联企业之间，一般采用成本模式计量，按照账面价值确认。

2. 特殊情况处理

适用特殊性税务处理情形的，以股权交换获得的存货，按照转让方原持有存货的计税基础确定。因此存在税会差异。

五、以债务重组方式取得存货初始计量的差异

（一）以债务重组方式取得存货初始计量的会计处理

根据《企业会计准则第12号——债务重组》第六条规定：以资产清偿债务方式进行债务重组的，债权人初始确认受让的金融资产以外的资产时，应当按照下列原则以成本计量：

存货的成本，包括放弃债权的公允价值和使该资产达到当前位置和状态所发生的可直接归属于该资产的税金、运输费、装卸费、保险费等其他成本。

（二）以债务重组方式取得存货初始计量的税法处理

根据《中华人民共和国企业所得税法实施条例》（中华人民共和国国务院令第714号）第七十二条第（二）规定：通过支付现金以外的方式取得的存货，以该存货的公允价值和支付的相关税费为成本。

（三）以债务重组方式取得存货初始计量的税会差异分析

以债务重组方式换入存货的计税基础与会计成本是一致的。在以非现金资产抵偿债务方式的债务重组业务中，债权人减少应收账款的同时取得存货，因此只涉及坏账准备的纳税调整。

六、接受投资的存货初始计量的差异

（一）接受投资的存货初始计量的会计处理

投资者投入存货的成本，应当按照投资合同或协议约定的价值确定，但合同或协议约定价值不公允的除外。

（二）接受投资的存货初始计量的税法处理

1. 一般情况处理

根据《中华人民共和国企业所得税法实施条例》（中华人民共和国国务院令第714号）第七十二条第（二）规定：通过支付现金以外的方式取得的存货，以该存货的公允价值和支付的相关税费为成本。

接受投资的存货计税基础与会计处理相同，也是以投资合同或协议约定的价值作为依据，如果纳税人通过非商业目的实施避税，由减免税或实行核定征收方式的企业通过非法手段提高评估价格来增加被投资方资产的计税基础，税务机关可以依据《企业所得税法》第四十一条"企业与其关联方之间的业务往来，不符合独立交易原则而减少企业或者其关联方应纳税收入或者所得额的"规定，有权按照合理方法调整。企业与其关联方共同开发、受让无形资产，或者共同提供、接受劳务发生的成本，在计算应纳税所得额时应当按照独立交易原则进行分摊。以及《企业所得税法》第四十七条：企业实施其他不具有合理商业目的的安排而减少其应纳税收入或者所得额的，税务机关有权按照合理方法调整等规定，对接受投资资产的计税基础进行合理调整。

2. 特殊情况处理

企业以资产收购方式取得的存货，若适用特殊性税务处理办法，则收购方取得存货的计税基础按照转让方原持有存货的计税基础确定。此外，企业以资产划转方式取得的存货，若适用特殊性税务处理办法，则划入方取得存货的计税基础按照划出方原持有存货的计税基础确定。

（三）接受投资的存货初始计量的税会差异分析

1. 一般情况处理

一般而言，交易的双方如果没有关联关系，双方交易的价格应为公允价格。接受投资的存货初始计量的会计成本和计税基础相同，均以公允价值作为依据，并无差异。

2. 特殊情况处理

适用特殊性税务处理情形的，以股权交换获得的存货，按照转让方原持有存货的计税基础确定，因此存在税会差异。适用特殊性税务处理情形的，以资产划转获得的存货，划出方企业和划入方企业均未在会计上确认损益的、均不确认所得，按照划出方原持有存货的计税基础确定，因此不存在税会差异。

七、通过提供劳务取得存货初始计量的差异

（一）通过提供劳务取得存货初始计量的会计处理

通过提供劳务取得的存货，其成本按从事劳务提供人员的直接人工和其他直接费用以及可归属于该存货的间接费用规定。其中，直接人工参照"应付职工薪酬"的定义，指企业为获得职工提供的服务或解除劳动关系而给予的各种形式的报酬或补偿。

（二）通过提供劳务取得存货初始计量的税法处理

根据《中华人民共和国企业所得税法实施条例》（中华人民共和国国务院令第714号）第七十二条第（二）规定：通过支付现金以外的方式取得的存货，以该存货的公允价值和支付的相关税费为成本。

以提供劳务换取存货，应当确认劳务收入，劳务收入扣除相应的成本（从事劳务提供人员的直接人工、流转税费以及其他直接费用）后的差额并入当期所得征税。劳务收入的公允价与存货的公允价应当相等，为关联方提供劳务也应按照独立交易原则处理。

（三）通过提供劳务取得存货初始计量的税会差异分析

对于以提供劳务方式取得存货的会计成本与计税基础的差额，应当于存货处置时进行纳税调整。

案例分析

【例1-1】2022年某公司与A公司不具有关联关系，二者都是增值税的纳税人，适用13%的增值税税率，A公司的库存商品与某公司的一闲置车辆进项交换，库存商品的账面价值为18万元（未计提存货跌价准备），公允价值和计税价格为20万元。某公司闲置车辆账面原值为26万元，已计提折旧6.5万元，未计提减值准备，公允价值和计税价格均为20万元。A公司换入闲置车辆作为固定资产核算；某公司换入A公司的库存商品作为库存商品核算，分别假设该交换具有商业实质，该交易不具有商业实质的情况（见表1-1）。

表1-1　　　　　　　　　　　税会差异分析

会计处理	税收处理	税会差异分析
（一）公允价值模式计量（该交换具有商业实质）		
借：固定资产清理　　19.50万元 　　累计折旧　　　　 6.50万元 　贷：固定资产　　　　26.00万元 借：库存商品　　　　 20万元 　　应交税费——应交增值税（进项税额）　20×0.13＝2.60（万元） 　贷：固定资产清理　　19.50万元 　　　应交税费——应交增值税（销项税额）　20×0.13＝2.60（万元） 　　　资产处置损益　　 0.50万元	增值税：双方都要做购销处理，根据各自发出的货物核定销售额，计算应缴纳的销项税额。收货单位可以凭以物易物的书面合同以及与之相符的增值税专用发票抵扣进项税额。 企业所得税：换入的存货以公允价值和支付的相关税费为计税基础。换出的资产需视同销售	增值税：双方都要做购销处理，无税会差异。 企业所得税：换入的存货账面价值和计税基础相等，无税会差异。 换出的资产已按照公允价值确认损益，因此无税会差异。
（二）成本模式计量（该交换不具有商业实质）		
借：固定资产清理　　19.50万元 　　累计折旧　　　　 6.50万元 　贷：固定资产　　　　26.00万元 借：库存商品　　　　19.50万元 　　应交税费——应交增值税（进项税额）　20×0.13＝2.60（万元） 　贷：固定资产清理　　19.50万元 　　　应交税费——应交增值税（销项税额）　20×0.13＝2.60（万元）	增值税：双方都要做购销处理，根据各自发出的货物核定销售额，计算应缴纳的销项税额。收货单位可以凭以物易物的书面合同以及与之相符的增值税专用发票抵扣进项税额。 企业所得税：换入的存货以公允价值和支付的相关税费为计税基础。换出资产需视同销售	增值税：双方都要做购销处理，无税会差异。 企业所得税：换入的存货账面价值小于计税基础，产生可抵扣暂时性差异0.50万元，待以后结转存货成本时，调减应纳税所得额。 换出的资产按照账面价值确认损益，因此，换出资产需视同销售调增应纳税所得额0.50万元

第三节　存货计提减值的会计与税法差异

一、存货计提减值的会计处理

根据《企业会计准则第1号——存货》第十五条规定，资产负债表日，存货应当按照成本与可变现净值孰低计量。存货成本高于其可变现净值的，应当计提存货跌价准备，计入当期损益。可变现净值，是指在日常活动中，存货的估计售价减去至完工时估计将要发生的成本、估计的销售费用以及相关税费后的金额。

二、存货计提减值的税法处理

根据《中华人民共和国企业所得税法》（中华人民共和国主席令第 23 号）第十条规定，在计算应纳税所得额时，下列支出不得扣除：（七）未经核定的准备金支出。根据《中华人民共和国企业所得税法实施条例》（中华人民共和国国务院令第 714 号）第五十五条规定，企业所得税法第十条第（七）项所称未经核定的准备金支出，是指不符合国务院财政、税务主管部门规定的各项资产减值准备、风险准备等准备金支出。

当存货发生法定资产损失（虽未实际处置、转让上述资产，但损失已实际发生），且在会计上已做损失，当年度允许扣除。以后年度取得的变价收入或赔偿收入等，应直接并入取得年度的应纳税所得总额征税。

三、存货计提减值的税会差异分析

存货计提减值的税会差异主要在于，会计上根据谨慎性原则，对企业存货发生减值时要求提取存货跌价准备，这主要是防止企业虚增资产价值，使会计报表对资产披露失去真实性。企业所得税前允许扣除的项目，原则上必须遵循据实扣除的原则，除国家税收规定外，企业提取的各种跌价、减值准备，在计算应纳税所得额时不得扣除。只有在该项资产实际发生损失时，其损失金额才能从应纳税所得中扣除。企业已提取减值准备的资产，如果在纳税申报时已调增所得，因价值恢复或转让处置有关资产而冲销的减值准备允许企业做相反的纳税调整。

案例分析

【例 1-2】甲公司适用的所得税税率为 25%，2022 年 12 月 31 日，甲公司某项存货的账面价值为 500 万元，由于市场价格下跌，该项存货的预计可变现净值为 400 万元，应计提存货跌价准备 100 万元（见表 1-2）。

表1-2　　　　　　　　　　税会差异分析

会计处理	税收处理	税会差异分析
2022年底计提存货跌价准备		
该项存货会计账面价值=500-100=400（万元）	计税基础为500（万元）	计提的资产减值损失不得在税前扣除，应调增应纳税所得额100万元

第四节　存货处置的会计与税法差异

一、存货盘亏与毁损的差异

（一）存货盘亏与毁损的会计处理

根据《企业会计准则第1号——存货》第二十一条规定，企业发生的存货毁损，应当将处置收入扣除账面价值和相关税费后的金额计入当期损益。存货的账面价值是存货成本扣减累计跌价准备后的金额。存货盘亏造成的损失，应当计入当期损益。

（二）存货盘亏与毁损的税法处理

【增值税】

1. 正常损失

正常损失的购进货物等相关的存货进项税额可以从销项税额中抵扣。

2. 非正常损失

根据《中华人民共和国增值税暂行条例实施细则》（中华人民共和国财政部令第65号）第二十四条规定：条例第十条第（二）项所称非正常损失，是指因管理不善造成被盗、丢失、霉烂变质的损失。

根据《营业税改征增值税试点实施办法》财税（2016）36号附件1第二十七条规定，下列项目的进项税额不得从销项税额中抵扣：（二）非正常损失的购进货物，以及相关的加工修理修配劳务和交通运输服务。（三）非正常损失的在产品、产成品所耗用的购进货物（不包括固定资产）、加工修理修配劳务和交通运输服务。（四）非正常损失的不动产，以及该不动产所耗用的购进货物、设计服务和建筑服务。（五）非正常损失的不动产在建工程所耗用的购进货物、设计服务和建筑服务。

因此，非正常损失的购进货物等相关的存货进项税额不得抵扣，已抵扣的应转出。

【企业所得税】

1. 正常损失

根据《国家税务总局关于发布〈企业资产损失所得税税前扣除管理办法〉的公告》（国家税务总局公告〔2011〕25号）第九条规定：下列资产损失，应以清单申报的方式向税务机关申报扣除：（一）企业在正常经营管理活动中，按照公允价格销售、转让、变卖非货币资产的损失；（二）企业各项存货发生的正常损耗。

2. 非正常损失

根据《国家税务总局关于发布〈企业资产损失所得税税前扣除管理办法〉的公告》（国家税务总局公告〔2011〕25号）第十条规定：前条以外的资产损失，应以专项申报的方式向税务机关申报扣除。企业无法准确判别是否属于清单申报扣除的资产损失，可以采取专项申报的形式申报扣除。

根据《财政部 国家税务总局关于企业资产损失税前扣除政策的通知》第七条规定：对企业盘亏的固定资产或存货，以该存货的成本减除责任人赔偿后的余额，作为固定资产或存货盘亏损失在计算应纳税所得额时扣除。

第八条规定，对企业毁损、报废的固定资产或存货，以该固定资产的账面净值或存货的成本减除残值、保险赔款和责任人赔偿后的余额，作为固定资产或存货毁损、报废损失在计算应纳税所得额时扣除。

根据《财政部 国家税务总局关于企业资产损失税前扣除政策的通知》（财税〔2009〕57号）第十条规定：企业因存货盘亏、毁损、报废、被盗等原因不得从增值税销项税额中抵扣的进项税额，可以与存货损失一起在计算应纳税所得额时扣除。

（三）存货盘亏与毁损的税会差异分析

会计上在财产清查中盘亏的存货，应将其账面价值转入"待处理财产损溢"科目，在按管理权限报经批准后，扣除可收回的保险赔偿或过失赔偿后的余额作为盘亏损失在"管理费用"或"营业外支出"科目反映。税法上对企业盘亏的存货，以该存货的账面价值减除责任人赔偿后的余额，作为存货盘亏损失在计算应纳税所得额时扣除。

二、存货出售、转让的差异

（一）存货出售、转让的会计处理

销售材料等存货的处理是指企业在日常活动中还可能发生对外销售不需用的原材料、随同商品对外销售单独计价的包装物等业务。企业销售原材料、包装物等存货实现的收入作为其他业务收入处理，结转的相关成本作为其他业务成本处理。企业销售原材料、包装物等存货实现的收入以及结转的相关成本，通过"其他业务收入""其他业务成本"科目核算。

（二）存货出售、转让的税法处理

根据《中华人民共和国企业所得税法》（中华人民共和国主席令第23号）第八条规定：企业实际发生的与取得收入有关的、合理的支出，包括成本、费用、税金、损失和其他支出，准予在计算应纳税所得额时扣除。第十六条规定：企业转让资产，该项资产的净值，准予在计算应纳税所得额时扣除。

根据《中华人民共和国企业所得税法实施条例》（中华人民共和国国务院令第714号）第三十二条规定：企业所得税法第八条所称损失，是指企业在生产经营活动中发生的固定资产和存货的盘亏、毁损、报废损失，转让财产损失，呆账损失，坏账损失，自然灾害等不可抗力因素造成的损失以及其他损失。企业发生的损失，减除责任人赔偿和保险赔款后的余额，依照国务院财政、税务主管部门的规定扣除。企业已经作为损失处理的资产，在以后纳税年度又全部收回或者部分收回时，应当计入当期收入。第七十四条规定：企业所得税法第十六条所称资产的净值和第十九条所称财产净值，是指有关资产、财产的计税基础减除已经按照规定扣除的折旧、折耗、摊销、准备金等后的余额。

根据《国家税务总局关于发布〈企业资产损失所得税税前扣除管理办法〉的公告》（国家税务总局公告2011年第25号）第三条规定：准予在企业所得税税前扣除的资产损失，是指企业在实际处置、转让上述资产过程中发生的合理损失，以及企业虽未实际处置、转让上述资产，但符合《通知》和本办法规定条件计算确认的损失。

（三）存货出售、转让的税会差异分析

企业销售原材料、包装物等存货，在会计上实现的收入以及结转的相关成本，通过"其他业务收入""其他业务成本"科目核算。税法上，若在出售或转让的过程中，发生合理的损失，准予在企业所得税税前扣除，不符合要求的，应纳税调增。

案例分析

【例 1-3】 某公司适用的所得税税率为 25%，2022 年年底盘亏原材料一批，价格为 50 万元，经查明因仓库管理不善造成的原材料损失 5 万元，另有 1 万元属于自然损耗。原材料增值税税率为 13%（见表 1-3）。

表 1-3 税会差异分析

会计处理	税收处理	税会差异分析
存货盘亏		
待处理财产损溢 6 万元	增值税：对因管理不善造成的原材料损失，其进项税不得抵扣，进项税额转出 = 5 × 0.13 = 0.65（万元）	因自然损耗部分的进项税额允许抵扣，但因管理不善造成的原材料损失对应的进项税额转出
报经股东大会或董事会批准后，在期末结账前处理完毕		
从待处理财产损溢转入管理费用 5 万元、营业外支出 1.65 万元	企业所得税：资产损失允许税前扣除，企业应将相关证据资料留存备查	无税会差异

本章政策依据

1. 《企业会计准则第 1 号——存货》（财会〔2006〕3 号）

2. 《企业会计准则第 12 号——债务重组》（财会〔2019〕9 号）

3. 《中华人民共和国增值税暂行条例实施细则》（中华人民共和国财政部令第 65 号）

4. 《财政部 国家税务总局关于全面推开营业税改征增值税试点的通知》（财税〔2016〕36 号）

5. 《中华人民共和国企业所得税法实施条例》（中华人民共和国国务院令第 714 号）

6. 《财政部 国家税务总局关于企业资产损失税前扣除政策的通知》（财税〔2009〕57 号）

7. 《国家税务总局关于发布〈企业资产损失所得税税前扣除管理办法〉的公告》（国家税务总局公告〔2011〕25 号）

8. 《国家税务总局关于企业所得税应纳税所得额若干问题的公告》（国家

税务总局公告 2014 年第 29 号）

9.《国家税务总局货物和劳务税司关于做好增值税发票使用宣传辅导有关工作的通知》（税总货便函〔2017〕127 号）

10.《国家税务总局关于发布〈企业所得税税前扣除凭证管理办法〉的公告》（国家税务总局公告 2018 年第 28 号）

第二章 长期股权投资会计与税法差异

第一节 长期股权投资概念的会计与税法差异

会计准则中长期股权投资的定义主要包括对子公司、联营企业和合营企业的权益性投资,而企业所得税中的投资资产还包括适用金融工具确认和计量准则的其他权益性投资及债权性投资。

一、长期股权投资的会计概念

根据《企业会计准则第 2 号——长期股权投资》(财会〔2014〕14 号)第二条规定:本准则所称长期股权投资,是指投资方对被投资单位实施控制、重大影响的权益性投资,以及对其合营企业的权益性投资。

二、长期股权投资的税法概念

【企业所得税】

根据《中华人民共和国企业所得税法实施条例》(中华人民共和国国务院令第 714 号)第七十一条规定:企业所得税法第十四条所称投资资产,是指企业对外进行权益性投资和债权性投资形成的资产。

三、长期股权投资概念的税会差异分析

会计准则中规定长期股权投资主要包括三类权益性投资:一是投资方能够对被投资单位实施控制的权益性投资,即对子公司投资;二是投资方与其他合营方一同对被投资单位实施共同控制且对被投资单位净资产享有权利的权益性投资,即对合营企业投资;三是投资方对被投资单位具有重大影响的

权益性投资，即对联营企业投资。企业所得税没有单独规定长期股权投资的处理，而是与权益性投资、债权性投资或用于收藏、展示、保值增值的文物、艺术品一并作为投资资产进行处理。

第二节 长期股权投资初始计量的会计与税法差异

会计准则中规定长期股权投资的初始计量一般分为同一控制下控股合并形成、非同一控制下控股合并形成及除企业合并外其他方式取得，其初始投资成本的规定各不相同，而企业所得税法规定一般以取得该项股权投资时实际发生的支出作为计税成本。因此，在不同取得方式下，会计和税法可能一致也可能存在差异，需要根据具体情况确定。

一、同一控制下控股合并形成长期股权投资初始计量的差异

（一）同一控制下控股合并形成长期股权投资初始计量的会计处理

根据《企业会计准则第2号——长期股权投资》（财会〔2014〕14号）第五条第（一）款规定：同一控制下的企业合并，合并方以支付现金、转让非现金资产或承担债务方式作为合并对价的，应当在合并日按照被合并方所有者权益在最终控制方合并财务报表中的账面价值的份额作为长期股权投资的初始投资成本。长期股权投资初始投资成本与支付的现金、转让的非现金资产以及所承担债务账面价值之间的差额，应当调整资本公积；资本公积不足冲减的，调整留存收益。合并方以发行权益性证券作为合并对价的，应当在合并日按照被合并方所有者权益在最终控制方合并财务报表中的账面价值的份额作为长期股权投资的初始投资成本。按照发行股份的面值总额作为股本，长期股权投资初始投资成本与所发行股份面值总额之间的差额，应当调整资本公积；资本公积不足冲减的，调整留存收益。

（二）同一控制下控股合并形成长期股权投资初始计量的税法处理

【企业所得税】

根据《中华人民共和国企业所得税法实施条例》（中华人民共和国国务院令第714号）第五十六条规定：企业的各项资产，包括固定资产、生物资产、无形资产、长期待摊费用、投资资产、存货等，以历史成本为计税基础。前款所称历史成本，是指企业取得该项资产时实际发生的支出。第七十一条规

定：企业所得税法第十四条所称投资资产，是指企业对外进行权益性投资和债权性投资形成的资产。企业在转让或者处置投资资产时，投资资产的成本，准予扣除。投资资产按照以下方法确定成本：（1）通过支付现金方式取得的投资资产，以购买价款为成本；（2）通过支付现金以外的方式取得的投资资产，以该资产的公允价值和支付的相关税费为成本。

《财政部 国家税务总局关于企业手续费及佣金支出税前扣除政策的通知》（财税〔2009〕29号）第二条规定："企业为发行权益性证券支付给有关证券承销机构的手续费及佣金不得在税前扣除。"

（三）同一控制下控股合并形成长期股权投资初始计量的税会差异分析

会计准则规定在同一控制下企业合并中，合并方取得的长期股权投资应当按照合并日取得被合并方所有者权益在最终控制方合并财务报表中的账面价值的份额作为初始投资成本；而企业所得税应以取得该投资时实际发生的支出作为成本，其中所支付对价为非货币性资产的，以公允价值和相关税费作为投资的成本。因此，同一控制下企业合并在初始确认时账面价值和计税基础不同，产生税会差异。

二、非同一控制下控股合并形成长期股权投资初始计量的差异

（一）非同一控制下控股合并形成长期股权投资初始计量的会计处理

根据《企业会计准则第2号——长期股权投资》（财会〔2014〕14号）第五条第（二）款规定：非同一控制下的企业合并，购买方在购买日应当按照《企业会计准则第20号——企业合并》的有关规定确定的合并成本作为长期股权投资的初始投资成本。合并方或购买方为企业合并发生的审计、法律服务、评估咨询等中介费用以及其他相关管理费用，应当于发生时计入当期损益。

根据《企业会计准则第20号——企业合并》（财会〔2006〕3号）第十一条规定：购买方应当区别下列情况确定合并成本：（1）一次交换交易实现的企业合并，合并成本为购买方在购买日为取得对被购买方的控制权而付出的资产、发生或承担的负债以及发行的权益性证券的公允价值。（2）通过多次交换交易分步实现的企业合并，合并成本为每一单项交易成本之和。（3）购买方为进行企业合并发生的各项直接相关费用也应当计入企业合并成本。（4）在合并合同或协议中对可能影响合并成本的未来事项作出约定的，购买日如果估计未来事项很可能发生并且对合并成本的影响金额能够可靠计量的，购买方应当将其计入合并成本。

（二）非同一控制下控股合并形成长期股权投资初始计量的税法处理

【企业所得税】

见上文"同一控制下控股合并形成长期股权投资初始计量的税法处理"。

（三）非同一控制下控股合并形成长期股权投资初始计量的税会差异分析

会计上对一次交换交易实现非同一控制下控股合并而形成的长期股权投资，其初始计量一般不存在税会差异，但因追加投资等原因导致原权益法核算的长期股权投资或公允价值计量核算的金融资产转换为成本法核算的长期股权投资，且构成非同一控制下企业合并的，该长期股权投资的初始投资成本为原股权投资的公允价值（权益法下为账面价值）和新增投资成本之和，而企业所得税法规定计税基础为原持有股权投资的计税基础和新增投资计税基础之和，二者之间是否存在差异，应视具体情况而定。

三、除企业合并外其他方式取得长期股权投资初始计量的差异

（一）除企业合并外其他方式取得长期股权投资的会计处理

根据《企业会计准则第 2 号——长期股权投资》（财会〔2014〕14 号）第六条规定：除企业合并形成的长期股权投资以外，其他方式取得的长期股权投资，应当按照下列规定确定其初始投资成本：（一）以支付现金取得的长期股权投资，应当按照实际支付的购买价款作为初始投资成本。初始投资成本包括与取得长期股权投资直接相关的费用、税金及其他必要支出。（二）以发行权益性证券取得的长期股权投资，应当按照发行权益性证券的公允价值作为初始投资成本。与发行权益性证券直接相关的费用，应当按照《企业会计准则第 37 号——金融工具列报》的有关规定确定。（三）通过非货币性资产交换取得的长期股权投资，其初始投资成本应当按照《企业会计准则第 7 号——非货币性资产交换》的有关规定确定。（四）通过债务重组取得的长期股权投资，其初始投资成本应当按照《企业会计准则第 12 号——债务重组》的有关规定确定。

（二）除企业合并外其他方式取得长期股权投资的税法处理

【企业所得税】

见上文"同一控制下控股合并形成长期股权投资初始计量的税法处理"。

（三）除企业合并外其他方式取得长期股权投资的税会差异分析

对除企业合并以外其他方式取得的长期股权投资，其计税基础与初始投资成本一般不存在差异，但通过非货币性资产交换方式取得的长期股权投资，在以账面价值为基础计量的情况下，应当以换出资产的账面价值和应支付的

相关税费作为长期股权投资的初始计量金额，企业所得税应以该投资资产的公允价值作为长期股权投资的计税基础。此外，企业进行公司制改建，对资产、负债的账面价值按照评估价值调整的，会计上以评估价值作为改制时的认定成本，而企业所得税计税基础不因评估调整而发生变化。

第三节 长期股权投资后续计量的会计与税法差异

会计准则规定长期股权投资在持有期间应根据投资方对被投资单位的影响程度分别采用成本法及权益法进行核算，其中对子公司的长期股权投资应当按成本法核算，对合营企业、联营企业的长期股权投资应当按权益法核算。企业所得税法规定长期股权投资的后续计量与会计上的成本法比较类似，与权益法相比则具有很大差异，其计税基础不随被投资单位净资产变化而调整，对股息红利等投资收益的确认时间也存在差异。

一、长期股权投资成本法后续计量的差异

（一）长期股权投资成本法后续计量的会计处理

根据《企业会计准则第 2 号——长期股权投资》（财会〔2014〕14 号）第七条规定：投资方能够对被投资单位实施控制的长期股权投资应当采用成本法核算。第八条：采用成本法核算的长期股权投资应当按照初始投资成本计价。追加或收回投资应当调整长期股权投资的成本。被投资单位宣告分派的现金股利或利润，应当确认为当期投资收益。

根据《企业会计准则第 2 号——长期股权投资》（财会〔2014〕14 号）"应用指南"第六条第（一）款规定：采用成本法核算的长期股权投资，在追加投资时，按照追加投资支付的成本的公允价值及发生的相关交易费用增加长期股权投资的账面价值。被投资单位宣告分派现金股利或利润的，投资方根据应享有的部分确认当期投资收益。

需要注意的是，子公司将未分配利润或盈余公积直接转增股本（实收资本），且未向投资方提供等值现金股利或利润的选择权时，母公司并没有获得收取现金股利或者利润的权力，上述交易通常属于子公司自身权益结构的重分类，母公司不应确认相关的投资收益。

（二）长期股权投资成本法后续计量的税法处理

【企业所得税】

1. 追加或减少投资

根据《中华人民共和国企业所得税法实施条例》（中华人民共和国国务院令第714号）第五十六条规定：企业的各项资产，包括固定资产、生物资产、无形资产、长期待摊费用、投资资产、存货等，以历史成本为计税基础。前款所称历史成本，是指企业取得该项资产时实际发生的支出。第七十一条规定：企业所得税法第十四条所称投资资产，是指企业对外进行权益性投资和债权性投资形成的资产。企业在转让或者处置投资资产时，投资资产的成本，准予扣除。投资资产按照以下方法确定成本：（一）通过支付现金方式取得的投资资产，以购买价款为成本；（二）通过支付现金以外的方式取得的投资资产，以该资产的公允价值和支付的相关税费为成本。

根据《国家税务总局关于企业所得税若干问题的公告》（国家税务总局公告2011年第34号）第五条规定：投资企业从被投资企业撤回或减少投资，其取得的资产中，相当于初始出资的部分，应确认为投资收回；相当于被投资企业累计未分配利润和累计盈余公积按减少实收资本比例计算的部分，应确认为股息所得；其余部分确认为投资资产转让所得。

2. 股息红利

根据《中华人民共和国企业所得税法》（中华人民共和国主席令第23号）第十七条规定：企业所得税法第六条第（四）项所称股息、红利等权益性投资收益，是指企业因权益性投资从被投资方取得的收入。股息、红利等权益性投资收益，除国务院财政、税务主管部门另有规定外，按照被投资方作出利润分配决定的日期确认收入的实现。第二十六条规定：企业的下列收入为免税收入……（二）符合条件的居民企业之间的股息、红利等权益性投资收益；（三）在中国境内设立机构、场所的非居民企业从居民企业取得与该机构、场所有实际联系的股息、红利等权益性投资收益……

根据《中华人民共和国企业所得税法实施条例》（中华人民共和国国务院令第714号）第八十三条规定：企业所得税法第二十六条第（二）项所称符合条件的居民企业之间的股息、红利等权益性投资收益，是指居民企业直接投资于其他居民企业取得的投资收益。企业所得税法第二十六条第（二）项和第（三）项所称股息、红利等权益性投资收益，不包括连续持有居民企业公开发行并上市流通的股票不足12个月取得的投资收益。

根据《国家税务总局关于贯彻落实企业所得税法若干税收问题的通知》

(国税函〔2010〕79号）第四条规定：企业权益性投资取得股息、红利等收入，应以被投资企业股东会或股东大会做出利润分配或转股决定的日期，确定收入的实现。被投资企业将股权（票）溢价所形成的资本公积转为股本的，不作为投资方企业的股息、红利收入，投资方企业也不得增加该项长期投资的计税基础。第六条规定：根据《实施条例》第二十七条、第二十八条的规定，企业取得的各项免税收入所对应的各项成本费用，除另有规定外，可以在计算企业应纳税所得额时扣除。

（三）长期股权投资成本法后续计量的税会差异分析

追加投资时，会计上以支付成本的公允价值及发生的相关交易费用之和作为追加投资的成本，税法也规定以购买价款或支付资产的公允价值和相关税费作为追加投资的计税基础，在追加投资的处理上会计和税法是一致的。

被投资单位宣告分配现金股利或利润的，会计上投资方根据应享有的部分确认当期投资收益，企业所得税上应在被投资单位做出利润分配决定的日期确认为股息、红利等权益性投资收益，但根据企业所得税法规定，除连续持有居民企业公开发行并上市流通的股票不足12个月所取得的投资收益，其他符合条件的居民企业之间的股息、红利属于免税收入，应在"A107011 符合条件的居民企业之间的股息、红利等权益性投资收益优惠明细表"中进行纳税调减。

被投资单位以资本公积转增股本的，由于是被投资单位所有者权益内部增减变动，所有者权益总额没有发生变动，投资方会计上不做处理，而企业所得税上也规定被投资企业将股权（票）溢价所形成的资本公积转为股本的，不作为投资方企业的股息、红利收入，投资方企业也不得增加该项长期投资的计税基础。

被投资单位以累积盈余公积和未分配利润转增股本的，同样是被投资单位所有者权益内部增减变动，所有者权益总额没有发生变动，投资方会计上不做处理，而企业所得税上该行为可视为被投资单位向投资方分红的同时投资方向被投资单位增资。因此，转增的股本属于非货币形式的股息红利收入，应以被投资单位做出利润分配或转股决定的日期确认收入的实现（如果属于符合条件的居民企业之间的股息、红利的可按免税处理），并相应增加投资资产的计税基础。

二、长期股权投资权益法后续计量的差异

（一）长期股权投资权益法后续计量的会计处理

1. 初始投资成本的调整

根据《企业会计准则第 2 号——长期股权投资》（财会〔2014〕14 号）第十条规定：长期股权投资的初始投资成本大于投资时应享有被投资单位可辨认净资产公允价值份额的，不调整长期股权投资的初始投资成本；长期股权投资的初始投资成本小于投资时应享有被投资单位可辨认净资产公允价值份额的，其差额应当计入当期损益，同时调整长期股权投资的成本。

2. 追加或减少投资

根据《企业会计准则第 2 号——长期股权投资》（财会〔2014〕14 号）应用指南第六条第（二）款规定：初始投资或追加投资时，按照初始投资成本或追加投资的投资成本，增加长期股权投资的账面价值。

因追加或处置投资等原因导致长期股权投资由权益法核算转成本法核算或公允价值计量的会计处理参见第四节。

3. 投资损益、其他综合收益和其他权益变动的确认

根据《企业会计准则第 2 号——长期股权投资》（财会〔2014〕14 号）第十一条规定：投资方取得长期股权投资后，应当按照应享有或应分担的被投资单位实现的净损益和其他综合收益的份额，分别确认投资收益和其他综合收益，同时调整长期股权投资的账面价值；投资方按照被投资单位宣告分派的利润或现金股利计算应享有的部分，相应减少长期股权投资的账面价值；投资方对于被投资单位除净损益、其他综合收益和利润分配以外所有者权益的其他变动，应当调整长期股权投资的账面价值并计入所有者权益。投资方在确认应享有被投资单位净损益的份额时，应当以取得投资时被投资单位可辨认净资产的公允价值为基础，对被投资单位的净利润进行调整后确认。

4. 取得现金股利或利润

根据《企业会计准则第 2 号——长期股权投资》（财会〔2014〕14 号）第十一条规定……投资方按照被投资单位宣告分派的利润或现金股利计算应享有的部分，相应减少长期股权投资的账面价值……

根据《企业会计准则第 2 号——长期股权投资》（财会〔2014〕14 号）应用指南第六条第（二）款规定：(4) 按照权益法核算的长期股权投资，投资方自被投资单位取得的现金股利或利润，应抵减长期股权投资的账面价值。

在被投资单位宣告分派现金股利或利润时，借记"应收股利"科目，贷记"长期股权投资——损益调整"科目。

（二）长期股权投资权益法后续计量的税法处理

长期股权投资权益法后续计量的税法处理与成本法是一致的，具体参见上文中长期股权投资成本法后续计量的税法处理。

（三）长期股权投资权益法后续计量的税会差异分析

1. 初始投资成本调整的税会差异

会计准则规定按权益法核算长期股权投资初始投资成本小于取得投资时应享有被投资单位可辨认净资产公允价值份额的差额，计入当期损益（营业外收入），同时调整长期股权投资的成本；而企业所得税上企业各项资产应以历史成本为计税基础，不应确认营业外收入，应在"A105000 纳税调整项目明细表"收入类调整项目中的（四）按权益法核算长期股权投资对初始投资成本调整确认收益栏进行纳税调整，此时会计成本和计税基础也会产生差异，该差异在转让或处置长期股权投资时转回。如果按权益法核算长期股权投资初始投资成本大于取得投资时应享有被投资单位可辨认净资产公允价值份额时，不调整已确认的初始投资成本，此时税法与会计一致，不做调整。

2. 持有期间被投资单位净损益变动的税会差异

会计准则规定按权益法核算长期股权投资当被投资单位净资产发生变化投资方应按其享有份额进行调整，其中在确认应享有被投资单位净损益的份额时，应当以取得投资时被投资单位可辨认净资产的公允价值为基础，对被投资单位的净利润或净亏损进行调整，同时按应享有或应分担的份额调整长期股权投资的账面价值和投资收益，而企业所得税规定应按照被投资单位作出利润分配决定的日期确认股息、红利收入的实现。因此期末投资方在会计处理上根据被投资单位实现净损益确认投资收益，而企业所得税上在被投资单位做出利润分配决定前不确认相关股息所得，对会计上确认的投资收益应进行纳税调整。此外，会计上调整了长期股权投资的账面价值，而企业所得税仍保持原计税基础不变，从而导致税会差异。

3. 持有期间被投资单位其他综合收益和其他权益变动的税会差异

会计准则规定被投资单位其他综合收益发生变动的，投资方应当按照归属于本企业的部分，相应调整长期股权投资的账面价值，同时增加或减少其他综合收益；投资方对于被投资单位除净损益、其他综合收益和利润分配以外所有者权益的其他变动，也应当调整长期股权投资的账面价值并计入所有者权益。而企业所得税并没有随被投资单位净资产变化而调整长期股权投资计税基础的规定，这导致调整后账面价值与计税基础不相等，从而产生暂时性差异。

4. 被投资单位宣告分配现金股利或利润的税会差异

会计准则规定按权益法核算长期股权在被投资单位宣告分派利润或现金股利时，投资方按照计算应享有的部分确认应收股利，相应减少长期股权投资的账面价值，而企业所得税规定按照被投资单位作出利润分配决定的日期确认股息、红利收入的实现。因此在被投资单位宣告分派利润或现金股利时，会计上计入长期股权投资损益调整，相应减少长期股权投资账面价值，而企业所得税应计入当期损益，对这部分损益应进行纳税调整。此外，如该股利属于符合条件的居民企业之间的股息、红利的，为免税收入，应进行纳税调整。

案例分析

【例2-1】甲企业适用的所得税税率为25%，2022年1月支付6 000万元取得乙企业30%的股权，此时乙企业净资产账面价值为24 000万元（假设乙企业各项可辨认资产、负债的公允价值与账面价值相同，甲企业与乙企业的会计年度及采用的会计政策相同），甲企业取得股权后能够对乙企业施加重大影响，因此采用权益法核算该长期股权投资，甲企业没有长期持有该投资的计划。乙企业于2022年实现净利润1 200万元，2023年3月15日，乙企业股东大会通过决议将2022年实现净利润的50%向全体股东进行利润分配，2023年3月25日甲企业收到分配的现金股利（见表2-1）。

表2-1　　　　　　　　　税会差异分析

会计处理	税收处理	税会差异分析
2022年1月长期股权投资入账		
长期股权投资初始投资成本6 000万元小于投资时应享有被投资单位可辨认净资产公允价值份额的差额1 200万元应计入营业外收入，长期股权投资账面价值是7 200万元	税法规定以取得该投资时实际发生的支出作为成本，因此该长期股权投资的计税基础是6 000万元	税法规定不调整长期股权投资成本，对会计上计入营业外收入的1 200万元应纳税调减，并确认递延所得税负债300万元

续表

会计处理	税收处理	税会差异分析
2022年年末确认投资收益		
甲企业应根据应享有的份额确认与乙企业实现净利润相关的投资收益360万元，同时调整长期股权投资的账面价值，2022年年末长期股权投资账面价值是7 560万元	税法上因乙企业尚未做出利润分配决定，不确认投资收益，长期股权投资的计税基础是6 000万元	税法规定不确认投资收益，对会计上计入投资收益的360万元应纳税调减，且该收益在未来期间逐期分回现金股利或利润时免税，不存在对未来期间的所得税影响，不确认递延所得税负债
2023年3月15日股东大会决议分配利润		
甲企业根据股东大会决议分配现金股利中应享有的部分确认应收股利，并相应减少长期股权投资的账面价值180万元	税法规定在股东大会作出利润分配决定时确认股息、红利收入，同时由于该股利属于符合条件的居民企业之间的股息、红利，应作为免税收入	税法上确认股息、红利收入，对会计上未确认的投资收益180万元应调增应纳税所得额，同时作为免税收入进行纳税调减

第四节　长期股权投资核算方法转换的会计与税法差异

会计准则中对因追加或处置投资导致股权投资核算方法在成本法、权益法和公允价值计量之间的转换分别规定了相应的处理方法，包括公允价值计量核算转换为权益法核算、权益法核算转换为公允价值计量核算、公允价值计量核算转换为成本法核算、成本法核算转换为公允价值计量核算、成本法核算转换为权益法核算、权益法核算转换为成本法核算等不同转换形式，相比会计上的烦琐处理，企业所得税法的规定比较简单，对追加投资的，其计税基础等于原股权投资的计税基础与追加投资的计税基础之和，处置投资的，其计税基础等于原股权投资计税基础根据处置比例结转后的余额。因此，除对会计上确认投资收益与企业所得税中股权转让所得的差异进行纳税调整外，转换后股权投资的账面价值和计税基础也可能不同。

一、公允价值计量核算转换为权益法核算的差异

（一）公允价值计量核算转换为权益法核算的会计处理

根据《企业会计准则第2号——长期股权投资》（财会〔2014〕14号）

应用指南第七条第（一）款及《企业会计准则第22号——金融工具确认和计量》（财会〔2017〕7号）的规定，原持有的对被投资单位的股权投资（不具有控制、共同控制或重大影响的），按照金融工具确认和计量准则进行会计处理的，因追加投资等原因导致持股比例上升，能够对被投资单位施加共同控制或重大影响的，在转按权益法核算时，投资方应当按照金融工具确认和计量准则确定的原股权投资的公允价值加上为取得新增投资而应支付对价的公允价值，作为改按权益法核算的初始投资成本。原持有的股权投资分类为以公允价值计量且其变动计入其他综合收益的非交易性权益工具投资，与其相关的原计入其他综合收益的累计公允价值变动转入改按权益法核算当期的留存收益，不得计入当期损益。然后，比较上述计算所得的初始投资成本，与按照追加投资后全新的持股比例计算确定的应享有被投资单位在追加投资日可辨认净资产公允价值份额之间的差额，前者大于后者的，不调整长期股权投资的账面价值；前者小于后者的，差额应调整长期股权投资的账面价值，并计入当期营业外收入。

（二）公允价值计量核算转换为权益法核算的税法处理

【企业所得税】

根据《中华人民共和国企业所得税法实施条例》（中华人民共和国国务院令第714号）第七十一条规定：企业所得税法第十四条所称投资资产，是指企业对外进行权益性投资和债权性投资形成的资产。投资资产按照以下方法确定成本：（一）通过支付现金方式取得的投资资产，以购买价款为成本；（二）通过支付现金以外的方式取得的投资资产，以该资产的公允价值和支付的相关税费为成本。

（三）公允价值计量核算转换为权益法核算的税会差异分析

会计准则规定因追加投资导致对原持有的股权投资由公允价值计量转换为权益法核算的长期股权投资的，处理方式类似于将原股权投资处置后重新取得一项长期股权投资，而企业所得税中原股权投资并未实际处置，不确认投资转让所得，对会计上确认损益的应进行纳税调整。此外，会计上规定如原股权投资的公允价值加上为取得新增投资而应支付对价的公允价值小于按照追加投资后全新的持股比例计算确定的应享有被投资单位在追加投资日可辨认净资产公允价值份额的，计入当期营业外收入，同时调整长期股权投资的成本，而企业所得税法规定企业以实际发生的支出为计税基础，不确认营业外收入。

二、权益法核算转换为公允价值计量核算的差异

（一）权益法核算转换为公允价值计量核算的会计处理

根据《企业会计准则第2号——长期股权投资》（财会〔2014〕14号）应用指南第七条第（三）款规定：原持有的对被投资单位具有共同控制或重大影响的长期股权投资，因部分处置等原因导致持股比例下降，不能再对被投资单位实施共同控制或重大影响的，应改按金融工具确认和计量准则对剩余股权投资进行会计处理，其在丧失共同控制或重大影响之日的公允价值与账面价值之间的差额计入当期损益。原采用权益法核算的相关其他综合收益应当在终止采用权益法核算时，采用与被投资单位直接处置相关资产或负债相同的基础进行会计处理，因被投资方除净损益、其他综合收益和利润分配以外的其他所有者权益变动而确认的所有者权益，应当在终止采用权益法核算时全部转入当期损益。

（二）权益法核算转换为公允价值计量核算的税法处理

【企业所得税】

根据《中华人民共和国企业所得税法实施条例》（中华人民共和国国务院令第714号）第七十一条规定：企业所得税法第十四条所称投资资产，是指企业对外进行权益性投资和债权性投资形成的资产。企业在转让或者处置投资资产时，投资资产的成本，准予扣除。投资资产按照以下方法确定成本：（一）通过支付现金方式取得的投资资产，以购买价款为成本；（二）通过支付现金以外的方式取得的投资资产，以该资产的公允价值和支付的相关税费为成本。

（三）权益法核算转换为公允价值计量核算的税会差异分析

会计准则规定因处置部分股权投资等原因丧失了对被投资单位的共同控制或重大影响的，处理方式类似于将原长期股权投资进行处置后按公允价值购入一项新的股权投资，原长期股权投资公允价值与账面价值之间的差额计入当期损益，相关其他综合收益应当在终止采用权益法核算时，采用与被投资单位直接处置相关资产或负债相同的基础进行会计处理，因被投资方除净损益、其他综合收益和利润分配以外的其他所有者权益变动而确认的所有者权益也应在终止采用权益法核算时全部转入当期损益。而企业所得税法规定只就处置部分股权投资确认投资转让所得，与会计上确认损益之间的差异应进行纳税调整，处置后剩余权益投资的计税基础也以原长期股权投资计税基础根据处置比例结转后的余额确认。

三、公允价值计量核算转换为成本法核算的差异

（一）公允价值计量核算转换为成本法核算的会计处理

根据《企业会计准则第 2 号——长期股权投资》（财会〔2014〕14 号）应用指南第七条第（二）款规定：投资方原持有的对被投资单位不具有控制、共同控制或重大影响的按照金融工具确认和计量准则进行会计处理的权益性投资，或者原持有对联营企业、合营企业的长期股权投资，因追加投资等原因，能够对被投资单位实施控制的，应按本指南有关企业合并形成的长期股权投资的指引进行会计处理。

根据会计准则上述规定，公允价值计量核算转换为成本法核算，其会计处理如下：

1. 同一控制下企业合并

应当按照在合并日被合并方所有者权益在最终控制方合并财务报表中的账面价值的份额作为改按成本法核算的初始投资成本；合并日长期股权投资的初始投资成本，与达到合并前的股权投资账面价值加上合并日进一步取得股份新支付对价的账面价值之和的差额，调整资本公积（资本溢价或股本溢价），资本公积不足冲减的，冲减留存收益；合并日之前持有的股权投资，因采用金融工具确认和计量准则核算而确认的其他综合收益，暂不进行会计处理。

2. 非同一控制下企业合并

购买日之前持有的股权投资采用金融工具确认和计量准则进行会计处理的，应当将按照该准则确定的股权投资的公允价值加上新增投资成本之和，作为改按成本法核算的初始投资成本，原持有股权的公允价值与账面价值之间的差额以及原计入其他综合收益的累计公允价值变动应当全部转入改按成本法核算的当期投资收益。

（二）公允价值计量核算转换为成本法核算的税法处理

【企业所得税】

根据《中华人民共和国企业所得税法实施条例》（中华人民共和国国务院令第 714 号）第七十一条规定：企业所得税法第十四条所称投资资产，是指企业对外进行权益性投资和债权性投资形成的资产。投资资产按照以下方法确定成本：（一）通过支付现金方式取得的投资资产，以购买价款为成本；（二）通过支付现金以外的方式取得的投资资产，以该资产的公允价值和支付的相关税费为成本。

(三) 公允价值计量核算转换为成本法核算的税会差异分析

1. 同一控制下企业合并

会计准则规定，因追加投资等原因导致原公允价值计量核算的金融资产转换为成本法核算的长期股权投资，构成同一控制下企业合并的，合并方以合并日被合并方所有者权益在最终控制方合并财务报表中的账面价值的份额作为改按成本法核算的初始投资成本；企业所得税法规定以原持有股权投资的计税基础加新增投资计税基础之和作为成本法核算长期股权投资的计税基础，二者间的差异在处置股权投资时需进行纳税调整。

2. 非同一控制下企业合并

因追加投资等原因导致原公允价值计量核算的金融资产转换为成本法核算的长期股权投资，构成非同一控制下企业合并的，购买方以原持有的股权投资的公允价值加上新增投资成本之和作为改按成本法核算的初始投资成本，企业所得税法上以原持有股权投资的计税基础加新增投资计税基础之和作为成本法核算长期股权投资的计税基础，二者存在差异的，在处置股权投资时需进行纳税调整。此外，对会计上原持有的股权投资的账面价值与公允价值的差额确认的投资收益，企业所得税上需进行纳税调整。

四、成本法核算转换为公允价值计量核算的差异

(一) 成本法核算转换为公允价值计量核算的会计处理

根据《企业会计准则第 2 号——长期股权投资》（财会〔2014〕14 号）应用指南第七条第（五）款规定：原持有的对被投资单位具有控制的长期股权投资，因部分处置等原因导致持股比例下降，不能再对被投资单位实施控制、共同控制或重大影响的，应改按金融工具确认和计量准则进行会计处理，在丧失控制之日的公允价值与账面价值之间的差额计入当期投资收益。

(二) 成本法核算转换为公允价值计量核算的税法处理

【企业所得税】

根据《中华人民共和国企业所得税法实施条例》（中华人民共和国国务院令第 714 号）第七十一条规定：企业所得税法第十四条所称投资资产，是指企业对外进行权益性投资和债权性投资形成的资产。企业在转让或者处置投资资产时，投资资产的成本，准予扣除。投资资产按照以下方法确定成本：（一）通过支付现金方式取得的投资资产，以购买价款为成本；（二）通过支付现金以外的方式取得的投资资产，以该资产的公允价值和支付的相关税费为成本。

（三）成本法核算转换为公允价值计量核算的税会差异分析

会计准则规定因处置部分股权投资等原因丧失了对被投资单位的控制，且处置后的剩余股权不能对被投资单位实施共同控制或施加重大影响的，处理方式类似于将原长期股权投资进行处置后按公允价值购入一项新的股权投资，其在丧失控制之日的公允价值与账面价值间的差额计入当期损益。而企业所得税法中只就处置部分股权投资确认投资转让所得，与会计上确认损益之间的差异应进行纳税调整，处置后剩余权益投资的计税基础也以原长期股权投资计税基础根据处置比例结转后的余额确认。

五、成本法核算转换为权益法核算的差异

（一）成本法核算转换为权益法核算的会计处理

根据《企业会计准则第2号——长期股权投资》（财会〔2014〕14号）应用指南第七条第（四）款规定：因处置投资等原因导致对被投资单位由能够实施控制转为具有重大影响或者与其他投资方一起实施共同控制的，首先应按处置投资的比例结转应终止确认的长期股权投资成本。然后，比较剩余长期股权投资的成本与按照剩余持股比例计算原投资时应享有被投资单位可辨认净资产公允价值的份额，前者大于后者的，属于投资作价中体现的商誉部分，不调整长期股权投资的账面价值；前者小于后者的，在调整长期股权投资成本的同时，调整留存收益。

（二）成本法核算转换为权益法核算的税法处理

【企业所得税】

根据《中华人民共和国企业所得税法实施条例》（中华人民共和国国务院令第714号）第五十六条规定：企业的各项资产，包括固定资产、生物资产、无形资产、长期待摊费用、投资资产、存货等，以历史成本为计税基础。前款所称历史成本，是指企业取得该项资产时实际发生的支出。第七十一条规定：企业所得税法第十四条所称投资资产，是指企业对外进行权益性投资和债权性投资形成的资产。企业在转让或者处置投资资产时，投资资产的成本，准予扣除。投资资产按照以下方法确定成本：（一）通过支付现金方式取得的投资资产，以购买价款为成本；（二）通过支付现金以外的方式取得的投资资产，以该资产的公允价值和支付的相关税费为成本。

（三）成本法核算转换为权益法核算的税会差异分析

会计准则规定因处置部分股权投资等原因丧失了对被投资单位的控制，且处置后的剩余股权能够对被投资单位实施共同控制或施加重大影响，处理

方式类似于将原长期股权投资进行部分处置后对剩余部分视同自取得时即采用权益法核算进行调整；而企业所得税法中只就处置部分股权投资确认投资转让所得，与会计上确认损益之间的差异应进行纳税调整，处置后剩余权益投资的计税基础也以原长期股权投资计税基础根据处置比例结转后的余额确认，与会计上经过权益法调整后的长期股权投资账面价值之间存在差异。

六、权益法核算转换为成本法核算的差异

（一）权益法核算转换为成本法核算的会计处理

根据《企业会计准则第 2 号——长期股权投资》（财会〔2014〕14 号）应用指南第七条第（二）款规定：投资方原持有的对被投资单位不具有控制、共同控制或重大影响的按照金融工具确认和计量准则进行会计处理的权益性投资，或者原持有对联营企业、合营企业的长期股权投资，因追加投资等原因，能够对被投资单位实施控制的，应按本指南有关企业合并形成的长期股权投资的指引进行会计处理。

根据会计准则上述规定，权益法核算转换为成本法核算，其会计处理如下：

1. 同一控制下企业合并

应当按照在合并日被合并方所有者权益在最终控制方合并财务报表中的账面价值的份额作为改按成本法核算的初始投资成本；合并日长期股权投资的初始投资成本，与达到合并前的长期股权投资账面价值加上合并日进一步取得股份新支付对价的账面价值之和的差额，调整资本公积（资本溢价或股本溢价），资本公积不足冲减的，冲减留存收益；合并日之前持有的股权投资，因采用金融工具确认和计量准则核算而确认的其他综合收益，暂不进行会计处理。

2. 非同一控制下企业合并

购买日之前持有的股权采用权益法核算的，应当按照原持有的股权投资的账面价值加上新增投资成本之和，作为改按成本法核算的初始投资成本。相关其他综合收益应当在处置该项投资时采用与被投资单位直接处置相关资产或负债相同的基础进行会计处理，因被投资方除净损益、其他综合收益和利润分配以外的其他所有者权益变动而确认的所有者权益，应当在处置该项投资时相应转入处置期间的当期损益。其中，处置后的剩余股权根据本准则采用成本法或权益法核算的，其他综合收益和其他所有者权益应按比例结转，处置后的剩余股权改按金融工具确认和计量准则进行会计处理的，其他综合

收益和其他所有者权益应全部结转。

（二）权益法核算转换为成本法核算的税法处理

【企业所得税】

根据《中华人民共和国企业所得税法实施条例》（中华人民共和国国务院令第714号）第五十六条规定：企业的各项资产，包括固定资产、生物资产、无形资产、长期待摊费用、投资资产、存货等，以历史成本为计税基础。前款所称历史成本，是指企业取得该项资产时实际发生的支出。第七十一条规定：企业所得税法第十四条所称投资资产，是指企业对外进行权益性投资和债权性投资形成的资产。投资资产按照以下方法确定成本：（一）通过支付现金方式取得的投资资产，以购买价款为成本；（二）通过支付现金以外的方式取得的投资资产，以该资产的公允价值和支付的相关税费为成本。

（三）权益法核算转换为成本法核算的税会差异分析

1. 同一控制下企业合并

会计准则规定因追加投资等原因导致原权益法核算的长期股权投资转换为成本法核算，构成同一控制下企业合并的，合并方以合并日被合并方所有者权益在最终控制方合并财务报表中的账面价值的份额作为改按成本法核算的初始投资成本；企业所得税法规定以原持有股权投资的计税基础加新增投资计税基础之和作为成本法核算长期股权投资的计税基础，二者间的差异在处置股权投资时需进行纳税调整。

2. 非同一控制下企业合并

因追加投资等原因导致原权益法核算的长期股权投资转换为成本法核算，构成非同一控制下企业合并的，购买方以原持有的股权投资的账面价值加上新增投资成本之和作为改按成本法核算的初始投资成本，企业所得税法上以原持有股权投资的计税基础加新增投资计税基础之和作为成本法核算长期股权投资的计税基础，二者存在差异的，在处置股权投资时需进行纳税调整。

案例分析

【例2-2】甲企业持有乙企业30%的有表决权股份，能够对乙企业施加重大影响，对该股权投资采用权益法核算。2022年10月，甲企业将该项投资中的50%出售给非关联方，取得价款1 800万元。相关手续于当日完成。甲企业无法再对乙企业施加重大影响，将剩余股权投资转为以公允价值计量且其变动计入其他综合收益的非交易性权益工具投资。出售时，该项长期股权投资的账面价值为 3 200 万元，其中投资成本 2 600 万元，损益调整为 300 万元，其他综合收益为 200 万元（性质为被投资单位的其他权益工具投资的累计公允价值变动），除净损益、其他综合收益和利润分配外的其他所有者权益变动为 100 万元。剩余股权的公允价值为 1 800 万元（见表 2-2）。

表 2-2　　　　　　　　　税会差异分析

会计处理	税收处理	税会差异分析
2022 年 10 月出售部分长期股权投资		
会计上应将原权益法核算的股权投资进行处置，其公允价值与账面价值之间的差额 400 万元计入当期损益，同时将原确认的其他综合收益 200 万元和原计入资本公积的其他所有者权益变动 100 万元全部转入当期损益，此时股权投资账面价值为 1 800 万元	税法上就处置部分股权投资确认投资转让所得 = 1 800 - 1 300 = 500（万元），此时股权投资计税基础为 1 300 万元	税法对原股权持有期间计入其他综合收益的累计公允价值变动和原计入资本公积的其他所有者权益变动在当期转为的损益部分不予确认，应纳税调减 300 万元，同时处置部分的长期股权投资计算的税收处置收益也与会计存在差异，应纳税调增 100 万元

第五节　长期股权投资计提减值的会计与税法差异

会计准则和税法对长期股权投资计提减值的差异主要在于税法不确认会计计提的长期股权投资减值准备，长期股权投资的计税基础也不得扣除计提的长期股权投资减值准备金额，该差异在企业所得税上属于暂时性差异。

一、长期股权投资计提减值的会计处理

根据《企业会计准则第 2 号——长期股权投资》（财会〔2014〕14 号）第十八条规定：投资方应当关注长期股权投资的账面价值是否大于享有被投资单位所有者权益账面价值的份额等类似情况。出现类似情况时，投资方应当按照《企业会计准则第 8 号——资产减值》对长期股权投资进行减值测试，可收回金额低于长期股权投资账面价值的，应当计提减值准备。

根据《企业会计准则第 2 号——长期股权投资》（财会〔2014〕14 号）应用指南第六条第（一）款规定：企业按照上述规定确认自被投资单位应分

得的现金股利或利润后，应当考虑长期股权投资是否发生减值。在判断该类长期股权投资是否存在减值迹象时，应当关注长期股权投资的账面价值是否大于享有被投资单位净资产（包括相关商誉）账面价值的份额等类似情况。出现类似情况时，企业应当按照资产减值准则对长期股权投资进行减值测试，可收回金额低于长期股权投资账面价值的，应当计提减值准备。

二、长期股权投资计提减值的税法处理

【企业所得税】

根据《中华人民共和国企业所得税法》（中华人民共和国主席令第23号）第十条规定：在计算应纳税所得额时，下列支出不得扣除……（七）未经核定的准备金支出……

根据《中华人民共和国企业所得税法实施条例》（中华人民共和国国务院令第714号）第五十五条规定：企业所得税法第十条第（七）项所称未经核定的准备金支出，是指不符合国务院财政、税务主管部门规定的各项资产减值准备、风险准备等准备金支出。第五十六条规定：企业持有各项资产期间资产增值或者减值，除国务院财政、税务主管部门规定可以确认损益外，不得调整该资产的计税基础。

三、长期股权投资计提减值的税会差异分析

会计准则规定长期股权投资的可收回金额低于其账面价值时应计提减值准备，企业所得税法对会计上计提的长期股权投资减值准备在损失真实发生前不允许税前扣除，且除国务院财政、税务主管部门规定可以确认损益外，该减值不得调整长期股权投资的计税基础。上述原因导致长期股权投资计提减值后账面价值和计税基础间产生差异，应进行企业所得税纳税调整。

案例分析

【例2-3】甲企业适用的所得税税率为25%，2021年12月31日自非关联方处取得对乙企业80%的股权，取得成本为50 000万元，相关手续于当日完成，并能够对乙企业实施控制，甲企业采用成本法核算该长期股权投资，且打算长期持有。2022年年底甲企业对乙企业的长期股权投资出现减值迹象，12月31日，经过减值测试估计的可收回金额为49 200万元（见表2-3）。

表 2-3　　　　　　　　　　税会差异分析

会计处理	税收处理	税会差异分析
2022 年年底计提减值		
因采用成本法核算，该长期股权投资计提减值准备前的账面价值为 50 000 万元，大于可收回金额 49 200 万元，应计提 800 万元的长期股权投资减值准备	税法规定会计上提取的长期股权投资减值准备不得调整股权投资的计税基础，其年末计税基础为 50 000 万元	企业按会计规定提取的长期股权投资减值准备 800 万元不得税前扣除，应当进行纳税调整

第六节　长期股权投资处置的会计与税法差异

会计准则中长期股权投资处置时应从取得价款中扣除账面价值，税法在计算应纳税所得额时也可以扣除该投资资产的成本，但由于会计准则和企业所得税法规定的不同，导致长期股权投资处置时账面价值和计税成本之间可能存在差异，进而导致会计和税法在处置损益上的差异。

一、长期股权投资处置的会计处理

根据《企业会计准则第 2 号——长期股权投资》（财会〔2014〕14 号）第十七条规定：处置长期股权投资，其账面价值与实际取得价款之间的差额，应当计入当期损益。采用权益法核算的长期股权投资，在处置该项投资时，采用与被投资单位直接处置相关资产或负债相同的基础，按相应比例对原计入其他综合收益的部分进行会计处理。

二、长期股权投资处置的税法处理

【企业所得税】

根据《中华人民共和国企业所得税法》（中华人民共和国主席令第 23 号）第八条规定：企业实际发生的与取得收入有关的、合理的支出，包括成本、费用、税金、损失和其他支出，准予在计算应纳税所得额时扣除。《中华人民共和国企业所得税法实施条例》（中华人民共和国国务院令第 714 号）第七十一条规定：企业在转让或者处置投资资产时，投资资产的成本，准予扣除。

根据《中华人民共和国企业所得税法实施条例》（中华人民共和国国务院

令第714号）第三十二条规定：企业所得税法第八条所称损失，是指企业在生产经营活动中发生的固定资产和存货的盘亏、毁损、报废损失，转让财产损失，呆账损失，坏账损失，自然灾害等不可抗力因素造成的损失以及其他损失。企业发生的损失，减除责任人赔偿和保险赔款后的余额，依照国务院财政、税务主管部门的规定扣除。第七十四条规定：企业所得税法第十六条所称资产的净值和第十九条所称财产净值，是指有关资产、财产的计税基础减除已经按照规定扣除的折旧、折耗、摊销、准备金等后的余额。

根据《国家税务总局关于企业股权投资损失所得税处理问题的公告》（国家税务总局公告2010年第6号）第一条规定：企业对外进行权益性投资所发生的损失，在经确认的损失发生年度，作为企业损失在计算企业应纳税所得额时一次性扣除。

三、长期股权投资处置的税会差异分析

会计准则规定企业处置对外长期股权投资时，其账面价值与实际获取的款项的差额应计入当期损益；而税法上企业在转让或者处置投资资产时，投资资产的成本，准予扣除。由于企业所得税处理中长期股权投资的计税成本遵循历史成本原则，除追加或减少投资时同步调整计税成本外，被投资单位宣告分配及发放现金股利或利润、计提减值准备的，其计税成本均不发生变化，因此，在处置长期股权投资时，其账面价值和计税成本间可能存在差异，由此导致计算的资产处置损益不一致，其差额应当进行纳税调整。需要注意的是，如果处置长期股权投资按税收规定确认为所得的，其税会差异在"A105030投资收益纳税调整明细表"中进行纳税调整，如果处置长期股权投资按税收规定确认为损失的，其税会差异在"A105090资产损失税前扣除及纳税调整明细表"中进行纳税调整，如果处置长期股权投资符合企业重组且适用特殊性税务处理规定的，其税会差异在"A105100企业重组及递延纳税事项纳税调整明细表"中进行纳税调整。

■ **案例分析** ■

【例2-4】接例2-1，甲企业于2022年4月5日将该长期股权投资转让给其他企业，转让价款9 000万元（见表2-4）。

表 2-4　　　　　　　　税会差异分析

会计处理	税收处理	税会差异分析
2022年4月5日处置长期股权投资		
会计上处置的长期股权投资的账面价值与实际取得价款之间的差额1 620万元计入当期损益	税法上该长期股权投资的处置所得 = 9 000 - 6 000 = 3 000（万元）	税法上转让该投资资产时允许扣除的成本与会计账面价值不一致，导致会计和税法处置所得存在差异，其差额1 380万元应进行纳税调整，同时确认递延所得税负债 -300万元

■ 本章政策依据 ■

1.《企业会计准则第2号——长期股权投资》（财会〔2014〕14号）

2.《企业会计准则第8号——资产减值》（财会〔2006〕3号）

3.《企业会计准则第20号——企业合并》（财会〔2006〕3号）

4.《企业会计准则第22号——金融工具确认和计量》（财会〔2017〕7号）

5.《中华人民共和国企业所得税法》（中华人民共和国主席令第23号）

6.《中华人民共和国企业所得税法实施条例》（中华人民共和国国务院令第714号）

7.《国家税务总局关于贯彻落实企业所得税法若干税收问题的通知》（国税函〔2010〕79号）

8.《国家税务总局关于企业股权投资损失所得税处理问题的公告》（国家税务总局公告2010年第6号）

9.《国家税务总局关于发布〈企业资产损失所得税税前扣除管理办法〉的公告》（国家税务总局公告2011年第25号）

10.《国家税务总局关于企业所得税若干问题的公告》（国家税务总局公告2011年第34号）

第三章 投资性房地产会计与税法差异

第一节 投资性房地产概念的会计与税法差异

会计准则中投资性房地产的定义是指为赚取租金或资本增值，或两者兼有而持有的房地产。但企业代建的房地产，适用《企业会计准则第15号——建造合同》。投资性房地产的租金收入和售后租回，适用《企业会计准则第21号——租赁》，而企业所得税没有将投资性房地产单独列出，而是作为固定资产或无形资产处理。因此，会计和税法在投资性房地产概念上存在一定的差异。

一、投资性房地产的会计概念

根据《企业会计准则第3号——投资性房地产》第二条规定：投资性房地产，是指为赚取租金或资本增值，或两者兼有而持有的房地产。投资性房地产应当能够单独计量和出售。第三条规定：本准则规范下列投资性房地产：（一）已出租的土地使用权。（二）持有并准备增值后转让的土地使用权。（三）已出租的建筑物。

二、投资性房地产的税法概念

《企业所得税法》及其《实施条例》没有将投资性房地产单独列出，而是作为固定资产或无形资产处理。

根据《中华人民共和国企业所得税法实施条例》（中华人民共和国国务院令第714号）第五十七条规定：企业所得税法第十一条所称固定资产，是指企业为生产产品、提供劳务、出租或者经营管理而持有的、使用时间超过12

个月的非货币性资产,包括房屋、建筑物、机器、机械、运输工具以及其他与生产经营活动有关的设备、器具、工具等。

根据《中华人民共和国企业所得税法实施条例》(中华人民共和国国务院令第714号)第六十五条规定:企业所得税法第十二条所称无形资产,是指企业为生产产品、提供劳务、出租或者经营管理而持有的、没有实物形态的非货币性长期资产,包括专利权、商标权、著作权、土地使用权、非专利技术、商誉等。

三、投资性房地产概念的税会差异分析

根据以上会计准则和税收法规对投资性房地产的定义,在投资性房地产概念上的税会差异主要包括:

第一,会计准则将出租的建筑物从固定资产中分离出来,单独列为投资性房地产,而企业所得税法仍然将其作为固定资产处理。

第二,会计准则中规定土地使用权一般属于无形资产,在某些情况下应作为投资性房地产,如改变土地使用权用途,用于赚取租金或资本增值的,应当转为投资性房地产。企业所得税法没有将土地使用权分别归属于投资性房地产,而是一律按照无形资产进行处理。

第二节 投资性房地产初始计量的会计与税法差异

一、外购投资性房地产初始计量的差异

(一)外购投资性房地产初始计量的会计处理

根据《企业会计准则第3号——投资性房地产》第七条规定:投资性房地产应当按照成本进行初始计量。(一)外购投资性房地产的成本,包括购买价款、相关税费和可直接归属于该资产的其他支出。

(二)外购投资性房地产初始计量的税法处理

《企业所得税法》及其《实施条例》没有将投资性房地产单独列出,而是作为固定资产或无形资产处理。

根据《中华人民共和国企业所得税法实施条例》(中华人民共和国国务院令第714号)第五十八条第(一)款规定:外购的固定资产,以购买价款和

支付的相关税费以及直接归属于使该资产达到预定用途发生的其他支出为计税基础。

根据《中华人民共和国企业所得税法实施条例》（中华人民共和国国务院令第714号）第六十六条第（一）款规定：外购的无形资产，以购买价款和支付的相关税费以及直接归属于使该资产达到预定用途发生的其他支出为计税基础。

（三）外购投资性房地产初始计量的税会差异分析

会计准则规定企业购买投资性房地产通常在正常信用条件期限内付款，但也会发生超过正常信用条件购买固定资产的经济业务事项，如采用分期付款方式购买资产，且在合同中规定的付款期限比较长，超过了正常信用条件，通常在3年以上。在这种情况下，该类购货合同实质上具有融资租赁性质，购入资产的成本不能以各期付款额之和确定，而应以各期付款额的现值之和确定。购入投资性房地产时，按购买价款的现值，借记"投资性房地产"科目；按应支付的金额，贷记"长期应付款"科目；按其差额，借记"未确认融资费用"科目。投资性房地产购买价款的现值，应当按照各期支付的购买价款选择恰当的折现率进行折现后的金额加以确定。折现率是反映当前市场货币时间价值和延期付款债务特定风险的利率。该折旧率实质上是供货企业的必要报酬率。各期实际支付的价款与购买价款的现值之间的差额，符合《企业会计准则第17号——借款费用》中规定的资本化条件的，应当计入投资性房地产成本，其余部分应当在信用期间内确认为财务费用，计入当期损益。

《企业所得税法实施条例》第五十六条规定："资产的计税基础指企业取得该项资产时实际发生的支出作为历史成本计价。"由此可见，投资性房地产的计税基础不按现值计价，不对支付价款折现。由于上述缘故，导致超过正常信用条件期限付款的投资性房地产的会计成本小于计税基础。

二、自行建造投资性房地产初始计量的差异

（一）自行建造投资性房地产初始计量的会计处理

根据《企业会计准则第3号——投资性房地产》第七条规定：投资性房地产应当按照成本进行初始计量。（二）自行建造投资性房地产的成本，由建造该项资产达到预定可使用状态前所发生的必要支出构成。

（二）自行建造投资性房地产初始计量的税法处理

《企业所得税法》及其《实施条例》没有将投资性房地产单独列出，而是作为固定资产或无形资产处理。

根据《中华人民共和国企业所得税法实施条例》（中华人民共和国国务院令第714号）第五十八条第（二）款规定：自行建造的固定资产，以竣工结算前发生的支出为计税基础。第三十八条第（二）款规定：非金融企业向非金融企业借款的利息支出，不超过按照金融企业同期同类贷款利率计算的数额的部分。

根据《中华人民共和国企业所得税法》（中华人民共和国主席令第23号）第四十六条规定：企业从其关联方接受的债权性投资与权益性投资的比例超过规定标准而发生的利息支出，不得在计算应纳税所得额时扣除。

根据《国家税务总局关于贯彻落实企业所得税法若干税收问题的通知》（国税函〔2010〕79号）第五条规定：企业固定资产投入使用后，由于工程款项尚未结清未取得全额发票的，可暂按合同规定的金额计入固定资产计税基础计提折旧，待发票取得后进行调整。但该项调整应在固定资产投入使用后12个月内进行。

（三）自行建造投资性房地产初始计量的税会差异分析

会计准则规定如果计入投资性房地产成本的借款费用因下列原因导致超过税法规定的标准，则应将超过标准的部分从计税基础中剔除：

1. 《企业会计准则第17号——借款费用》规定，可以资本化的借款金额包括专门借款和一般借款。《企业所得税法实施条例》第三十八条规定：企业在生产经营活动中发生的下列利息支出，准予扣除：（一）非金融企业向金融企业借款的利息支出、金融企业的各项存款利息支出和同业拆借利息支出、企业经批准发行债券的利息支出；（二）非金融企业向非金融企业借款的利息支出，不超过按照金融企业同期同类贷款利率计算的数额的部分。

2. 《国家税务总局关于企业投资者投资未到位而发生的利息支出企业所得税前扣除问题的批复》（国税函〔2009〕312号）规定，凡企业投资者在规定限内未缴足其应缴资本额的，该企业对外借款所发生的利息，相当于投资者实缴资本额与在规定期限内应缴资本额的差额应计付的利息，不得在计算企业纳税所得额时扣除。

3. 《企业所得税法》第四十六条及《企业所得税法实施条例》第一百一十条规定："企业从其关联方接受的债权性投资与权益性投资的比例超过规定标准而发生的利息支出，不得在计算应纳税所得额时扣除。"

上述不得扣除的借款费用，如果已按借款费用准则进行资本化处理，会导致投资性房地产的计税基础小于会计成本，以后期间，只能按照计税基础计算折旧在税前扣除。

案例分析

投资性房地产初始计量的会计准则与税法差异案例参照第四章固定资产对应章节案例分析。

第三节　投资性房地产后续计量的会计与税法差异

投资性房地产的后续计量具有成本和公允价值两种模式，通常应当采用成本模式计量，满足特定条件时可以采用公允价值模式计量。但是，同一企业只能采用一种模式对所有投资性房地产进行后续计量，不得同时采用两种计量模式。

一、采用成本模式后续计量的差异

（一）成本模式后续计量的会计处理

根据《企业会计准则第3号——投资性房地产》第九条规定：企业应当在资产负债表日采用成本模式对投资性房地产进行后续计量，但本准则第十条规定的除外。

采用成本模式计量的建筑物的后续计量，适用《企业会计准则第4号——固定资产》。采用成本模式计量的土地使用权的后续计量，适用《企业会计准则第6号——无形资产》。

根据《企业会计准则第4号——固定资产》（财会〔2006〕3号）应用指南第一条第（二）款规定：已达到预定可使用状态但尚未办理竣工决算的固定资产，应当按照估计价值确定其成本，并计提折旧；待办理竣工决算后，再按实际成本调整原来的暂估价值，但不需要调整原已计提的折旧额。

（二）成本模式后续计量的税法处理

《企业所得税法》及其《实施条例》没有将投资性房地产单独列出，而是作为固定资产或无形资产处理。

根据《中华人民共和国企业所得税法实施条例》（中华人民共和国国务院令第714号）第五十六条规定：企业的各项资产，包括固定资产、生物资产、无形资产、长期待摊费用、投资资产、存货等，以历史成本为计税基础。企业持有各项资产期间资产增值或者减值，除国务院财政、税务主管部门规定可以确认损益外，不得调整该资产的计税基础。第五十八条规定：固定资产按照以下方法确定计税基础：（一）外购的固定资产，以购买价款和支付的相关税费以及直接归属于使该资产达到预定用途发生的其他支出为计税基础；（二）自行建造的固定资产，以竣工结算前发生的支出为计税基础。

根据《国家税务总局关于贯彻落实企业所得税法若干税收问题的通知》（国税函〔2010〕79号）第五条规定：企业固定资产投入使用后，由于工程款项尚未结清未取得全额发票的，可暂按合同规定的金额计入固定资产计税基础计提折旧，待发票取得后进行调整。但该项调整应在固定资产投入使用后12个月内进行。

（三）成本模式后续计量的税会差异分析

会计准则规定采用成本模式进行后续计量的投资性房地产分别按照固定资产或无形资产的有关规定按月计提折旧或进行摊销，如投资性房地产存在减值迹象的，应进行减值测试，计提减值准备。因此，对于投资性房地产而言，属于建筑物的应当比照固定资产准则对其计提折旧，计提折旧的政策与固定资产折旧政策一致；属于土地使用权的应当比照无形资产准则对其进行摊销，摊销的政策也与无形资产摊销政策一致。

由于会计准则和企业所得税法对投资性房地产折旧（摊销）范围、折旧（摊销）基数、折旧（摊销）方法、折旧（摊销）年限等方面的具体规定有所不同，投资性房地产减值准备的计提也会导致税会差异并进一步影响折旧（摊销）的计提，相关差异分别见第四章、第五章关于固定资产和无形资产后续计量的会计与税法差异分析。

二、成本模式下资产类别转换的差异

（一）成本模式下资产类别转换的会计处理

根据《企业会计准则第3号——投资性房地产》（一）成本模式下资产类别转换的会计处理第十三条规定：企业有确凿证据表明房地产用途发生改变，满足下列条件之一的，应当将投资性房地产转换为其他资产或者将其他资产转换为投资性房地产：（一）投资性房地产开始自用。（二）作为存货的房地产，改为出租。（三）自用土地使用权停止自用，用于赚取租金或资本增值。（四）自用建筑物停止自用，改为出租。第十四条规定：在成本模式下，应当将房地产转换前的账面价值作为转换后的入账价值。

1. 采用成本模式计量的投资性房地产转为自用房地产

企业将采用成本模式计量的投资性房地产转为自用房地产时，应当按该投资性房地产在转换日的账面余额、累计折旧、减值准备等，分别转入"固定资产""累计折旧""固定资产减值准备"等科目。

2. 作为存货的房地产转为采用成本模式计量的投资性房地产

企业将作为存货的房地产转换为采用成本模式计量的投资性房地产时，应当按该项存货在转换日的账面价值，借记"投资性房地产"科目；原已计提跌价准备的，借记"存货跌价准备"科目，按其账面余额，贷记"开发产品"等科目。

3. 自用土地使用权或建筑物转换为以成本模式计量的投资性房地产

企业将自用土地使用权或建筑物转换为以成本模式计量的投资性房地产时，应当按该项土地使用权或建筑物在转换日的原价、累计折旧、减值准备等，分别转入"投资性房地产""投资性房地产累计折旧（摊销）""投资性房地产减值准备"科目。

4. 采用公允价值模式进行后续计量的投资性房地产转换为存货

企业将投资性房地产转换为存货时，应当按照该项投资性房地产在转换日的账面价值，借记"开发产品"科目，按照已计提的折旧或摊销，借记"投资性房地产累计折旧（摊销）"科目，原已计提减值准备的，借记"投资性房地产减值准备"科目，按其账面余额，贷记"投资性房地产"科目。

5. 作为自用的房地产转换为采用成本模式进行后续计量的投资性房地产

企业将自用土地使用权或建筑物转换为以成本模式计量的投资性房地产时，应当按该项建筑物或土地使用权在转换日的原价、累计折旧、减值准备等，分别转入"投资性房地产""投资性房地产累计折旧（摊销）""投资性房地产减值准备"科目，按其账面余额，借记"投资性房地产"科目，贷记"固定资产"或"无形资产"科目，按已计提的折旧或摊销，借记"累计折旧"或"累计摊销"科目，贷记"投资性房地产累计折旧（摊销）"科目，原已计提减值准备的，借记"固定资产减值准备"或"无形资产减值准备"科目，贷记"投资性房地产减值准备"科目。

（二）成本模式下资产类别转换的税法处理

《企业所得税法》及其《实施条例》没有将投资性房地产单独列出，而是作为固定资产或无形资产处理。

根据《中华人民共和国企业所得税法实施条例》（中华人民共和国国务院令第714号）第五十六条规定：企业的各项资产，包括固定资产、生物资产、无形资产、长期待摊费用、投资资产、存货等，以历史成本为计税基础。企业持有各项资产期间资产增值或者减值，除国务院财政、税务主管部门规定可以确认损益外，不得调整该资产的计税基础。第五十八条规定：固定资产按照以下方法确定计税基础：（一）外购的固定资产，以购买价款和支付的相关税费以及直接归属于使该资产达到预定用途发生的其他支出为计税基础；（二）自行建造的固定资产，以竣工结算前发生的支出为计税基础。

1. 投资性房地产转为自用房地产

投资性房地产转换为自用房地产，因其所有权未转让，因此不征增值税、土地增值税、契税，也不确认资产转让所得。如果投资性房地产计提折旧或摊销额的年限、残值、方法与税法存在差异的，仍按固定资产折旧差异的调整方法处理即可。

2. 作为存货的房地产转为采用成本模式计量的投资性房地产

房地产企业将开发产品对外出租，因其所有权未转让，故不征增值税、土地增值税、契税。依据《企业所得税法实施条例》第二十五条、《国家税务总局关于企业处置资产所得税处理问题的通知》（国税函〔2008〕828号）规定，在转换过程中，因其所有权未转让，不作视同销售处理，不确认资产转让所得。

3. 自用土地使用权或建筑物转换为以成本模式计量的投资性房地产

自用房地产转换为投资性房地产，不涉及流转税、土地增值税、所得税问题。因会计折旧额（或摊销额）与税法折旧额（或摊销额）的差异，比照固定资产、无形资产处理。

（三）成本模式下资产类别转换的税会差异分析

成本模式下在不同类别间转换时，投资性房地产和非投资性房地产的账面价值与计税基础一般不存在差异，无须纳税调整。

三、采用公允价值模式后续计量的差异

（一）公允价值模式后续计量的会计处理

根据《企业会计准则第3号——投资性房地产》第十条规定：有确凿证据表明投资性房地产的公允价值能够持续可靠取得的，可以对投资性房地产采用公允价值模式进行后续计量。采用公允价值模式计量的，应当同时满足下列条件：（一）投资性房地产所在地有活跃的房地产交易市场；（二）企业能够从房地产交易市场上取得同类或类似房地产的市场价格及其他相关信息，从而对投资性房地产的公允价值做出合理的估计。第十一条规定：采用公允

价值模式计量的，不对投资性房地产计提折旧或进行摊销，应当以资产负债表日投资性房地产的公允价值为基础调整其账面价值，公允价值与原账面价值之间的差额计入当期损益。

（二）公允价值模式后续计量的税法处理

对于以公允价值模式计量的投资性房地产，会计上不计提折旧，税务处理时能否计提折旧，在企业所得税前扣除是存在争议的。

观点一：以公允价值模式计量的投资性房地产计算折旧或摊销从税前扣除。

例如，广西税务局12366纳税服务中心（2019-11-15）的观点是：《企业所得税法》及其《实施条例》没有将投资性房地产单独列出，而是作为固定资产或无形资产处理。

根据《中华人民共和国企业所得税法实施条例》（中华人民共和国国务院令第714号）第五十六条规定：企业的各项资产，包括固定资产、生物资产、无形资产、长期待摊费用、投资资产、存货等，以历史成本为计税基础。企业持有各项资产期间资产增值或者减值，除国务院财政、税务主管部门规定可以确认损益外，不得调整该资产的计税基础。第五十八条规定：固定资产按照以下方法确定计税基础：（一）外购的固定资产，以购买价款和支付的相关税费以及直接归属于使该资产达到预定用途发生的其他支出为计税基础；（二）自行建造的固定资产，以竣工结算前发生的支出为计税基础。

观点二：以公允价值模式计量的投资性房地产不得计算折旧或摊销从税前扣除。

例如，国家税务总局北京市税务局《企业所得税实务操作政策指引（第一期）》（2019）中的观点是：

考虑到以公允价值模式计量的投资性房地产是企业的投资资产，不属于消耗性资产，不需要通过折旧或摊销的方式予以补偿，因此会计核算不计算折旧或摊销。在税务处理时遵从会计处理方式，按照第15号公告第八条的规定，以公允价值模式计量的投资性房地产不得计算折旧或摊销从税前扣除。

（三）公允价值模式后续计量的税会差异分析

根据《国家税务总局关于企业所得税应纳税所得额若干税务处理问题的公告》（国家税务总局公告2012年第15号）第八条规定，关于税前扣除规定与企业实际会计处理之间的协调问题：根据《企业所得税法》第二十一条规定，对企业依据财务会计制度规定，并实际在财务会计处理上已确认的支出，凡没有超过《企业所得税法》和有关税收法规规定的税前扣除范围和标准的，可按企业实际会计处理确认的支出，在企业所得税前扣除，计算其应纳税所得额。

上述第 15 号公告第八条说的是财务会计处理已确认的支出可以税前扣除，不能由此反推出，财务会计处理上没确认的支出就不能税前扣除，这个反推逻辑是不成立的。在税法实践中，有大量的支出，在财务会计上不确认支出，但在税法上可以扣除的。

观点一：以公允价值模式计量的投资性房地产计算折旧或摊销从税前扣除。

由于投资性房地产在税法中是作为固定资产或无形资产处理的，因此，投资性房地产公允价值的变动，无论增减均不确认所得或损失，可以按税法规定扣除折旧或摊销。投资性房地产处置时，按计税基础净值扣除，计税基础净值为初始计税基础扣除税法折旧或摊销额。

观点二：以公允价值模式计量的投资性房地产不得计算折旧或摊销从税前扣除。

由于会计上未计提折旧，在税务处理时遵从会计处理方式。因此，以公允价值模式计量的投资性房地产不得计算折旧或摊销从税前扣除。而投资性房地产公允价值的变动，无论增减均不确认所得或损失。

四、公允价值模式下资产类别转换的差异

（一）公允价值模式下资产类别转换的会计处理

根据《企业会计准则第 3 号——投资性房地产》（一）成本模式下资产类别转换的会计处理第十三条规定：企业有确凿证据表明房地产用途发生改变，满足下列条件之一的，应当将投资性房地产转换为其他资产或者将其他资产转换为投资性房地产：（一）投资性房地产开始自用。（二）作为存货的房地产，改为出租。（三）自用土地使用权停止自用，用于赚取租金或资本增值。（四）自用建筑物停止自用，改为出租。第十五条规定：采用公允价值模式计量的投资性房地产转换为自用房地产时，应当以其转换当日的公允价值作为自用房地产的账面价值，公允价值与原账面价值的差额计入当期损益。第十六条规定：自用房地产或存货转换为采用公允价值模式计量的投资性房地产时，投资性房地产按照转换当日的公允价值计价，转换当日的公允价值小于原账面价值的，其差额计入当期损益；转换当日的公允价值大于原账面价值的，其差额计入所有者权益。

(二) 公允价值模式下资产类别转换的税法处理

观点一：以公允价值模式计量的投资性房地产计算折旧或摊销从税前扣除。

《企业所得税法》及其《实施条例》没有将投资性房地产单独列出，而是作为固定资产或无形资产处理。

根据《中华人民共和国企业所得税法实施条例》（中华人民共和国国务院令第714号）第五十六条规定：企业的各项资产，包括固定资产、生物资产、无形资产、长期待摊费用、投资资产、存货等，以历史成本为计税基础。企业持有各项资产期间资产增值或者减值，除国务院财政、税务主管部门规定可以确认损益外，不得调整该资产的计税基础。第五十八条规定：固定资产按照以下方法确定计税基础：（一）外购的固定资产，以购买价款和支付的相关税费以及直接归属于使该资产达到预定用途发生的其他支出为计税基础；（二）自行建造的固定资产，以竣工结算前发生的支出为计税基础。

（1）采用公允价值模式计量的投资性房地产转为自用房地产。投资性房地产转为自用房地产，不确认所得或损失，应将"公允价值变动损益"科目的金额从利润总额中剔除。对年初至转换当月应扣除的折旧做纳税调减处理。从转换的次月起，会计上应当计提固定资产折旧或无形资产摊销，税法折旧额（或摊销额）与会计折旧额（或摊销额）如果不一致，对其差额作纳税调整处理。处置固定资产（或无形资产）计算资产转让所得时，按计税基础净值扣除。转让收益与处置所得之间的差异，必须做纳税调整。

（2）作为存货的房地产转换为采用公允价值模式计量的投资性房地产。开发产品转换为投资性房地产，因其所有权未转让，因此不征增值税、土地增值税、契税、企业所得税；转让投资性房地产需缴纳增值税、土地增值税、企业所得税。

（3）自用土地使用权或建筑物转换为采用公允价值模式计量的投资性房地产。自用土地使用权或建筑物转换为采用公允价值模式计量的投资性房地产的税务处理，与开发产品转换为投资性房地产处理基本一致，不再赘述。

观点二：以公允价值模式计量的投资性房地产不得计算折旧或摊销从税前扣除。

考虑到以公允价值模式计量的投资性房地产是企业的投资资产，不属于消耗性资产，不需要通过折旧或摊销的方式予以补偿，因此会计核算不计算折旧或摊销。在税务处理时遵从会计处理方式，按照第15号公告第八条的规定，以公允价值模式计量的投资性房地产不得计算折旧或摊销从税前扣除。

（1）采用公允价值模式计量的投资性房地产转为自用房地产。投资性房地产转为自用房地产，不确认所得或损失，应将"公允价值变动损益"科目的金额从利润总额中剔除。从转换的次月起，会计上应当计提固定资产折旧或无形资产摊销，税法折旧额（或摊销额）与会计折旧额（或摊销额）如果不一致，对其差额做纳税调整处理。处置固定资产（或无形资产）计算资产转让所得时，按计税基础净值扣除。转让收益与处置所得之间的差异，必须做纳税调整。

（2）作为存货的房地产转换为采用公允价值模式计量的投资性房地产。开发产品转换为投资性房地产，因其所有权未转让，因此不征增值税、土地增值税、契税、企业所得税；转让投资性房地产需缴纳增值税、土地增值税、企业所得税。

（3）自用土地使用权或建筑物转换为采用公允价值模式计量的投资性房地产。自用土地使用权或建筑物转换为采用公允价值模式计量的投资性房地产的税务处理，与开发产品转换为投资性房地产处理基本一致，不再赘述。

（三）公允价值模式下资产类别转换的税会差异分析

观点一：以公允价值模式计量的投资性房地产计算折旧或摊销从税前扣除。

由于投资性房地产在税法中是作为固定资产或无形资产处理的，因此，投资性房地产公允价值的变动，无论增减均不确认所得或损失，可以按税法规定扣除折旧或摊销。投资性房地产处置时，按计税基础净值扣除，计税基础净值为初始计税基础扣除税法折旧或摊销额。

观点二：以公允价值模式计量的投资性房地产不得计算折旧或摊销从税前扣除。

由于会计上未计提折旧，在税务处理时遵从会计处理方式。因此，以公允价值模式计量的投资性房地产不得计算折旧或摊销从税前扣除。而投资性房地产公允价值的变动，无论增减均不确认所得或损失。投资性房地产处置时，按计税基础净值扣除，计税基础净值为初始计税基础扣除税法折旧或摊销额（转换日后）。

案例分析

【例 3-1】 某公司适用的所得税税率为 25%，2021 年 12 月 31 日购入房屋用于出租，初始入账价值 105 万元，2021 年 12 月 31 日公允价值 105 万元，后续计量采用公允价值模式，2022 年 12 月 31 日公允价值 115 万元，公允价值变动10万元。公司同类自用房屋折旧年限20年，预计净残值5万元，年限平均法计提折旧（见表3-1）。

表3-1　　　　　　　　　　税会差异分析

会计处理	税收处理	税会差异分析
观点一：以公允价值模式计量的投资性房地产计算折旧或摊销从税前扣除		
（1）2021年12月31日购入房屋用于出租		
投资性房地产入账价值105万元	计税基础105万元	无税会差异
（2）2022年确认公允价值变动损益		
公允价值变动损益10万元 年末账面价值115万元	计税基础105万元。税法不确认公允价值变动损益，但允许折旧税前扣除，金额=100÷20=5（万元）	税会差异为=10+5=15（万元），调减当期应纳税所得额
观点二：以公允价值模式计量的投资性房地产不得计算折旧或摊销从税前扣除		
（1）2021年12月31日购入房屋用于出租		
投资性房地产入账价值105万元	计税基础105万元	无税会差异
（2）2022年确认公允价值变动损益		
公允价值变动损益10万元 年末账面价值115万元	计税基础105万元。税法不确认公允价值变动损益，且折旧也不得税前扣除	税会差异为10万元，调减当期应纳税所得额

■ 案例分析 ■

投资性房地产后续计量（成本模式计量）的会计准则与税法差异案例参照第四章固定资产对应章节案例分析。

第四节　投资性房地产后续计量模式变更的会计与税法差异

一、投资性房地产后续计量模式变更的会计处理

根据《企业会计准则第3号——投资性房地产》（一）投资性房地产后续计量模式变更的会计处理第十二条规定：企业对投资性房地产的计量模式一

经确定,不得随意变更。成本模式转为公允价值模式的,应当作为会计政策变更,按照《企业会计准则第28号——会计政策、会计估计变更和差错更正》处理。已采用公允价值模式计量的投资性房地产,不得从公允价值模式转为成本模式。

二、投资性房地产后续计量模式变更的税法处理

观点一:以公允价值模式计量的投资性房地产计算折旧或摊销从税前扣除。

《企业所得税法》及其《实施条例》没有将投资性房地产单独列出,而是作为固定资产或无形资产处理。

根据《中华人民共和国企业所得税法实施条例》(中华人民共和国国务院令第714号)第五十六条规定:企业的各项资产,包括固定资产、生物资产、无形资产、长期待摊费用、投资资产、存货等,以历史成本为计税基础。企业持有各项资产期间资产增值或者减值,除国务院财政、税务主管部门规定可以确认损益外,不得调整该资产的计税基础。第五十八条规定:固定资产按照以下方法确定计税基础:(一)外购的固定资产,以购买价款和支付的相关税费以及直接归属于使该资产达到预定用途发生的其他支出为计税基础;(二)自行建造的固定资产,以竣工结算前发生的支出为计税基础。

观点二:以公允价值模式计量的投资性房地产不得计算折旧或摊销从税前扣除。

考虑到以公允价值模式计量的投资性房地产是企业的投资资产,不属于消耗性资产,不需要通过折旧或摊销的方式予以补偿,因此会计核算不计算折旧或摊销。在税务处理时遵从会计处理方式,按照第15号公告第八条的规定,以公允价值模式计量的投资性房地产不得计算折旧或摊销从税前扣除。

三、投资性房地产后续计量模式变更的税会差异分析

观点一:以公允价值模式计量的投资性房地产计算折旧或摊销从税前扣除。

成本模式转为公允价值模式,其公允价值与账面价值的差额不确认所得,由于账务处理是调整期初留存收益,不影响当期损益,因此一般需对前期纳税年度企业所得税更正申报,经当地主管税务机关同意调整到当期的除外。投资性房地产计税基础净值为初始计税基础(通常等于初始会计成本)扣除税法折旧或摊销额。转换为公允价值模式后,按照公允价值模式后续计量的

会计与税务处理办法进行纳税调整，其中，以公允价值模式计量的投资性房地产可以计算折旧或摊销从税前扣除。

观点二：以公允价值模式计量的投资性房地产不得计算折旧或摊销从税前扣除。

成本模式转为公允价值模式，其公允价值与账面价值的差额不确认所得，由于账务处理是调整期初留存收益，不影响当期损益，因此一般需对前期纳税年度企业所得税更正申报，经当地主管税务机关同意调整到当期的除外。投资性房地产计税基础净值为初始计税基础（通常等于初始会计成本）扣除税法折旧或摊销额。转换为公允价值模式后，按照公允价值模式后续计量的会计与税务处理办法进行纳税调整，其中，以公允价值模式计量的投资性房地产不得计算折旧或摊销从税前扣除。

案例分析

【例3-2】某公司适用的所得税税率为25%，2020年12月31日购入房屋用于自用，初始入账价值105万元，折旧年限20年，预计净残值5万元，年限平均法计提折旧。2022年1月转为出租作为投资性房地产，后续计量采用公允价值模式，2020年12月31日公允价值105万元，2021年12月31日公允价值115万元，2022年12月31日公允价值120万元（见表3-2）。

表3-2　　　　　　　　税会差异分析

会计处理	税收处理	税会差异分析
观点一：以公允价值模式计量的投资性房地产计算折旧或摊销从税前扣除 2022年1月自用转为出租		
作为会计政策变更处理，调整期初留存收益。2022年12月31日投资性房地产账面价值为120万元	对前期纳税年度企业所得税更正申报。2022年年底计税基础 = 105 - 100 ÷ 20 × 2 = 95（万元）	税会差异为25万元，其中，当期税会差异10万元，调减当期应纳税所得额；前期税会差异15万元，更正前期企业所得税申报表
观点二：以公允价值模式计量的投资性房地产不得计算折旧或摊销从税前扣除 2022年1月自用转为出租		
作为会计政策变更处理，调整期初留存收益。2022年12月31日投资性房地产账面价值为120万元	对前期纳税年度企业所得税更正申报。2022年年底计税基础为105万元	税会差异为15万元，其中：当期税会差异5万元，调减当期应纳税所得额；前期税会差异10万元，更正前期企业所得税申报表

第五节　投资性房地产计提减值的会计与税法差异

一、采用成本模式进行后续计量投资性房地产计提减值的会计处理

采用成本模式进行后续计量投资性房地产计提减值的会计处理，涉及下列会计准则的相关规定：

根据《企业会计准则第3号——投资性房地产》第九条规定：企业应当在资产负债表日采用成本模式对投资性房地产进行后续计量，但本准则第十条规定的除外。采用成本模式计量的建筑物的后续计量，适用《企业会计准则第4号——固定资产》。采用成本模式计量的土地使用权的后续计量，适用《企业会计准则第6号——无形资产》。

根据《企业会计准则第4号——固定资产》（财会〔2006〕3号）第二十条规定：固定资产的减值，应当按照《企业会计准则第8号——资产减值》处理。

根据《企业会计准则第6号——无形资产》（财会〔2006〕3号）第二十条规定：无形资产的减值，应当按照《企业会计准则第8号——资产减值》处理。

根据《企业会计准则第8号——资产减值》（财会〔2006〕3号）第十五条规定：可收回金额的计量结果表明，资产的可收回金额低于其账面价值的，应当将资产的账面价值减记至可收回金额，减记的金额确认为资产减值损失，计入当期损益，同时计提相应的资产减值准备。第十六条规定：资产减值损失确认后，减值资产的折旧或者摊销费用应当在未来期间做相应调整，以使该资产在剩余使用寿命内，系统地分摊调整后的资产账面价值（扣除预计净残值）。第十七条规定：资产减值损失一经确认，在以后会计期间不得转回。

二、采用成本模式进行后续计量投资性房地产计提减值的税法处理

【企业所得税】

根据《中华人民共和国企业所得税法》（中华人民共和国主席令第23号）第十条规定，在计算应纳税所得额时，下列支出不得扣除……（七）未经核定的准备金支出……

根据《中华人民共和国企业所得税法实施条例》（中华人民共和国国务院令第714号）第五十五条规定，企业所得税法第十条第（七）项所称未经核定的准备金支出，是指不符合国务院财政、税务主管部门规定的各项资产减值准备、风险准备等准备金支出。

三、采用成本模式进行后续计量投资性房地产计提减值的税会差异分析

会计准则规定投资性房地产的可收回金额低于其账面价值时应计提减值准备，税法对会计上计提的减值准备在损失真实发生前不允许税前扣除；会计上在资产减值损失确认后，投资性房地产的折旧也应当在未来期间作相应调整，而税法规定资产减值不得调整该资产的计税基础，其折旧仍按原计税基础计算扣除。以上原因导致投资性房地产计提减值后账面价值和计税基础间产生差异，应进行企业所得税纳税调整。

案例分析

投资性房地产计提减值的会计准则与税法差异案例参照第四章固定资产对应章节案例分析。

第六节　投资性房地产处置的会计与税法差异

一、投资性房地产处置的会计处理

根据《企业会计准则第3号——投资性房地产》第十七条规定：当投资性房地产被处置，或者永久退出使用且预计不能从其处置中取得经济利益时，应当终止确认该项投资性房地产。第十八条规定：企业出售、转让、报废投资性房地产或者发生投资性房地产毁损，应当将处置收入扣除其账面价值和相关税费后的金额计入当期损益。

二、投资性房地产处置的税法处理

关于投资性房地产处置的税法处理参照第四章固定资产（无形资产）章

节。需要补充的是，企业将投资性房地产如果用于抵偿债务或者换取其他资产，也应当视同转让，缴纳增值税和土地增值税。

依据《财政部 税务总局关于继续实施企业改制重组有关土地增值税政策的公告》（财政部 税务总局公告 2021 年第 21 号）规定房地产企业将房屋、土地使用权对外股权投资或其他单位、个人将房屋、土地使用权投资于房地产企业需视同转让缴纳土地增值税，其他投资情形，免征土地增值税。

《中华人民共和国企业所得税法实施条例》（中华人民共和国国务院令第 714 号）第二十五条规定，以非现金资产（包括投资性房地产）对外投资，应视同销售计算资产转让所得，投资方取得的投资资产计税基础，以及被投资方取得资产的计税基础均以公允价值为基础确定。

三、投资性房地产处置的税会差异分析

关于投资性房地产处置的税会差异分析可参照固定资产、无形资产章节。

案例分析

投资性房地产处置的会计准则与税法差异案例参照第四章固定资产对应章节案例分析。

本章政策依据

1. 《企业会计准则第 3 号——投资性房地产》（财会〔2006〕3 号）

2. 《企业会计准则第 8 号——资产减值》（财会〔2006〕3 号）

3. 《企业会计准则第 6 号——无形资产》（财会〔2018〕35 号）

4. 《财政部 税务总局关于继续实施企业改制重组有关土地增值税政策的公告》（财政部 税务总局公告 2021 年第 21 号）

5. 《中华人民共和国企业所得税法》（中华人民共和国主席令第 23 号）

6. 《中华人民共和国企业所得税法实施条例》（中华人民共和国国务院令第 714 号）

7. 《国家税务总局关于企业投资者投资未到位而发生的利息支出企业所得税前扣除问题的批复》（国税函〔2009〕312 号）

第四章 固定资产会计与税法差异

第一节 固定资产概念的会计与税法差异

会计准则中固定资产的定义是指企业为生产商品、提供劳务、出租或经营管理而持有的使用寿命超过一个会计年度的有形资产,而企业所得税法规定的固定资产则包括了准则中的固定资产和部分投资性房地产,因此,会计准则和税法在固定资产概念上存在一定的差异。

一、固定资产的会计概念

根据《企业会计准则第4号——固定资产》(财会〔2006〕3号)第三条规定:固定资产,是指同时具有下列特征的有形资产:(一)为生产商品、提供劳务、出租或经营管理而持有的;(二)使用寿命超过一个会计年度。第四条规定:固定资产同时满足下列条件的,才能予以确认:(一)与该固定资产有关的经济利益很可能流入企业;(二)该固定资产的成本能够可靠地计量。

二、固定资产的税法概念

【增值税】

根据《中华人民共和国增值税暂行条例实施细则》(财政部令第65号)第二条规定:条例第一条所称货物,是指有形动产,包括电力、热力、气体在内。第二十一条规定:固定资产,是指使用期限超过12个月的机器、机械、运输工具以及其他与生产经营有关的设备、工具、器具等。《营业税改征增值税试点实施办法》(财税〔2016〕36号附件1)第二十八条规定:固定资产,是指使用期限超过12个月的机器、机械、运输工具以及其他与生产经营有关的设备、工具、器具等有形动产。《营业税改征增值税试点实施办法》（财税〔2016〕36号附件1）所附《销售服务、无形资产、不动产注释》第三条规定：不动产，是指不能移动或者移动后会引起性质、形状改变的财产，包括建筑物、构筑物等。

【企业所得税】

根据《中华人民共和国企业所得税法实施条例》（中华人民共和国国务院令第714号）第五十七条规定：企业所得税法第十一条所称固定资产，是指企业为生产产品、提供劳务、出租或者经营管理而持有的、使用时间超过12个月的非货币性资产，包括房屋、建筑物、机器、机械、运输工具以及其他与生产经营活动有关的设备、器具、工具等。根据《国家税务总局关于企业所得税若干政策征管口径问题的公告》（国家税务总局公告2021年第17号）第五条规定：企业购买的文物、艺术品用于收藏、展示、保值增值的，作为投资资产进行税务处理。

三、固定资产概念的税会差异分析

【增值税和会计准则差异】

根据上述会计准则和增值税条例及营改增试点办法对固定资产的定义，会计准则上固定资产包括房屋、建筑物等不动产（作为投资性房地产的除外），而增值税法规定的固定资产主要是指有形动产，属于货物的范畴，与不动产的概念相对，许多增值税文件中都分别有对固定资产和不动产的单独规定，如计算不得抵扣进项税额时固定资产包括相关的劳务和交通运输服务，而不动产则包括所耗用的购进货物、设计服务和建筑服务。

【企业所得税和会计准则差异】

根据上述会计准则和企业所得税法规对固定资产的定义，在固定资产概念上会计准则将出租的建筑物从固定资产中分离出来，单独列为投资性房地产，而企业所得税法仍然将其作为固定资产处理；会计上将购买的文物、艺术品作为固定资产类科目处理，而企业所得税法中属于投资资产，其计提的折旧、摊销费用，不得税前扣除。此外，企业所得税法中更强调企业拥有的固定资产应当是与生产经营活动直接相关的，对于允许税前扣除的折旧，也是以与生产经营活动有关为原则进行限制。

第二节　固定资产初始计量的会计与税法差异

会计准则中规定固定资产初始计量是指确定其取得成本，即固定资产达到预定可使用状态前所发生的可归属于该资产的合理、必要的支出，此外还需考虑其他因素，如对超出正常信用条件的考虑、对弃置费用的考虑、对盘盈的规定等。会计准则规定的固定资产初始计量与企业所得税法规定的固定资产初始计量计税基础相比较，既有相同之处，也有因特殊规定导致的差异。

一、外购固定资产初始计量的差异

（一）外购固定资产初始计量的会计处理

根据《企业会计准则第4号——固定资产》（财会〔2006〕3号）第八条规定：外购固定资产的成本，包括购买价款、相关税费、使固定资产达到预定可使用状态前所发生的可归属于该项资产的运输费、装卸费、安装费和专业人员服务费等。

（二）外购固定资产初始计量的税法处理

【企业所得税】

根据《中华人民共和国企业所得税法实施条例》（中华人民共和国国务院令第714号）第五十八条第（一）款规定：外购的固定资产，以购买价款和支付的相关税费以及直接归属于使该资产达到预定用途发生的其他支出为计税基础。

（三）外购固定资产初始计量的税会差异分析

会计准则和企业所得税法规对外购固定资产初始计量的规定基本一致，其成本或计税基础均包括购买价款、相关税费及达到预定用途所发生的其他支出，但对于超过正常信用条件购买固定资产的经济业务，由于具有融资性质，会计上规定购入固定资产的成本不能以各期付款额之和计量，而应以购买价款的现值为基础确定，各期实际支付价款之和与购买价款现值之间的差额，在达到预定可使用状态前符合资本化条件的，应通过在建工程计入固定资产成本，其余部分应确认为财务费用并计入当期损益；企业所得税法明确固定资产以历史成本为计税基础，导致入账价值与计税基础产生差异，后续计提折旧金额也会不同，各期需对折旧的差异进行纳税调整。此外，企业所得税法不认可会计上未确认融资费用摊销计入各期的财务费用,应做纳税调增处理。

二、自行建造固定资产初始计量的差异

(一) 自行建造固定资产初始计量的会计处理

根据《企业会计准则第 4 号——固定资产》(财会〔2006〕3 号)第九条规定:自行建造固定资产的成本,由建造该项资产达到预定可使用状态前所发生的必要支出构成。第十条规定:应计入固定资产成本的借款费用,按照《企业会计准则第 17 号——借款费用》处理。

根据《〈企业会计准则第 4 号——固定资产〉应用指南》(财会〔2006〕18 号)第一条规定:已达到预定可使用状态但尚未办理竣工决算的固定资产,应当按照估计价值确定其成本,并计提折旧;待办理竣工决算后,再按实际成本调整原来的暂估价值,但不需要调整原已计提的折旧额。

(二) 自行建造固定资产初始计量的税法处理

【企业所得税】

根据《中华人民共和国企业所得税法实施条例》(中华人民共和国国务院令第 714 号)第五十八条第(二)款规定:自行建造的固定资产,以竣工结算前发生的支出为计税基础。第三十八条第(二)款规定:非金融企业向非金融企业借款的利息支出,不超过按照金融企业同期同类贷款利率计算的数额的部分准予扣除。

根据《中华人民共和国企业所得税法》(中华人民共和国主席令第 23 号)第四十六条规定:企业从其关联方接受的债权性投资与权益性投资的比例超过规定标准而发生的利息支出,不得在计算应纳税所得额时扣除。

根据《国家税务总局关于贯彻落实企业所得税法若干税收问题的通知》(国税函〔2010〕79 号)第五条规定:企业固定资产投入使用后,由于工程款项尚未结清未取得全额发票的,可暂按合同规定的金额计入固定资产计税基础计提折旧,待发票取得后进行调整。但该项调整应在固定资产投入使用后 12 个月内进行。

(三) 自行建造固定资产初始计量的税会差异分析

根据上述会计准则与税法的规定,对自行建造固定资产初始计量的税会差异分析如下:

第一,企业自行建造的固定资产在会计上以达到预定可使用状态作为分界点,而企业所得税法则以竣工结算作为结转固定资产的时点。

第二，企业自行建造的固定资产未取得全额发票的，会计上和企业所得税法上都可按照暂估的成本进行初始计量，但会计规定对暂估价值调整后不需要调整原已计提的折旧额，而企业所得税法规定在投入使用后12个月内取得发票的，可对估价计提折旧与实际到票计提折旧之间的差额进行调整，12个月后仍未取得发票的，应当对之前多计提的折旧进行纳税调增。

第三，企业自行建造的固定资产动用了专门和一般借款的，根据借款费用准则的规定，符合条件的可以资本化计入固定资产的成本，而企业所得税法对向非金融企业和关联方借款存在利息扣除方面的限制，超过规定标准的利息支出不得在计算应纳税所得额时扣除，相对应的，资本化的利息支出不得计入固定资产的计税基础，从而导致固定资产的计税基础小于会计成本。

三、盘盈固定资产初始计量的差异

（一）盘盈固定资产初始计量的会计处理

根据《企业会计准则》附录——会计科目和主要账务处理的规定，企业如有盘盈固定资产的，应作为前期差错记入"以前年度损益调整"科目。

（二）盘盈固定资产初始计量的税法处理

【企业所得税】

根据《中华人民共和国企业所得税法实施条例》（中华人民共和国国务院令第714号）第五十八条第（四）款规定：盘盈的固定资产，以同类固定资产的重置完全价值为计税基础。

（三）盘盈固定资产初始计量的税会差异分析

会计准则规定在财产清查中盘盈的固定资产应作为前期差错处理，按重置成本价确认入账价值，在按管理权限报经批准处理前先通过"以前年度损益调整"科目核算，批准后调整留存收益；企业所得税法规定盘盈的固定资产以同类固定资产的重置完全价值为计税基础，二者对盘盈固定资产的初始计量一致，但企业所得税法将企业的资产溢余收入计入应纳税所得额，申报时应在纳税调整明细表中进行纳税调增。

四、投资者投入固定资产初始计量的差异

（一）投资者投入固定资产初始计量的会计处理

根据《企业会计准则第4号——固定资产》（财会〔2006〕3号）第十一条规定：投资者投入固定资产的成本，应当按照投资合同或协议约定的价值确定，但合同或协议约定价值不公允的除外。

（二） 投资者投入固定资产初始计量的税法处理

【企业所得税】

根据《中华人民共和国企业所得税法实施条例》（中华人民共和国国务院令第714号）第五十八条第（五）款规定：通过捐赠、投资、非货币性资产交换、债务重组等方式取得的固定资产，以该资产的公允价值和支付的相关税费为计税基础。

（三） 投资者投入固定资产初始计量的税会差异分析

会计准则和企业所得税法对投资者投入固定资产初始计量的处理，在一般情况下是一致的，即会计准则和企业所得税法均以公允价值作为初始计量，且相关税费也应计入成本或计税基础。

五、接受捐赠固定资产初始计量的差异

（一） 接受捐赠固定资产初始计量的会计处理

现行会计准则中对接受固定资产捐赠的初始计量没有做出明确的规定，根据《企业会计准则》附录——会计科目和主要账务处理中的解释，营业外收入包括非流动资产处置利得、非货币性资产交换利得、债务重组利得、政府补助、盘盈利得、捐赠利得等。即捐赠利得一般应计入营业外收入，实务中按照取得发票的金额和支付的相关税费作为接受捐赠固定资产的取得成本，但如果经济实质表明该捐赠属于股东对企业的资本性投入，应当将相关利得计入所有者权益（资本公积）。

（二） 接受捐赠固定资产初始计量的税法处理

【企业所得税】

根据《中华人民共和国企业所得税法实施条例》（中华人民共和国国务院令第714号）第五十八条第（五）款规定：通过捐赠、投资、非货币性资产交换、债务重组等方式取得的固定资产，以该资产的公允价值和支付的相关税费为计税基础。

根据《国家税务总局关于企业取得财产转让等所得企业所得税处理问题的公告》（国家税务总局公告2010年第19号）第一条规定：企业取得财产（包括各类资产、股权、债权等）转让收入、债务重组收入、接受捐赠收入、无法偿付的应付款收入等，不论是以货币形式、还是非货币形式体现，除另有规定外，均应一次性计入确认收入的年度计算缴纳企业所得税。

根据《国家税务总局关于企业所得税应纳税所得额若干问题的公告》（国家税务总局公告2014年第29号）第二条规定：企业接收股东划入资产（包

括股东赠予资产、上市公司在股权分置改革过程中接收原非流通股股东和新非流通股股东赠予的资产、股东放弃本企业的股权,下同),凡合同、协议约定作为资本金(包括资本公积)且在会计上已做实际处理的,不计入企业的收入总额,企业应按公允价值确定该项资产的计税基础。企业接收股东划入资产,凡作为收入处理的,应按公允价值计入收入总额,计算缴纳企业所得税,同时按公允价值确定该项资产的计税基础。

根据《财政部 国家税务总局关于电网企业接受用户资产有关企业所得税政策问题的通知》(财税〔2011〕35号)第一条规定:对国家电网公司和中国南方电网有限责任公司及所属全资、控股企业接收用户资产应缴纳的企业所得税不征收入库,直接转增国家资本金。第二条规定:有关电网企业对接收的用户资产,可按接收价值计提折旧,并在企业所得税前扣除。

(三)接受捐赠固定资产初始计量的税会差异分析

会计准则和企业所得税法对接受捐赠固定资产初始计量的处理一般是一致的,即以公允价值和相关税费作为初始计量,同时会计上如果计入当期营业外收入,企业所得税法也规定一次性计入确认收入的年度计算缴纳企业所得税,会计上计入资本公积,企业所得税也不计入收入总额。另外,在电网企业接受用户资产的情况下,企业所得税规定其对应的企业所得税不征收入库,直接转为国家资本金。

六、租入固定资产初始计量的差异

(一)租入固定资产初始计量的会计处理

根据《企业会计准则第21号——租赁》(财会〔2018〕35号)第十四条规定:在租赁期开始日,承租人应当对租赁确认使用权资产和租赁负债,应用本准则第三章第三节进行简化处理的短期租赁和低价值资产租赁除外。第十六条规定:使用权资产应当按照成本进行初始计量。该成本包括:(一)租赁负债的初始计量金额;(二)在租赁期开始日或之前支付的租赁付款额,存在租赁激励的,扣除已享受的租赁激励相关金额;(三)承租人发生的初始直接费用;(四)承租人为拆卸及移除租赁资产、复原租赁资产所在场地或将租赁资产恢复至租赁条款约定状态预计将发生的成本。第十七条规定:租赁负债应当按照租赁期开始日尚未支付的租赁付款额的现值进行初始计量。

(二)租入固定资产初始计量的税法处理

【企业所得税】

根据《中华人民共和国企业所得税法实施条例》(中华人民共和国国务院

令第714号）第五十八条第（三）款规定：融资租入的固定资产，以租赁合同约定的付款总额和承租人在签订租赁合同过程中发生的相关费用为计税基础，租赁合同未约定付款总额的，以该资产的公允价值和承租人在签订租赁合同过程中发生的相关费用为计税基础。第四十七条规定：企业根据生产经营活动的需要租入固定资产支付的租赁费，按照以下方法扣除：（一）以经营租赁方式租入固定资产发生的租赁费支出，按照租赁期限均匀扣除；（二）以融资租赁方式租入固定资产发生的租赁费支出，按照规定构成融资租入固定资产价值的部分应当提取折旧费用，分期扣除。

（三）租入固定资产初始计量的税会差异分析

会计准则规定承租人不再将租赁区分为经营租赁或融资租赁，而是采用统一的会计处理模型，对于短期租赁和低价值资产租赁可以选择不确认使用权资产和租赁负债，而是采用与现经营租赁相似的方式进行会计处理，此时税会处理一般是一致的；对短期租赁和低价值资产租赁以外的其他所有租赁均应确认使用权资产和租赁负债，并分别计提折旧和利息费用。而企业所得税法规定仍然将租入固定资产分为经营租赁和融资租赁。根据上述会计准则与税法规定，对租入固定资产初始计量的税会差异分析如下：

1. 企业所得税法规定认定为经营租赁

此时会计上应确认使用权资产及租赁负债，并分别计提折旧、确认利息费用，企业所得税法规定只对租赁费支出按照租赁期限均匀扣除，后续对会计上确认的利息费用和折旧费用税法不允许在税前扣除，因此在对租赁费支出进行纳税调减的同时还需对利息费用和折旧费用予以纳税调增。

2. 企业所得税法规定认定为融资租赁

此时会计上仍应确认使用权资产及租赁负债，并分别计提折旧、确认利息费用，企业所得税法规定以租赁合同约定的付款总额和承租人在签订租赁合同过程中发生的相关费用作为租入固定资产的计税基础（租赁合同未约定付款总额的，以该资产的公允价值和承租人在签订租赁合同过程中发生的相关费用为计税基础），后续除对会计准则和税法折旧的差异进行调整外，还应对租赁负债所确认的利息费用进行纳税调增。

七、其他方式取得固定资产初始计量的差异

除以上方式外，非货币性资产交换、债务重组、企业合并、政府补助等方式取得的固定资产的初始计量，在相关会计准则和税收法规中分别做出了规定，其税会差异分析可参见本书其他对应准则中的内容。

案例分析

【例 4-1】 甲企业适用的所得税税率为 25%，2021 年 12 月采取分期付款的形式购买了一台无须安装的机器用于生产，于 12 月 31 日投入使用。根据合同约定，该机器价款 500 万元，2022—2026 年每年的 6 月 30 日和 12 月 31 日支付 50 万元。甲企业适用的 6 个月折现率为 10%，该机器预计使用期限为 10 年，无净残值，会计和税法均采用直线法计提折旧（见表 4-1）。

表 4-1　　　　　　　税会差异分析

会计处理	税收处理	税会差异分析
（1）2021 年末固定资产入账		
该固定资产购买价款现值 = 50 ×（P/A，10%，10）= 307.23（万元），固定资产入账价值为 307.23 万元	固定资产的计税基础为 500 万元	因该固定资产的初始确认不是产生于企业合并交易，同时在确认时既不影响会计利润也不影响应纳税所得额，不确认有关暂时性差异的所得税影响
（2）2022 年 6 月 30 日和 2022 年 12 月 31 日分期付款		
甲企业支付分期付款 50 万元并分别摊销未确认融资费用 30.72 万元和 28.80 万元	税收上不存在未确认融资费用的摊销，其摊销金额不得税前扣除	未确认融资费用摊销额 59.52 万元应纳税调增
（3）2022 年 12 月 31 日累计折旧		
该固定资产 2022 年会计折旧 = 307.23 ÷ 10 = 30.72（万元），年末账面价值 = 307.23 - 30.72 = 276.51（万元）	该固定资产 2022 年税收折旧 = 500 ÷ 10 = 50（万元），年末计税基础 = 500 - 50 = 450（万元）	2022 年税法允许扣除的折旧金额为 50 万元，其与会计计提折旧之间差异 19.28 万元应进行纳税调减

第三节　固定资产计提折旧的会计与税法差异

会计准则中折旧的定义是指在固定资产使用寿命内，按照确定的方法对应计折旧额进行系统分摊，税法中的折旧是指固定资产按税法规定的折旧年限和方法计算确定的允许在企业所得税前扣除的折旧。二者对折旧的表述类似，但对于某一项固定资产，由于会计和税法在折旧范围、折旧基数、折旧方法、折旧年限等方面的具体规定不同，会导致企业所得税上的暂时性或永久性差异。

一、折旧范围不同导致的差异

（一）折旧范围的会计处理

根据《企业会计准则第4号——固定资产》（财会〔2006〕3号）第十四条规定：企业应当对所有固定资产计提折旧。但是，已提足折旧仍继续使用的固定资产和单独计价入账的土地除外。

在确定计提折旧的范围时应注意：固定资产提足折旧后，不论能继续使用，均不再计提折旧，提前报废的固定资产也不再补提折旧。已达到预定可使用状态但尚未办理竣工决算的固定资产，应当按照估计价值确定其成本、并计提折旧，待办理竣工决算后再按实际成本调整原来的暂估价值，但不需要调整原已计提的折旧额。

（二）折旧范围的税法处理

【企业所得税】

根据《中华人民共和国企业所得税法》（中华人民共和国主席令第23号）第十一条规定：在计算应纳税所得额时，企业按照规定计算的固定资产折旧，准予扣除。下列固定资产不得计算折旧扣除：（一）房屋、建筑物以外未投入使用的固定资产；（二）以经营租赁方式租入的固定资产；（三）以融资租赁方式租出的固定资产；（四）已足额提取折旧仍继续使用的固定资产；（五）与经营活动无关的固定资产；（六）单独估价作为固定资产入账的土地；（七）其他不得计算折旧扣除的固定资产。

根据《财政部 国家税务总局关于财政性资金 行政事业性收费 政府性基金有关企业所得税政策问题的通知》（财税〔2008〕151号）第三条规定：企业的不征税收入用于支出所形成的费用，不得在计算应纳税所得额时扣除；企业的不征税收入用于支出所形成的资产，其计算的折旧、摊销不得在计算应纳税所得额时扣除。

（三）折旧范围的税会差异分析

会计准则和企业所得税法都规定了已足额提取折旧仍继续使用的固定资产和单独计价入账的土地不计提折旧，其税会处理是一致的。

对于房屋、建筑物以外未投入使用的固定资产和与经营活动无关的固定资产，会计上仍计提折旧，而根据企业所得税税前扣除的相关性原则，其折旧属于与生产经营无关的支出，不得扣除，税收折旧为零，由此会不可避免地产生税会差异。此外，不征税收入用于支出形成的固定资产，会计上计提的折旧也不得在税前扣除。对上述会计计提折旧与税法不得计算折旧扣除之间的差异应进行企业所得税纳税调整。

二、折旧基数不同导致的差异

（一）折旧基数的会计处理

根据《企业会计准则第 4 号——固定资产》（财会〔2006〕3 号）第七条规定：固定资产应当按照成本进行初始计量。

根据《〈企业会计准则第 4 号——固定资产〉应用指南》（财会〔2006〕18 号）第一条第（二）款规定：已达到预定可使用状态但尚未办理竣工决算的固定资产，应当按照估计价值确定其成本，并计提折旧；待办理竣工决算后，再按实际成本调整原来的暂估价值，但不需要调整原已计提的折旧额。

（二）折旧基数的税法处理

【企业所得税】

根据《中华人民共和国企业所得税法实施条例》（中华人民共和国国务院令第 714 号）第五十六条规定：企业的各项资产，包括固定资产、生物资产、无形资产、长期待摊费用、投资资产、存货等，以历史成本为计税基础。企业持有各项资产期间资产增值或者减值，除国务院财政、税务主管部门规定可以确认损益外，不得调整该资产的计税基础。

根据《国家税务总局关于贯彻落实企业所得税法若干税收问题的通知》（国税函〔2010〕79 号）第五条规定：企业固定资产投入使用后，由于工程款项尚未结清未取得全额发票的，可暂按合同规定的金额计入固定资产计税基础计提折旧，待发票取得后进行调整。但该项调整应在固定资产投入使用后 12 个月内进行。

（三）折旧基数的税会差异分析

固定资产的折旧基数是企业计提固定资产折旧的依据，在会计准则和企业所得税法中分别指初始计量和计税基础，固定资产准则和企业所得税法都以成本作为初始计量或计税基础，但在具体取得方式下的规定有所不同，而固定资产减值准备的计提也会导致税会差异并进一步影响折旧的计提，此类差异分析分别见本章第二节"固定资产初始计量的会计与税法差异"、第五节"固定资产计提减值的会计与税法差异"。

需要注意的是，对于在建工程已完工并达到预定可使用状态，且固定资产实际已经使用并取得收益，但由于工程款项尚未结清而未取得全额发票的，会计上可暂估入账，在办理竣工决算后，调整固定资产入账价值，但不需要调整已计提的折旧额，而企业所得税法强调要在投入使用后 12 个月内进行调整，对估价计提折旧与实际到票计提折旧之间的差额，仍应做纳税调整，如果跨年度的，还应当追溯到所属年度进行纳税调整。

三、折旧方法不同导致的差异

（一）折旧方法的会计处理

根据《企业会计准则第 4 号——固定资产》（财会〔2006〕3 号）第十七条规定：企业应当根据与固定资产有关的经济利益的预期实现方式，合理选择固定资产折旧方法。可选用的折旧方法包括年限平均法、工作量法、双倍余额递减法和年数总和法等。固定资产的折旧方法一经确定，不得随意变更。

（二）折旧方法的税法处理

【企业所得税】

根据《中华人民共和国企业所得税法实施条例》（中华人民共和国国务院令第 714 号）第五十九条规定：固定资产按照直线法计算的折旧，准予扣除。即税法一般采用直线法计算固定资产折旧，但为了鼓励企业技术改造、创业创新，引导企业加大设备、器具投资力度，财政部和税务总局出台了一系列政策，允许企业在符合条件时进行加速折旧。

（三）折旧方法的税会差异分析

会计准则规定对折旧方法的选择具有一定的灵活性，企业可根据与固定资产有关的经济利益的预期实现方式，合理选择固定资产折旧方法，而企业所得税法则规定了不同条件下企业可以采取的固定资产累计折旧税前扣除政策，除了直线法均匀扣除外，还包括加速折旧、缩短折旧年限和一次性扣除，因此当分别采取不同的折旧方法时将会导致税会差异，其中，在采用缩短折旧年限和一次性扣除的税务处理方式时，由于会计上不存在此类折旧方法，必然会产生税会差异，而即使采用相同的折旧方法（如会计处理和税务处理均采用加速折旧方法）也可能因为折旧年限、会计变更等原因产生税会差异。如果因为折旧方法不同导致计提的折旧与按企业所得税规定计算的允许税前扣除的折旧存在差异的，应按照差异金额进行企业所得税纳税调整。

四、折旧年限不同导致的差异

（一）折旧年限的会计处理

根据《企业会计准则第 4 号——固定资产》（财会〔2006〕3 号）第十七

条规定：企业应当根据固定资产的性质和使用情况，合理确定固定资产的使用寿命。固定资产的使用寿命一经确定，不得随意变更。

（二）折旧年限的税法处理

【企业所得税】

根据《中华人民共和国企业所得税法实施条例》（中华人民共和国国务院令第714号）第六十条规定：除国务院财政、税务主管部门另有规定外，固定资产计算折旧的最低年限如下：（一）房屋、建筑物，为20年；（二）飞机、火车、轮船、机器、机械和其他生产设备，为10年；（三）与生产经营活动有关的器具、工具、家具等，为5年；（四）飞机、火车、轮船以外的运输工具，为4年；（五）电子设备，为3年。

根据《中华人民共和国企业所得税法》（中华人民共和国主席令第23号）第三十二条规定：企业的固定资产由于技术进步等原因，确需加速折旧的，可以缩短折旧年限或者采取加速折旧的方法。《中华人民共和国企业所得税法实施条例》第九十八条规定：采取缩短折旧年限方法的，最低折旧年限不得低于本条例第六十条规定折旧年限的60%。

根据《财政部 国家税务总局关于进一步鼓励软件产业和集成电路产业发展企业所得税政策的通知》（财税〔2012〕27号）第七条规定：企业外购的软件，凡符合固定资产或无形资产确认条件的，可以按照固定资产或无形资产进行核算，其折旧或摊销年限可以适当缩短，最短可为2年（含）。第八条规定：集成电路生产企业的生产设备，其折旧年限可以适当缩短，最短可为3年（含）。

（三）折旧年限的税会差异分析

会计准则规定企业根据固定资产的性质和使用情况，合理确定固定资产的使用寿命，而企业所得税则规定了不同类型固定资产的最低折旧年限，另外，相关税收优惠政策也允许企业缩短折旧年限，这会导致折旧年限上的税会差异。为了减少这方面的税会差异，方便纳税人纳税申报和税务机关税收征管，《国家税务总局关于企业所得税应纳税所得额若干税务处理问题的公告》（国家税务总局公告2012年第15号）第八条规定，对企业依据财务会计制度规定，并实际在财务会计处理上已确认的支出，凡没有超过《企业所得税法》和有关税收法规规定的税前扣除范围和标准的，可按企业实际会计处理确认的支出，在企业所得税前扣除，计算其应纳税所得额。《国家税务总局关于企业所得税应纳税所得额若干问题的公告》（国家税务总局公告2014年第29号）第五条进一步明确了固定资产折旧年限差异的处理方式：

第一，企业固定资产会计折旧年限如果短于税法规定的最低折旧年限，其按会计折旧年限计提的折旧高于按税法规定的最低折旧年限计提的折旧部分，应调增当期应纳税所得额；企业固定资产会计折旧年限已期满且会计折旧已提足，但税法规定的最低折旧年限尚未到期且税收折旧尚未足额扣除，其未足额扣除的部分准予在剩余的税收折旧年限继续按规定扣除。

第二，企业固定资产会计折旧年限如果长于税法规定的最低折旧年限，其折旧应按会计折旧年限计算扣除，税法另有规定除外。

第三，企业按税法规定实行加速折旧的，其按加速折旧办法计算的折旧额可全额在税前扣除。

五、使用寿命、预计净残值和折旧方法会计变更导致的差异

（一）固定资产折旧变更的会计处理

根据《企业会计准则第 4 号——固定资产》（财会〔2006〕3 号）第十九条规定：企业至少应当于每年年度终了，对固定资产的使用寿命、预计净残值和折旧方法进行复核。使用寿命预计数与原先估计数有差异的，应当调整固定资产使用寿命。预计净残值预计数与原先估计数有差异的，应当调整预计净残值。

（二）固定资产折旧变更的税法处理

【企业所得税】

根据《中华人民共和国企业所得税法》（中华人民共和国主席令第 23 号）第三十二条规定：企业的固定资产由于技术进步等原因，确需加速折旧的，可以缩短折旧年限或者采取加速折旧的方法。

根据《中华人民共和国企业所得税法实施条例》（中华人民共和国国务院令第 714 号）第五十九条规定：企业应当根据固定资产的性质和使用情况，合理确定固定资产的预计净残值。固定资产的预计净残值一经确定，不得变更。

（三）固定资产折旧变更的税会差异分析

会计准则规定允许企业根据实际情况对固定资产的使用寿命、预计净残值和折旧方法进行调整，企业所得税上规定不得变更预计净残值，对折旧年限和折旧方法的调整也应当在税法允许的范围内进行。如果进行会计变更后采用未来适用法计提的折旧与按税法规定计算的允许税前扣除的折旧存在税会差异的，应按照差异金额进行企业所得税纳税调整。

案例分析

【例4-2】 甲企业适用的所得税税率为25%，2020年12月购入某电子设备，当月取得的增值税专用发票上注明的采购价格为6万元，采用年限平均法计提折旧，预计使用年限和税法最低折旧年限均为3年，假定会计上按年限平均法计提折旧，预计净残值为0.3万元，因符合财税〔2018〕54号的规定条件，企业选择在企业所得税前一次性扣除（见表4-2）。

表4-2　　　　　　　　　税会差异分析

会计处理	税收处理	税会差异分析
（1）2020年12月固定资产入账		
购进时该固定资产入账价值为6万元	购进时该固定资产计税基础为6万元	—
（2）2021年计提折旧		
2021年该固定资产会计折旧=（6-0.3）÷3=1.9（万元），2021年年末该固定资产账面价值=6-1.9=4.1（万元）	2021年该固定资产税收折旧=6（万元），年末计税基础为0	该固定资产2021年税法允许扣除的折旧金额为6万元，会计上计提的折旧金额为1.9万元，其税会差异应进行纳税调整； 年末累计应纳税暂时性差异=4.1-0=4.1（万元），年末递延所得税负债余额=4.1×25%=1.025（万元），应确认递延所得税负债为1.025万元
（3）2022年计提折旧		
2022年该固定资产会计折旧=（6-0.3）÷3=1.9（万元），2022年年末该固定资产账面价值=6-1.9×2=2.2（万元）	2022年该固定资产税收折旧为0，年末计税基础为0	该固定资产2022年税法允许扣除的折旧金额为0，会计上计提的折旧金额为1.9万元，其税会差异应进行纳税调整； 年末累计应纳税暂时性差异=2.2-0=2.2（万元），年末递延所得税负债余额=2.2×25%=0.55（万元），应确认递延所得税负债=0.55-1.025=-0.475（万元）
（4）2023年计提折旧		
2023年该固定资产会计折旧=（6-0.3）÷3=1.9（万元），2023年年末该固定资产账面价值=6-1.9×3=0.3（万元）	2022年该固定资产税收折旧为0万元，年末计税基础为0	该固定资产2023年税法允许扣除的折旧金额为0，会计上计提的折旧金额为1.9万元，其税会差异应进行纳税调整； 年末累计应纳税暂时性差异=0.3-0=0.3（万元），年末递延所得税负债余额=0.3×25%=0.075（万元），应确认递延所得税负债=0.075-0.55=-0.475（万元）

第四节 固定资产后续支出的会计与税法差异

会计准则中固定资产后续支出的定义是指固定资产在使用过程中发生的更新改造支出、修理费用等,其会计处理原则是根据是否符合固定资产确认条件分别予以资本化和费用化,税法中则规定了改建支出、大修理支出等应资本化的情形。因此,在固定资产后续支出上会计和税法的主要差异在于对资本化和费用化选择不同时的处理不一致。

一、固定资产改建支出的差异

(一)固定资产改建支出的会计处理

根据《〈企业会计准则第4号——固定资产〉应用指南》(财会〔2006〕18号)第二条规定:固定资产的更新改造等后续支出,满足本准则第四条规定确认条件的,应当计入固定资产成本,如有被替换的部分,应扣除其账面价值;不满足本准则第四条规定确认条件的固定资产修理费用等,应当在发生时计入当期损益。

根据《〈企业会计准则第4号——固定资产〉应用指南》(财会〔2006〕18号)第五条规定:企业以经营租赁方式租入的固定资产发生的改良支出,应予资本化,作为长期待摊费用,合理进行摊销。

(二)固定资产改建支出的税法处理

【企业所得税】

根据《中华人民共和国企业所得税法》(中华人民共和国主席令第23号)第十三条规定:在计算应纳税所得额时,企业发生的下列支出作为长期待摊费用,按照规定摊销的,准予扣除:(一)已足额提取折旧的固定资产的改建支出;(二)租入固定资产的改建支出;(三)固定资产的大修理支出;(四)其他应当作为长期待摊费用的支出。

根据《中华人民共和国企业所得税法实施条例》(中华人民共和国国务院令第714号)第五十八条第(六)款规定:改建的固定资产,除企业所得税法第十三条第(一)项和第(二)项规定的支出外,以改建过程中发生的改建支出增加计税基础。第六十八条规定:企业所得税法第十三条第(一)项和第(二)项所称固定资产的改建支出,是指改变房屋或者建筑物结构、延长使用年限等发生的支出。企业所得税法第十三条第（一）项规定的支出，按照固定资产预计尚可使用年限分期摊销；第（二）项规定的支出，按照合同约定的剩余租赁期限分期摊销。改建的固定资产延长使用年限的，除企业所得税法第十三条第（一）项和第（二）项规定外，应当适当延长折旧年限。

根据《国家税务总局关于企业所得税若干问题的公告》（国家税务总局公告2011年第34号）第四条规定：企业对房屋、建筑物固定资产在未足额提取折旧前进行改扩建的，如属于推倒重置的，该资产原值减除提取折旧后的净值，应并入重置后的固定资产计税成本，并在该固定资产投入使用后的次月起，按照税法规定的折旧年限，一并计提折旧；如属于提升功能、增加面积的，该固定资产的改扩建支出，并入该固定资产计税基础，并从改扩建完工投入使用后的次月起，重新按税法规定的该固定资产折旧年限计提折旧，如该改扩建后的固定资产尚可使用的年限低于税法规定的最低年限的，可以按尚可使用的年限计提折旧。

（三）固定资产改建支出的税会差异分析

会计准则规定固定资产改建支出根据是否符合固定资产确认条件分别进行资本化和费用化，对经营租赁方式租入的固定资产发生的改良支出应当资本化；企业所得税法规定，对除房屋、建筑物外其他固定资产的改建支出应增加其计税基础，而对改变房屋或者建筑物结构、延长使用年限等发生的改建支出则根据不同情形进行相应的税务处理。

固定资产改建支出企业所得税和会计处理见表4-3。

根据以上企业所得税处理与会计处理规定，对固定资产改建支出的税会差异分析如下：

1. 对除房屋、建筑物外其他固定资产而言

会计上对改建支出进行资本化的，企业所得税和会计一般不产生差异。会计上对改建支出进行费用化的，固定资产账面价值不变，计税基础增加，导致会计和税收折旧上的差异，应按照该差异金额进行企业所得税纳税调整。

2. 对自有未提足折旧的房屋建筑物而言

会计上对改建支出进行资本化且按重新确定的预计尚可使用年限计提折旧的，在提升功能，增加面积时企业所得税法和会计一般不产生差异；在推倒重置时原资产净值并入重置资产的计税成本，与会计上确认的重置资产原价产生差异，每年需对由此产生的折旧差异进行企业所得税纳税调整。会计上对改建支出进行费用化的，固定资产账面价值不变，计税基础增加，导致会计和税收折旧上的差异，应按照该差异金额进行企业所得税纳税调整。

表 4-3　　　　　　　固定资产改建支出企业所得税和会计处理

情形			企业所得税处理	会计处理
除房屋、建筑物外其他固定资产			以改建过程中发生的改建支出增加计税基础	发生符合固定资产确认条件的改建支出时应将固定资产账面价值转入在建工程，同时停止计提折旧，在后续支出完工并达到预定可使用状态时，再从在建工程转为固定资产，并按重新确定的固定资产原价、使用寿命、预计净残值和折旧方法计提折旧，而不符合固定资产确认条件的改建支出应计入当期损益。以经营租赁方式租入的固定资产发生的改良支出，应予资本化，作为长期待摊费用，合理进行摊销
房屋建筑物	自有房屋建筑物	已提足折旧	作为长期待摊费用按照固定资产预计尚可使用年限分期摊销扣除	
		未提足折旧 推倒重置	原值减除提取折旧后的净值，并入重置后的固定资产计税成本，在该固定资产投入使用后的次月起，按税法规定的折旧年限一并计提折旧	
		未提足折旧 提升功能增加面积	改扩建支出并入该固定资产计税基础，从改扩建完工投入使用后的次月起，重新按税法规定的折旧年限计提折旧；如该改扩建后的固定资产尚可使用的年限低于税法规定的最低年限的，可按尚可使用的年限计提折旧	
	租入房屋、建筑物		作为长期待摊费用按照合同约定的剩余租赁期限分期摊销扣除	

3. 对自有已提足折旧的房屋建筑物而言

会计上对改建支出进行资本化作为长期待摊费用摊销的，企业所得税和会计一般不产生差异，但企业所得税法明确了摊销期限为预计尚可使用年限，会计准则中未予以明确，如果会计处理时摊销期限与合同约定的剩余租赁期限不一致，将导致会计和税法摊销金额的差异，应按照该差异金额进行企业所得税纳税调整。会计上对改建支出进行费用化的，该固定资产会计摊销为零，企业所得税进行分期摊销，导致会计和税法摊销金额的差异，应按照该差异金额进行企业所得税纳税调整。

4. 对租入房屋建筑物而言

会计和企业所得税法均规定作为长期待摊费用分期摊销，一般不产生差异，但企业所得税法明确了摊销期限为合同约定的剩余租赁期限，会计准则中未予以明确，如果会计处理时摊销期限与合同约定的剩余租赁期限不一致，将导致会计和税法摊销金额的差异，应按照该差异金额进行企业所得税纳税调整。

二、固定资产修理支出的差异

（一）固定资产修理支出的会计处理

根据《〈企业会计准则第 4 号——固定资产〉应用指南》（财会〔2006〕18 号）第二条规定：固定资产的更新改造等后续支出，满足本准则第四条规定确认条件的，应当计入固定资产成本，如有被替换的部分，应扣除其账面价值；不满足本准则第四条规定确认条件的固定资产修理费用等，应当在发生时计入当期损益。

（二）固定资产修理支出的税法处理

【企业所得税】

根据《中华人民共和国企业所得税法》（中华人民共和国主席令第 23 号）第十三条规定：在计算应纳税所得额时，企业发生的下列支出作为长期待摊费用，按照规定摊销的，准予扣除……（三）固定资产的大修理支出……

根据《中华人民共和国企业所得税法实施条例》（中华人民共和国国务院令第 714 号）第六十九条规定：企业所得税法第十三条第（三）项所称固定资产的大修理支出，是指同时符合下列条件的支出：（一）修理支出达到取得固定资产时的计税基础 50% 以上；（二）修理后固定资产的使用年限延长 2 年以上。

企业所得税法第十三条第（三）项规定的支出，按照固定资产尚可使用年限分期摊销。

（三）固定资产修理支出的税会差异分析

会计准则规定固定资产修理支出根据是否符合固定资产确认条件分别予以资本化和费用化；企业所得税法规定，按修理支出占计税基础的比例和延长使用的年限分为一般修理和大修理支出。在实务操作中，对固定资产修理的会计和税法处理一般是一致的，即会计上资本化的在企业所得税上也同时满足大修理支出的条件，会计上费用化的企业所得税法规定也可在当期税前扣除。

案例分析

【例 4-3】甲企业适用的所得税税率为 25%，2021 年年末因经营需要将原办公大楼推倒重置，该大楼账面原值 2 000 万元，至推倒重置前累计已计提折旧 1 140 万元，为拆除大楼发生费用 80 万元。2022 年 12 月新大楼完工并办理验收手续，发生相关支出合计 5 200 万元，使用年限 50 年，会计采用年限平均法计提折旧，预计净残值率 5%，税法规定该固定资产的最低折旧年限为 20 年，假设不考虑增值税（见表 4-4）。

表 4-4　　　　　　　　　税会差异分析

会计处理	税收处理	税会差异分析
（1）2021 年年末原固定资产处置		
会计上确认的处置非流动资产损失 =（2 000 - 1 140）+ 80 = 940（万元）	会计上确认的处置非流动资产损失不得全额税前扣除，只能就拆除大楼发生费用 80 万元进行税前扣除	其净值部分损失 860 万元应纳税调增
（2）重置后固定资产折旧		
该固定资产重置入账价值 = 5 200（万元），会计上每年计算的折旧 = 5 200 ×（1 - 5%）÷ 50 = 98.8（万元）	该固定资产重置时其原值减除提取折旧后的净值，并入重置后的固定资产计税成本，计税基础 =（2 000 - 1 140）+ 5 200 = 6 060（万元），税法上每年可以税前扣除的折旧 = 6 060 ×（1 - 5%）÷ 50 = 115.14（万元）	该固定资产每年税法允许扣除的折旧金额为 115.14 万元，会计上计提的折旧金额为 98.8 万元，其差额 16.34 万元应当纳税调减

第五节　固定资产计提减值的会计与税法差异

会计准则和税法对固定资产计提减值的差异主要在于税法上不确认会计计提的固定资产减值准备，计算税法应计折旧额时也不扣除已计提的固定资产减值准备累计金额，该差异在企业所得税上属于暂时性差异。

一、固定资产计提减值的会计处理

根据《企业会计准则第 4 号——固定资产》（财会〔2006〕3 号）第二十条规定：固定资产的减值，应当按照《企业会计准则第 8 号——资产减值》处理。

根据《企业会计准则第 8 号——资产减值》（财会〔2006〕3 号）第十五条规定：可收回金额的计量结果表明，资产的可收回金额低于其账面价值的，应当将资产的账面价值减记至可收回金额，减记的金额确认为资产减值损失，计入当期损益，同时计提相应的资产减值准备。

二、固定资产计提减值的税法处理

【企业所得税】

根据《中华人民共和国企业所得税法》(中华人民共和国主席令第23号)第十条规定：在计算应纳税所得额时，下列支出不得扣除……（七）未经核定的准备金支出……

根据《中华人民共和国企业所得税法实施条例》(中华人民共和国国务院令第714号)第五十五条规定：企业所得税法第十条第（七）项所称未经核定的准备金支出，是指不符合国务院财政、税务主管部门规定的各项资产减值准备、风险准备等准备金支出。第五十六条规定：企业持有各项资产期间资产增值或者减值，除国务院财政、税务主管部门规定可以确认损益外，不得调整该资产的计税基础。

根据《国家税务总局关于企业所得税应纳税所得额若干问题的公告》(国家税务总局公告2014年第29号)第五条第（三）款规定：企业按会计规定提取的固定资产减值准备，不得税前扣除，其折旧仍按税法确定的固定资产计税基础计算扣除。

三、固定资产计提减值的税会差异分析

会计准则规定固定资产的可收回金额低于其账面价值时应计提减值准备，企业所得税法规定对会计上计提的固定资产减值准备在损失真实发生前不允许税前扣除；会计上在资产减值损失确认后，固定资产的折旧也应当在未来期间做相应调整；而企业所得税法规定固定资产减值不得调整该资产的计税基础，其折旧仍按原计税基础计算扣除。以上原因导致固定资产计提减值后账面价值和计税基础间产生差异，应进行企业所得税纳税调整。

案例分析

【例4-4】甲企业适用的所得税税率为25%，2021年3月31日购入某机器设备，成本为5 000万元，使用年限为10年，会计采用年限平均法计提折旧，预计净残值为零。税法规定该固定资产的最低折旧年限为10年，同时符合加速折旧条件，采用双倍余额递减法计提折旧，预计净残值为零。2022年12月31日，估计该项固定资产的可收回金额为3 500万元（见表4-5）。

表 4-5　　　　　　　　　税会差异分析

会计处理	税收处理	税会差异分析
（1）2021年3月31日固定资产购入		
购进时该固定资产入账价值为5 000万元	购进时该固定资产计税基础为5 000万元	—
（2）2021年计提折旧		
2021年该固定资产会计折旧＝5 000÷10×9÷12＝375（万元），2021年年末该固定资产账面价值＝5 000－375＝4 625（万元）	2021年该固定资产税收折旧＝5 000×2÷10×9÷12＝750（万元），年末计税基础＝5 000－750＝4 250（万元）	该固定资产2021年税法允许扣除的折旧金额为750万元，会计上计提的折旧金额为375万元，其税会差异应进行纳税调整；年末应纳税暂时性差异余额＝4 625－4 250＝375（万元），确认递延所得税负债＝375×25%＝93.75（万元）
（3）2022年计提折旧		
2022年该固定资产会计折旧＝5 000÷10＝500（万元），2022年年末计提减值准备前的账面价值＝5 000－375－500＝4 125（万元）	2021年该固定资产税收折旧＝5 000×2÷10×3÷12＋4 000×2÷10×9÷12＝850（万元）	该固定资产2021年税法允许扣除的折旧金额为850万元，会计上计提的折旧金额为500万元，其税会差异应进行纳税调整
（4）2022年年末计提资产减值准备		
固定资产计提减值准备前的账面价值为4 125万元，大于可收回金额3 500万元，应计提625万元的固定资产减值准备，年末账面价值＝5 000－375－500－625＝3 500（万元）	企业按会计规定提取的固定资产减值准备，不得税前扣除，其折旧仍按税法确定的固定资产计税基础计算扣除，年末计税基础＝5 000－750－850＝3 400（万元）	企业按会计规定提取的固定资产减值准备625万元不得税前扣除，应当进行纳税调整；年末累计应纳税暂时性差异＝3 500－3 400＝100（万元），年末递延所得税负债余额＝100×25%＝25（万元），应确认递延所得税负债＝25－93.75＝－68.75（万元）

第六节　固定资产处置的会计与税法差异

会计准则规定固定资产处置包括出售、转让、报废或毁损等形式，而税法规定除上述形式外，还可能存在非货币性资产交换、赞助、集资、捐赠、样品、偿债、广告、职工福利或利润分配等视同销售行为。此外，税法在成本、费用和损失的扣除方面也可能与会计准则规定不一致。

一、固定资产出售、转让的差异

（一）固定资产出售、转让的会计处理

根据《企业会计准则第 4 号——固定资产》（财会〔2006〕3 号）第二十三条规定：企业出售、转让、报废固定资产或发生固定资产毁损，应当将处置收入扣除账面价值和相关税费后的金额计入当期损益。固定资产的账面价值是固定资产成本扣减累计折旧和累计减值准备后的金额。

（二）固定资产出售、转让的税法处理

【增值税】

1. 出售、转让动产

根据《财政部 国家税务总局关于全国实施增值税转型改革若干问题的通知》（财税〔2008〕170 号）、《财政部 国家税务总局关于部分货物适用增值税低税率和简易办法征收增值税政策的通知》（财税〔2009〕9 号）、《国家税务总局关于一般纳税人销售自己使用过的固定资产增值税有关问题的公告》（国家税务总局公告 2012 年第 1 号）、《国家税务总局关于简并增值税征收率有关问题的公告》（国家税务总局公告 2014 年第 36 号）及《营业税改征增值税试点有关事项的规定》（财税〔2016〕36 号附件 2）的规定，一般纳税人销售自己使用过的固定资产（动产），按照不同情况缴纳增值税：

（1）一般纳税人销售自己使用过的属于条例第十条规定不得抵扣且未抵扣进项税额的固定资产，按照简易办法依照 3% 征收率减按 2% 征收增值税。

（2）一般纳税人销售自己使用过的 2009 年 1 月 1 日（摩托车、汽车、游艇为 2013 年 8 月 1 日）以后购进或者自制的固定资产，按照适用税率征收增值税。

（3）一般纳税人销售自己使用过的、纳入营改增试点之日前取得的固定资产，按照现行旧货相关增值税政策执行。

2. 出售、转让不动产

根据《营业税改征增值税试点实施办法》（财税〔2016〕36 号附件 1）所附《销售服务、无形资产、不动产注释》第三条规定：销售不动产，是指转让不动产所有权的业务活动。《国家税务总局关于发布〈纳税人转让不动产增值税征收管理暂行办法〉的公告》（国家税务总局公告 2016 年第 14 号）第二条、第三条规定：取得的不动产，一般纳税人转让其取得的不动产，包括

以直接购买、接受捐赠、接受投资入股、自建以及抵债等各种形式取得的不动产，按照以下规定缴纳增值税：

（1）一般纳税人转让其 2016 年 4 月 30 日前取得（不含自建）的不动产，可以选择适用简易计税方法计税，以取得的全部价款和价外费用扣除不动产购置原价或者取得不动产时的作价后的余额为销售额，按照 5% 的征收率计算应纳税额。纳税人应按照上述计税方法向不动产所在地主管税务机关预缴税款，向机构所在地主管税务机关申报纳税。

（2）一般纳税人转让其 2016 年 4 月 30 日前自建的不动产，可以选择适用简易计税方法计税，以取得的全部价款和价外费用为销售额，按照 5% 的征收率计算应纳税额。纳税人应按照上述计税方法向不动产所在地主管税务机关预缴税款，向机构所在地主管税务机关申报纳税。

（3）一般纳税人转让其 2016 年 4 月 30 日前取得（不含自建）的不动产，选择适用一般计税方法计税的，以取得的全部价款和价外费用为销售额计算应纳税额。纳税人应以取得的全部价款和价外费用扣除不动产购置原价或者取得不动产时的作价后的余额，按照 5% 的预征率向不动产所在地主管税务机关预缴税款，向机构所在地主管税务机关申报纳税。

（4）一般纳税人转让其 2016 年 4 月 30 日前自建的不动产，选择适用一般计税方法计税的，以取得的全部价款和价外费用为销售额计算应纳税额。纳税人应以取得的全部价款和价外费用，按照 5% 的预征率向不动产所在地主管税务机关预缴税款，向机构所在地主管税务机关申报纳税。

（5）一般纳税人转让其 2016 年 5 月 1 日后取得（不含自建）的不动产，适用一般计税方法，以取得的全部价款和价外费用为销售额计算应纳税额。纳税人应以取得的全部价款和价外费用扣除不动产购置原价或者取得不动产时的作价后的余额，按照 5% 的预征率向不动产所在地主管税务机关预缴税款，向机构所在地主管税务机关申报纳税。

（6）一般纳税人转让其 2016 年 5 月 1 日后自建的不动产，适用一般计税方法，以取得的全部价款和价外费用为销售额计算应纳税额。纳税人应以取得的全部价款和价外费用，按照 5% 的预征率向不动产所在地主管税务机关预缴税款，向机构所在地主管税务机关申报纳税。

【企业所得税】

根据《中华人民共和国企业所得税法》（中华人民共和国主席令第 23 号）第八条规定：企业实际发生的与取得收入有关的、合理的支出，包括成本、费用、税金、损失和其他支出，准予在计算应纳税所得额时扣除。第十六条规定：企业转让资产，该项资产的净值，准予在计算应纳税所得额时扣除。

根据《中华人民共和国企业所得税法实施条例》（中华人民共和国国务院令第714号）第三十二条规定：企业所得税法第八条所称损失，是指企业在生产经营活动中发生的固定资产和存货的盘亏、毁损、报废损失，转让财产损失，呆账损失，坏账损失，自然灾害等不可抗力因素造成的损失以及其他损失。企业发生的损失，减除责任人赔偿和保险赔款后的余额，依照国务院财政、税务主管部门的规定扣除。第七十四条规定：企业所得税法第十六条所称资产的净值和第十九条所称财产净值，是指有关资产、财产的计税基础减除已经按照规定扣除的折旧、折耗、摊销、准备金等后的余额。

根据《国家税务总局关于发布〈企业资产损失所得税税前扣除管理办法〉的公告》（国家税务总局公告2011年第25号）第三条规定：准予在企业所得税税前扣除的资产损失，是指企业在实际处置、转让上述资产过程中发生的合理损失，以及企业虽未实际处置、转让上述资产，但符合《通知》和本办法规定条件计算确认的损失。

（三）固定资产出售、转让的税会差异分析

【增值税和会计准则差异】

会计准则规定固定资产出售或转让的，一般通过"固定资产清理"科目归集所发生的损益，将所产生的利益或损失转入"资产处置损益"科目；而增值税政策规定则应区分动产和不动产分别进行相应的税收处理。

【企业所得税和会计准则差异】

会计准则规定固定资产处于处置状态或预期通过使用或处置不能产生经济利益时，应终止确认，对出售、转让固定资产的，应将处置收入扣除账面价值和相关税费后的金额计入当期损益，该损益在"资产处置损益"科目反映；而企业所得税法规定出售、转让固定资产的，应以收入全额减除财产净值后的余额作为财产转让所得，如果在处置固定资产过程中发生合理损失的，该损失可以以减除责任人赔偿和保险赔款后的余额在税前扣除。虽然会计准则和企业所得税法对固定资产出售、转让的规定类似，但会计上的账面价值为资产原值减除会计上计提的折旧和减值准备后的余额，而企业所得税法规定的财产净值是指资产计税基础减除按规定允许税前扣除的折旧的余额，本章前几节已经介绍过，固定资产的原值（计税基础）和折旧可能存在税会上的差异，会计上计提的减值准备一般也不允许税前扣除，由此导致计算的资产处置损益不一致，其差额应当进行纳税调整。

二、固定资产报废、毁损的差异

（一）固定资产报废、毁损的会计处理

根据《企业会计准则第4号——固定资产》（财会〔2006〕3号）第二十三条规定：企业出售、转让、报废固定资产或发生固定资产毁损，应当将处置收入扣除账面价值和相关税费后的金额计入当期损益。固定资产的账面价值是固定资产成本扣减累计折旧和累计减值准备后的金额。

（二）固定资产报废、毁损的税法处理

【企业所得税】

根据《中华人民共和国企业所得税法》（中华人民共和国主席令第23号）第八条规定：企业实际发生的与取得收入有关的、合理的支出，包括成本、费用、税金、损失和其他支出，准予在计算应纳税所得额时扣除。

根据《中华人民共和国企业所得税法实施条例》（中华人民共和国国务院令第714号）第三十二条规定：企业所得税法第八条所称损失，是指企业在生产经营活动中发生的固定资产和存货的盘亏、毁损、报废损失，转让财产损失，呆账损失，坏账损失，自然灾害等不可抗力因素造成的损失以及其他损失。企业发生的损失，减除责任人赔偿和保险赔款后的余额，依照国务院财政、税务主管部门的规定扣除。

根据《财政部 国家税务总局关于企业资产损失税前扣除政策的通知》（财税〔2009〕57号）第八条规定：对企业毁损、报废的固定资产或存货，以该固定资产的账面净值或存货的成本减除残值、保险赔款和责任人赔偿后的余额，作为固定资产或存货毁损、报废损失在计算应纳税所得额时扣除。

（三）固定资产报废、毁损的税会差异分析

会计准则规定固定资产处于处置状态或预期通过使用或处置不能产生经济利益时，应终止确认，对报废固定资产或发生固定资产毁损的，应将处置收入扣除账面价值和相关税费后的金额计入当期损益，该损益在"营业外支出"科目反映；而税法规定对毁损、报废的固定资产，以该固定资产的账面净值减除残值、保险赔款和责任人赔偿后的余额，作为固定资产毁损、报废损失在计算应纳税所得额时扣除。会计准则和税法对固定资产报废、毁损的规定类似，但会计上的账面价值为资产原值减除会计上计提的折旧和减值准备后的余额，而企业所得税法规定的财产净值是指资产计税基础减除按规定允许税前扣除的折旧后的余额，本章之前几节已经介绍过，固定资产的原值（计税基础）和折旧可能存在税会上的差异，会计上计提的减值准备一般也不

允许税前扣除，由此导致计算的资产报废、毁损损失不一致，其差额应当进行纳税调整。

三、固定资产盘亏的差异

（一）固定资产盘亏的会计处理

根据《企业会计准则第 4 号——固定资产》（财会〔2006〕3 号）第二十三条规定：固定资产盘亏造成的损失，应当计入当期损益。

根据《财政部关于修订印发 2018 年度一般企业财务报表格式的通知》（财会〔2018〕15 号）中的项目说明规定："营业外支出"项目反映企业发生的除营业利润以外的支出，主要包括债务重组损失、公益性捐赠支出、非常损失、盘亏损失、非流动资产毁损报废损失等。

（二）固定资产盘亏的税法处理

【企业所得税】

根据《中华人民共和国企业所得税法》（中华人民共和国主席令第 23 号）第八条规定：企业实际发生的与取得收入有关的、合理的支出，包括成本、费用、税金、损失和其他支出，准予在计算应纳税所得额时扣除。

根据《中华人民共和国企业所得税法实施条例》（中华人民共和国国务院令第 714 号）第三十二条规定：企业所得税法第八条所称损失，是指企业在生产经营活动中发生的固定资产和存货的盘亏、毁损、报废损失，转让财产损失，呆账损失，坏账损失，自然灾害等不可抗力因素造成的损失以及其他损失。企业发生的损失，减除责任人赔偿和保险赔款后的余额，依照国务院财政、税务主管部门的规定扣除。

根据《财政部 国家税务总局关于企业资产损失税前扣除政策的通知》（财税〔2009〕57 号）第七条规定：对企业盘亏的固定资产或存货，以该固定资产的账面净值或存货的成本减除责任人赔偿后的余额，作为固定资产或存货盘亏损失在计算应纳税所得额时扣除。第十条规定：企业因存货盘亏、毁损、报废、被盗等原因不得从增值税销项税额中抵扣的进项税额，可以与存货损失一起在计算应纳税所得额时扣除。

（三）固定资产盘亏的税会差异分析

会计准则规定在财产清查中盘亏的固定资产，应将其账面价值转入"待处理财产损溢"科目，在按管理权限报经批准后，扣除可收回的保险赔偿或过失人赔偿后的余额作为盘亏损失在"营业外支出"科目反映；而企业所得税法规定对企业盘亏的固定资产，以该固定资产的账面净值减除责任人赔偿后的余额,作为固定资产盘亏损失在计算应纳税所得额时扣除。会计准则和企业所得税法对固定资产盘亏的规定类似,但会计上的账面价值为资产原值减除会计上计提的折旧和减值准备后的余额,而企业所得税法规定的财产净值是指资产计税基础减除按规定允许税前扣除的折旧后的余额,本章前几节已经介绍过,固定资产的原值(计税基础)和折旧可能存在税会上的差异,会计上计提的减值准备一般也不允许税前扣除,由此导致计算的盘亏损失不一致,其差额应当进行纳税调整。

四、固定资产对外捐赠的差异

(一) 固定资产对外捐赠的会计处理

现行会计准则中对固定资产对外捐赠的会计处理没有做出明确的规定,但根据《企业会计准则》附录——会计科目和主要账务处理中的解释,公益性捐赠支出应当计入营业外支出,实务中一般按照固定资产账面价值和视同销售的增值税之和作为固定资产的捐赠支出。

(二) 固定资产对外捐赠的税法处理

【企业所得税】

1. 捐赠的税法处理

(1) 限额扣除。根据《中华人民共和国企业所得税法》(中华人民共和国主席令第23号)第九条规定:企业发生的公益性捐赠支出,在年度利润总额12%以内的部分,准予在计算应纳税所得额时扣除;超过年度利润总额12%的部分,准予结转以后三年内在计算应纳税所得额时扣除。

(2) 全额扣除。根据《财政部 税务总局 国务院扶贫办关于企业扶贫捐赠所得税税前扣除政策的公告》(财政部 税务总局 国务院扶贫办公告2019年第49号)第一条规定:自2019年1月1日起至2022年12月31日止,企业通过公益性社会组织或者县级(含县级)以上人民政府及其组成部门和直属机构,用于目标脱贫地区的扶贫捐赠支出,准予在计算企业所得税应纳税所得额时据实扣除。(财政部 税务总局 人力资源社会保障部 国家乡村振兴局公告2021年第18号将优惠期间延长至2025年12月31日。)

(3) 不得扣除。企业发生的非公益性捐赠支出和不符合税前扣除条件的公益性捐赠支出不得税前扣除。

2. 视同销售的税法处理

根据《中华人民共和国企业所得税法实施条例》(中华人民共和国国务院令第714号)第二十五条规定:企业发生非货币性资产交换,以及将货物、财产、劳务用于捐赠、偿债、赞助、集资、广告、样品、职工福利或者利润分配等用途的，应当视同销售货物、转让财产或者提供劳务，但国务院财政、税务主管部门另有规定的除外。

根据《国家税务总局关于企业处置资产所得税处理问题的通知》（国税函〔2008〕828号）第二条第（五）款规定：企业将资产用于对外捐赠的，因资产所有权属已发生改变而不属于内部处置资产，应按规定视同销售确定收入。

根据《国家税务总局关于企业所得税有关问题的公告》（国家税务总局公告2016年第80号）第二条规定：企业发生《国家税务总局关于企业处置资产所得税处理问题的通知》（国税函〔2008〕828号）第二条规定情形的，除另有规定外，应按照被移送资产的公允价值确定销售收入。

（三）固定资产对外捐赠的税会差异分析

会计准则规定对于固定资产对外捐赠应计入当期损益，而税法规定将对外捐赠分为公益性捐赠和非公益性捐赠，其中非公益性捐赠支出不得税前扣除，而公益性捐赠中除符合条件的可以全额税前扣除外，其他部分的公益性捐赠支出应以年度利润总额的12%为限。因此，对于非公益性捐赠支出和超出限额的公益性捐赠支出，存在税会差异，应当予以纳税调整。

此外，将固定资产对外捐赠在企业所得税上属于对外移送资产，应当视同销售，企业所得税法规定应以公允价值作为视同销售收入，以可税前扣除的账面净值作为视同销售成本，其差额进行纳税调整。

五、其他方式处置固定资产的差异

除以上方式外，以非货币性资产交换、债务重组等方式处置固定资产在相关准则和税收法规中分别做出了规定，其税会差异分析可参见本书其他对应准则中的内容。

案例分析

【例4-5】甲企业适用的所得税税率为25%，2021年6月30日购入某机器设备，成本为1 000万元，使用年限为5年，会计采用年限平均法计提折旧，预计净残值为50万元。税法规定该固定资产的最低折旧年限为10年。2022年12月，甲企业因技术更新改造而将原购入的机器设备出售给其他企业，售价650万元（不含税），另支付评估费用3万元（不含税）（见表4-6）。

表 4 – 6　　　　　　　　　税会差异分析

会计处理	税收处理	税会差异分析
(1) 2021 年 6 月固定资产购入		
购进时该固定资产入账价值为 1 000 万元	购进时该固定资产计税基础为 1 000 万元	—
(2) 2021 年计提折旧		
2021 年该固定资产会计折旧 = (1 000 – 50) ÷ 5 × 6 ÷ 12 = 95（万元），2021 年年末该固定资产账面价值 = 1 000 – 95 = 905（万元）	2021 年该固定资产税收折旧 = (1 000 – 50) ÷ 10 × 6 ÷ 12 = 47.5（万元），年末计税基础 = 1 000 – 47.5 = 952.5（万元）	该固定资产 2021 年税法允许扣除的折旧金额为 47.5 万元，会计上计提的折旧金额为 95 万元，其税会差异应进行纳税调整；年末可抵扣暂时性差异余额 = 952.5 – 905 = 47.5（万元），确认递延所得税资产 = 47.5 × 25% = 11.875（万元）
(3) 2022 年计提折旧		
2022 年该固定资产会计折旧 = (1 000 – 50) ÷ 5 = 190（万元），2022 年年末该固定资产账面价值 = 905 – 190 = 715（万元）	2022 年该固定资产税收折旧 = (1 000 – 50) ÷ 10 = 95（万元），年末计税基础 = 952.5 – 95 = 857.5（万元）	该固定资产 2022 年税法允许扣除的折旧金额为 95（万元），会计上计提的折旧金额为 190（万元），其税会差异应进行纳税调整；年末可抵扣暂时性差异余额 = 857.5 – 715 = 142.5（万元），确认递延所得税资产 = 142.5 × 25% – 11.875 = 23.75（万元）
(4) 2022 年年末固定资产处置		
出售该机器设备时，会计上应确认资产处置损失 = (1 000 – 285) + 3 – 650 = 68（万元）	税法上所认可的资产处置损失 = (1 000 – 142.5) + 3 – 650 = 210.5（万元）	会计和税法的处置损失差异 142.5 万元应进行纳税调整，同时确认递延所得税资产 = – 35.625（万元）

■ 本章政策依据 ■

1. 《企业会计准则第 4 号——固定资产》（财会〔2006〕3 号）

2. 《企业会计准则第 8 号——资产减值》（财会〔2006〕3 号）

3. 《企业会计准则第 21 号——租赁》（财会〔2018〕35 号）

4. 《中华人民共和国企业所得税法》（中华人民共和国主席令第 23 号）

5. 《中华人民共和国企业所得税法实施条例》（中华人民共和国国务院令第 714 号）

6.《中华人民共和国增值税暂行条例实施细则》(财政部令第 65 号)

7.《财政部 国家税务总局关于财政性资金 行政事业性收费 政府性基金有关企业所得税政策问题的通知》(财税〔2008〕151 号)

8.《财政部 国家税务总局关于全国实施增值税转型改革若干问题的通知》(财税〔2008〕170 号)

9.《国家税务总局关于企业处置资产所得税处理问题的通知》(国税函〔2008〕828 号)

10.《财政部 国家税务总局关于部分货物适用增值税低税率和简易办法征收增值税政策的通知》(财税〔2009〕9 号)

11.《财政部 国家税务总局关于企业资产损失税前扣除政策的通知》(财税〔2009〕57 号)

12.《国家税务总局关于企业取得财产转让等所得企业所得税处理问题的公告》(国家税务总局公告 2010 年第 19 号)

13.《国家税务总局关于贯彻落实企业所得税法若干税收问题的通知》(国税函〔2010〕79 号)

14.《国家税务总局关于发布〈企业资产损失所得税税前扣除管理办法〉的公告》(国家税务总局公告 2011 年第 25 号)

15.《财政部 国家税务总局关于电网企业接受用户资产有关企业所得税政策问题的通知》(财税〔2011〕35 号)

16.《国家税务总局关于企业所得税若干问题的公告》(国家税务总局公告 2011 年第 34 号)

17.《财政部 国家税务总局关于进一步鼓励软件产业和集成电路产业发展企业所得税政策的通知》(财税〔2012〕27 号)

18.《国家税务总局关于一般纳税人销售自己使用过的固定资产增值税有关问题的公告》(国家税务总局公告 2012 年第 1 号)

19.《国家税务总局关于企业所得税应纳税所得额若干税务处理问题的公告》(国家税务总局公告 2012 年第 15 号)

20.《国家税务总局关于企业所得税应纳税所得额若干问题的公告》(国家税务总局公告 2014 年第 29 号)

21.《国家税务总局关于简并增值税征收率有关问题的公告》(国家税务总局公告 2014 年第 36 号)

22.《财政部 国家税务总局关于完善固定资产加速折旧企业所得税政策的通知》(财税〔2014〕75 号)

23.《国家税务总局关于固定资产加速折旧税收政策有关问题的公告》（国家税务总局公告 2014 年第 64 号）

24.《财政部 国家税务总局关于进一步完善固定资产加速折旧企业所得税政策的通知》（财税〔2015〕106 号）

25.《国家税务总局关于进一步完善固定资产加速折旧企业所得税政策有关问题的公告》（国家税务总局公告 2015 年第 68 号）

26.《营业税改征增值税试点实施办法》（财税〔2016〕36 号附件 1）

27.《营业税改征增值税试点有关事项的规定》（财税〔2016〕36 号附件 2）

28.《国家税务总局关于发布〈纳税人转让不动产增值税征收管理暂行办法〉的公告》（国家税务总局公告 2016 年第 14 号）

29.《国家税务总局关于企业所得税有关问题的公告》（国家税务总局公告 2016 年第 80 号）

30.《财政部关于修订印发 2018 年度一般企业财务报表格式的通知》（财会〔2018〕15 号）

31.《财政部 国家税务总局关于公益性捐赠支出企业所得税税前结转扣除有关政策的通知》（财税〔2018〕15 号）

32.《财政部 税务总局关于设备、器具扣除有关企业所得税政策的通知》（财税〔2018〕54 号）

33.《国家税务总局关于设备、器具扣除有关企业所得税政策执行问题的公告》（国家税务总局公告 2018 年第 46 号）

34.《财政部 税务总局关于扩大固定资产加速折旧优惠政策适用范围的公告》（财政部 税务总局公告 2019 年第 66 号）

35.《财政部 税务总局 国务院扶贫办关于企业扶贫捐赠所得税税前扣除政策的公告》（财政部 税务总局 国务院扶贫办公告 2019 年第 49 号）

36.《国家税务总局关于企业所得税若干政策征管口径问题的公告》（国家税务总局公告 2021 年第 17 号）

第五章 无形资产会计与税法差异

第一节 无形资产概念的会计与税法差异

会计准则中无形资产的定义是指企业拥有或者控制的没有实物形态的可辨认非货币性资产,但作为投资性房地产的土地使用权、企业合并中形成的商誉、石油天然气矿区权益适用其他相关会计准则,企业自创商誉也不应确认为无形资产;而企业所得税法规定的无形资产则包括了会计准则中的无形资产、商誉和部分投资性房地产。因此,会计和税法在无形资产概念上存在一定的差异。

一、无形资产的会计概念

根据《企业会计准则第6号——无形资产》(财会〔2006〕3号)第三条规定:无形资产,是指企业拥有或者控制的没有实物形态的可辨认非货币性资产。资产满足下列条件之一的,符合无形资产定义中的可辨认性标准:(1)能够从企业中分离或者划分出来,并能单独或者与相关合同、资产或负债一起,用于出售、转移、授予许可、租赁或者交换。(2)源自合同性权利或其他法定权利,无论这些权利是否可以从企业或其他权利和义务中转移或者分离。

二、无形资产的税法概念

【增值税】

根据《营业税改征增值税试点实施办法》(财税〔2016〕36号附件1)所附《销售服务、无形资产、不动产注释》第二条规定:无形资产,是指不具实物形态，但能带来经济利益的资产，包括技术、商标、著作权、商誉、自然资源使用权和其他权益性无形资产。

【企业所得税】

根据《中华人民共和国企业所得税法实施条例》（中华人民共和国国务院令第714号）第六十五条规定：企业所得税法第十二条所称无形资产，是指企业为生产产品、提供劳务、出租或者经营管理而持有的、没有实物形态的非货币性长期资产，包括专利权、商标权、著作权、土地使用权、非专利技术、商誉等。

三、无形资产概念的税会差异分析

根据以上会计准则和税收法规对无形资产的定义，在无形资产概念上主要有以下差异：

1. 在会计上，由于商誉无法与企业自身分离，不具有可辨认性，所以不作为无形资产。企业所得税法中将商誉作为没有实物形态的非货币性长期资产，属于无形资产。

2. 在会计上，土地使用权一般属于无形资产，在某些情况下应作为固定资产或投资性房地产，如外购土地及建筑物支付的价款难以在建筑物与土地使用权之间进行合理分配的应当全部作为固定资产；改变土地使用权用途，用于赚取租金或资本增值的，应当转为投资性房地产。增值税法规和企业所得税法中没有将土地使用权分别归属于无形资产、固定资产或投资性房地产，而是一律按照无形资产进行处理。

第二节 无形资产初始计量的会计与税法差异

会计准则中无形资产初始计量的定义是指确定其取得成本，即无形资产达到预定用途所发生的可归属于该资产的合理、必要的支出，此外还需考虑其他因素，如对超出正常信用条件的考虑、对土地使用权和商誉的考虑等；而税法则没有类似的规定，企业所得税法规定中研发费用加计扣除口径与会计口径的不同，以及税法中加计摊销扣除的规定会导致允许税前扣除的计税基础和会计账面价值间的差异。

一、外购无形资产初始计量的差异

（一）外购无形资产初始计量的会计处理

根据《企业会计准则第 6 号——无形资产》（财会〔2006〕3 号）第十二条规定：外购无形资产的成本，包括购买价款、相关税费以及直接归属于使该项资产达到预定用途所发生的其他支出。

（二）外购无形资产初始计量的税法处理

【企业所得税】

根据《中华人民共和国企业所得税法实施条例》（中华人民共和国国务院令第 714 号）第六十六条第（一）款规定：外购的无形资产，以购买价款和支付的相关税费以及直接归属于使该资产达到预定用途发生的其他支出为计税基础。

【房产税】

根据《财政部 国家税务总局关于安置残疾人就业单位城镇土地使用税等政策的通知》（财税〔2010〕121 号）第三条规定：对按照房产原值计税的房产，无论会计上如何核算，房产原值均应包含地价，包括为取得土地使用权支付的价款、开发土地发生的成本费用等。宗地容积率低于 0.5 的，按房产建筑面积的 2 倍计算土地面积并据此确定计入房产原值的地价。

（三）外购无形资产初始计量的税会差异分析

【企业所得税和会计准则差异】

会计准则和企业所得税法规对外购无形资产初始计量的规定基本一致，其成本或计税基础均包括购买价款、相关税费及达到预定用途所发生的其他支出，但对于超过正常信用条件购买无形资产的经济业务，由于具有融资性质，会计上规定购入无形资产的成本不能以各期付款额之和计量，而应以购买价款的现值为基础确定，各期实际支付价款之和与购买价款现值之间的差额，在达到预定可使用状态前符合资本化条件的，应计入无形资产成本，其余部分应确认为财务费用并计入当期损益；税法中明确无形资产以历史成本为计税基础，导致入账价值与计税基础产生差异，后续计提摊销金额也会不同，各期需对摊销的差异进行纳税调整。此外，企业所得税法不认可会计上未确认融资费用摊销计入各期的财务费用，应做纳税调增处理。

【房产税和会计准则差异】

会计准则规定土地使用权一般单独作为无形资产核算，但外购土地及建筑物支付的价款难以在建筑物与土地使用权之间进行合理分配的应当全部作为固定资产,而房产税法规中规定对按照房产原值计税的房产,在计税时应将地价计入房产原值,且宗地容积率低于 0.5 的,按房产建筑面积的 2 倍计算土地面积并据此确定计入房产原值的地价,此时会计上房产和土地的账面原值与税法中计算房产税的房产原值存在差异。

二、自行开发无形资产初始计量的差异

(一) 自行开发无形资产初始计量的会计处理

根据《企业会计准则第 6 号——无形资产》(财会〔2006〕3 号)第七条规定:企业内部研究开发项目的支出,应当区分研究阶段支出与开发阶段支出。第八条规定:企业内部研究开发项目研究阶段的支出,应当于发生时计入当期损益。第九条规定:企业内部研究开发项目开发阶段的支出,同时满足下列条件的,才能确认为无形资产……

研究阶段是指为获取新的技术和知识等进行的有计划的调研,有关研究活动的例子包括为获取知识而进行的活动;研究成果或其他知识的应用研究、评价和最终选择;材料、设备、产品、工序、系统或服务替代品的研究;新的或经改进的材料、设备、产品、工序、系统或服务的可能替代品的配置、设计、评价和最终选择等。

开发阶段是指在进行商业性生产或使用前,将研究成果或其他知识应用于某项计划或设计,以生产出新的或具有实质性改进的材料、装置、产品等。

(二) 自行开发无形资产初始计量的税法处理

根据《中华人民共和国企业所得税法实施条例》(中华人民共和国国务院令第 714 号)第二十八条规定:企业发生的支出应当区分收益性支出和资本性支出。收益性支出在发生当期直接扣除;资本性支出应当分期扣除或者计入有关资产成本,不得在发生当期直接扣除。第六十六条第(二)款规定:自行开发的无形资产,以开发过程中该资产符合资本化条件后至达到预定用途前发生的支出为计税基础。

根据《国家税务总局关于研发费用税前加计扣除归集范围有关问题的公告》(国家税务总局公告 2017 年第 40 号)第七条第(三)款规定:企业开展研发活动中实际发生的研发费用形成无形资产的,其资本化的时点与会计处理保持一致。

(三) 自行开发无形资产初始计量的税会差异分析

会计准则规定将内部研究开发项目开发阶段符合资本化条件的支出确认为无形资产,企业所得税法中对自行开发的无形资产以开发过程中该资产符

合资本化条件后至达到预定用途前发生的支出为计税基础，且税法上的资本化时点与会计处理保持一致，因此在初始计量上税会具有一定的统一性。但同时企业所得税法也规定了对符合条件的研发费用形成无形资产的，在据实摊销扣除的基础上可以加计摊销扣除，由于会计口径归集并资本化的研发支出与税法中加计扣除口径不同，导致自行开发形成无形资产的入账价值和计税基础之间存在差异，相关差异分析参见本章第三节的介绍。

三、投资者投入无形资产初始计量的差异

（一）投资者投入无形资产初始计量的会计处理

根据《企业会计准则第6号——无形资产》（财会〔2006〕3号）第十四条规定：投资者投入无形资产的成本，应当按照投资合同或协议约定的价值确定，但合同或协议约定价值不公允的除外。

（二）投资者投入无形资产初始计量的税法处理

1. 一般情况处理

根据《中华人民共和国企业所得税法实施条例》（中华人民共和国国务院令第714号）第六十六条第（三）款规定：通过捐赠、投资、非货币性资产交换、债务重组等方式取得的无形资产，以该资产的公允价值和支付的相关税费为计税基础。

2. 特殊情况处理

企业以资产收购方式取得的无形资产，若适用特殊性税务处理办法，则收购方取得无形资产的计税基础按照转让方原持有无形资产的计税基础确定。此外，企业以资产划转方式取得的无形资产，若适用特殊性税务处理办法，则划入方取得无形资产的计税基础按照划出方原持有无形资产的计税基础确定。

（三）投资者投入无形资产初始计量的税会差异分析

1. 一般情况处理

会计准则和税法对投资者投入无形资产初始计量的处理一般是一致的，即会计和税法均以公允价值作为初始计量，且相关税费也应计入成本或计税基础。

2. 特殊情况处理

适用特殊性税务处理情形的，以股权交换获得的无形资产，按照转让方原持有无形资产的计税基础确定，因此存在税会差异。适用特殊性税务处理情形的，以资产划转获得的无形资产，划出方企业和划入方企业均未在会计

上确认损益的、均不确认所得，按照划出方原持有无形资产的计税基础确定。因此不存在税会差异。

四、其他方式取得无形资产初始计量的差异

除以上方式外，非货币性资产交换、债务重组、企业合并、政府补助等方式取得的无形资产的初始计量，在相关会计准则和税收法规中分别做出了规定，其税会差异分析可参见本书中其他对应准则中的内容。

案例分析

【例 5-1】某公司 2021 年 6 月支付 8 000 万元取得 20 万平方米的土地使用权，新建厂房建筑面积 9 万平方米，工程成本 4 500 万元，2022 年 12 月 1 日竣工验收（假设没有其他成本费用）（见表 5-1）。

表 5-1　　　　　　　　　　税会差异分析

会计处理	税收处理	税会差异分析
2022 年 12 月竣工		
无形资产原值 = 8 000（万元）；固定资产原值 = 4 500（万元）	房产税：由于该房产宗地容积率 = 9÷20 = 0.45。应按房产建筑面积的 2 倍计算土地面积，则计算房产税的房产原值 = 9×2×（8 000÷20）+ 4 500 = 11 700（万元）	对按照房产原值计税的房产，无论会计上如何核算，房产原值均应包含地价，包括为取得土地使用权支付的价款、开发土地发生的成本费用等。宗地容积率低于 0.5 的，按房产建筑面积的 2 倍计算土地面积并据此确定计入房产原值的地价

第三节　研发费用的会计与税法差异

会计准则规定的研发费用是指企业在产品、技术、材料、工艺、标准的研究、开发过程中发生的各项费用，目的是为了准确核算研发活动支出，企业需根据自身生产经营情况自行判断研发费用是属于研究阶段还是属于开发阶段，并且提供详细、合理的有力证据。企业所得税法规定的研发费用是指企业在为获得科学与技术（不包括社会科学、艺术或人文学）新知识，创造

性运用科学技术新知识，或实质性改进技术、产品（服务）、工艺而持续进行的具有明确目标的系统性活动中实际发生的研发费用。其中研发加计扣除口径是为了细化享受加计扣除政策的研发费用，高新技术企业认定口径是为了判断企业研发投入强度、科技实力是否达到高新技术企业标准。因此企业所得税法中规定的研发费用较会计口径存在一定的差异，如对行业、活动、其他费用比例等方面的限制。

一、研发费用归集口径不同导致的差异

（一）研发费用归集口径的会计处理

根据《财政部关于企业加强研发费用财务管理的若干意见》（财企〔2007〕194号）第一条规定，企业研发费用包括：

（1）研发活动直接消耗的材料、燃料和动力费用。

（2）企业在职研发人员的工资、奖金、津贴、补贴、社会保险费、住房公积金等人工费用以及外聘研发人员的劳务费用。

（3）用于研发活动的仪器、设备、房屋等固定资产的折旧费或租赁费以及相关固定资产的运行维护、维修等费用。

（4）用于研发活动的软件、专利权、非专利技术等无形资产的摊销费用。

（5）用于中间试验和产品试制的模具、工艺装备开发及制造费，设备调整及检验费，样品、样机及一般测试手段购置费，试制产品的检验费等。

（6）研发成果的论证、评审、验收、评估以及知识产权的申请费、注册费、代理费等费用。

（7）通过外包、合作研发等方式，委托其他单位、个人或者与之合作进行研发而支付的费用。

（8）与研发活动直接相关的其他费用，包括技术图书资料费、资料翻译费、会议费、差旅费、办公费、外事费、研发人员培训费、培养费、专家咨询费、高新科技研发保险费用等。

（二）研发费用归集口径的税法处理

1. 研发费用加计扣除口径

根据《财政部 国家税务总局 科学技术部关于完善研究开发费用税前加计扣除政策的通知》（财税〔2015〕119号）、《国家税务总局关于企业研究开发费用税前加计扣除政策有关问题的公告》（国家税务总局公告2015年第97号）、《国家税务总局关于研发费用税前加计扣除归集范围有关问题的公告》（国家税务总局公告2017年第40号）的规定，研发费用的具体范围包括：

（1）人员人工费用。人员人工费用是指直接从事研发活动人员的工资薪金、基本养老保险费、基本医疗保险费、失业保险费、工伤保险费、生育保险费和住房公积金，以及外聘研发人员的劳务费用。

（2）直接投入费用。直接投入费用是指研发活动直接消耗的材料、燃料和动力费用；用于中间试验和产品试制的模具、工艺装备开发及制造费，不构成固定资产的样品、样机及一般测试手段购置费，试制产品的检验费；用于研发活动的仪器、设备的运行维护、调整、检验、维修等费用，以及通过经营租赁方式租入的用于研发活动的仪器、设备租赁费。

（3）折旧费用。折旧费用是指用于研发活动的仪器、设备的折旧费。

（4）无形资产摊销。无形资产摊销是指用于研发活动的软件、专利权、非专利技术（包括许可证、专有技术、设计和计算方法等）的摊销费用。

（5）新产品设计费、新工艺规程制定费、新药研制的临床试验费、勘探开发技术的现场试验费。

新产品设计费、新工艺规程制定费、新药研制的临床试验费、勘探开发技术的现场试验费是指企业在新产品设计、新工艺规程制定、新药研制的临床试验、勘探开发技术的现场试验过程中发生的与开展该项活动有关的各类费用。

（6）其他相关费用。是指与研发活动直接相关的其他费用，如技术图书资料费、资料翻译费、专家咨询费、高新科技研发保险费，研发成果的检索、分析、评议、论证、鉴定、评审、评估、验收费用，知识产权的申请费、注册费、代理费，差旅费、会议费，职工福利费、补充养老保险费、补充医疗保险费等。此项费用总额不得超过可加计扣除研发费用总额的10%。

（7）财政部和国家税务总局规定的其他费用。

2. 高新技术企业认定口径

根据《科技部 财政部 国家税务总局关于修订印发〈高新技术企业认定管理工作指引〉的通知》（国科发火〔2016〕195号）第三条第（六）款规定，研究开发费用的归集范围包括：

（1）人员人工费用。人员人工费用包括企业科技人员的工资薪金、基本养老保险费、基本医疗保险费、失业保险费、工伤保险费、生育保险费和住房公积金，以及外聘科技人员的劳务费用。

（2）直接投入费用。直接投入费用是指企业为实施研究开发活动而实际发生的相关支出。包括：直接消耗的材料、燃料和动力费用；用于中间试验和产品试制的模具、工艺装备开发及制造费，不构成固定资产的样品、样机及一般测试手段购置费，试制产品的检验费；用于研究开发活动的仪器、设备的运行维护、调整、检验、检测、维修等费用，以及通过经营租赁方式租入的用于研发活动的固定资产租赁费。

（3）折旧费用与长期待摊费用。折旧费用是指用于研究开发活动的仪器、设备和在用建筑物的折旧费。

长期待摊费用是指研发设施的改建、改装、装修和修理过程中发生的长期待摊费用。

（4）无形资产摊销费用。无形资产摊销费用是指用于研究开发活动的软件、知识产权、非专利技术（专有技术、许可证、设计和计算方法等）的摊销费用。

（5）设计费用。设计费用是指为新产品和新工艺进行构思、开发和制造，进行工序、技术规范、规程制定、操作特性方面的设计等发生的费用。包括为获得创新性、创意性、突破性产品进行的创意设计活动发生的相关费用。

（6）装备调试费用与试验费用。装备调试费用是指工装准备过程中研究开发活动所发生的费用，包括研制特殊、专用的生产机器，改变生产和质量控制程序，或制定新方法及标准等活动所发生的费用。

为大规模批量化和商业化生产所进行的常规性工装准备和工业工程发生的费用不能计入归集范围。

试验费用包括新药研制的临床试验费、勘探开发技术的现场试验费、田间试验费等。

（7）委托外部研究开发费用。是指企业委托境内外其他机构或个人进行研究开发活动所发生的费用（研究开发活动成果为委托方企业拥有，且与该企业的主要经营业务紧密相关）。委托外部研究开发费用的实际发生额应按照独立交易原则确定，按照实际发生额的80%计入委托方研发费用总额。

（8）其他费用。是指上述费用之外与研究开发活动直接相关的其他费用，包括技术图书资料费、资料翻译费、专家咨询费、高新科技研发保险费，研发成果的检索、论证、评审、鉴定、验收费用，知识产权的申请费、注册费、代理费，会议费、差旅费、通讯费等。此项费用一般不得超过研究开发总费用的20%，另有规定的除外。

（三）研发费用归集口径的税会差异分析

有关研发费用归集口径的税会差异主要体现在以下方面：

1. 对负面清单行业的限制

会计准则对研发费用归集没有行业的限制，企业可在明确研发费用的开支范围和标准后，严格审批程序，按照研发项目或者承担研发任务的单位设立台账归集核算研发费用。而企业所得税法规定享受研发费用加计扣除政策的企业有行业负面清单的限制，财税〔2015〕119号文件第四条列举了烟草制造业、住宿和餐饮业、批发和零售业、房地产业、租赁和商务服务业、娱乐业及财政部和国家税务总局规定的其他行业等6个不适用税前加计扣除政策的行业，即以上述6个行业业务为主营业务，其研发费用发生当年的主营业务收入占企业按《企业所得税法》第六条规定计算的收入总额减除不征税收入和投资收益的余额50%（不含）以上的企业不能享受研发费用加计扣除政策。需要注意的是，处于负面清单行业的企业虽然不得享受研发费用加计扣除政策，但仍可对归集的研发费用进行据实扣除。

2. 对非研发活动的限制

会计准则规定企业内部研究开发项目的支出，应当区分研究阶段支出与开发阶段支出，并应当于发生时计入当期损益，企业应根据研究与开发的实际情况加以判断，将研究开发项目区分为研究阶段与开发阶段。而在企业所得税法规中，财税〔2015〕119号文件对企业研发活动的定义，是指企业为获得科学与技术新知识，创造性运用科学技术新知识，或实质性改进技术、产品（服务）、工艺而持续进行的具有明确目标的系统性活动。因此，企业所得税上将一般的知识性、技术性活动排除出了加计扣除的范围，即企业发生的以下活动不属于税收意义上的研发活动，其支出不适用研发费用加计扣除优惠政策：（1）企业产品（服务）的常规性升级。（2）对某项科研成果的直接应用，如直接采用公开的新工艺、材料、装置、产品、服务或知识等。（3）企业在商品化后为顾客提供的技术支持活动。（4）对现存产品、服务、技术、材料或工艺流程进行的重复或简单改变。（5）市场调查研究、效率调查或管理研究。（6）作为工业（服务）流程环节或常规的质量控制、测试分析、维修维护。（7）社会科学、艺术或人文学方面的研究。需要注意的是，不适用加计扣除的活动是对不得享受加计扣除政策活动的不完全列举，并非指列举之外的活动都是符合政策条件的研发活动，企业应根据财税〔2015〕119号有关研发活动的基本定义进行判断。

3. 具体项目归集的差异

根据《研发费用加计扣除政策执行指引（1.0版）》的归纳，会计和税法对研发费用项目归集口径的异同见表5-2。

表 5-2 研发费用归集口径比较

费用项目	研发费用加计扣除	高新技术企业认定	会计规定	备注
人员人工费用	直接从事研发活动人员的工资薪金、基本养老保险费、基本医疗保险费、失业保险费、工伤保险费、生育保险费和住房公积金，以及外聘研发人员的劳务费用	企业科技人员的工资薪金、基本养老保险费、基本医疗保险费、失业保险费、工伤保险费、生育保险费和住房公积金，以及外聘科技人员的劳务费用	企业在职研发人员的工资、奖金、津贴、补贴、社会保险费、住房公积金等人工费用以及外聘研发人员的劳务费用	会计核算范围大于税收范围。高新技术企业人员人工费用归集对象是科技人员
直接投入费用	(1) 研发活动直接消耗的材料、燃料和动力费用	(1) 直接消耗的材料、燃料和动力费用	(1) 研发活动直接消耗的材料、燃料和动力费用	
	(2) 用于中间试验和产品试制的模具、工艺装备开发及制造费，不构成固定资产的样品、样机及一般测试手段购置费，试制产品的检验费	(2) 用于中间试验和产品试制的模具、工艺装备开发及制造费，不构成固定资产的样品、样机及一般测试手段购置费，试制产品的检验费	(2) 用于中间试验和产品试制的模具、工艺装备开发及制造费、样品、样机及一般测试手段购置费，试制产品的检验费等	
	(3) 用于研发活动的仪器、设备的运行维护、调整、检验、维修等费用，以及通过经营租赁方式租入的用于研发活动的仪器、设备租赁费	(3) 用于研究开发活动的仪器、设备的运行维护、调整、检验、检测、维修等费用，以及通过经营租赁方式租入的用于研发活动的固定资产租赁费	(3) 用于研发活动的仪器、设备、房屋等固定资产的租赁费，设备调整及检验费，以及相关固定资产的运行维护、维修等费用	房屋租赁费不计入加计扣除范围
折旧费用与长期待摊费用	用于研发活动的仪器、设备的折旧费	用于研究开发活动的仪器、设备和在用建筑物的折旧费 研发设施的改建、改装、装修和修理过程中发生的长期待摊费用	用于研发活动的仪器、设备、房屋等固定资产的折旧费	房屋折旧费不计入加计扣除范围
无形资产摊销	用于研发活动的软件、专利权、非专利技术（包括许可证、专有技术、设计和计算方法等）的摊销费用	用于研究开发活动的软件、知识产权、非专利技术（专有技术、许可证、设计和计算方法等）的摊销费用	用于研发活动的软件、专利权、非专利技术等无形资产的摊销费用	

续表

费用项目	研发费用加计扣除	高新技术企业认定	会计规定	备注
设计试验等费用	新产品设计费、新工艺规程制定费、新药研制的临床试验费、勘探开发技术的现场试验费	符合条件的设计费用、装备调试费用、试验费用（包括新药研制的临床试验费、勘探开发技术的现场试验费、田间试验费等）		
其他相关费用	与研发活动直接相关的其他费用，如技术图书资料费、资料翻译费、专家咨询费、高新科技研发保险费、研发成果的检索、分析、评议、论证、鉴定、评审、评估、验收费用，知识产权的申请费、注册费、代理费、差旅费、会议费、职工福利费、补充养老保险费、补充医疗保险费。此项费用总额不得超过可加计扣除研发费用总额的10%	与研究开发活动直接相关的其他费用，包括技术图书资料费、资料翻译费、专家咨询费、高新科技研发保险费，研发成果的检索、论证、评审、鉴定、验收费用，知识产权的申请费、注册费、代理费，会议费、差旅费、通讯费等。此项费用一般不得超过研究开发总费用的20%，另有规定的除外	与研发活动直接相关的其他费用，包括技术图书资料费、资料翻译费、会议费、差旅费、办公费、外事费、研发人员培训费、培养费、专家咨询费、高新科技研发保险费用等。研发成果的论证、评审、验收、评估以及知识产权的申请费、注册费、代理费等费用	加计扣除政策及高新研发费用范围中对其他相关费用总额有比例限制

二、研发费用核算不同导致的差异

（一）研发支出核算的会计处理

根据《企业会计准则第6号——无形资产》（财会〔2006〕3号）第七条、第八条、第九条和应用指南第二条规定：企业内部研究开发项目的支出，应当区分研究阶段支出与开发阶段支出。

1. 研究阶段

研究是指为获取并理解新的科学或技术知识而进行的独创性的有计划调查。研究阶段是探索性的，为进一步开发活动进行资料及相关方面的准备，已进行的研究活动将来是否会转入开发、开发后是否会形成无形资产等均具有较大的不确定性。企业内部研究开发项目研究阶段的支出，应当于发生时计入当期损益。

2. 开发阶段

开发是指在进行商业性生产或使用前，将研究成果或其他知识应用于某项计划或设计，以生产出新的或具有实质性改进的材料、装置、产品等。相对于研究阶段而言，开发阶段应当是已完成研究阶段的工作，在很大程度上具备了形成一项新产品或新技术的基本条件。

企业内部研究开发项目开发阶段的支出，同时满足下列条件的，才能确认为无形资产：

（1）完成该无形资产以使其能够使用或出售在技术上具有可行性。

（2）具有完成该无形资产并使用或出售的意图。

（3）无形资产产生经济利益的方式，包括能够证明运用该无形资产生产的产品存在市场或无形资产自身存在市场，无形资产将在内部使用的，应当证明其有用性。

（4）有足够的技术、财务资源和其他资源支持，以完成该无形资产的开发，并有能力使用或出售该无形资产。

（5）归属于该无形资产开发阶段的支出能够可靠地计量。

（二）研发费用核算的税法处理

1. 资本化和费用化规定

根据《中华人民共和国企业所得税法实施条例》（中华人民共和国国务院令第714号）第二十八条规定：企业发生的支出应当区分收益性支出和资本性支出。收益性支出在发生当期直接扣除；资本性支出应当分期扣除或者计入有关资产成本，不得在发生当期直接扣除。第六十六条第（二）款规定：自行开发的无形资产，以开发过程中该资产符合资本化条件后至达到预定用途前发生的支出为计税基础。

2. 加计扣除规定

根据《中华人民共和国企业所得税法》（中华人民共和国主席令第23号）第三十条第（一）款规定：企业开发新技术、新产品、新工艺发生的研究开发费用可以在计算应纳税所得额时加计扣除。《中华人民共和国企业所得税法实施条例》（中华人民共和国国务院令第714号）第九十五条规定：企业所得税法第三十条第（一）项所称研究开发费用的加计扣除，是指企业为开发新技术、新产品、新工艺发生的研究开发费用，未形成无形资产计入当期损益的，在按照规定据实扣除的基础上，按照研究开发费用的50%加计扣除；形成无形资产的，按照无形资产成本的150%摊销。

为激励企业加大研发投入，支持科技创新，财税〔2018〕99号文件进一步提高企业研究开发费用税前加计扣除比例,第一条规定:企业开展研发活动中实际发生的研发费用,未形成无形资产计入当期损益的,在按规定据实扣除的基础上,在 2018 年 1 月 1 日至 2020 年 12 月 31 日期间,再按照实际发生额的 75% 在税前加计扣除;形成无形资产的,在上述期间按照无形资产成本的 175% 在税前摊销。(财政部 税务总局公告 2021 年第 6 号将优惠期间延长至 2023 年 12 月 31 日。)

为进一步激励制造业企业加大研发投入,支持科技创新,财政部 税务总局公告 2021 年第 13 号提高了制造业企业研究开发费用税前加计扣除比例,第一条规定:制造业企业开展研发活动中实际发生的研发费用,未形成无形资产计入当期损益的,在按规定据实扣除的基础上,自 2021 年 1 月 1 日起,再按照实际发生额的 100% 在税前加计扣除;形成无形资产的,自 2021 年 1 月 1 日起,按照无形资产成本的 200% 在税前摊销。

3. 研发支出辅助账规定

企业应当对享受加计扣除的研发费用,按研发项目设置辅助账,准确归集核算当年可加计扣除的各项研发费用实际发生额。企业在一个纳税年度内进行多项研发活动的,应按照不同研发项目分别归集可加计扣除的研发费用。研发支出辅助账包括自主研发"研发支出"辅助账、委托研发"研发支出"辅助账、合作研发"研发支出"辅助账、集中研发"研发支出"辅助账等四种形式的研发支出辅助账、研发支出辅助账汇总表以及研发项目可加计扣除研究开发费用情况归集表,企业应根据研发项目的形式,在立项后按照项目分别设置辅助账。从凭证级别记录各个项目的研发支出,并将每笔研发支出按照财税〔2015〕119 号文件列明的可加计扣除的六大类研发费用类别进行归类。国家税务总局公告 2021 年第 28 号在原四种形式的研发支出辅助账基础上另增设简化版研发支出辅助账和研发支出辅助账汇总表样式,企业按照研发项目设置辅助账时,可以自主选择使用 2015 年版研发支出辅助账样式,或者 2021 年版研发支出辅助账样式,也可以参照上述样式自行设计研发支出辅助账样式。

(三) 研发费用核算的税会差异分析

1. 费用化的税会差异

会计准则规定将内部研究开发项目研究阶段和开发阶段不符合资本化条件的支出直接计入当期损益;企业所得税法规定企业在开展研发活动中实际发生的研发费用,未形成无形资产计入当期损益的,在按规定据实扣除的基础上,可以再加计扣除 50%(2018 年 1 月 1 日至 2023 年 12 月 31 日期间为

75%，制造业企业自 2021 年 1 月 1 日起为 100%，科技型中小企业自 2022 年 1 月 1 日起为 100%。现行适用研发费用税前加计扣除比例 75% 的企业，在 2022 年 10 月 1 日至 2022 年 12 月 31 日期间，税前加计扣除比例提高至 100%）。

因此，对研发费用进行加计扣除的，其费用化的部分应在当年按照加计扣除金额进行企业所得税纳税调整。

2. 资本化的税会差异

会计准则规定将内部研究开发项目开发阶段符合资本化条件的支出确认为无形资产，企业所得税法规定开展研发活动中实际发生的研发费用形成无形资产的，其资本化的时点与会计处理保持一致，但对该无形资产可按其成本的 150%（2018 年 1 月 1 日至 2023 年 12 月 31 日期间为 175%，制造业企业自 2021 年 1 月 1 日起为 200%）摊销。需要注意的是，自行研发的无形资产资本化导致计税基础大于账面价值，产生了可抵扣暂时性差异，但因该无形资产的确认不是产生于企业合并交易、同时既不影响会计利润也不影响应纳税所得额，准则规定不确认该暂时性差异的所得税影响，也不确认递延所得税资产。

因此，对研发费用进行加计扣除的，其资本化的部分应在摊销年限内每年按照会计与税法摊销额的差额进行企业所得税纳税调整。对于申报表填列来说，形成无形资产的摊销加计扣除通过填列 A107012 实现。

3. 研发费用加计扣除产生的其他差异

（1）用于研发的固定资产加速折旧的差异。企业用于研发活动的仪器、设备，如会计上正常折旧，而税法上符合且选择加速折旧优惠政策的，在享受研发费用税前加计扣除政策时，无须比较会计、税收折旧孰小，也不需要根据会计折旧年限的变化而调整享受加计扣除的金额，可直接就税前扣除的折旧部分计算加计扣除。

如某企业 2022 年 12 月购入并投入使用一台专门用于研发活动的设备，单位价值 600 万元，会计处理按照直线法，预计使用年限 8 年核算折旧，税法上规定的最低折旧年限为 10 年，不考虑残值。某研究院在企业所得税上对该项设备选择缩短折旧年限的加速折旧方式，折旧年限缩短为 6（10×60%）年，若该设备 6 年内用途未发生变化，每年均符合加计扣除政策规定，则某研究院在 6 年内每年直接就其税前扣除"设备折旧费"100 万元进行加计扣除 75（100×75%）万元。

（2）用于研发活动的无形资产缩短摊销年限的差异。企业用于研发活动的无形资产（如外购的软件），如会计上正常摊销，而税法上符合且选择缩短摊销年限的，在享受研发费用税前加计扣除政策时，可与固定资产加速折旧的归集方法保持一致，直接就税前扣除的摊销部分计算加计扣除。

（3）其他相关费用限额的差异。会计上归集的其他相关费用，在享受研发费用税前加计扣除政策时，其费用总额不得超过可加计扣除研发费用总额的10%（高新技术企业认定为20%）。需要注意的是，企业按照以下公式计算《财政部 国家税务总局 科技部关于完善研究开发费用税前加计扣除政策的通知》（财税〔2015〕119号）第一条第（一）项"允许加计扣除的研发费用"第6目规定的"其他相关费用"的限额，其中资本化项目发生的费用在形成无形资产的年度统一纳入计算：

全部研发项目的其他相关费用限额 = 全部研发项目的人员人工等五项费用之和 × 10% ÷ (1 – 10%)。

当其他相关费用实际发生数小于限额时，按实际发生数计算税前加计扣除数额；

当其他相关费用实际发生数大于限额时，按限额计算税前加计扣除数额。

（4）委托研发限额的差异。企业委托外部机构或个人进行研发活动实际支付给受托方的费用，按照费用实际发生额的80%计入委托方研发费用并计算加计扣除，无论委托方是否享受研发费用税前加计扣除政策，受托方不得再进行加计扣除。

企业委托境外进行研发活动所发生的费用，按照费用实际发生额的80%计入委托方的委托境外研发费用。委托境外研发费用不超过境内符合条件的研发费用2/3的部分，可以按规定在企业所得税前加计扣除。委托境外进行研发活动不包括境外个人进行的研发活动。

如某企业2022年发生自行研发费用100万元，委托境内乙公司进行研发活动，向乙公司支付100万元委托研发费用，委托境外丙公司进行研发活动，向丙公司支付200万元委托研发费用。假设以上研发费用均符合条件，则境内符合条件的研发费用 = 100 + 100 × 80% = 180（万元），委托境外研发费用限额 = 180 × 2 ÷ 3 = 120（万元），而委托方委托境外研发费用 = 200 × 80% = 160（万元），超过了境内符合条件研发费用的2/3，则可以按规定在企业所得税前加计扣除的境外委托研发费用为120万元。

（5）抵减特殊收入的差异。企业取得研发过程中形成的下脚料、残次品、中间试制品等特殊收入，在计算确认收入当年的加计扣除研发费用时，应从已归集研发费用中扣减该特殊收入，不足扣减的，加计扣除研发费用按零计算。

（6）销售直接形成产品对应材料的差异。企业研发活动直接形成产品或作为组成部分形成的产品对外销售的，研发费用中对应的材料费用不得加计扣除。产品销售与对应的材料费用发生在不同纳税年度且材料费用已计入研发费用的，可在销售当年以对应的材料费用发生额直接冲减当年的研发费用，不足冲减的，结转以后年度继续冲减。

如某企业2021年2月与客户签订合同生产某设备，该设备需对一项关键技术进行研发，此企业对该技术实施自主研发项目立项，2021年共发生研发支出100万元，其中该项目领用材料30万元，2022年共发生研发支出80万元，其中该项目领用材料20万元。2022年年底该设备完工并交付给客户，当年共发生研发支出150万元。假设以上研发支出均费用化，则2022年企业可加计扣除的研发费用 = 150 - 30 - 20 = 100（万元）。

案例分析

【例5-2】 某制造业企业2022年度进行了两项研发活动，项目编号分别为RD1和RD2，其中RD1为自主立项、自行研发，RD2为委托外部机构研发，假设不考虑相关税费，相关资料如下：

1. RD1在2022年1月至3月处于研究阶段，发生的研发费用包括：

（1）在职直接从事研发的人员工资150 000元，五险一金60 000元，职工福利费20 000元，补充养老保险费、补充医疗保险费15 000元，外聘研发人员劳务费用合计80 000元；

（2）耗用原材料和燃料分别为180 000元和35 000元，设备运行维护费8 000元，模具制造费60 000元；2月租赁专用于研发的设备一台，每月租金10 000元，租期一年；

（3）1月购买专门用于研发的设备，价款480 000元，采取直线法计提折旧，预计使用年限5年，残值率为0，月折旧额为8 000元；

公司自有办公楼用于RD1项目，分摊折旧额合计32 000元；

用于RD1项目的专利权摊销费合计40 000元；

（4）购买项目所需图书资料费5 000元，资料翻译费2 000元，研发人员培训费30 000元，差旅费和会议费5 000元。

RD1在2022年4月至12月处于开发阶段，该阶段支出均满足资本化条件，开发阶段发生的研发费用包括：

(1) 在职直接从事研发的人员工资 500 000 元，五险一金 200 000 元，职工福利费 70 000 元，补充养老保险费、补充医疗保险费 36 000 元，外聘研发人员劳务费用合计 250 000 元；

(2) 耗用原材料和燃料分别为 580 000 元和 140 000 元，研发试制产品的检验费 6 000 元，模具制造费 150 000 元；租赁专用于研发的设备租金 90 000 元；

(3) 购买专门用于研发的设备计提折旧额为 72 000 元；

自有办公楼，分摊折旧额合计 96 000 元；

用于 RD1 项目的专利权摊销费合计 120 000 元；

(4) 购买项目所需图书资料费 7 000 元，资料翻译费 3 000 元，办公费 8 000 元；

验收合格，支付评估验收费 5 000 元，专利注册费 3 000 元；

该研发项目于年底达到预定用途形成无形资产，采用直线法摊销，预计无残值，使用期限为 10 年。

2. RD2 委托外部机构进行研发，2022 年共支付劳务费用 200 万元，其中 50 万元支付给境外研发机构，该项目 2022 年仍处于研究阶段。

3. 上年度研发活动直接形成产品在 2022 年度对外销售，其中上年度研发费用中对应的材料部分为 180 000 元。税会差异分析见表 5-3。

表 5-3　　　　　　　　税会差异分析

会计处理	税收处理	税会差异分析
(1) RD1 项目自主研发		
RD1 在 2022 年 1 月至 3 月处于研究阶段，发生的研发费用据实予以费用化	1. 费用化支出中可加计扣除的研发费用合计 696 000 元。明细如下：直接从事研发活动人员工资薪金 150 000 元，直接从事研发活动人员五险一金 60 000 元，外聘研发人员的劳务费用 80 000 元，研发活动直接消耗材料费用 180 000 元，研发活动直接消耗燃料费用 35 000 元，用于中间试验和产品试制的模具、工艺装备开发及制造费 60 000 元，用于研发活动的仪器、设备的运行维护、调整、检验、维修等费用 8 000 元，通过经营租赁方式租入的用于研发活动的仪器、设备租赁费 20 000 元，用于研发活动的设备的折旧费 16 000 元，用于研发活动的专利权的摊销费用 40 000 元，	房屋折旧费、办公费不计入加计扣除范围

续表

会计处理	税收处理	税会差异分析
同上	技术图书资料费、资料翻译费、专家咨询费、高新科技研发保险费 7 000 元，职工福利费、补充养老保险费、补充医疗保险费 35 000 元，差旅费、会议费 5 000 元。 其他相关费用限额 = 649 000 × 10%/（1 - 10%）= 72 111（元），其他相关费用支出未超过限额，可全额用于计算加计扣除 2. 不适用加计扣除的费用包括计提办公楼折旧费 32 000 元和支出研发人员培训费 30 000 元	同上
在 2022 年 4 月至 12 月处于开发阶段，发生的研发费用据实予以资本化	1. 资本化支出中可加计扣除的研发费用合计 2 232 000 元。明细如下：直接从事研发活动人员工资薪金 500 000 元，直接从事研发活动人员五险一金 200 000 元，外聘研发人员的劳务费用 250 000 元，研发活动直接消耗材料费用 580 000 元，研发活动直接消耗燃料费用 140 000 元，用于中间试验和产品试制的模具、工艺装备开发及制造费 150 000 元，用于试制产品的检验费 6 000 元，通过经营租赁方式租入的用于研发活动的仪器、设备租赁费 90 000 元，用于研发活动的设备的折旧费 72 000 元，用于研发活动的专利权的摊销费用 120 000 元，技术图书资料费、资料翻译费、专家咨询费、高新科技研发保险费 10 000 元，研发成果的检索、分析、评议、论证、鉴定、评审、评估、验收费用 5 000 元，知识产权的申请费、注册费、代理费 3 000 元，职工福利费、补充养老保险费、补充医疗保险费 106 000 元。其他相关费用限额 = 2 108 000 × 10% ÷（1 - 10%）= 234 222（元），其他相关费用支出未超过限额，可全额用于计算加计扣除。 2. 可加计扣除的本年形成无形资产摊销额 = 2 232 000 ÷（10 × 12）= 18 600（元）。 3. 不适用加计扣除的费用包括计提办公楼折旧费 96 000 元和办公费 8 000 元	房屋折旧费、办公费不计入加计扣除范围

续表

会计处理	税收处理	税会差异分析
（2）RD2 项目委外研发		
境内机构支付 1 500 000 元委托研发费用；境外机构支付 500 000 元委托研发费用	1. 境内：境内机构委托研发费用 = 1 500 000 × 80% = 1 200 000（元）； 2. 境外：实际委托境外的研发费用 = 500 000 × 80% = 400 000（元）；境内符合条件的研发费用 = 696 000 + 2 232 000 + 1 200 000 = 4 128 000（元）；委托境外研发费用限额 = 4 128 000 × 2/3 = 2 752 000（元），委托境外研发费用未超过境内符合条件研发费用的2/3，则可以按规定在企业所得税前加计扣除的境外委托研发费用为 400 000 元	1. 境内：企业委托外部机构或个人进行研发活动实际支付给受托方的费用，按照费用实际发生额的80%计入委托方研发费用并计算加计扣除。 2. 境外：企业委托境外进行研发活动所发生的费用，按照费用实际发生额的80%计入委托方的委托境外研发费用。委托境外研发费用不超过境内符合条件的研发费用2/3的部分，可以按规定在企业所得税前加计扣除

该企业填写的申报表如表 5 – 4 所示。

表 5 – 4　　　　A107012 研发费用加计扣除优惠明细表　　　　单位：元

行次	项目	金额（数量）
1	本年可享受研发费用加计扣除项目数量	2
2	一、自主研发、合作研发、集中研发（3 + 7 + 16 + 19 + 23 + 34）	2 928 000.00
3	（一）人员人工费用（4 + 5 + 6）	1 240 000.00
4	1. 直接从事研发活动人员工资薪金	650 000.00
5	2. 直接从事研发活动人员五险一金	260 000.00
6	3. 外聘研发人员的劳务费用	330 000.00
7	（二）直接投入费用（8 + 9 + 10 + 11 + 12 + 13 + 14 + 15）	1 269 000.00
8	1. 研发活动直接消耗材料费用	760 000.00
9	2. 研发活动直接消耗燃料费用	175 000.00
10	3. 研发活动直接消耗动力费用	
11	4. 用于中间试验和产品试制的模具、工艺装备开发及制造费	210 000.00
12	5. 用于不构成固定资产的样品、样机及一般测试手段购置费	
13	6. 用于试制产品的检验费	6 000.00
14	7. 用于研发活动的仪器、设备的运行维护、调整、检验、维修等费用	8 000.00

续表

行次	项目	金额（数量）
15	8. 通过经营租赁方式租入的用于研发活动的仪器、设备租赁费	110 000.00
16	（三）折旧费用（17+18）	88 000.00
17	1. 用于研发活动的仪器的折旧费	
18	2. 用于研发活动的设备的折旧费	88 000.00
19	（四）无形资产摊销（20+21+22）	160 000.00
20	1. 用于研发活动的软件的摊销费用	
21	2. 用于研发活动的专利权的摊销费用	160 000.00
22	3. 用于研发活动的非专利技术（包括许可证、专有技术、设计和计算方法等）的摊销费用	
23	（五）新产品设计费等（24+25+26+27）	
24	1. 新产品设计费	
25	2. 新工艺规程制定费	
26	3. 新药研制的临床试验费	
27	4. 勘探开发技术的现场试验费	
28	（六）其他相关费用（29+30+31+32+33）	171 000.00
29	1. 技术图书资料费、资料翻译费、专家咨询费、高新科技研发保险费	17 000.00
30	2. 研发成果的检索、分析、评议、论证、鉴定、评审、评估、验收费用	5 000.00
31	3. 知识产权的申请费、注册费、代理费	3 000.00
32	4. 职工福利费、补充养老保险费、补充医疗保险费	141 000.00
33	5. 差旅费、会议费	5 000.00
34	（七）经限额调整后的其他相关费用	171 000.00
35	二、委托研发（36+37+39）	2 000 000.00
36	（一）委托境内机构或个人进行研发活动所发生的费用	1 500 000.00
37	（二）委托境外机构进行研发活动发生的费用	500 000.00
38	其中：允许加计扣除的委托境外机构进行研发活动发生的费用	400 000.00
39	（三）委托境外个人进行研发活动发生的费用	
40	三、年度研发费用小计（2+36×80%+38）	4 528 000.00
41	（一）本年费用化金额	2 296 000.00
42	（二）本年资本化金额	2 232 000.00
43	四、本年形成无形资产摊销额	18 600.00
44	五、以前年度形成无形资产本年摊销额	

续表

行次	项目	金额（数量）
45	六、允许扣除的研发费用合计（41+43+44）	2 314 600.00
46	减：特殊收入部分	
47	七、允许扣除的研发费用抵减特殊收入后的金额（45-46）	2 314 600.00
48	减：当年销售研发活动直接形成产品（包括组成部分）对应的材料部分	180 000.00
49	减：以前年度销售研发活动直接形成产品（包括组成部分）对应材料部分结转金额	
50	八、加计扣除比例及计算方法	110
L1	本年允许加计扣除的研发费用总额（47-48-49）	2 134 600.00
L1.1	其中：第四季度允许加计扣除的研发费用金额	
L1.2	前三季度允许加计扣除的研发费用金额（L1-L1.1）	
51	九、本年研发费用加计扣除总额（47-48-49）×50	2 134 600.00
52	十、销售研发活动直接形成产品（包括组成部分）对应材料部分结转以后年度扣减金额（当47-48-49≥0，本行=0；当47-48-49<0，本行=47-48-49的绝对值）	

第四节 无形资产计提摊销的会计与税法差异

会计准则中摊销的定义是指在无形资产使用寿命内，按照确定的方法对应摊销金额进行合理摊销；企业所得税法中规定的摊销是指无形资产按税法规定的摊销年限和方法计算确定的允许在企业所得税前扣除的摊销。二者对摊销的表述类似，但对于某一项无形资产，由于会计和税法在摊销范围、摊销基数、摊销方法、摊销年限等方面的具体规定不同，可能导致企业所得税上的暂时性或永久性差异。

一、摊销范围不同导致的差异

（一）摊销范围的会计处理

根据《企业会计准则第6号——无形资产》（财会〔2006〕3号）第十七条规定：使用寿命有限的无形资产，其应摊销金额应当在使用寿命内系统合理摊销。第十九条规定：使用寿命不确定的无形资产不应摊销。

（二）摊销范围的税法处理

根据《中华人民共和国企业所得税法》（中华人民共和国主席令第 23 号）第十二条规定：在计算应纳税所得额时，企业按照规定计算的无形资产摊销费用，准予扣除。下列无形资产不得计算摊销费用扣除：（1）自行开发的支出已在计算应纳税所得额时扣除的无形资产；（2）自创商誉；（3）与经营活动无关的无形资产；（4）其他不得计算摊销费用扣除的无形资产。

根据《中华人民共和国企业所得税法实施条例》（中华人民共和国国务院令第 714 号）第六十七条规定：外购商誉的支出，在企业整体转让或者清算时，准予扣除。

根据《财政部 国家税务总局关于财政性资金、行政事业性收费、政府性基金有关企业所得税政策问题的通知》（财税〔2008〕151 号）第三条规定：企业的不征税收入用于支出所形成的费用，不得在计算应纳税所得额时扣除；企业的不征税收入用于支出所形成的资产，其计算的折旧、摊销不得在计算应纳税所得额时扣除。

（三）摊销范围的税会差异分析

会计准则根据无形资产根据使用寿命是否有限界定摊销与否，而税法则采用列举的方式规定了不得计算摊销费用扣除的无形资产，其差异主要包括：

第一，会计上规定使用寿命不确定的无形资产不应摊销，而根据企业所得税规定，对此类无形资产仍应按照直线法摊销，由此导致税会差异，对会计未计提摊销和税法按直线法计算摊销扣除之间的差异应进行企业所得税纳税调整。

第二，企业所得税规定允许计算摊销费用扣除的无形资产必须与生产经营活动有关，对于与生产经营活动无关的无形资产，会计上计提的摊销在税法上属于与生产经营无关的支出，不得扣除；此外，不征税收入用于支出形成的无形资产，会计上计提的摊销也不得在计算应纳税所得额时扣除。

上述会计上计提摊销不得在企业所得税前扣除导致的税会差异，应按照差异金额进行企业所得税纳税调整。

二、摊销基数不同导致的差异

（一）摊销基数的会计处理

根据《企业会计准则第 6 号——无形资产》（财会〔2006〕3 号）第十二条规定：无形资产应当按照成本进行初始计量。外购无形资产的成本，包括购买价款、相关税费以及直接归属于使该项资产达到预定用途所发生的其他支出。第十三条规定：自行开发的无形资产，其成本包括自满足本准则第四条和第九条规定后至达到预定用途前所发生的支出总额，但是对于以前期间已经费用化的支出不再调整。第十四条规定：投资者投入无形资产的成本，应当按照投资合同或协议约定的价值确定，但合同或协议约定价值不公允的除外。第十五条规定：非货币性资产交换、债务重组、政府补助和企业合并取得的无形资产的成本，应当分别按照《企业会计准则第 7 号——非货币性资产交换》《企业会计准则第 12 号——债务重组》《企业会计准则第 16 号——政府补助》和《企业会计准则第 20 号——企业合并》确定。

（二）摊销基数的税法处理

根据《中华人民共和国企业所得税法实施条例》（中华人民共和国国务院令第 714 号）第五十六条规定：企业的各项资产，包括固定资产、生物资产、无形资产、长期待摊费用、投资资产、存货等，以历史成本为计税基础。企业持有各项资产期间资产增值或者减值，除国务院财政、税务主管部门规定可以确认损益外，不得调整该资产的计税基础。第九十五条规定：企业所得税法第三十条第（一）项所称研究开发费用的加计扣除，是指企业为开发新技术、新产品、新工艺发生的研究开发费用，未形成无形资产计入当期损益的，在按照规定据实扣除的基础上，按照研究开发费用的 50% 加计扣除（2018 年 1 月 1 日至 2023 年 12 月 31 日期间为 75%，制造业企业自 2021 年 1 月 1 日起为 100%）；形成无形资产的，按照无形资产成本的 150% 摊销（2018 年 1 月 1 日至 2023 年 12 月 31 日期间为 175%，制造业企业自 2021 年 1 月 1 日起为 200%）。

（三）摊销基数的税会差异分析

无形资产的摊销基数是企业计提无形资产摊销的依据，在会计准则和企业所得税法中分别指初始计量和计税基础，无形资产准则和企业所得税法都以成本作为初始计量或计税基础，但在具体取得方式下的规定有所不同，而无形资产减值准备的计提也会导致税会差异并进一步影响摊销的计提，此类差异分析分别见本章第二节无形资产初始计量的会计和税法差异、第五节无形资产计提减值的会计与税法差异。

三、摊销方法不同导致的差异

（一）摊销方法的会计处理

根据《企业会计准则第 6 号——无形资产》（财会〔2006〕3 号）第十七条

规定：企业选择的无形资产摊销方法，应当反映与该项无形资产有关的经济利益的预期实现方式。无法可靠确定预期实现方式的，应当采用直线法摊销。

（二）摊销方法的税法处理

根据《中华人民共和国企业所得税法实施条例》（中华人民共和国国务院令第714号）第六十七条规定：无形资产按照直线法计算的摊销费用，准予扣除。

（三）摊销方法的税会差异分析

会计准则规定可以根据与该项无形资产有关的经济利益的预期实现方式选择摊销方法，如直线法、生产总量法等；而企业所得税法规定只允许采用直线法。如果因为摊销方法不同导致计提的摊销与按税法规定计算的允许税前扣除的摊销金额存在差异的，应按照差异金额进行企业所得税纳税调整。

四、摊销年限不同导致的差异

（一）摊销年限的会计处理

根据《企业会计准则第6号——无形资产》（财会〔2006〕3号）第十六条规定：无形资产的使用寿命为有限的，应当估计该使用寿命的年限或者构成使用寿命的产量等类似计量单位数量；无法预见无形资产为企业带来经济利益期限的，应当视为使用寿命不确定的无形资产。第十七条规定：使用寿命有限的无形资产，其应摊销金额应当在使用寿命内系统合理摊销。企业摊销无形资产，应当自无形资产可供使用时起，至不再作为无形资产确认时止。

（二）摊销年限的税法处理

根据《中华人民共和国企业所得税法实施条例》（中华人民共和国国务院令第714号）第六十七条规定：无形资产的摊销年限不得低于10年。作为投资或者受让的无形资产，有关法律规定或者合同约定了使用年限的，可以按照规定或者约定的使用年限分期摊销。

根据《财政部 国家税务总局关于进一步鼓励软件产业和集成电路产业发展企业所得税政策的通知》（财税〔2012〕27号）第七条规定：企业外购的软件，凡符合固定资产或无形资产确认条件的，可以按照固定资产或无形资产进行核算，其折旧或摊销年限可以适当缩短，最短可为2年（含）。

（三）摊销年限的税会差异分析

会计准则规定对使用寿命为有限的无形资产应估计其使用寿命，其中，源自合同性权利或其他法定权利取得的无形资产的寿命不应超过合同性权利或其他法定权利的期限，但如果企业使用资产的预期的期限短于合同性权利或其他法定权利规定的期限的，则应当按照企业预期使用的期限确定其使用寿命。此外，合同性权利或其他法定权利在到期时因续约等延续且有证据表明企业续约不需要付出大额成本的，续约期应当计入使用寿命。对于合同或法律没有规定使用寿命的，企业应当综合各方面因素判断，以确定无形资产能为企业带来经济利益的期限。企业所得税法则规定了无形资产的最低摊销年限为10年，法律规定或者合同约定了使用年限的，可以按照规定或者约定的使用年限分期摊销。

有关无形资产摊销年限的税会差异主要体现在以下方面：

第一，对于合同或法律没有规定使用寿命的无形资产，会计上应综合各方面因素判断使用寿命，而企业所得税法规定最低摊销年限为10年，由此可能产生税会差异。

第二，对于企业所得税法规定缩短摊销年限的无形资产，如外购的软件，税法规定摊销年限最短可缩短至2年，这也会导致税会差异。

因为摊销年限不同导致会计计提的摊销与按企业所得税规定计算的允许税前扣除的摊销存在差异的，应按照差异金额进行企业所得税纳税调整。

案例分析

【例5-3】某企业为进行技术更新，经申请在2022年取得当地省级经信委的补贴资金120万元，该补贴资金要求用于某项非专利技术的购置，该补贴资金符合不征税收入的条件，甲公司于2022年6月收到该补贴资金，当月以150万元从外部购入了一项非专利技术，于2022年7月底达到可使用状态，合同约定使用年限为5年，采用直线法进行摊销，无残值。某研究院适用的所得税税率为25%（见表5-5）。

表5-5　　　　　　　　　　税会差异分析

会计处理	税收处理	税会差异分析
（1）2022年6—7月无形资产入账		
6月确认递延收益120万元； 7月该无形资产入账价值为150万元	计税基础为30万元	计税基础小于账面价值，产生了应纳税暂时性差异，但因该无形资产的确认不是产生于企业合并交易、同时既不影响会计利润也不影响应纳税所得额，准则规定不确认该暂时性差异的所得税影响，也不确认递延所得税负债

续表

会计处理	税收处理	税会差异分析
（2）2022 年摊销		
会计摊销 = 150 ÷ 5 × 6 ÷ 12 = 15（万元），年末账面价值 = 150 - 15 = 135（万元）；递延收益摊销 = 120 ÷ 5 × 6 ÷ 12 = 12（万元）	税收摊销 = 30 ÷ 5 × 6 ÷ 12 = 3（万元），年末计税基础 = 30 - 3 = 27（万元）	对于符合不征税收入条件的政府补助，会计上确认的营业外收入应当在"A105040 专项用途财政性资金纳税调整明细表"中调减，并相应在"A105000 纳税调整项目明细表"中"一、收入类调整项目"的（七）不征税收入中作调整，调减收入 12 万元。不征税的政府补助用于支出所形成的资产，其计算的折旧、摊销不得在计算应纳税所得额时扣除，调增摊销 = 15 - 3 = 12（万元）
（3）2023 年摊销		
会计摊销 = 150 ÷ 5 = 30（万元），年末账面价值 = 135 - 30 = 105（万元）；递延收益摊销 = 120 ÷ 5 = 24（万元）	税收摊销 = 30 ÷ 5 = 6（万元），年末计税基础 = 27 - 6 = 21（万元）	调减收入 24 万元，调增摊销 = 30 - 6 = 24（万元）

第五节　无形资产计提减值的差异

会计准则和企业所得税法对无形资产计提减值的差异主要在于税法不确认会计计提的无形资产减值准备，计算企业所得税应计摊销额时也不扣除已计提的无形资产减值准备累计金额，该差异在企业所得税上属于暂时性差异。

一、无形资产计提减值的会计处理

根据《企业会计准则第 6 号——无形资产》（财会〔2006〕3 号）第二十条规定：无形资产的减值，应当按照《企业会计准则第 8 号——资产减值》处理。

根据《企业会计准则第 8 号——资产减值》（财会〔2006〕3 号）第十五条规定：可收回金额的计量结果表明，资产的可收回金额低于其账面价值的，应当将资产的账面价值减记至可收回金额，减记的金额确认为资产减值损失，计入当期损益，同时计提相应的资产减值准备。

二、无形资产计提减值的税法处理

根据《中华人民共和国企业所得税法》(中华人民共和国主席令第23号)第十条规定：在计算应纳税所得额时，下列支出不得扣除……(七)未经核定的准备金支出……

根据《中华人民共和国企业所得税法实施条例》(中华人民共和国国务院令第714号)第五十五条规定：企业所得税法第十条第(七)项所称未经核定的准备金支出，是指不符合国务院财政、税务主管部门规定的各项资产减值准备、风险准备等准备金支出。第五十六条规定：企业持有各项资产期间资产增值或者减值，除国务院财政、税务主管部门规定可以确认损益外，不得调整该资产的计税基础。

三、无形资产计提减值的税会差异分析

会计准则规定无形资产的可收回金额低于其账面价值时应计提减值准备，而企业所得税法规定对会计上计提的无形资产减值准备在损失真实发生前不允许税前扣除；会计准则规定在资产减值损失确认后，无形资产的摊销也应当在未来期间作相应调整，而企业所得税法规定无形资产减值不得调整该资产的计税基础，其摊销仍按原计税基础计算扣除。以上原因导致无形资产计提减值后账面价值和计税基础间产生差异，应进行企业所得税纳税调整。

案例分析

【例5-4】 某企业2022年开始研发某项新产品专利技术，至2022年1月，符合资本化条件的研发费用合计6 000万元，当月达到预定用途。此企业预计该新产品专利技术的使用寿命为10年，对其采用直线法摊销；税法规定该项无形资产采用直线法摊销，摊销年限与会计相同。2022年年末，该项无形资产出现减值迹象，经减值测试，该项无形资产的可收回金额为4 920万元，减值后摊销年限和摊销方法未发生变更（见表5-6）。

表5-6　　　　　　　　税会差异分析

会计处理	税收处理	税会差异分析
（1）2022年1月无形资产入账		
无形资产入账价值200（万元）	计税基础均为200万元	无税会差异

续表

会计处理	税收处理	税会差异分析
(2) 2022年摊销		
会计摊销＝200÷5＝40（万元），年末账面价值＝200－40＝160（万元）	税收摊销＝200÷10＝20（万元），年末计税基础＝200－20＝180（万元）。年末可抵扣暂时性差异余额＝180－160＝20（万元），确认递延所得税资产＝20×25%＝5（万元）	参照固定资产相关税收规定，企业无形资产会计摊销年限如果短于税法规定的最低摊销年限，其按会计摊销年限计提的摊销高于按税法规定的最低摊销年限计提的摊销部分，应调增当期应纳税所得额。某企业按10年计算的2022年税法允许扣除的摊销金额为20万元，会计上计提的摊销金额为40万元，其税会差异应进行纳税调整。综上，调整折旧＝40－20＝20（万元）前五年，该无形资产按会计摊销年限计提的摊销高于按税法规定的最低摊销年限计提的摊销部分，应调增当期应纳税所得额；后五年，该无形资产会计摊销年限已期满且会计摊销已提足，但税法规定的最低摊销年限尚未到期且税收尚未足额扣除，其未足额扣除的部分应在剩余的税收摊销年限继续按规定扣除，并调减当期应纳税所得额

第六节　无形资产处置的会计与税法差异

会计准则中无形资产处置包括出售、报废等形式，在处置时会计损益应扣除其账面价值，而企业所得税法规定应按计税基础净值扣除，在无形资产账面价值与计税基础不同时，其会计处理中的无形资产处置损益和应税所得中的无形资产处置损益存在差异，这主要是对无形资产使用期间摊销和减值准备等计提额所进行纳税调整的转回。此外，企业所得税法关于视同销售、技术转让所得优惠的规定也会导致税会间的差异。

一、无形资产出售的差异

（一）无形资产出售的会计处理

根据《企业会计准则第6号——无形资产》（财会〔2006〕3号）第二十二条规定：企业出售无形资产，应当将取得的价款与该无形资产账面价值的差额计入当期损益。

(二) 无形资产出售的税法处理

1. 出售无形资产的一般规定

根据《中华人民共和国企业所得税法》(中华人民共和国主席令第 23 号) 第八条规定：企业实际发生的与取得收入有关的、合理的支出，包括成本、费用、税金、损失和其他支出，准予在计算应纳税所得额时扣除。第十六条规定：企业转让资产，该项资产的净值，准予在计算应纳税所得额时扣除。

根据《中华人民共和国企业所得税法实施条例》(中华人民共和国国务院令第 714 号) 第三十二条规定：企业所得税法第八条所称损失，是指企业在生产经营活动中发生的固定资产和存货的盘亏、毁损、报废损失，转让财产损失，呆账损失，坏账损失，自然灾害等不可抗力因素造成的损失以及其他损失。企业发生的损失，减除责任人赔偿和保险赔款后的余额，依照国务院财政、税务主管部门的规定扣除。第七十四条规定：企业所得税法第十六条所称资产的净值和第十九条所称财产净值，是指有关资产、财产的计税基础减除已经按照规定扣除的折旧、折耗、摊销、准备金等后的余额。

根据《国家税务总局关于发布〈企业资产损失所得税税前扣除管理办法〉的公告》(国家税务总局公告 2011 年第 25 号) 第三条规定：准予在企业所得税税前扣除的资产损失，是指企业在实际处置、转让上述资产过程中发生的合理损失，以及企业虽未实际处置、转让上述资产，但符合《通知》和本办法规定条件计算确认的损失。

2. 技术转让所得优惠相关规定

根据《中华人民共和国企业所得税法》(中华人民共和国主席令第 23 号) 第二十七条第 (四) 项规定：符合条件的技术转让所得可以免征、减征企业所得税。《中华人民共和国企业所得税法实施条例》(中华人民共和国国务院令第 714 号) 第九十条规定：企业所得税法第二十七条第 (四) 项所称符合条件的技术转让所得免征、减征企业所得税，是指一个纳税年度内，居民企业技术转让所得不超过 500 万元的部分，免征企业所得税；超过 500 万元的部分，减半征收企业所得税。

根据《国家税务总局关于技术转让所得减免企业所得税有关问题的通知》(国税函〔2009〕212 号) 第二条规定：技术转让所得 = 技术转让收入 - 技术转让成本 - 相关税费。技术转让收入是指当事人履行技术转让合同后获得的价款，不包括销售或转让设备、仪器、零部件、原材料等非技术性收入。不属于与技术转让项目密不可分的技术咨询、技术服务、技术培训等收入，不得计入技术转让收入。技术转让成本是指转让的无形资产的净值，即该无形资产的计税基础减除在资产使用期间按照规定计算的摊销扣除额后的余额。相关税费是指技术转让过程中实际发生的有关税费,包括除企业所得税和允许抵扣的增值税以外的各项税金及其附加、合同签订费用、律师费等相关费用及其他支出。

根据《财政部 国家税务总局关于居民企业技术转让有关企业所得税政策问题的通知》(财税〔2010〕111号)第一条规定:技术转让的范围,包括居民企业转让专利技术、计算机软件著作权、集成电路布图设计权、植物新品种、生物医药新品种,以及财政部和国家税务总局确定的其他技术。其中:专利技术,是指法律授予独占权的发明、实用新型和非简单改变产品图案的外观设计。第二条规定:本通知所称技术转让,是指居民企业转让其拥有符合本通知第一条规定技术的所有权或5年以上(含5年)全球独占许可使用权的行为。

根据《国家税务总局关于许可使用权技术转让所得企业所得税有关问题的公告》(国家税务总局公告2015年第82号)第一条规定:自2015年10月1日起,全国范围内的居民企业转让5年(含)以上非独占许可使用权取得的技术转让所得,纳入享受企业所得税优惠的技术转让所得范围。

(三)无形资产出售的税会差异分析

会计准则规定出售无形资产的,应将取得的价款与该无形资产账面价值的差额计入当期损益,该损益在"资产处置损益"科目反映。而企业所得税法规定出售无形资产的,应以收入全额减除财产净值后的余额作为财产转让所得,如果在处置无形资产过程中发生合理损失的,该损失可以以减除责任人赔偿和保险赔款后的余额在税前扣除。虽然会计和企业所得税法对无形资产出售、转让的规定类似,但会计上的账面价值为资产原值减除会计上计提的摊销和减值准备后的余额,而企业所得税上的净值是指资产计税基础减除按规定允许税前扣除的摊销和准备金后的余额,本章前几节已经介绍过,无形资产的原值(计税基础)和摊销可能存在税会上的差异,会计上计提的减值准备一般也不允许税前扣除,由此导致计算的资产处置损益不一致,其差额应当进行纳税调整。

二、无形资产报废的差异

(一)无形资产报废的会计处理

根据《企业会计准则第6号——无形资产》(财会〔2006〕3号)第二十三条规定:无形资产预期不能为企业带来经济利益的,应当将该无形资产的账面价值予以转销。

（二）无形资产报废的税法处理

【企业所得税】

根据《中华人民共和国企业所得税法》（中华人民共和国主席令第23号）第八条规定：企业实际发生的与取得收入有关的、合理的支出，包括成本、费用、税金、损失和其他支出，准予在计算应纳税所得额时扣除。

根据《中华人民共和国企业所得税法实施条例》（中华人民共和国国务院令第714号）第三十二条规定：企业所得税法第八条所称损失，是指企业在生产经营活动中发生的固定资产和存货的盘亏、毁损、报废损失，转让财产损失，呆账损失，坏账损失，自然灾害等不可抗力因素造成的损失以及其他损失。企业发生的损失，减除责任人赔偿和保险赔款后的余额，依照国务院财政、税务主管部门的规定扣除。

根据《国家税务总局关于发布〈企业资产损失所得税税前扣除管理办法〉的公告》（国家税务总局公告2011年第25号）第三十八条规定：被其他新技术所代替或已经超过法律保护期限，已经丧失使用价值和转让价值，尚未摊销的无形资产损失应提交以下证据备案：（一）会计核算资料；（二）企业内部核批文件及有关情况说明；（三）技术鉴定意见和企业法定代表人、主要负责人和财务负责人签章证实无形资产已无使用价值或转让价值的书面申明；（四）无形资产的法律保护期限文件。

（三）无形资产报废的税会差异分析

会计准则规定当无形资产预期不能为企业带来经济利益的，应当将该无形资产的账面价值予以转销，对报废无形资产的，应将处置收入扣除账面价值和相关税费后的金额计入当期损益，该损益在"营业外支出"科目反映。而企业所得税法规定对报废的无形资产，以该无形资产的净值减除残值、保险赔款和责任人赔偿后的余额，作为无形资产报废损失在计算应纳税所得额时扣除。会计和企业所得税对无形资产报废、毁损的规定类似，但会计上的账面价值为资产原值减除会计上计提的摊销和减值准备后的余额，而企业所得税法规定的净值是指资产计税基础减除按规定允许税前扣除的摊销和准备金后的余额，本章之前几节已经介绍过，无形资产的原值（计税基础）和摊销可能存在税会上的差异，会计上计提的减值准备一般也不允许税前扣除，由此导致计算的资产报废损失不一致，其差额应当进行纳税调整。

三、其他方式处置无形资产的差异

除以上方式外，以非货币性资产交换、债务重组等方式处置无形资产在相关准则和税收法规中分别做出了规定，其税会差异分析可参见本书其他对应准则中的内容。

案例分析

【例5-5】某公司适用的所得税税率为25%，2022年1月15日购入软件，成本为100万元，使用年限为10年，会计采用年限平均法计提折旧，预计净残值为0万元。税法规定该无形资产（外购的软件）的最低摊销年限为2年。2023年1月20日，此公司因业务调整而将改软件出售给其他企业，售价85万元（不含税），假设不涉及其他费用（见表5-7）。

表5-7　　　　　　　　　税会差异分析

会计处理	税收处理	税会差异分析
（1）2022年1月无形资产入账		
无形资产入账价值100（万元）	计税基础=100（万元）	无税会差异
（2）2022年摊销		
会计摊销=100÷10=10（万元），年末账面价值=100-10=90（万元）	税法摊销=100÷2=50（万元），年末计税基础=100-50=50（万元）	其税会差异40万元应进行纳税调减。确认递延所得税负债=40×0.25=10（万元）
（3）2023年1月处置		
处置时账面价值=100-10=90（万元）	处置时计税基础=100-50=50（万元）	其税会差异40万元应进行纳税调增。转回递延所得税负债=10（万元）

本章政策依据

1.《企业会计准则第6号——无形资产》（财会〔2006〕3号）

2.《企业会计准则第8号——资产减值》（财会〔2006〕3号）

3.《〈企业会计准则第6号——无形资产〉应用指南》（财会〔2006〕18号）

4.《财政部关于企业加强研发费用财务管理的若干意见》（财企〔2007〕194号）

5.《财政部关于修订印发2018年度一般企业财务报表格式的通知》（财会〔2018〕15号）

6.《中华人民共和国企业所得税法》(中华人民共和国主席令第 23 号)

7.《中华人民共和国企业所得税法实施条例》(中华人民共和国国务院令第 714 号)

8.《财政部 国家税务总局关于财政性资金 行政事业性收费 政府性基金有关企业所得税政策问题的通知》(财税〔2008〕151 号)

9.《国家税务总局关于技术转让所得减免企业所得税有关问题的通知》(国税函〔2009〕212 号)

10.《国家税务总局关于贯彻落实企业所得税法若干税收问题的通知》(国税函〔2010〕79 号)

11.《财政部 国家税务总局关于居民企业技术转让有关企业所得税政策问题的通知》(财税〔2010〕111 号)

12.《国家税务总局关于发布〈企业资产损失所得税税前扣除管理办法〉的公告》(国家税务总局公告 2011 年第 25 号)

13.《国家税务总局关于企业所得税若干问题的公告》(国家税务总局公告 2011 年第 34 号)

14.《财政部 国家税务总局关于进一步鼓励软件产业和集成电路产业发展企业所得税政策的通知》(财税〔2012〕27 号)

15.《国家税务总局关于企业所得税应纳税所得额若干税务处理问题的公告》(国家税务总局公告 2012 年第 15 号)

16.《财政部 国家税务总局关于完善固定资产加速折旧企业所得税政策的通知》(财税〔2014〕75 号)

17.《国家税务总局关于企业所得税应纳税所得额若干问题的公告》(国家税务总局公告 2014 年第 29 号)

18.《国家税务总局关于固定资产加速折旧税收政策有关问题的公告》(国家税务总局公告 2014 年第 64 号)

19.《财政部 国家税务总局关于进一步完善固定资产加速折旧企业所得税政策的通知》(财税〔2015〕106 号)

20.《财政部 国家税务总局 科学技术部关于完善研究开发费用税前加计扣除政策的通知》(财税〔2015〕119 号)

21.《国家税务总局关于进一步完善固定资产加速折旧企业所得税政策有关问题的公告》(国家税务总局公告 2015 年第 68 号)

22.《国家税务总局关于许可使用权技术转让所得企业所得税有关问题的公告》(国家税务总局公告 2015 年第 82 号)

23.《国家税务总局关于企业研究开发费用税前加计扣除政策有关问题的公告》（国家税务总局公告2015年第97号）

24.《科技部 财政部 国家税务总局关于修订印发〈高新技术企业认定管理工作指引〉的通知》（国科发火〔2016〕195号）

25.《财政部 税务总局 科技部关于提高科技型中小企业研究开发费用税前加计扣除比例的通知》（财税〔2017〕34号）

26.《国家税务总局关于研发费用税前加计扣除归集范围有关问题的公告》（国家税务总局公告2017年第40号）

27.《财政部 税务总局 科技部关于企业委托境外研究开发费用税前加计扣除有关政策问题的通知》（财税〔2018〕64号）

28.《财政部 税务总局 科技部关于提高研究开发费用税前加计扣除比例的通知》（财税〔2018〕99号）

29.《国家税务总局关于设备、器具扣除有关企业所得税政策执行问题的公告》（国家税务总局公告2018年第46号）

30.《财政部 税务总局关于设备、器具扣除有关企业所得税政策的通知》（财税〔2018〕54号）

31.《财政部 税务总局关于扩大固定资产加速折旧优惠政策适用范围的公告》（财政部 税务总局公告2019年第66号）

32.《财政部 税务总局关于进一步完善研发费用税前加计扣除政策的公告》（财政部 税务总局公告2021年第13号）

33.《财政部 税务总局关于延长部分税收优惠政策执行期限的公告》（财政部 税务总局公告2021年第6号）

34.《财政部 税务总局关于中小微企业设备器具所得税税前扣除有关政策的公告》（财政部 税务总局公告2022年第12号）

35.《国家税务总局关于进一步明确房屋附属设备和配套设施计征房产税有关问题的通知》（国税发〔2005〕173号）

36.《财政部 国家税务总局关于安置残疾人就业单位城镇土地使用税等政策的通知》（财税〔2010〕121号）

第六章 应付职工薪酬会计与税法差异

第一节 应付职工薪酬概念的会计与税法差异

会计准则中职工薪酬的定义指企业为获得职工提供的服务而给予各种形式的报酬以及其他相关支出,对职工薪酬的定义和内涵进行了系统的规范;而《中华人民共和国企业所得税法》及《中华人民共和国企业所得税法实施条例》对工资薪金支出的税前扣除做了一系列限制,范围更小,因此会计和税法存在一定差异。

一、应付职工薪酬的会计概念

职工薪酬是指企业为获得职工提供的服务或解除劳动关系而给予的各种形式的报酬或补偿。职工薪酬包括短期薪酬、离职后福利、辞退福利和其他长期职工福利。企业提供给职工配偶、子女、受赡养人、已故员工遗属及其他受益人等的福利,也属于职工薪酬。

二、应付职工薪酬的税法概念

【企业所得税】

企业所得税法没有使用职工薪酬的概念,但在《企业所得税法实施条例》第三十四条,对工资薪金进行了界定。工资薪金,是指企业每一纳税年度支付给在本企业任职或者受雇的员工的所有现金形式或者非现金形式的劳动报酬,包括基本工资、奖金、津贴、补贴、年终加薪、加班工资,以及与员工任职或者受雇有关的其他支出。企业因雇用季节工、临时工、实习生、返聘离退休人员以及接受外部劳务派遣用工所实际发生的费用,应区分为工资薪金支出和职工福利费支出。企业所得税法是把会计上的职工薪酬，分解为工资薪金、基本养老保险费、基本医疗保险费、失业保险费、工伤保险费、生育保险费、住房公积金、补充养老保险费、补充医疗保险费、人身安全保险费、企业为投资者或者职工支付的商业保险费、职工福利费、工会经费、职工教育经费等，分别做出规定。

三、应付职工薪酬概念的税会差异分析

会计准则对应付职工薪酬定义中的"职工"较为宽泛，包含与企业订立劳动合同的所有人员，含全职、兼职和临时职工，也包括虽未与企业订立劳动合同但由企业正式任命的人员。未与企业订立劳动合同或未由其正式任命，但向企业所提供服务与职工所提供服务类似的人员，也属于职工的范畴，包括通过企业与劳务中介公司签订用工合同而向企业提供服务的人员。

税法定义的"职工"是指在本单位任职受雇，与单位签订劳动合同的员工；未与企业订立劳动合同的临时人员、未与企业订立劳动合同但由企业正式任命的董事会成员、监事会成员，在税法中不能作为工资薪金支出的对象看待，企业接受外部劳务派遣用工所实际发生的费用，直接支付给员工个人的费用，应作为工资薪金支出和职工福利费支出。

第二节　应付职工薪酬具体核算内容的会计与税法差异

一、工资薪金的差异

（一）工资薪金的会计界定

工资薪金属于"职工薪酬"的组成部分，《企业会计准则第9号——职工薪酬》第二条规定，职工薪酬是指企业为获得职工提供的服务或解除劳动关系而给予的各种形式的报酬或补偿，包括短期薪酬、离职后福利、辞退福利和其他长期职工福利。

（二）工资薪金的税法界定

《企业所得税法实施条例》第三十四条规定："工资薪金，是指企业每一纳税年度支付给在本企业任职或者受雇的员工的所有现金形式或者非现金形式的劳动报酬，包括基本工资、奖金、津贴、补贴、年终加薪、加班工资，

以及与员工任职或者受雇有关的其他支出。企业发生的合理的工资薪金支出，准予扣除。"

（三）工资薪金的税会差异分析

1. 工资薪金"实际发生"判断标准不同

会计根据权责发生制原则，将应付给职工的工资薪金确认为负债，即"应付职工薪酬"，同时按照受益对象计入相关资产成本或者当期损益，工资薪金的实际支付时间不影响企业当期损益的确认。

税法根据收付实现制原则，判断工资薪金是否可以税前扣除，强调"实际支付"，未实际支付的工资薪金不能税前扣除，从而影响应纳税所得额。

2. 工资薪金"合理支出"判断标准不同

会计准则规定，企业按照工资制度和工资结算办法制定工资标准，据此支付的职工薪酬，都属于"合理"的范畴，期末企业应编制工资分配表，按照会计准则的要求进行工资费用的分配核算。《中央企业工资总额管理办法》第六条明确：国资委依据有关法律法规履行出资人职责，制定中央企业工资总额管理制度，根据企业功能定位、公司治理、人力资源管理市场化程度等情况，对企业工资总额预算实行备案制或者核准制管理。第八条明确：实行工资总额预算核准制管理的中央企业，根据国资委有关制度要求，科学编制职工年度工资总额预算方案，报国资委核准后实施。

税法在判断"合理性"方面，列举了一系列具体的参考标准，从工资薪金支出的真实性、合理性等多角度进行规范限制。《国家税务总局关于企业工资、薪金及职工福利费扣除问题的通知》（国税函〔2009〕3号）第一条明确，合理工资、薪金是指企业按照股东大会、董事会、薪酬委员会或相关管理机构制订的工资、薪金制度规定，实际发放给员工的工资、薪金。对其合理性确认时，可按5条原则掌握：（1）企业制订了较为规范的员工工资、薪金制度；（2）企业所制订的工资、薪金制度符合行业及地区水平；（3）企业在一定时期所发放的工资、薪金是相对固定的，工资、薪金的调整是有序进行的；（4）企业对实际发放的工资、薪金已依法履行了代扣代缴个人所得税义务；（5）有关工资、薪金的安排，不以减少或逃避税款为目的。

二、职工福利费的差异

（一）职工福利费的会计处理

企业职工福利费是指企业为职工提供的除职工工资、奖金、津贴、纳入工资总额管理的补贴、职工教育经费、社会保险费和补充养老保险费（年金)、补充医疗保险费及住房公积金以外的福利待遇支出,包括发放给职工或为职工支付的以下各项现金补贴和非货币性集体福利,具体包括职工医药费、家属医药费、职工疗养费用、食堂经费、福利机构经费、职工困难补助、离退休人员统筹外费用、独生子女费、抚恤费和其他非货币性福利,在实际发生时根据实际发生额计入当期损益或相关资产成本,职工福利费为非货币性福利的,应当按照公允价值计量。企业将拥有的房屋等资产无偿提供给职工使用的,应当根据受益对象,将该房屋每期应计提的折旧计入相关资产成本或当期损益,同时确认应付职工薪酬。租赁住房等资产供职工无偿使用的,应当根据受益对象,将每期应付的租金计入相关资产成本或当期损益,并确认应付职工薪酬。难以认定受益对象的非货币性福利,直接计入当期损益和应付职工薪酬。

（二）职工福利费的税法处理

《企业所得税法实施条例》第四十条规定,企业发生的职工福利费支出,不超过工资薪金总额14%的部分,准予扣除。职工福利费包括:

第一,尚未实行分离办社会职能的企业,其内设福利部门所发生的设备、设施和人员费用,包括职工食堂、职工浴室、理发室、医务所、托儿所、疗养院等集体福利部门的设备、设施及维修保养费用和福利部门工作人员的工资薪金、社会保险费、住房公积金、劳务费等。

第二,为职工卫生保健、生活、住房、交通等所发放的各项补贴和非货币性福利,包括企业向职工发放的因公外地就医费用、未实行医疗统筹企业职工医疗费用、职工供养直系亲属医疗补贴、供暖费补贴、职工防暑降温费、职工困难补贴、救济费、职工食堂经费补贴、职工交通补贴等。

第三,按照其他规定发生的其他职工福利费,包括丧葬补助费、抚恤费、安家费、探亲假路费等。

（三）职工福利费的税会差异分析

《关于企业加强职工福利费财务管理的通知》（财企〔2009〕242号）规定,企业为职工提供的交通、住房、通讯待遇,已经实行货币化改革的,按月按标准发放或支付的住房补贴、交通补贴或者车改补贴、通讯补贴,应当纳入职工工资总额,不再纳入职工福利费管理。会计上将交通、住房、通讯补贴计入职工工资总额,企业所得税上将该部分补贴计入福利费。

《企业所得税法实施条例》第四十条规定,企业发生的职工福利费支出,不超过工资薪金总额14%的部分,准予扣除。这里的"工资薪金总额"是指允许扣除的工资薪金总额,即全年实际支出数。对于超过限额发生的职工福利费，不能在企业所得税税前扣除，也不能结转至以后年度，形成永久性差异。

三、工会经费的差异

（一）工会经费的会计处理

会计准则规定，企业应当以职工工资总额为基础，按照2%的计提标准，计量应付职工薪酬——工会经费。

（二）工会经费的税法处理

《企业所得税法实施条例》第四十一条规定，企业拨缴的工会经费，不超过工资薪金2%的部分，准予扣除。

（三）工会经费的税会差异分析

依据会计准则，工会经费仍实行计提、划拨办法，即财务上按照计提工资总额的2%计提工会经费，然后再划拨给企业工会组织，凭企业工会组织开具的"工会经费拨缴款专用收据"入账。

《企业所得税法实施条例》第四十一条规定，企业拨缴的工会经费，不超过工资薪金2%的部分，准予扣除。根据《国家税务总局关于工会经费企业所得税税前扣除凭据问题的公告》（国家税务总局公告2010年第24号）规定，企业凭工会组织开具的"工会经费收入专用收据"在企业所得税税前扣除。

在此条件下，企业可能发生的工会经费纳税调整情形主要有：

1. 对计提并拨缴且取得专用收据的工会经费，如不超过工资薪金2%的部分，准予扣除，超过部分应当调增应纳税所得额；

2. 对计提未付部分的工会经费，应当调增应纳税所得额；

3. 对拨缴但未取得专用收据的工会经费，应当调增应纳税所得额。

以上1、3情况的差异会形成永久性差异，2情况的差异会形成暂时性差异。

四、职工教育经费的差异

（一）职工教育经费的会计处理

会计准则规定，企业应当按照财务规则等相关规定计提职工教育经费金额和应相应计入成本费用的薪酬金额。

（二）职工教育经费的税法处理

《财政部 国家税务总局关于企业职工教育经费税前扣除政策的通知》（财

税〔2018〕51号）规定，自2018年1月1日起，企业发生的职工教育经费支出，不超过工资薪金总额8%的部分，准予扣除；超过部分，准予在以后纳税年度结转扣除。

（三）职工教育经费的税会差异分析

职工教育经费，会计准则与税法之间产生差异的主要情况有：

会计准则按照实际发生额计入职工教育经费；税法规定，企业发生的职工教育经费支出，不超过工资薪金总额8%的部分，准予扣除；超过部分，准予在以后纳税年度结转扣除。企业实际发生的职工教育经费超过既定标准的部分，结转至以后年度扣除，形成暂时性差异。

五、带薪缺勤的差异

（一）带薪缺勤的会计处理

1. 累积带薪缺勤的会计处理

会计准则第八条第二款规定，累积带薪缺勤是指带薪缺勤权利可以在未来期间使用。如果职工在离开企业时能够获得现金支付，企业就应当确认企业必须支付的、职工全部累积未使用权利的金额；如果职工在离开企业时不能获得现金支付，则企业应当根据资产负债表日累积未使用权利而导致的预期支付的追加金额，作为累积带薪缺勤费用进行预计。

2. 非累积带薪缺勤的会计处理

非累积带薪缺勤，是指带薪缺勤权利不能结转下期的带薪缺勤，本期尚未用完的带薪缺勤权利将予以取消，并且职工离开企业时也无权获得现金支付。企业应当在职工实际发生缺勤的会计期间确认与非累积带薪缺勤相关的职工薪酬。

（二）带薪缺勤的税法处理

《企业所得税法实施条例》第三十四条规定："企业发生的合理的工资薪金支出，准予扣除。"

（三）带薪缺勤的税会差异分析

1. 累积带薪缺勤的税会差异分析

会计准则规定，企业应当在职工提供服务从而增加了其未来享有的带薪缺勤权利时，确认与累积带薪缺勤相关的职工薪酬，并以累积未行使权利而增加的预期支付金额计量。税法规定，合理、实际支付的工资薪金准予在税前扣除，两者形成差异。在汇算清缴时，会计上确认的与累积带薪缺勤相关的职工薪酬并未实际发生，该部分金额税法不予确认，需进行纳税调增。

2. 非累积带薪缺勤的税会差异分析

会计准则规定，企业应当在职工实际发生缺勤的会计期间确认与非累积带薪缺勤相关的职工薪酬。税法规定，合理、实际支付的工资薪金准予在税前扣除，两者形成差异。在汇算清缴时，会计上确认的与非累积带薪缺勤相关的职工薪酬并未实际发生，该部分金额税法不予确认，需进行纳税调增。

六、辞退福利的差异

（一）辞退福利的会计处理

1. 辞退福利预期在其确认的年度报告期结束后 12 个月内完全支付，适用短期薪酬的相关规定时

企业在职工劳动合同到期之前解除与职工的劳动关系，或者为鼓励职工自愿接受裁减而提出给予补偿的建议，满足条件的，应当确认因解除与职工的劳动关系给予补偿而产生的预计负债，同时计入当期损益：

2. 辞退福利预期在年度报告期结束后 12 个月内不能完全支付的，适用其他长期职工福利的相关规定时

辞退工作在 1 年内实施完毕、补偿款项超过 1 年支付的辞退计划（含内退计划），企业应选择恰当的折现率，以折现后的金额进行计量，计入当期管理费用。折现后的金额与实际应支付的辞退福利的差额，作为未确认融资费用，在以后各期实际支付辞退福利款项时计入财务费用。应付辞退福利款项与其折现后金额相差不大的，也可不予折现。

（二）辞退福利的税法处理

1. 企业所得税

（1）辞退福利预期在其确认的年度报告期结束后 12 个月内完全支付，适用短期薪酬的相关规定时。

《中华人民共和国企业所得税法（2018 修正）》第八条规定，企业实际发生的与取得收入有关的、合理的支出，包括成本、费用、税金、损失和其他支出，准予在计算应纳税所得额时扣除。企业由于辞退提供的一次性补偿收入，实际支付的部分允许在税前扣除。

（2）辞退福利预期在年度报告期结束后 12 个月内不能完全支付的，适用其他长期职工福利的相关规定时。

根据《国家税务总局关于企业支付给职工的一次性补偿金在企业所得税前扣除问题的批复》（国税函〔2001〕918 号）文件规定，企业对已达一定工作年限、一定年龄或接近退休年龄的职工内部退养支付的一次性生活补贴，

以及企业支付解除劳动合同职工的一次性补偿支出（包括买断工龄支出）等，属于《企业所得税税前扣除办法》（国税发〔2004〕84号）中第二条，即与取得应纳税收入有关的所有必要和正常的支出的，原则上可以在企业所得税税前扣除。各种补偿性支出数额较大，一次性摊销对当年企业所得税收入影响较大的，可以在以后年度均匀摊销。具体摊销年限，由省（自治区、直辖市）税务局根据当地实际情况确定。

2. 个人所得税

（1）内部退养所得报酬不属于离退休工资，应按"工资、薪金所得"项目计征个人所得税。

（2）个人在办理内部退养手续后从原任职单位取得的一次性收入，应按办理内部退养手续后至法定离退休年龄之间的所属月份进行平均，并与领取当月的"工资、薪金所得"合并后减除当月费用扣除标准，以余额为基数确定适用税率，再将当月工资、薪金加上取得的一次性收入，减去费用扣除标准，按适用税率计征个人所得税。

（3）个人在办理内部退养手续后至法定离退休年龄之间重新就业取得的"工资、薪金所得"，应与其从原任职单位取得的同一月份的"工资，薪金"所得合并，并依法自行向主管税务机关申报缴纳个人所得税。

（三）辞退福利的税会差异分析

1. 辞退福利预期在其确认的年度报告期结束后12个月内完全支付，适用短期薪酬的相关规定时

辞退福利，属于职工薪酬核算范围，但不属于企业所得税法中规定的工资薪金范畴。会计准则按照权责发生制原则，规定当辞退计划满足准则规定的预计负债确认条件时，应当确认一项预计负债；同时由于职工被辞退后不再为企业带来经济利益，所有辞退福利均应在满足确认条件时，计入当期费用，使财务报表使用者及时了解企业因根据辞退计划提供辞退福利所承担的义务情况。

企业与职工解除劳动合同而支付的合理的补偿费，属于与生产经营有关的必要的合理支出，允许据实扣除。本期计提而未付的金额，不得在本期扣除，实际支付时，做纳税调减处理。

个人取得的一次性补偿收入如超过当地上年职工平均工资3倍数额以外的部分，要按规定缴纳个人所得税。

2. 辞退福利预期在年度报告期结束后12个月内不能完全支付的，适用其他长期职工福利的相关规定时

企业支付给职工的解除劳动合同的补偿支出当期一次性支付的应在当期费用中列支；补偿款项超过1年支付的辞退福利计划，企业应当选择恰当的折现率，以折现后的金额计量应计入当期管理费用的辞退福利金额，该项金额与实际应支付的辞退福利之间的差额，作为未确认融资费用，在以后各期实际支付辞退福利款项时，计入财务费用。税务方面原则上可以在企业所得税税前扣除。

七、设定受益计划的差异

（一）设定受益计划的会计处理

1. 设定受益计划资产的会计处理

设定受益计划资产的会计处理：企业向基金缴存款项或收到基金退款的，计入设定受益计划资产；基金支付离职后福利的，同时冲减设定受益计划的资产和负债。期末，企业应根据上年度设定受益计划资产的期末余额和折现率，计算冲减财务费用。在此基础上，企业根据设定受益计划资产的本年期末余额与当前余额的差额，计入其他综合收益，并相应调整设定受益计划资产。上述设定受益计划资产期末余额等于设定受益计划义务现值加上设定受益计划净资产。设定受益计划净资产为设定受益计划的盈余和资产上限两项的孰低者。盈余是指设定受益计划义务现值小于设定受益计划资产公允价值所形成的金额。资产上限，是指企业可从设定受益计划退款或减少未来对设定受益计划缴存资金而获得的经济利益的现值。

2. 设定受益计划负债的会计处理

根据《企业会计准则第9号——职工薪酬》规定，企业设定受益计划负债的会计处理如下：

（1）企业应根据设定受益计划条款，划分设定受益计划全部义务的归属期间。归属期间是指从职工提供服务以获取企业在未来报告期间预计支付的设定受益计划福利开始，至职工的继续服务不会导致这一福利金额显著增加之日止。《企业会计准则》认为是由于职工提供的整个服务而不单单是以后年度服务才使以后年度获得的福利显著高于以前年度提供的服务，因此这种情况下需要合并归属期，将福利平均分摊至整个服务期间。

（2）采用无偏且相互一致的精算假设对有关人口统计变量和财务变量等作出估计，分别计量上述归属期间对应义务在退休年度的现值总额。

（3）根据归属期间所包含的年度数，对上述现值总额取算数平均值，并分别贴现至归属期间包含的各年度，分别计入对应年度的当期损益或相关资产成本，相应确认应付职工薪酬。

（4）特殊事项的处理。①若设定受益计划修改，导致以前期间职工服务相关的设定受益计划义务现值的增加或减少的，应相应调整设定受益计划负债金额，同时计入当期损益。②企业为了消除设定受益计划所产生的部分或所有未来义务进行的交易，而不是根据计划条款和所包含的精算假设向职工支付福利，应按照以下金额的差额确认一项设定受益计划结算利得或损失：在结算日确定的设定受益计划义务现值；结算价格，包括转移的计划资产的公允价值和企业直接发生的与结算相关的支付。

（二）设定受益计划的税法处理

1. 设定受益计划资产的税法处理

若企业设立了企业年金，企业年金属于补充养老保险，根据《财政部 国家税务总局关于补充养老保险费补充医疗保险费有关企业所得税政策问题的通知》（财税〔2009〕27号）规定，企业为在本企业任职或者受雇的全体员工支付的补充养老保险，可以在职工工资总额5%标准内作限额扣除。

2. 设定受益计划负债的税法处理

企业实施设定受益计划而计提的应付职工薪酬，包括因设定受益计划修改所导致与以前期间职工服务相关的设定受益计划义务现值增加或减少的，由于尚未实际支出或发生，因此税法不予认可。企业期末根据负债摊余成本和折现率计算的财务费用，其支出的事由为职工薪酬，未来到期后作为离职后福利支付给职工，因此属于税法规定的职工薪金支出，由于计提时未实际支付，因此同样不得于企业所得税税前扣除，而应做纳税调增。

（三）设定收益计划的税会差异分析

1. 设定受益计划资产的税会差异处理

企业年金属于补充养老保险，根据《财政部 国家税务总局关于补充养老保险费补充医疗保险费有关企业所得税政策问题的通知》（财税〔2009〕27号）规定，企业为在本企业任职或者受雇的全体员工支付的补充养老保险，可以在职工工资总额5%标准内作限额扣除，《机关事业单位职业年金办法》明确单位缴纳职业年金费用的比例为本单位工资总额的8%，超过5%部分年金需全额调增。

2. 设定受益计划负债的税会差异处理

企业实施设定受益计划而计提的应付职工薪酬，由于尚未实际支出或发生，因此税法不予认可，在计算企业所得税应纳税所得额时应做纳税调增。企业期末根据负债摊余成本和折现率计算的财务费用，其支出的事由为职工薪酬，未来到期后作为离职后福利支付给职工，因此属于税法规定的职工薪金支出，由于计提时未实际支付，因此同样不得于企业所得税税前扣除，而应做纳税调增。

企业为了消除设定受益计划所产生的部分或所有未来义务进行结算交易的，企业支付的结算价格属于与取得收入有关的、合理的支出，准予全额税前扣除。而会计计入利润总额的结算损失等于结算价格减去设定受益计划现值，因此需要就会计和税法的差额部分即设定受益计划现值做应纳税所得额的纳税调减。

八、设定提存计划的差异

（一）设定提存计划的会计处理

对于设定提存计划（如社会养老保险），企业应当在职工为其提供服务的会计期间，将根据设定提存计划应缴存的金额确认为职工薪酬负债，并计入当期损益或相关资产成本，预期不会在职工提供相关服务的年度报告期结束后12个月支付全部应缴存金额的，企业应当将全部缴存金额以折现后的金额计量应付职工薪酬。

（二）设定提存计划的税法处理

企业期末根据负债摊余成本和折现率计算的财务费用，其支出的事由为职工薪酬，未来到期后作为离职后福利支付给职工，因此属于税法规定的职工薪金支出，由于计提时未实际支付，因此同样不得于企业所得税税前扣除，而应做纳税调增。

（三）设定提存计划的税会差异分析

企业期末根据负债摊余成本和折现率计算的财务费用，由于计提时未实际支付，因此同样不得于企业所得税税前扣除，而应做纳税调增。

案例分析

【例6-1】某电力公司A公司为增值税一般纳税人，发生以下经济业务：

（1）A公司制度规定：每个职工每年可享受5个工作日带薪年假，未使用的年假可向后结转一个年度，超过一年未使用的权利作废，不能取得现金补贴；职工休年假以后进先出为基础，即首先从当年可享受的权利中扣除，再从上年结转的带薪病假余额中扣除。2021年12月31日，每个职工当年平均未使用带薪病假为2天。A公司1000名职工预计2022年有960名职工将享受不超过5天的带薪年假，剩余40名职工每人将平均享受6天半年假，假定这40名职工均为各部门经理，平均每名职工每个工作日工资为400元。

（2）假定2022年12月31日，上述40名部门经理中有30名享受了6天半年假，并随同正常工资以银行存款支付，另有10名只享受了5天。

（3）A公司对婚假实行非累积带薪缺勤货币补偿制度，补偿金额为放弃带薪休假期间平均日工资的2倍。A公司2022年5月有3名管理人员放弃10天的婚假，假设平均每名职工每个工作日工资为300元。

（4）企业已在成本费用中列支的实发工资总额为800万元，并按实际发生数列支了福利费120万元。

（5）企业已在成本费用中列支的实发工资总额为800万元，上缴工会经费30万元并取得"工会经费专用拨缴款收据"。

（6）企业已在成本费用中列支的实发工资总额为800万元，职工教育经费支出78万元。

税会差异分析见表6-1。

表6-1　　　　　　　　　税会差异分析

会计处理	税收处理	税会差异分析
（1）根据资料一		
管理费用确认40名部门经理累积带薪缺勤工资=(6.5-5)×40×400=24 000（元）	企业支付员工的累积带薪缺勤货币补偿的税前扣除，合理、实际支付的工资薪金准予在税前扣除	税法规定，合理、实际支付的工资薪金准予在税前扣除，2021年纳税调增24 000元
（2）根据资料二		
支付累积带薪工资=(6.5-5)×30×400=18 000（元）	企业支付员工的累积带薪缺勤货币补偿的税前扣除，合理、实际支付的工资薪金准予在税前扣除	实际支付累积带薪缺勤薪酬准予税前扣除，2022年纳税调减18 000元
（3）根据资料三		
管理费用确认管理人员非累积带薪缺勤货币补偿=3×10×300×2=18 000（元），实际补偿时：确认非累积带薪缺勤货币补偿18 000元	企业支付员工的非累积带薪缺勤货币补偿的税前扣除，合理、实际支付的工资薪金准予在税前扣除	实际支付非累积带薪缺勤货币补偿，准予税前扣除

续表

会计处理	税收处理	税会差异分析
（4）根据资料四		
会计上按实际发生的福利费120万元进行核算	税法规定职工福利费支出，不超过工资薪金总额14%的部分，准予扣除	该企业允许扣除的福利费支出：800×14%=112（万元），实际列支120万元，纳税调整增加8万元
（5）根据资料五		
会计按实际发生的工会经费30万元进行核算	税法规定工会经费支出，不超过工资薪金2%的部分，准予扣除	该企业允许扣除的工会经费支出：800×2%=16（万元），实际列支30万元，纳税调整增加14万元
（6）根据资料六		
会计按实际发生的职工教育经费78万元进行核算	税法规定职工教育经费支出，不超过工资薪金8%的部分，准予扣除，超过部分允许在以后年度进行扣除	该企业职工教育经费扣除限额：800×8%=64（万元），实际列支78万元，纳税调增6万元（超支的6万元，可以在以后年度无限期结转扣除）

本章政策依据

1. 《企业会计准则第9号——职工薪酬》（财会〔2014〕8号）
2. 《关于企业加强职工福利费财务管理的通知》（财企〔2009〕242号）
3. 《中华人民共和国企业所得税法》（中华人民共和国主席令第23号）
4. 《中华人民共和国企业所得税法实施条例》（中华人民共和国国务院令第714号）
5. 《国家税务总局关于企业工资薪金及职工福利费扣除问题的通知》（国税函〔2009〕3号）
6. 《国家税务总局关于工会经费企业所得税税前扣除凭据问题的公告》（国家税务总局公告2010年第24号）
7. 《财政部 国家税务总局关于补充养老保险费补充医疗保险费有关企业所得税政策问题的通知》（财税〔2009〕27号）
8. 《企业所得税税前扣除办法》（国税发〔2004〕84号）
9. 《国家税务总局关于企业支付给职工的一次性补偿金在企业所得税税前扣除问题的批复》（国税函〔2001〕918号）

10.《财政部 税务总局关于个人所得税法修改后有关优惠政策衔接问题的通知》（财税〔2018〕164号）

11.《中华人民共和国个人所得税法》（中华人民共和国主席令第9号）

12.《国家税务总局关于调整个人取得全年一次性奖金等计算征收个人所得税方法问题的通知》（国税发〔2005〕9号）

13.《财政部 国家税务总局关于个人与用人单位解除劳动关系取得的一次性补偿收入征免个人所得税问题的通知》（财税〔2001〕157号）

14.《国家税务总局关于个人因解除劳动合同取得经济补偿金征收个人所得税的通知》（国税发〔1999〕178号）

15.《国家税务总局关于离退休人员取得单位发放离退休工资以外奖金补贴征收个人所得税的批复》（国税函〔2008〕723号）

16.《财政部 人力资源社会保障部 国家税务总局关于企业年金职业年金个人所得税有关问题的通知》（财税〔2013〕103号）

第二编

收入费用类

第七章 收入会计与税法差异

第一节 收入概念的会计与税法差异

一、收入范围的会计与税法差异

(一) 收入的会计概念

1. 收入的会计定义

2017年7月5日,财政部正式公布了新修订的《企业会计准则第14号——收入》(财会〔2017〕22号)(以下简称收入准则)。收入准则规定,收入是指企业在日常活动中形成的、会导致所有者权益增加的、与所有者投入资本无关的经济利益的总流入。其中,日常活动是指企业为完成其经营目标所从事的经常性活动以及与之相关的其他活动。工业企业制造并销售产品、商品流通企业销售商品、咨询公司提供咨询服务、软件公司为客户开发软件、安装公司提供安装服务、建筑企业提供建造服务等,均属于企业的日常活动。

2. 会计收入的确认条件

企业与客户之间的合同同时满足下列五项条件的,企业应当在客户取得相关商品控制权时确认收入:(1) 合同各方已批准合同并承诺将履行各自义务;(2) 该合同明确了合同各方与所转让商品相关的权利和义务;(3) 该合同有明确的与所转让商品相关的支付条款;(4) 该合同具有商业实质,即履行该合同将改变企业未来现金流量的风险、时间分布或金额;(5) 企业因向客户转让商品而有权取得的对价很可能收回。

根据满足特定条件的情况,收入应按以下方式确认:在一段时间内,以一种能够反映企业履行履约义务的方式确认;或者在某一时点上,当商品或服务的控制权转移给客户时确认。

（二）收入的税法概念

1. 收入的税法定义

（1）增值税。《中华人民共和国增值税暂行条例》（中华人民共和国国务院令第 691 号）第六条规定：销售额为纳税人发生应税销售行为收取的全部价款和价外费用，但是不包括收取的销项税额。

（2）企业所得税。根据《中华人民共和国企业所得税法》（中华人民共和国主席令第 23 号）第六条规定：企业以货币形式和非货币形式从各种来源取得的收入，为收入总额。包括：销售货物收入、提供劳务收入、转让财产收入、股息、红利等权益性投资收益、利息收入、租金收入、特许权使用费收入、接受捐赠收入和其他收入。《中华人民共和国企业所得税法实施条例》（中华人民共和国国务院令第 714 号）第二十二条规定：企业所得税法第六条第（九）项所称其他收入，是指企业取得的除企业所得税法第六条第（一）项至第（八）项规定的收入外的其他收入，包括企业资产溢余收入、逾期未退包装物押金收入、确实无法偿付的应付款项、已作坏账损失处理后又收回的应收款项、债务重组收入、补贴收入、违约金收入、汇兑收益等。

2. 税法收入的确认条件

【企业所得税】

根据《国家税务总局关于确认企业所得税收入若干问题的通知》（国税函〔2008〕875 号）第一条规定：除企业所得税法及实施条例另有规定外，企业销售收入的确认，必须遵循权责发生制原则和实质重于形式原则。企业销售商品同时满足下列条件的，应确认收入的实现：（1）商品销售合同已经签订，企业已将商品所有权相关的主要风险和报酬转移给购货方；（2）企业对已售出的商品既没有保留通常与所有权相联系的继续管理权，也没有实施有效控制；（3）收入的金额能够可靠地计量；（4）已发生或将发生的销售方的成本能够可靠地核算。

第二条规定，企业在各个纳税期末，提供劳务交易的结果能够可靠估计的，应采用完工进度（完工百分比）法确认提供劳务收入。提供劳务交易的结果能够可靠地估计，是指同时满足下列条件：（1）收入的金额能够可靠地计量；（2）交易的完工进度能够可靠地确定；（3）交易中已发生和将发生的成本能够可靠地核算。

（三）收入概念的税会差异分析

根据税法规定，企业取得的各种形式、各种来源的收入和视同销售收入，都属于收入总额，计入应纳税所得额。企业取得收入的货币形式包括现金、存款、应收账款、应收票据、准备持有至到期的债券投资以及债务的豁免等。企业取得收入的非货币形式包括固定资产、生物资产、无形资产、股权投资、存货、不准备持有至到期的债券投资、劳务以及有关权益等。

根据收入准则规定，收入是指企业在日常活动中形成的、会导致所有者权益增加的、与所有者投入资本无关的经济利益的总流入。其中，长期股权投资、租赁、债务重组、非货币性资产交换、政府补助等非日常活动形成的收入、收益或利得，适用其他会计准则。

综上，企业所得税中收入总额口径与会计核算的收入总额口径不一致，税法规定的收入远比会计上确认的收入范围广得多，即会计上的收入与日常活动相关且是经济利益的总流入，而税法上不仅与日常活动相关，也包括与非日常活动相关，不仅是经济利益的总流入，还是经济利益的净流入。

二、免税收入和不征税收入的会计与税法差异

会计处理上，只要取得符合会计准则确认条件的收入，都应该记入"主营业务收入""其他业务收入"或"投资收益"等科目，不区分应税收入、免税收入和不征税收入。

（一）增值税

企业取得的增值税不征税收入，对应支出的进项税额以按规定从销项税额中抵扣，而免税收入对应支出的进项税额不得从销项税额中抵扣。

（二）企业所得税

企业取得的不征税收入不属于营利性活动带来的经济利益，从税制原理上就不应缴纳企业所得税；而免税收入则是企业应税收入的组成部分，按照税制原理应当缴纳企业所得税，但税法允许其免予缴纳。《中华人民共和国企业所得税法实施条例》（中华人民共和国国务院令第714号）第二十八条规定：企业的不征税收入用于支出所形成的费用或者财产，不得扣除或者计算对应的折旧、摊销扣除。

三、增值税收入和企业所得税收入纳税义务发生时间的差异

（一）加工制造大型机械设备、船舶、飞机持续时间超过12个月

1. 增值税

根据《中华人民共和国增值税暂行条例实施细则》（财政部 国家税务总局令第65号）第三十八条规定：生产销售生产工期超过12个月的大型机械

设备、船舶飞机等货物,其纳税义务发生时间为收到预收款或者书面合同约定的收款日期的当天。

2. 企业所得税

根据《中华人民共和国企业所得税法实施条例》(中华人民共和国国务院令第714号)第二十三条规定:企业受托加工制造大型机械设备、船舶、飞机,以及从事建筑、安装、装配工程业务或者提供其他劳务等,持续时间超过12个月的,按照纳税年度内完工进度或者完成的工作量确认收入的实现。

两者差异为:在纳税年度内,企业若事先收到预收款或者书面合同约定的收款日期的当天,但尚未开工或进度缓慢,必须确认增值税收入申报纳税,但不一定确认企业所得税收入,可能会出现增值税收入大于企业所得税收入的情况。

(二) 采取委托代销方式销售货物

1. 增值税

根据《中华人民共和国增值税暂行条例实施细则》(财政部 国家税务总局令第65号)第三十八条规定:委托其他纳税人代销货物,为收到代销单位的代销清单或者收到全部或者部分货款的当天。未收到代销清单及货款的,为发出代销货物满180天的当天。

2. 企业所得税

根据《国家税务总局关于确认企业所得税收入若干问题的通知》(国税函〔2008〕875号)规定:销售商品采用支付手续费方式委托代销的,在收到代销清单时确认收入。

两者差异为:如果企业在发出代销货物在180天之内(不含180天)收到代销清单,增值税与企业所得税确认收入的时点是一致的;如果在发出代销货物满180天(含)的当天企业仍未收到代销清单及货款,增值税需在满180天的当天确认收入申报缴纳增值税税款,而企业所得税则不一定需要确认,仅在收到代销清单时确认。此时,会出现年度申报时增值税确认收入必然大于企业所得税收入的情况。

(三) 销售货物采取先开具发票、后发出商品

1. 增值税

根据《财政部 国家税务总局关于全面推开营业税改征增值税试点的通知》(财税〔2016〕36号)第四十五条规定:纳税人发生应税行为并收讫销售款项或者取得索取销售款项凭据的当天;先开具发票的,为开具发票的当天。

2. 企业所得税

根据《国家税务总局关于确认企业所得税收入若干问题的通知》（国税函〔2008〕875号）规定：企业销售商品同时满足下列条件的，应确认收入的实现：（1）商品销售合同已经签订，企业已将商品所有权相关的主要风险和报酬转移给购货方；（2）企业对已售出的商品既没有保留通常与所有权相联系的继续管理权，也没有实施有效控制；（3）收入的金额能够可靠地计量；（4）已发生或将发生的销售方的成本能够可靠地核算。

两者差异为：如果企业先开具发票，但是按照国税函〔2008〕875号文件的规定不满足确认收入的相关条件，在企业所得税处理时也不需要确认收入，此时，也会出现年度申报时增值税确认收入必然大于企业所得税收入的情况。

（四）资产用途发生内部改变的

1. 增值税

根据《中华人民共和国增值税暂行条例实施细则》（财政部 国家税务总局令第65号）第四条规定：企业有下列行为的视同销售：设立两个以上机构并实行统一核算的纳税人，将货物从一个机构移送其他机构用于销售，但相关机构设在同一县（市）的除外。

2. 企业所得税

根据《国家税务总局关于企业处置资产所得税处理问题的通知》（国税函〔2008〕828号）规定：企业发生下列情形的处置资产，除将资产转移至境外以外，由于资产所有权属在形式和实质上均不发生改变，可作为内部处置资产，不视同销售确认收入，相关资产的计税基础延续计算。（1）将资产用于生产、制造、加工另一产品；（2）改变资产形状、结构或性能；（3）改变资产用途（如，自建商品房转为自用或经营）；（4）将资产在总机构及其分支机构之间转移……

因此，上述资产发生内部改变的行为，两者差异为：增值税应在申报表上如实填报视同销售收入金额，而所得税不会确认收入，必然出现增值税申报收入大于企业所得税收入的情况。

第二节 商品销售收入的会计与税法差异

一、商品销售收入的差异

(一) 商品销售收入的会计处理

收入准则第四条规定：企业应当在履行了合同中的履约义务即在客户取得相关商品控制权时确认收入。取得相关商品控制权，是指能够主导该商品的使用并从中获得几乎全部的经济利益。第十三条规定：对于在某一时点履行的履约义务，企业应当在客户取得相关商品控制权时点确认收入。在判断客户是否已取得商品控制权时，企业应当考虑下列迹象：第一，企业就该商品享有现时收款权利，即客户就该商品负有现时付款义务。第二，企业已将该商品的法定所有权转移给客户，即客户已拥有该商品的法定所有权。第三，企业已将该商品实物转移给客户，即客户已实物占有该商品。第四，企业已将该商品所有权上的主要风险和报酬转移给客户，即客户已取得该商品所有权上的主要风险和报酬。第五，客户已接受该商品。第六，其他表明客户已取得商品控制权的迹象。

(二) 商品销售收入的税法处理

1. 增值税

根据《中华人民共和国增值税暂行条例》（中华人民共和国国务院令第691号）第十九条规定：增值税纳税义务发生时间：销售货物或者应税劳务，为收讫销售款项或者取得索取销售款项凭据的当天；先开具发票的，为开具发票的当天。《中华人民共和国增值税暂行条例实施细则》（财政部 国家税务总局令第65号）第三十八条规定了不同销售结算方式下确认收入的具体时间。《国家税务总局关于增值税纳税义务发生时间有关问题的公告》（国家税务总局公告2011年第40号）规定：自2011年8月1日起，纳税人生产经营活动中采取直接收款方式销售货物，已将货物移送对方并暂估销售收入入账，但既未取得销售款或取得索取销售款凭据也未开具销售发票的，其增值税纳税义务发生时间为取得销售款或取得索取销售款凭据的当天；先开具发票的，为开具发票的当天。

《财政部 国家税务总局关于全面推开营业税改征增值税试点的通知》（财

税〔2016〕36号）第四十条规定：一项销售行为如果既涉及服务又涉及货物，为混合销售。从事货物的生产、批发或者零售的单位和个体工商户的混合销售行为，按照销售货物缴纳增值税；其他单位和个体工商户的混合销售行为，按照销售服务缴纳增值税。

第四十五条规定：增值税纳税义务、扣缴义务发生时间为：第一，纳税人发生应税行为并收讫销售款项或者取得索取销售款项凭据的当天；先开具发票的，为开具发票的当天。收讫销售款项，是指纳税人销售服务、无形资产、不动产过程中或者完成后收到款项。取得索取销售款项凭据的当天，是指书面合同确定的付款日期；未签订书面合同或者书面合同未确定付款日期的，为服务、无形资产转让完成的当天或者不动产权属变更的当天。第二，纳税人提供租赁服务采取预收款方式的，其纳税义务发生时间为收到预收款的当天。第三，纳税人从事金融商品转让的，为金融商品所有权转移的当天。第四，纳税人发生视同销售情形的，其纳税义务发生时间为服务、无形资产转让完成的当天或者不动产权属变更的当天。第五，增值税扣缴义务发生时间为纳税人增值税纳税义务发生的当天。

《国家税务总局关于进一步明确营改增有关征管问题的公告》（国家税务总局公告2017年第11号）第一条规定：纳税人销售活动板房、机器设备、钢结构件等自产货物的同时提供建筑、安装服务，不属于《营业税改征增值税试点实施办法》（财税〔2016〕36号文件印发）第四十条规定的混合销售，应分别核算货物和建筑服务的销售额，分别适用不同的税率或者征收率。

2. 消费税

《中华人民共和国消费税暂行条例》（中华人民共和国国务院令第539号）第三条规定：纳税人兼营不同税率的应当缴纳消费税的消费品（以下简称应税消费品），应当分别核算不同税率应税消费品的销售额、销售数量；未分别核算销售额、销售数量，或者将不同税率的应税消费品组成成套消费品销售的，从高适用税率。第十条规定，纳税人应税消费品的计税价格明显偏低并无正当理由的，由主管税务机关核定其计税价格。《中华人民共和国消费税暂行条例》（中华人民共和国国务院令第539号）第八条规定了不同销售结算方式下确认收入的具体时间。

3. 企业所得税

《中华人民共和国企业所得税法》（中华人民共和国主席令第23号）及《中华人民共和国企业所得税法实施条例》（中华人民共和国国务院令第714号）和《国家税务总局关于确认企业所得税收入若干问题的通知》（国税函

〔2008〕875号）规定，除《企业所得税法》及其《实施条例》另有规定外，企业销售收入的确认必须遵循权责发生制原则和实质重于形式原则。企业销售商品同时满足下列条件的，应确认收入的实现：第一，商品销售合同已经签订，企业已将商品所有权相关的主要风险和报酬转移给购货方；第二，企业对已售出的商品既没有保留通常与所有权相联系的继续管理权，也没有实施有效控制；第三，收入的金额能够可靠地计量；第四，已发生或将发生的销售方的成本能够可靠地核算。

符合上述收入确认条件，采取下列商品销售方式的，应按以下规定确认收入实现时间：（1）销售商品采用托收承付方式的，在办妥托收手续时确认收入。（2）销售商品采取预收款方式的，在发出商品时确认收入。（3）销售商品需要安装和检验的，在购买方接受商品以及安装和检验完毕时确认收入。如果安装程序比较简单，可在发出商品时确认收入。（4）销售商品采用支付手续费方式委托代销的，在收到代销清单时确认收入。（5）采用售后回购方式销售商品的，销售的商品按售价确认收入，回购的商品作为购进商品处理。有证据表明不符合销售收入确认条件的，如以销售商品方式进行融资，收到的款项应确认为负债，回购价格大于原售价的，差额应在回购期间确认为利息费用。（6）销售商品以旧换新的，销售商品应当按照销售商品收入确认条件确认收入，回收的商品作为购进商品处理。

（三）商品销售收入的税会差异分析

会计准则和税法规定在时间上的差异较大，会计处理从实质重于形式和谨慎性出发，侧重于收入的可实现性。而税法则从组织财政收入的角度出发，不考虑其他潜在因素，造成会计收入和计税收入在确认时产生差异。

1. 增值税和会计准则差异

（1）增值税纳税义务发生时间与会计准则中收入确认时间可能不同。增值税税收政策中存在增值税纳税义务发生时间早于或晚于会计准则中收入确认时间的情形：如建筑服务完成后被扣留的未开具发票的质押金、保证金，采用后付租金方式出租不动产，此时会计上收入确认时间早于增值税纳税义务发生时间，应将相关销项税额记入"应交税费——待转销项税额"科目，待实际发生纳税义务时再转入"应交税费——应交增值税（销项税额）"或"应交税费——简易计税"科目。又如企业提供建筑服务在增值税纳税义务发生后向业主办理工程价款结算，采用预付租金方式出租不动产，此时会计上收入确认时间晚于增值税纳税义务发生时间，应将应纳增值税额，借记"应收账款"科目，贷记"应交税费——应交增值税（销项税额）"或"应交税费——简易计税"科目，按照国家统一的会计制度确认收入或利得时，应按扣除增值税销项税额后的金额确认收入。

（2）会计准则规定合同中企业向客户转让可明确区分商品的承诺可作为单项履约义务，一项销售行为如果可以明确区分，可以作为多项履约义务分别确认收入。增值税税收政策规定，一项销售行为如果既涉及服务又涉及货物，为混合销售。从事货物的生产、批发或者零售的单位和个体工商户的混合销售行为，按照销售货物缴纳增值税；其他单位和个体工商户的混合销售行为，按照销售服务缴纳增值税。

2. 企业所得税和会计准则差异

（1）会计准则确认收入的条件强调"控制权转移"。当企业与客户之间的合同同时满足五项条件时，企业应当在客户取得相关商品控制权时确认收入，即在企业将商品或服务的控制权转移给客户的时点或过程中以其预计有权获得的金额予以确认并采用"五步法"模型确认收入。另外，会计准则确认收入的条件比国税函〔2008〕875号的规定更强调"企业因向客户转让商品而有权取得的对价很可能收回"。会计处理上，商品销售收入强调企业因向客户转让商品而有权取得的对价很可能收回，是指销售商品价款收回的可能性大于不能收回的可能性，也就是说，销售商品价款收回的可能性超过50%。税务处理上，收入的确认不强调"因向客户转让商品有权取得的对价很可能收回"，其主要原因是防止人为地判断收入对价很可能收回的可能性，不符合税法确定性原则，会造成实际操作的困难，造成税基减少，逃避企业所得税。

（2）企业所得税因资产所有权发生改变，应视同销售确认收入，没有像会计处理那样强调"相关经济利益很可能流入企业"。但需要注意的是，这与增值税相关规定有所不同。

（3）企业所得税或增值税纳税义务发生时间与会计准则中收入确认时间可能不同。会计上按照权责发生制确认收入，企业所得税处理中存在未按权责发生制确认收入，应通过"A105020 未按权责发生制确认收入纳税调整明细表"进行纳税调整。

二、销售折扣和折扣销售的差异

（一）销售折扣和折扣销售的会计处理

交易价格，是指企业因向客户转让商品而预期有权收取的对价金额。企业代第三方收取的款项（例如增值税）以及企业预期将退还给客户的款项，应当作为负债进行会计处理，不计入交易价格。合同标价并不一定代表交易价格,企业应当根据合同条款,并结合以往的习惯做法确定交易价格。在确定交易价格时,企业应当考虑可变对价、合同中存在的重大融资成分、非现金对价以及应付客户时价等因素的影响,并应当假定将按照现有合同的约定向客户转移商品,且该合同不会被取消、续约或变更。

会计上,针对销售折扣和折扣销售按照可变对价处理。企业与客户的合同中约定的对价金额可能是固定的,也可能会因折扣、价格折让、返利、退款、奖励积分、激励措施、业绩奖金索赔等因素而变化。此外,企业有权收取的对价金额,将根据一项或多项或有事项的发生有所不同的情况,也属于可变对价的情形。例如,企业售出商品但允许客户退货时,由于企业有权收取的对价金额将取决于客户是否退货,因此该合同的交易价格是可变的。企业在判断交易价格是否为可变对价时,应当考虑各种相关因素(如企业已公开宣布的政策、特定声明、以往的习惯做法、销售战略以及客户所处的环境等),以确定其是否会接受一个低于合同标价的金额,即企业向客户提供一定的价格折让。每一资产负债表日,企业应当重新估计应计入交易价格的可变对价金额,包括重新评估将估计的可变对价计入交易价格是否受到限制,以如实反映报告期末存在的情况以及报告期内发生的情况变化。

(二)销售折扣和折扣销售的税法处理

1. 增值税

《国家税务总局关于印发〈增值税若干具体问题的规定〉的通知》(国税发〔1993〕154号)第二条规定:纳税人采取折扣方式销售货物,如果销售额和折扣额在同一张发票上分别注明,可按折扣后的销售额征收增值税。《国家税务总局关于折扣额抵减增值税应税销售额问题通知》(国税函〔2010〕56号)规定:纳税人采取折扣方式销售货物,销售额和折扣额在同一张发票上分别注明是指销售额和折扣额在同一张发票上的"金额"栏分别注明,可按折扣后的销售额征收增值税。未在同一张发票"金额"栏注明折扣额,而仅在发票的"备注"栏注明折扣额的,折扣额不得从销售额中减除。《财政部 国家税务总局关于全面推开营业税改征增值税试点的通知》(财税〔2016〕36号)第四十三条规定:纳税人发生应税行为,将价款和折扣额在同一张发票上分别注明的,以折扣后的价款为销售额;未在同一张发票上分别注明的,以价款为销售额,不得扣减折扣额。

《国家税务总局关于纳税人折扣折让行为开具红字增值税专用发票问题的通知》(国税函〔2006〕1279号)规定:纳税人销售货物并向购买方开具增值税专用发票后,由于购货方在一定时期内累计购买货物达到一定数量或者由于市场价格下降等原因，销售方相应的价格优惠或补偿等折扣、折让行为，销货方可按现行《增值税专用发票使用规定》的有关规定开具红字增值税专用发票。具体按照《国家税务总局关于红字增值税发票开具有关问题的公告》（国家税务总局公告2016年第47号）有关规定执行。

销售折扣，《中华人民共和国增值税暂行条例实施细则》（财政部 国家税务总局令第65号）第六条规定：销售额为纳税人销售货物或者应税劳务向购买方收取的全部价款和价外费用，但是不包括收取的销项税额。现金折扣发生在销货之后，是一种融资性质的理财费用，因此不得从销售额中减除。所以增值税上仍应按销售折扣前的销售额，不得扣减折扣额，也不需要在增值税专用发票上将折扣额体现出来。

2. 企业所得税

《国家税务总局关于确认企业所得税收入若干问题的通知》（国税函〔2008〕875号）规定：企业为促进商品销售而在商品价格上给予的价格扣除属于商业折扣，商品销售涉及商业折扣的，应当按照扣除商业折扣后的金额确定销售商品收入金额。债权人为鼓励债务人在规定的期限内付款而向债务人提供的债务扣除属于现金折扣，销售商品涉及现金折扣的，应当按扣除现金折扣前的金额确定销售商品收入金额，现金折扣在实际发生时作为财务费用扣除。企业以买一赠一等方式组合销售本企业商品的，不属于捐赠，应将总的销售金额按各项商品的公允价值的比例来分摊确认各项的销售收入。"企业所得税年度纳税申报表"附表A105000"纳税调整项目明细表""收入类调整"项目第10行"销售折扣、折让和退回"，要求企业填列账载金额、税收金额和调整金额，即对不符合税收规定的销售折扣和折让进行纳税调整。

由此可见，对于商业折扣和现金折扣，如果销售方能提供以下资料，才能允许在税前扣除：（1）商业折扣。第一，开具专用发票当月，应在同一张发票上注明价款与折扣额且在"金额"栏注明折扣额；第二，开具专用发票当月，发生销货退回、开票有误等情形，收到退回的发票联、抵扣联符合作废条件的，按作废处理，重新开具专用发票并分别注明价款与折扣额；第三，开具专用发票以后，发生销货退回、开票有误、应税服务中止等情形但不符合发票作废条件，或者因销货部分退回及发生销售折让，需要按照国家税务总局公告2016年第47号文件的规定开具红字专用发票。（2）现金折扣。按照双方盖章确认的注明了折扣标准、折扣率的销售合同或协议、根据实际情况计算的折扣金额明细、银行收款凭据等证明该业务真实发生的合法凭据据实在财务费用中列支扣除。

（三）销售折扣和折扣销售的税会差异分析

会计准则规定销售折扣和折扣销售按照可变对价的相关规定进行会计处理直接计入交易价格，在每一资产负债表日还应当重新估计可变对价金额；税法规定按照合同金额确认收入，现金折扣部分要求计入财务费用列支，会计与税法规定存在差异，应当按扣除现金折扣前的金额确定销售商品收入金额，在企业所得税汇算清缴时对该部分进行纳税调整。

三、销售退回和销售折让的差异

（一）销售退回和销售折让的会计处理

对于附有销售退回条款的销售，企业应当在客户取得相关商品控制权时，按照因向客户转让商品而预期有权收取的对价金额（即不包含预期因销售退回将退还的金额）确认收入，按照预期因销售退回将退还的金额确认负债；同时，按照预期将退回商品转让时的账面价值，扣除收回该商品预计发生的成本（包括退回商品的价值减损）后的余额，确认一项资产，按照所转让商品转让时的账面价值，扣除上述资产成本的净额结转成本。

每一资产负债表日，企业应当重新估计未来销售退回情况，并对上述资产和负债进行重新计量。如有变化，应当作为会计估计变更进行会计处理。

（二）销售退回和销售折让的税法处理

1. 增值税

《中华人民共和国增值税暂行条例实施细则》（财政部 国家税务总局令第65号）第十一条规定：一般纳税人因销售货物退回或者折让而退还给购买方的增值税税额，应从发生销售货物退回或者折让当期的销项税额中扣减；因购进货物退出或者折让而收回的增值税税额，应从发生购进货物退回或者折让当期的进项税额中扣减。一般纳税人销售货物或者应税劳务，开具增值税专用发票后，发生销售货物退回或者折让、开票有误等情形，应按国家税务总局的规定开具红字增值税专用发票；未按规定开具红字增值税专用发票的，增值税额不得从销项税税额中扣减。

《营业税改征增值税试点实施办法》（财税〔2016〕36号）第三十二条规定：纳税人适用一般计税方法计税的，因销售折让、中止或者退回而退还给购买方的增值税税额，应当从当期的销项税额中扣减；因销售折让、中止或者退回而收回的增值税税额，应从当期的进项税额中扣减。第四十二条规定，纳税人发生应税行为，开具增值税专用发票后，发生开票有误或者销售折让、中止、退回等情形的，应当按照国家税务总局的规定开具红字增值税专用发票；未按照规定开具红字增值税专用发票的，不得扣减销项税额或者销售额。

2. 企业所得税

《国家税务总局关于确认企业所得税收入若干问题的通知》（国税函〔2008〕875号）规定：企业因售出商品质量、品种不符合要求等原因而发生的退货属于销售退回；企业因售出商品的质量不合格等原因而在售价上给予的减除属于销售折让。企业已经确认销售收入的售出商品发生销售折让和销售退回，应当在发生当期冲减当期销售商品收入。

（三）销售退回和折让的税会差异分析

从上述规定可知，对于企业日常发生的销售退回，会计准则和税法的处理存在一定差异，无论会计上针对预期判断确认多少收入，增值税仍应按销售额确认，计缴增值税。对属于资产负债表日后事项的销售退回，会计准则与税法的处理不同。税法不考虑资产负债表日后事项，税务处理上要求企业在商品销售时全部确认收入并全部结转成本，售出商品发生销售折让和销售退回，应当在发生当期冲减当期销售商品收入和增值税销项税额。无论报告年度企业所得税汇算清缴之前或之后发生的属于资产负债表日后事项的销售退回，都调整实际退回或折让年度的应纳税所得额，不调整报告年度应纳税所得额，从而使得该销售退回的会计处理同税务处理存在暂时性差异，需要进行纳税调整。

四、分期收款销售商品的差异

（一）分期收款销售商品的会计处理

当合同各方以在合同中明确（或者以隐含的方式）约定的付款时间为客户或企业就转让商品的交易提供了重大融资利益时，则合同中即包含了重大融资成分。

合同中存在企业为客户提供重大融资利益的，企业应按照应收合同价款，借记"长期应收款"等科目；按照假定客户在取得商品控制权时即以现金支付而须支付的金额（即现销价格）确定的交易价格，贷记"主营业务收入"；按其差额，贷记"未实现融资收益"科目。

合同中存在客户为企业提供重大融资利益的，企业应按照已收合同价款，借记"银行存款"等科目；按照假定客户在取得商品控制权时即以现金支付的应付金额（即现销价格）确定的交易价格，贷记"合同负债"等科目；按其差额，借记"未确认融资费用"科目。

需要说明的是，企业应当在单个合同层面考虑融资成分是否重大，而不应在合同组合层面考虑这些合同中的融资成分的汇总影响对企业整体而言是否重大。为简化实务操作,如果在合同开始日,企业预计客户取得商品控制权与客户支付价款间隔不超过 1 年的,可以不考虑合同中存在的重大融资成分。

(二)分期收款销售商品的税法处理

1. 增值税

《中华人民共和国增值税暂行条例实施细则》(财政部 国家税务总局令第 65 号)第三十八条规定:采取赊销和分期收款方式销售货物,为书面合同约定的收款日期的当天,无书面合同或者书面合同没有约定收款日期的,为货物发出的当天。销售方先开发票的,为开具发票的当天。此时,由于所得税和增值税纳税义务发生时间不同,会造成增值税收入和企业所得税收入存在差异。

2. 企业所得税

《中华人民共和国企业所得税法实施条例》(中华人民共和国国务院令第 714 号)第二十三第二款规定:以分期收款方式销售货物的,按照合同约定的收款日期确认收入的实现。对分期收款方式销售货物的,按照合同或协议约定的金额确认销售收入金额。按照合同约定的收款日期确认收入的实现,其实是权责发生制的例外,更接近于收付实现制,两者产生的差异应进行纳税调整。

从税法角度来看,在采用递延方式分期收款销售商品的情况下,按照合同约定的收款日期分期收回货款,只是强调企业所得税和增值税纳税义务发生时间,无论是所得税处理还是增值税处理,确认营业收入的时间通常是一致的。即在采用递延方式分期收款销售商品或提供劳务时,企业应在合同约定的收款日期确认营业收入,并以不含税的应收合同或协议价款确认为营业收入。

(三)分期收款销售商品的税会差异分析

会计准则与增值税法规、企业所得税法在具有融资性分期收款方式销售货物时,确认会计收入和计税收入、结转会计成本与计税成本、增值税纳税义务时间以及确认未实现融资收益和财务费用等方面存在差异。即使不具有融资性分期收款方式销售货物,在增值税纳税义务时间方面也存在差异。按照《企业会计准则第 18 号——所得税》的规定,会计期末,企业还应分别确认递延所得税资产和递延所得税负债。

案例分析

【例 7-1】某公司于 2022 年 12 月 3 日向 A 公司发出商品一批，已向 A 公司开出增值税专用发票，价款 100 万元，增值税 13 万元，商品成本 80 万元，并于 12 月 8 日办妥托收手续。但 10 日得知 A 公司由于遭受严重自然灾害，很可能发生重大损失，预计企业无法收到该货款（见表 7-1）。

表 7-1　　　　　　　　税会差异分析

会计处理	税收处理	税会差异分析
(1) 2022 年 12 月 3 日发出商品		
将"库存商品"80 万元转入"发出商品"科目	增值税纳税义务发生，产生增值税税额 13 万元 企业所得税应确认收入，同时结转成本	会计上未确认收入，但按照《企业所得税法》的规定应确认收入 100 万元，同时确认成本 80 万元，故应调增 2022 年应纳税所得额 20 万元
(2) 2023 年，实际收到 A 公司销售款及税金时		
确认收入，同时结转成本	企业所得税上已经在 2022 年确认过收入，不在 2023 年确认	企业所得税上已在 2022 年确认收入，应调减收入 100 万元，同时调减成本 80 万元，故应调减 2023 年应纳税所得额 20 万元

第三节　提供劳务企业销售收入的会计与税法差异

一、提供劳务收入的会计处理

满足下列条件之一的，属于在某一时段内履行履约义务，相关收入应当在该履约义务履行的期间内确认（见表 7-2）。

表 7-2　　　　　　　　履约义务时收入确认

序号	履约义务	举例
1	客户在企业履约的同时即取得并消耗企业履约所带来的经济利益（同时性）	常规或经常性的服务

续表

序号	履约义务	举例
2	客户能够控制企业履约过程中在建的商品（控制在建商品）	在客户场地上建造资产
3	企业履约过程中所产出的商品不具有可替代用途，且该企业在整个合同期间有权就累计至今已完成的履约部分收取款项（不可替代整个合同期内有权收取成本及合理利润）	建造只有客户能够使用的专项资产，或按照客户的指示建造资产

对于在某一时段内履行的履约义务，企业应当在该段时间内按照履约进度确认收入，履约进度不能合理确定的除外。企业应当考虑商品的性质，采用产出法或投入法确定恰当的履约进度，并且在确定履约进度时，应当扣除那些控制权尚未转移给客户的商品和服务。

企业按照履约进度确认收入时，通常应当在资产负债表日按照合同的交易价格总额乘以履约进度扣除以前会计期间累计已确认的收入后的金额，确认为当期收入。

二、提供劳务收入的税法处理

（一）增值税

《中华人民共和国增值税暂行条例实施细则》（财政部 国家税务总局令第65号）第三十八条规定：采取预收货款方式销售货物，为货物发出的当天，但生产销售生产工期超过12个月的大型机械设备、船舶、飞机等货物为收到预收款或者书面合同约定的收款日期的当天。销售应税劳务，为提供劳务同时收讫销售款或者取得索取销售款的凭据的当天。

（二）企业所得税

《中华人民共和国企业所得税法实施条例》（中华人民共和国国务院令第714号）第二十三条规定：企业的下列生产经营业务可以分期确认收入的实现：（1）以分期收款方式销售货物的，按照合同约定的收款日期确认收入的实现；（2）企业受托加工制造大型机械设备、船舶、飞机，以及从事建筑、安装装配工程业务或者提供其他劳务等，持续时间超过12个月的，按照纳税年度内完工进度或者完成的工作量确认收入的实现。《国家税务总局关于确认企业所得税收入若干问题的通知》（国税函〔2008〕875号）规定，企业在各个纳税期末，提供劳务交易的结果能够可靠估计的，应采用完工进度（完工百分比）法确认提供劳务收入。提供劳务交易的结果能够可靠地估计，是指同时满足下列条件：（1）收入的金额能够可靠地计量；（2）交易的完工进度能够可靠地确定；（3）交易中已发生和将发生的成本能够可靠地核算。企业应按照从接受劳务方已收或应收的合同或协议价款确定劳务收入总额,根据纳税期末提供劳务收入总额乘以完工进度扣除以前纳税年度累计已确认提供劳务收入后的金额,确认为当期劳务收入;同时,按照提供劳务估计总成本乘以完工进度扣除以前纳税期间累计已确认劳务成本后的金额,结转为当期劳务成本。

三、提供劳务收入的税会差异分析

第一,会计上的谨慎性原则在税收实践中不常适用,不考虑"相关的经济利益很可能流入企业"条件,对于劳务交易的结果不能可靠地计量时,会计处理不确认劳务收入,税法只要满足上述三条标准即应确认收入。按照税法确认收入后,如果以后经济利益未能流入企业,实际发生资产损失,企业可以依法申报后税前扣除。第二,税法对于企业从事建筑、安装、装配业务或者提供其他劳务,持续时间不超过12个月的,可以按照完成合同法确认计税收入。会计准则规定,跨年提供劳务按照履约进度确认收入,与税法可能存在差异。

案例分析

【例7-2】某公司与其客户签订一项总金额为580万元的固定造价合同,该合同不可撤销。某公司负责工程的施工及全面管理,客户按照第三方工程监理公司确认的工程完量,每年与某公司结算一次。该工程已于2019年2月开工,预计2022年6月完工,可能发生的工程总成本为550万元。到2020年底,由于材料价格上涨等因素,某公司将预计工程总成本调整为600万元。2021年年末根据工程最新情况将预计工程总成本调整为610万元。假定该建造工程整体构成单项履约义务,并属于在某一时段内履行的履约义务,该公司采用成本法确定履约进度,不考虑其他相关因素。该合同的其他有关资料见表7-3。

表7-3　　　　　　　　　合同相关内容　　　　　　　　　单位:万元

项目	2019年	2020年	2021年	2022年	2023年
年末累计实际发生成本	154	300	488	610	—
年末预计完成合同尚需发生成本	396	300	122	—	—
本期结算合同价款	174	196	180	30	—
本期实际收到价款	187.4	209.6	208	—	33

按照合同约定，工程质保金 30 万元须等到客户于 2023 年年底保证期结束且未发生重大质量问题时方能收款。上述价款均不含增值税额。假定某公司与乙公司结算时即发生增值税纳税义务，增值税税率为 9%（见表 7 - 4）。

表 7 - 4 税会差异分析

会计处理	税收处理	税会差异分析
1. 2019 年		
（1）实际发生合同成本 154 万元； （2）计算履约进度 = 154 ÷ (154 + 396) = 28%，确认收入 = 580 × 28% = 162.4（万元）并结转成本 154 万元； （3）根据合同约定，确认结算合同价款 174 万元及销项税额 15.66 万元，合计确认应收账款 189.66 万元； （4）收到应收款 187.4 万元	企业在各个纳税期末，提供劳务交易的结果能够可靠估计的，应采用完工进度完工百分比法确认提供劳务收入。税务处理上完工进度的计算方法与会计处理保持一致	—
2. 2020 年		
（1）实际发生合同成本 146 万元； （2）计算履约进度 = 300 ÷ (300 + 300) = 50%，确认收入 = 580 × 50% - 162.4 = 127.6（万元）并结转成本 146 万元； （3）合同预计损失 = (300 + 300 - 580) × (1 - 50%) = 10（万元）。由于该合同预计总成本 600 万元大于合同预计总收入 580 万元，预计发生损失总额为 20 万元，由于其中 10 (20 × 50%) 万元已经反映在损益中，因此应将剩余的为完成工程将发生的预计损失 10 万元确认为当期损失。 （4）根据合同约定，确认结算合同价款 196 万元及销项税额 17.64 万元，合计确认应收账款 213.64 万元； （5）收到应收款 209.6 万元	对于确认的预计负债进行纳税调整增加 10 万元	税法对于合同预计损失不予确认，待实际发生时调整应纳税所得额
3. 2021 年		
（1）实际发生合同成本 188 万元； （2）计算履约进度 = 488 ÷ (488 + 122) = 80%，确认收入 = 580 × 80% - 162.4 - 127.6 = 174（万元）并结转成本 188（万元）； （3）合同预计损失 = 合同预计损失 = (488 + 122 - 580) × (1 - 80%) - 10 = -4（万元）； （4）根据合同约定，确认结算合同价款 180 万元及销项税额 16.2 万元，合计确认应收账款 196.2 万元； （5）收到应收款 208 万元	对于确认的预计负债进行纳税调整减少 4 万元。剩余未调整减少 6 万元	税法对于合同预计损失不予确认，待实际发生时调整应纳税所得额

续表

会计处理	税收处理	税会差异分析
4. 2022 年		
（1）实际发生合同成本 122 万元； （2）确认收入 = 合同总金额 − 截至目前累计已确认的收入 = 580 − 162.4 − 127.6 − 174 = 116（万元）并结转成本 122 万元； （3）合同预计损失 = − 6（万元）； （4）根据合同约定，确认结算合同价款 30 万元及销项税额 2.7 万元，合计确认应收账款 32.7 万元； （5）收到应收款 33 万元	对于确认的预计负债进行纳税调整减少 4 万元。合计调整 0	税法对于合同预计损失不予确认，待实际发生时调整应纳税所得额

第四节　其他特定交易的会计与税法差异

一、视同销售

（一）视同销售业务的会计处理

收入准则规定：收入是指企业在日常活动中形成的、会导致所有者权益增加的、与所有者投入资本无关的经济利益的总流入。无论以何种形式取得销售收入，只有同时符合收入定义并满足其确认条件，才能进行确认和计量。会计准则关于视同销售行为的具体处理规定包括：第一，《企业会计准则第 9 号——应付职工薪酬》及其应用指南规定：企业以自产产品发放给职工的，应当根据受益对象，按照该产品的公允价值，计入相关资产的成本或当期损益，同时确认应付职工薪酬。第二，《企业会计准则第 7 号——非货币性资产交换》及其应用指南规定：换出资产为存货的，应当作为销售处理，按照《企业会计准则第 14 号——收入》的规定以其公允价值确认收入，同时结转相应成本。第三，《企业会计准则第 12 号——债务重组》规定：债务人以非现金资产存货抵偿债务的，应当作为销售处理，按照《企业会计准则第 14 号——收入》的规定以其公允价值确认收入，同时结转相应成本。

《财政部关于印发〈增值税会计处理规定〉的通知》（财会〔2016〕22 号）规定：企业发生税法上视同销售的行为，应当按照会计准则、会计制度的相关规定进行相应的会计处理，并按照现行增值税制度规定计算的销项税额（或采用简易计税方法计算的应纳增值税税额），借记"应付职工薪酬""利润分配"等科目，贷记"应交税费——应交增值税（销项税额）"或"应交税费——简易计税"科目（小规模纳税人应记入"应交税费——应交增值税"科目）。

（二）视同销售业务的税法处理

1. 增值税

《中华人民共和国增值税暂行条例实施细则》（财政部 国家税务总局令第65号）第四条规定：以下八种行为视同销售：（1）将货物交付其他单位或者个人代销；（2）销售代销货物；（3）设有两个以上机构并实行统一核算的纳税人，将货物从一个机构移送其他机构用于销售，但相关机构设在同一县（市）的除外；（4）将自产或者委托加工的货物用于非增值税应税项目；（5）将自产、委托加工的货物用于集体福利或者个人消费；（6）将自产、委托加工或者购进的货物作为投资，提供给其他单位或者个体工商户；（7）将自产、委托加工或者购进的货物分配给股东或者投资者；（8）将自产、委托加工或者购进的货物无偿赠送其他单位或者个人。

《财政部 国家税务总局关于全面推开营业税改征增值税试点的通知》（财税〔2016〕36号）第十四条规定：下列情形视同销售服务、无形资产或者不动产：（1）单位或者个体工商户向其他单位或者个人无偿提供服务，但用于公益事业或者以社会公众为对象的除外。（2）单位或者个人向其他单位或者个人无偿转让无形资产或者不动产，但用于公益事业或者以社会公众为对象的除外。（3）财政部和国家税务总局规定的其他情形。

2. 企业所得税

企业所得税视同销售是指会计处理不确认销售收入，而税法规定确认为应税收入。《中华人民共和国企业所得税法实施条例》（中华人民共和国国务院令第714号）第二十五条规定：企业发生非货币性资产交换，以及将货物、财产、劳务用于捐赠、偿债、赞助、集资、广告、样品、职工福利或者利润分配等用途的，应当视同销售货物、转让财产或者提供劳务，但国务院财政、税务主管部门另有规定的除外。企业所得税法不仅列举了所得税视同销售行为，而且明确了财产和劳务的视同销售问题，如果企业将财产和劳务用于捐赠等项目时，会计未确认收入的，则应当进行年终纳税调整，同时计算应税项目会计成本与计税成本之间的差异。

《国家税务总局关于企业处置资产所得税处理问题的通知》（国税函

〔2008〕828号）规定：（1）企业发生下列情形的处置资产，除将资产转移至境外以外，由于资产所有权属在形式和实质上均不发生改变，可作为内部处置资产，不视同销售确认收入，相关资产的计税基础延续计算。第一，将资产用于生产、制造、加工另一产品；第二，改变资产形状、结构或性能；第三，改变资产用途（如自建商品房转为自用或经营）；第四，将资产在总机构及其分支机构之间转移；第五，上述两种或两种以上情形的混合；第六，其他不改变资产所有权属的用途。（2）企业将资产移送他人的下列情形，因资产所有权属已发生改变而不属于内部处置资产，应按规定视同销售确定收入。第一，用于市场推广或销售；第二，用于交际应酬；第三，用于职工奖励或福利；第四，用于股息分配；第五，用于对外捐赠；第六，其他改变资产所有权属的用途。（3）企业发生该通知第二条规定情形时，属于企业自制的资产，应按企业同类资产同期对外销售价格确定销售收入；属于外购的资产，可按照购入时的价格确定销售收入。

《国家税务总局关于企业所得税有关问题的公告》（国家税务总局公告2016年第80号）第二条关于企业移送资产所得税处理问题规定：企业发生国税函〔2008〕828号文件第二条规定情形的，除另有规定外，应按照被移送资产的公允价值确定销售收入。

《国家税务总局关于印发〈房地产开发经营业务企业所得税处理办法〉的通知》（国税发〔2009〕31号）第七条规定：企业将开发产品用于捐赠、赞助、职工福利、奖励、对外投资、分配给股东或投资人、抵偿债务、换取其他企事业单位和个人的非货币性资产等行为，应视同销售，于开发产品所有权或使用权转移，或于实际取得利益权利时，确认收入（或利润）的实现。

3. 消费税

《中华人民共和国消费税暂行条例实施细则》（中华人民共和国财政部 国家税务总局令第51号）第六条规定的视同销售行为包括：纳税人将自产自用应税消费品用于生产非应税消费品、在建工程、管理部门、非生产机构、提供劳务、馈赠、赞助、集资、广告、样品、职工福利、奖励等方面。

4. 土地增值税

土地增值税视同销售是指按照《国家税务总局关于房地产开发企业土地增值税清算管理有关问题的通知》（国税发〔2006〕187号）第三条的规定：房地产开发企业将开发产品用于职工福利、奖励、对外投资、分配给股东或投资人、抵偿债务、换取其他单位和个人的非货币性资产等，发生所有权转移时应视同销售房地产，其收入按下列方法和顺序确认：（1）按本企业在同一地区、同一年度销售的同类房地产的平均价格确定。（2）由主管税务机关参照当地当年、同类房地产的市场价格或评估价值确定。

《国家税务总局关于营改增后土地增值税若干征管规定的公告》（国家税务总局公告 2016 年第 70 号）第二条规定：纳税人将开发产品用于职工福利、奖励、对外投资、分配给股东或投资人、抵偿债务、换取其他单位和个人的非货币性资产等，发生所有权转移时应视同销售房地产，其收入应按照《国家税务总局关于房地产开发企业土地增值税清算管理有关问题的通知》（国税发〔2006〕187 号）第三条的规定执行。纳税人安置回迁户，其拆迁安置用房应税收入和扣除项目的确认，应按照《国家税务总局关于土地增值税清算有关问题的通知》（国税函〔2010〕220 号）第六条的规定执行。

（三）视同销售业务的税会差异分析

1. 将货物用于对外捐赠、广告及业务宣传和交际应酬等方面

（1）企业所得税和会计准则差异。企业将货物用于对外捐赠、广告及业务宣传、业务招待等方面，按照《中华人民共和国企业所得税法实施条例》（中华人民共和国国务院令第 714 号）的规定，视同销售缴纳企业所得税。

（2）增值税和会计准则差异。《中华人民共和国增值税暂行条例实施细则》（财政部 国家税务总局令第 65 号）的规定：将自产、委托加工或者购进的货物无偿赠送其他单位或者个人应视同销售计算销项税额；

会计处理上，按照收入准则的规定：对外捐赠货物不符合收入的确认条件，因此，在会计上不确认销售商品收入。

2. 将货物用于职工集体福利或个人消费

增值税和企业所得税差异。企业将货物用于职工集体福利或个人消费，按照《中华人民共和国企业所得税法实施条例》（中华人民共和国国务院令第 714 号）的规定要视同销售缴纳企业所得税；按照《中华人民共和国增值税暂行条例》（中华人民共和国国务院令第 691 号）的规定，对于企业的货物用于职工福利或个人消费的，还要视货物是自产的或委托加工收回的，还是外购的，分别做销项税额和进项税额转出处理。在会计处理上，符合收入确认条件，将其确认为营业收入。

（1）企业将自产的、委托加工收回的货物用于职工福利等的处理。这种情况下企业应按货物的公允价值确认收入，计算增值税销项税额。借记"应付职工薪酬"，贷记"主营业务收入""应交税费——应交增值税（销项税额）"，同时，借记"主营业务成本"，贷记"库存商品（或委托加工物资）"等。

（2）企业将外购的货物用于职工福利等的处理。会计处理上不确认收入，但企业所得税处理上，按照国税函〔2008〕828号和国家税务总局公告2016年第80号文件的规定，应以货物的公允价值确认视同销售收入，购入价格确认视同销售成本。在增值税处理上，由于将外购货物用于集体福利或者个人消费，其进项税额不得抵扣，如果之前已经抵扣，本期应将已抵扣的进项税额转出。借记"应付职工薪酬"，贷记"库存商品""应交税费——应交增值税（进项税额转出）"。

3. 将货物用于非货币性资产交换和对外投资

（1）企业所得税和会计准则差异。企业所得税处理上，用非货币性资产对外投资时，按视同销售计算资产转让所得或损失。按照《财政部 国家税务总局关于非货币性资产投资企业所得税政策问题的通知》（财税〔2014〕116号）的规定：符合条件的企业可以选择递延纳税。

（2）增值税和会计准则差异。增值税处理上，以货物对外投资和非货币性资产交换都应按视同销售以其公允价值计算销项税额，而不论该货物是自产或委托加工收回还是外购的。

会计处理上，企业将货物用于非货币性资产交换和对外投资属于非货币性资产交换。按照《企业会计准则第7号——非货币性资产交换》的规定进行处理，税会处理差异案例详见非货币性资产交换章节。

4. 将货物用于偿债和利润分配方面

（1）企业所得税和会计准则差异。企业将货物用于偿债及利润分配等方面，按照《中华人民共和国企业所得税法实施条例》（中华人民共和国国务院令第714号）的规定要视同销售缴纳企业所得税。

（2）增值税和会计准则差异。按照《中华人民共和国增值税暂行条例》（中华人民共和国国务院令第691号）的规定：对用于偿债和作为给股东分配利润的货物，无论是自产或委托加工收回还是外购的，都应视同销售以其公允价值计算销项税额。

会计处理上，按照收入准则的规定，应确认销售收入并结转相应销售成本。因此，这种情形会计与税务处理不产生差异，在企业所得税上不需要进行纳税调整。

二、附有质量保证条款的销售

（一）附有质量保证条款的销售会计处理

企业在向客户销售商品时，可能会为所销售的商品提供质量保证，其中，有一些质量保证是为了向客户保证销售的商品符合既定标准,即保证类质量保证("三包"服务);而另一些质量保证则是在向客户保证所销售的商品符合既定标准之外提供了一项单独的服务,即服务类质量保证。

对于附有质量保证条款的销售,企业应当对其所提供的质量保证的性质进行分析,对于客户能够选择单独购买质量保证的,表明该质量保证构成单项履约义务;对于客户虽然不能选择单独购买质量保证,但该质量保证在向客户保证所销售的商品符合既定标准之外提供了一项单独服务的,也应当作为单项履约义务。作为单项履约义务的质量保证应当按新收入准则的规定进行会计处理,并将部分交易价格分摊至该项履约义务。对于不能作为单项履约义务的质量保证,企业应当按照或有事项的相关规定进行会计处理。

企业在评估一项质量保证是否在向客户保证所销售的商品符合既定标准之外提供了一项单独的服务时,应当考虑的因素包括:

(1) 该质量保证是否为法定要求。当法律要求企业提供质量保证时,该法律规定通常表明企业承诺提供的质量保证不是单项履约义务。

(2) 质量保证期限。企业提供质量保证的期限越长,越有可能表明企业向客户提供了保证商品符合既定标准之外的服务,因此,企业承诺提供的质量保证越有可能构成单项履约义务。

(3) 企业承诺履行任务的性质。如果企业必须履行某些特定的任务以保证所销售的商品符合既定标准(例如,企业负责运输被客户退回的瑕疵商品),则这些特定的任务可能不构成单项履约义务。

(二) 附有质量保证条款的销售税法处理

对于附有质量保证条款的销售,企业所得税法不允许企业扣除按照历史经验与数据预提的因质量保证而发生的费用,只有相关费用在实际发生时,才准予扣除。因此,对于作为单项履约义务按照收入准则规定确认的会计收入与应税收入并不会产生差异;对于不作为单项履约义务的质量保证类的销售,企业所得税全额确认收入,而会计上是需要根据历史经验与数据,计算并确认为预计负债,账面价值与计税基础之间产生的差异将会减少未来期间的应纳税所得额和应交企业所得税,形成可抵扣暂时性差异,需确认递延所得税资产。以后期间,根据实际发生的质量保证费用冲减"预计负债"与"递延所得税资产"金额。

(三) 附有质量保证条款的销售的税会差异分析

对于不作为单项履约义务的质量保证服务,会计准则规定需要根据历史经验与数据,计提销售费用——产品质量保证,并确认为预计负债,待质量保证服务实际发生时，再予以冲减。但是税法不允许企业扣除按照历史经验与数据预提的因质量保证而发生的费用，只有在费用实际发生时才准予扣除。因此，会计上确认预计负债，账面价值与计税基础两者之间产生的差异将会减少未来期间的应纳税所得额和应交企业所得税，形成可抵扣暂时性差异，需确认递延所得税资产。以后期间，根据实际发生的质量保证费用冲减预计负债与递延所得税资产金额。

三、主要责任人和代理人

（一）主要责任人和代理人的会计和税法处理

当企业向客户销售商品涉及其他方参与其中时，企业应当确认其自身在该交易中的身份是主要责任人还是代理人。主要责任人应当按照已收或应收对价总额确认收入，即总额法确认收入；代理人应当按照预期有权收取的佣金或手续费的金额确认收入，即净额法确认收入。

企业在判断其是主要责任人还是代理人时，应当以该企业在特定商品转让给客户之前是否能够控制这些商品为原则。

税法上，未有专门针对主要责任人和代理人的规定，但《关于全面推开营业税改征增值税试点的通知》（财税〔2016〕36号）中的经纪代理服务与会计上的代理人存在某种程度的对应。经纪代理服务属于现代服务中的商务辅助服务经纪代理服务，是指各类经纪、中介、代理服务，包括金融代理、知识产权代理、货物运输代理、代理报关、法律代理、房地产中介、职业中介、婚姻中介、代理记账、拍卖等。货物运输代理服务，是指接受货物收货人、发货人、船舶所有人、船舶承租人或者船舶经营人的委托，以委托人的名义，为委托人办理货物运输、装卸、仓储和船舶进出港口、引航、靠泊等相关手续的业务活动。代理报关服务，是指接受进出口货物的收、发货人委托，代为办理报关手续的业务活动。货物运输代理服务，是指接受货物收货人、发货人、船舶所有人、船舶承租人或者船舶经营人的委托，以委托人的名义，为委托人办理货物运输、装卸、仓储和船舶进出港口、引航、靠泊等相关手续的业务活动。

（二）主要责任人和代理人的税会差异分析

虽然税法上未有专门针对主任责任人和代理人的相关规定，但当代理人在会计上按净额确认收入时，其与增值税销售额之间会产生较多差异。首先，在商品代销方面，代销方必须视同销售商品全额确认计税销售额。在代购业务中（代理进口除外），如果受托代购方不能同时满足《财政部 国家税务总局关于增值税、营业税若干政策法规的通知》(财税字〔1994〕26 号）规定的三个条件，也应对代购的货物视同销售。其次，在服务业民事代理业务中，税法对代理人销售额中可以扣除的项目、扣除凭证类型等形式要件作了具体规定。再次，税法从防范避税的角度出台了一些特定政策，因此，即使纯粹民事上的代收款行为，也有可能构成价外费用被征收增值税。

当某些行为的主要责任人在会计上按全额确认收入时，增值税上又会产生差额计算销售额的特殊规定，它主要存在于建筑服务总分包业务、人力资源服务、旅游服务等之中。

上述会计处理对企业所得税的影响主要在于，某些费用在税前扣除时是有限额的，而这些限额的计算又是以营业收入总额为依据的，如业务招待费、广告与业务宣传费等。

四、附有客户额外购买选择权的销售

（一）附有客户额外购买选择权的销售会计处理

企业向客户授予的额外购买选择权的形式包括销售激励、客户奖励积分、未来购买商品的折扣券以及合同续约选择权等。

对于附有客户额外购买选择权的销售，企业应当评估该选择权是否向客户提供了一项重大权利。

如果客户只有在订立了一项合同的前提下才取得了额外购买选择权，并且客户行使该选择权购买额外商品时能够享受到超过该地区或该市场中其他同类客户所能享有的折扣，则通常认为该选择权向客户提供了一项重大权利。

该选择权向客户提供了重大权利的，应当作为单项履约义务。

在这种情况下，客户在该合同下支付的价款实际上购买了两项单独的商品：一是客户在该合同下原本购买的商品；二是客户可以免费或者以折扣价格购买额外商品的权利。企业应当将交易价格在两项商品之间进行分摊，其中，分摊至后者的交易价格与未来的商品相关，因此，企业应当在客户未来行使该选择权取得相关商品的控制权时，或者在该选择权失效时，确认为收入。在考虑授予客户的该权利是否重大时，应根据其金额和性质综合判断。

当客户享有的额外购买选择权是一项重大权利时，如果客户行使该权利购买的额外商品与原合同下购买的商品类似，且企业将按照原合同条款提供该额外商品，则企业可以无须估计该选择权的单独售价，而是直接把其预计将提供的额外商品的数量以及预计将收取的相应对价金额纳入原合同，并进行相应的会计处理。这是一种便于实务操作的简化处理方式，常见于企业向客户提供续约选择权的情况。

当企业向客户提供了额外购买选择权，但客户行使该选择权购买商品的价格反映了该商品的单独售价时，即使客户只能通过与企业订立特定合同才能获得该选择权，该选择权也不应视为企业向该客户提供了一项重大权利。

企业提供的额外购买选择权构成单项履约义务的企业应当按照交易价格分摊的相关原则，将交易价格分摊至该履约义务。

客户额外购买选择权的单独售价无法直接观察的，企业应当综合考虑客户行使和不行使该选择权所能获得的折扣的差异以及客户行使该选择权的可能性等全部相关信息后，予以合理估计。

（二）附有客户额外购买选择权的销售税会差异分析

企业所得税法不认可额外购买选择权分摊交易价格的情形，将按照额外购买选择权实际发生时确认销售收入，不予以分摊调整，这会形成暂时性税会差异。

五、授予知识产权许可

（一）授予知识产权许可会计处理

授予知识产权许可，是指企业授予客户对企业拥有的知识产权享有相应权利。常见的知识产权包括软件和技术、影视和音乐等的版权，特许经营权，以及专利权、商标权和其他版权等。其会计处理可以归纳如下：

授予知识产权许可不构成单项履约义务的，将该知识产权许可和所售商品一起作为单项履约义务处理；构成单项履约义务的，则应分摊交易价格。

授予知识产权许可构成单项履约义务，且同时满足"从事重大影响的活动、该活动对企业产生影响、该活动不会向客户转让商品"三项条件的，按履约进度确认收入；否则，在履行履约义务时确认收入。

（二）授予知识产权许可税法处理

税法中，有关授予知识产权许可涉及特许权使用费收入和特许权费。《企业所得税法》第六条第（七）项规定：特许权使用费收入，是指企业提供专利权、非专利技术、商标权、著作权以及其他特许权的使用权取得的收入。特许权使用费收入，按照合同约定的特许权使用人应付特许权使用费的日期确认收入的实现。国税函〔2008〕875号第二条第四款规定：属于提供设备和其他有形资产的特许权费，在交付资产或转移资产所有权时确认收入；属于提供初始及后续服务的特许权费，在提供服务时确认收入。税法中并未解释特许权费。公开资料显示：特许权费，可以理解为特许经营某种商品或服务收取的费用，如奥运特许商品。收取特许权费，特许经营商按照销售额的一定比例向奥组委支付特许权费。特许权费的比例一般为商品零售价的5%—15%。

（三）授予知识产权许可的税会差异分析

会计准则规定，授予知识产权许可，是指企业授予客户对企业拥有的知识产权享有相应权利。常见的知识产权包括软件和技术、影视和音乐等的版权，特许经营权以及专利权、商标权和其他版权等。从这里可以看出，软件和技术、影视和音乐等的版权，专利权，商标权和其他版权，属于特许权使用费范畴，特许经营权属于特许权费范畴。

授予知识产权许可属于在某一时段履行履约义务，也可属于在某一时点履行履约义务。授予知识产权许可不属于在某一时段内履行的履约义务的，应当作为在某一时点履行的履约义务，在履行该履约义务时确认收入。

在客户能够使用某项知识产权许可并开始从中获利之前，企业不能对此类知识产权许可确认收入。例如，企业授权客户在一定期间使用软件，但是在企业向客户提供该软件的密钥之前，客户都无法使用该软件，因此在企业向客户提供该密钥之前，客户虽然已经得到授权，但企业也不应确认收入。

企业所得税法规定，特许权使用费按照合同约定的特许权使用人应付特许权使用费的日期确认收入的实现。属于提供设备和其他有形资产的特许权费，在交付资产或转移资产所有权时确认收入；属于提供初始及后续服务的特许权费，在提供服务时确认收入。可能会存在因收入确认时点的不一致。

六、售后回购

售后回购，是指企业销售商品的同时承诺或有权选择日后再将该商品购回的销售方式。被购回的商品包括原销售给客户的商品，与该商品几乎相同的商品，或者以该商品作为组成部分的其他商品。一般来说，售后回购通常有三种形式：一是企业和客户约定企业有义务回购该商品；二是企业有权回购该商品，即企业拥有回购选择权；三是当客户要求时，企业有义务回购该商品，即客户拥有回售选择权。

（一）售后回购的会计处理

对于不同类型的售后回购交易，企业应当区分下列两种情形分别进行会计处理。

1. 企业因存在与客户的远期安排而负有回购义务或企业享有回购权利的在销售时点，客户并没有取得该商品的控制权。在这种情况下，企业应根据下列情况分别进行相应的会计处理。

一是回购价格低于原售价的，应当视为租赁交易，按照《企业会计准则第 21 号——租赁》的相关规定进行会计处理。

二是回购价格不低于原售价的，应当视为融资交易，在收到客户款项时确认金融负债，而不是终止确认该资产并将该款项和回购价格的差额在回购期间确认为利息费用等。

2. 企业应客户要求回购商品的

企业负有应客户要求回购商品义务的，应在合同开始日评估客户是否具有行使该要求权的重大经济动因。

（1）客户具有行使该要求权的重大经济动因的，企业应将回购价格与原售价进行比较，并按照上述 1. 情形下的原则将该售后回购作为租赁交易或融资交易进行相应的会计处理。

（2）客户不具有行使该要求权的重大经济动因的，企业应将该售后回购作为附有销售退回条款的销售交易进行相应的会计处理。

在判断客户是否具有行权的重大经济动因时，企业应综合考虑各种相关因素，包括回购价格与预计回购时市场价格之间的比较以及权利的到期日等。当回购价格明显高于该资产回购时的市场价值时，通常表明客户有行权的重大经济动因。

对于上述两种情形，企业在比较回购价格和原销售价格时，应当考虑货币的时间价值。在企业有权要求回购或者客户有权要求企业回购的情况下，企业或者客户到期未行使权利的，应在该权利到期时终止确认相关负债，同时确认收入。

（二）售后回购的税法处理

根据《国家税务总局关于确认企业所得税收入若干问题的通知》（国税函〔2008〕875 号）的规定，采用售后回购方式销售商品的，销售的商品按售价确认收入，回购的商品作为购进商品处理。有证据表明不符合销售收入确认条件的，如以销售商品方式进行融资，收到的款项应确认为负债，回购价格大于原售价的，差额应在回购期间确认为利息费用。

（三）售后回购的税会差异分析

回购价格低于原售价的，税会存在差异。会计处理上视为租赁交易，按照《企业会计准则第 21 号——租赁》的相关规定进行会计处理，税法上销售时确认商品销售收入并结转成本，增值税要视同纳税义务产生，回购商品时按购进商品处理。增值税要视同纳税义务产生，缴纳增值税。

当回购价不低于原售价，如果利息费用不考虑时间因素，采用直线法摊销，税法规定与收入准则保持一致；如果利息费用按实际利率进行摊销，则存在税会差异。

七、客户未行使的权利

（一）客户未行使的权利的会计处理

企业因销售商品向客户收取的预收款，应当将预收的款项确认为合同负债，待未来履行了相关履约义务后再将该负债转为收入。

某些情况下，企业收取的预收款无须退回，但是客户可能会放弃其全部或部分合同权利，例如，放弃储值卡的使用等。企业预期将有权获得与客户所放弃的合同权利相关的金额的，应当按照客户行使合同权利的模式按比例将上述金额确认为收入；否则，企业只有在客户要求其履行剩余履约义务的可能性极低时，才能将相关负债余额转为收入。

（二）客户未行使的权利的税法处理及税会差异分析

税法规定不认可因客户未行使的权利而分摊确认实际收入的情形，应按照销售实际发生情况确认销售收入，会形成税会差异。

八、无须退回的初始费

（一）无须退回的初始费的会计处理

企业在合同开始日（或邻近合同开始日）向客户收取的无须退回的初始费通常包括入会费、接驳费、初装费等。

企业收取该初始费时，应当评估该初始费是否与向客户转让已承诺的商品相关。

1. 该初始费与向客户转让已承诺的商品相关，且该商品构成单项履约义务的，企业应当在转让该商品时，按照分摊至该商品的交易价格确认收入。

2. 该初始费与向客户转让已承诺的商品相关，但该商品不构成单项履约义务的，企业应当在包含该商品的单项履约义务履行时，按照分摊至该单项履约义务的交易价格确认收入。

3. 该初始费与向客户转让已承诺的商品不相关的，该初始费应当作为未来转让商品的预收款，在未来转让该商品时确认为收入。当企业向客户授予了续约选择权，且该选择权向客户提供了重大权利时，这部分收入确认的期间将可能长于初始合同期限。

在合同开始日（或邻近合同开始日），企业通常必须开展一些初始活动，为履行合同做准备，如一些行政管理性质的准备工作，这些活动虽然与履行合同有关但并没有向客户转让已承诺的商品，因此，不构成单项履约义务。在这种情况下，即使企业向客户收取的无须退还的初始费与这些初始活动有关，也不应在这些活动完成时将该初始费确认为收入，而应当将该初始费作为未来转让商品的预收款，在未来转让该商品时确认为收入。

企业为履行合同开展初始活动，但这些活动本身并没有向客户转让已承诺的商品的，企业为开展这些活动所发地支出，应当按照收入准则有关合同履约成本的相关规定确认为一项资产或计入当期损益，并且企业在确定履约进度时，也不应当考虑这些成本，因为这些成本并不反映企业向客户转让商品的进度。

（二）无须退回的初始费的税法处理

《国家税务总局关于确认企业所得税收入若干问题的通知》（国税函〔2008〕875号）规定，企业在各个纳税期末，提供方劳务交易的结果能够可靠地估计的，应采用完工进度（完工百分比）法确认提供劳务收入。

企业应按照从接受劳务方已收或应收的合同或协议价款来确定劳务收入总额，根据纳税期末提供劳务收入总额乘以完工进度扣除以前纳税年度累计已确认提供劳务收入后的金额，确认为当期劳务收入。同时，按照提供劳务估计总成本乘以完工进度扣除以前纳税期间累计已确认劳务成本后的金额，结转为当期劳务成本。

申请入会或加入会员，只允许取得会籍，所有其他服务或商品都要另行收费的，在取得该会员费时确认收入。申请入会或加入会员后，会员在会员期内不再付费就可得到各种服务或商品，或者以低于非会员的价格销售商品或提供服务的，该会员费应在整个受益期内分期确认收入。那么，受益期内可以采用完工进度法或直线法（完工进度法的一种特例）分期确认收入。

（三）无须退回的初始费的税会差异分析

综上所述，对于无须退回的初始费，若与向客户转让已承诺的商品有关，且已承诺的商品需要另行收费的，则在取得初始费时确认收入；若与向客户转让已承诺的商品有关，且已承诺的商品免费或低于正常收费标准的，则该初始费应在整个受益期内分期确认收入。会计处理上，初始费与向客户转让已承诺的商品相关时，需要将初始费分摊至单项履约义务（该商品构成单项履约义务，分摊至该商品交易价格；该商品不构成单项履约义务，该商品与其他商品构成单项履约义务，分摊至该单项履约义务交易价格）。

若该初始费与向客户转让已承诺的商品不相关，则将其作为预收款，在未来转让商品时确认收入，与会计处理保持一致。

案例分析

【例 7-3】2022 年 1 月 1 日，某公司开始推行一项奖励积分计划。根据该计划，客户在此公司每消费 10 元可获得 1 个积分，每个积分从次月开始在购物时可抵减 1 元。截至 2022 年 1 月 31 日，客户共消费 100 000 元，可获得 10 000 个积分。根据历史经验，某公司估计该积分的兑换率为 95%。截至 2022 年 12 月 31 日，客户共兑换了 4 500 个积分，此公司对该积分的兑换率进行了重新估计，仍然预计客户将会兑换的积分总数为 9 500 个。截至 2022 年 12 月 31 日，客户累计兑换了 8 500 个积分。此公司对该积分的兑换率进行了重新估计，预计客户将会兑换的积分总数为 9 700 个。上述金额均不含增值税，且假定不考虑相关税费影响（见表 7-5）。

表 7-5 税会差异分析

会计处理	税收处理	税会差异分析
(1) 2022 年 1 月 31 日确认收入和合同负债		
积分的单独售价为 9 500 元（1×10 000×95%）。按照商品和积分单独售价的相对比例对交易价格进行分摊。商品分摊的交易价格 =［100 000÷(100 000+9 500)］×100 000 = 91 324（元）；积分分摊的交易价格 =［9 500÷(100 000+9 500)］×100 000 = 8 676（元）。应当在商品的控制权转移时确认收入 91 324 元，确认合同负债 8 676 元	企业所得税上应全额确认收入 100 000 元	对于奖励积分计划，客户实际消费时，某公司应按实际销售额确认收入，这样税会处理存在差异。形成税会差异 8 676（100 000－91 324）元
(2) 2022 年 12 月 31 日确认收入和合同负债		
以客户兑换的积分数占预期将兑换的积分总数的比例为基础确认收入。积分当年应当确认的收入为 4 110（4 500÷9 500×8 676）元；剩余未兑换的积分为 4 566（8 676－4 110）元，仍然作为合同负债	企业所得税 1 月 31 日时已全额确认收入，不再补充确认	会计上确认收入 95 434（91 324+4 110）元，税法上确认收入 100 000 元，应在会计利润基础上纳税调增 4 566（100 000－95 434）元
(3) 2023 年 12 月 31 日确认收入和合同负债		
积分当年应当确认的收入为 3 493（8 500÷9 700×8 676－4 110）元；剩余未兑换的积分为 1 073（8 676－4 110－3 493）元，仍然作为合同负债	企业所得税 1 月 31 日时已全额确认收入，不再补充确认	会计上再次确认 3 493 元收入，形成税会差异 3 493 元，应在会计利润基础上纳税调减 3 493 元

本章政策依据

1. 《企业会计准则第 14 号——收入》（财会〔2017〕22 号）
2. 《关于印发〈企业会计制度〉的通知》（财会〔2000〕25 号）
3. 《财政部关于印发〈企业交纳土地增值税会计处理规定〉的通知》（财会字〔1995〕15 号）
4. 《财政部关于印发〈增值税会计处理规定〉的通知》（财会〔2016〕22 号）
5. 《中华人民共和国增值税暂行条例》（中华人民共和国国务院令第 691 号）
6. 《中华人民共和国增值税暂行条例实施细则》（财政部 国家税务总局令第 50 号）
7. 《营业税改征增值税试点过渡政策的规定》（财税〔2016〕36 号）
8. 《国家税务总局关于增值税纳税义务发生时间有关问题的公告》（国家税务总局公告 2011 年第 40 号）
9. 《房地产开发企业销售自行开发的房地产项目增值税征收管理暂行办法》（国家税务总局公告 2016 年第 18 号）
10. 《国家税务总局关于红字增值税发票开具有关问题的公告》（国家税务总局公告 2016 年第 47 号）
11. 《国家税务总局关于纳税人折扣折让行为开具红字增值税专用发票问题的通知》（国税函〔2006〕1279 号）
12. 《国家税务总局关于折扣额抵减增值税应税销售额问题通知》（国税函〔2010〕56 号）
13. 《国家税务总局关于印发〈增值税若干具体问题的规定〉的通知》（国税发〔1993〕154 号）
14. 《国家税务总局关于平销行为征收增值税问题的通知》（国税发〔1997〕167 号）
15. 《国家税务总局关于商业企业向货物供应方收取的部分费用征收流转税问题的通知》（国税发〔2004〕136 号）
16. 《中华人民共和国企业所得税法》（中华人民共和国主席令第 23 号）
17. 《中华人民共和国企业所得税法实施条例》（中华人民共和国国务院令第 714 号）
18. 《国家税务总局关于企业国债投资业务企业所得税处理问题的公告》

（国家税务总局公告 2011 年第 36 号）

19.《财政部 国家税务总局关于非营利组织企业所得税免税收入问题的通知》（财税〔2009〕122 号）

20.《财政部 国家税务总局关于地方政府债券利息免征所得税问题的通知》（财税〔2013〕5 号）

21.《国家税务总局关于企业处置资产所得税处理问题的通知》（国税函〔2008〕828 号）

22.《国家税务总局关于确认企业所得税收入若干问题的通知》（国税函〔2008〕875 号）

23.《国家税务总局关于贯彻落实〈企业所得税法〉若干税收问题的通知》（国税函〔2010〕79 号）

24.《国家税务总局关于印发〈新企业所得税法宣传提纲〉的通知》（国税函〔2018〕159 号）

25.《国家税务总局关于加强企业所得税管理的意见》（国税发〔2008〕88 号）

26.《国家税务总局关于印发〈房地产开发经营业务企业所得税处理办法〉的通知》（国税发〔2009〕31 号）

27.《中华人民共和国消费税暂行条例》（中华人民共和国国务院令第 539 号）

28.《中华人民共和国土地增值税暂行条例》（中华人民共和国国务院令第 138 号）

第八章 政府补助会计与税法差异

第一节 政府补助概念的会计与税法差异

一、政府补助的会计概念

根据《企业会计准则第 16 号——政府补助》(财会〔2017〕15 号)第二条规定,政府补助,是指企业从政府无偿取得货币性资产或非货币性资产。第三条规定,政府补助具有下列特征:(一)来源于政府的经济资源,对于企业收到的来源于其他方的补助,如有确凿证据表明政府是补助的实际拨付者,其他方只起到代收代付作用的,该项补助也属于来源于政府的经济资源;(二)无偿性,即企业取得来源于政府的经济资源,不需要向政府交付商品或服务等对价。

二、政府补助的税法概念

【企业所得税】

根据《中华人民共和国企业所得税法》(中华人民共和国主席令第 23 号)第六条规定,企业以货币形式和非货币形式从各种来源取得的收入,为收入总额。根据《中华人民共和国企业所得税法实施条例》(中华人民共和国国务院令第 714 号)第二十二条规定,收入总额包括补贴收入等。第七条规定,收入总额中财政拨款为不征税收入。第二十六条规定企业所得税法第七条第(一)项所称财政拨款,是指各级人民政府对纳入预算管理的事业单位、社会团体等组织拨付的财政资金,但国务院和国务院财政、税务主管部门另有规定的除外。

所以，收入总额包括政府补助，即包括企业从政府无偿取得货币性资产或非货币性资产，但不包括政府作为企业所有者投入的资本。

三、政府补助概念的税会差异分析

政府补助表现为政府向企业拨付资产，通常表现形式为货币性资产，也可能为非货币性资产。主要有以下形式：

（一）财政拨款

会计准则规定的财政拨款是政府无偿拨付给企业的资产，通常在拨款时以文件的形式明确规定了资金用途。比如，财政部门拨付给企业用于购建固定资产或进行技术改造的专项资金，鼓励企业安置职工就业而给予的奖励款项，拨付企业的人才及稳岗补贴，拨付企业开展研发活动的科研经费等，均属于财政拨款。

税法规定的财政拨款是指各级人民政府对纳入预算管理的事业单位、社会团体等组织拨付的财政资金，但国务院和国务院财政、税务主管部门另有规定的除外。根据《中华人民共和国企业所得税法实施条例》（中华人民共和国国务院令第714号）第二十二条规定，对企业无偿取得的财政资金，应计入收入总额中其他收入的"补贴收入"。

（二）财政贴息

会计准则规定财政贴息是政府为支持特定领域或区域发展，根据国家宏观经济形势和政策目标，对承贷企业的银行贷款利息给予的补贴。财政将贴息资金拨付给贷款银行，由贷款银行以政策性优惠利率向企业提供贷款的，企业可以选择下列方法之一进行会计处理：第一，以实际收到的借款金额作为借款的入账价值，按照借款本金和该政策性优惠利率计算相关借款费用；第二，以借款的公允价值作为借款的入账价值并按照实际利率法计算借款费用，实际收到的金额与借款公允价值之间的差额确认为递延收益，递延收益在借款存续期内采用实际利率法摊销，冲减相关借款费用。企业选择了上述两种方法之一后，不得随意变更。

税法规定应区分财政贴息的不同方式进行处理：第一，对财政将贴息资金直接拨付给受益企业的，财政贴息收入作补贴收入处理，利息支出按规定在税前扣除；第二，财政将贴息资金拨付给贷款银行，由贷款银行以政策性优惠利率向企业提供贷款，受益企业按照实际发生的利率计算和确认利息费用。

（三）税收返还

会计准则规定税收返还是政府按照国家有关规定采取先征后返（退）、即征即退等办法向企业返还的税款,属于以税收优惠形式给予的一种政府补助。增值税出口退税不属于政府补助。除税收返还外,税收优惠还包括直接减征、免征、增加计税抵扣额、抵免部分税额等形式。这类税收优惠并未直接向企业无偿提供资产,不作为会计准则规范的政府补助。

税法规定企业按照国务院财政、税务主管部门有关文件规定,实际收到具有专门用途的先征后返(退)、即征即退等所得税税款,按照会计准则规定应计入取得当期的利润总额,暂不计入取得当期的应纳税所得额;其他没有国务院财政、税务主管部门有关文件明确规定免税的税收返还,除企业取得的出口退税(增值税进项)外,一般都应作为应税收入征收企业所得税。

根据《财政部 国家税务总局关于财政性资金、行政事业性收费、政府性基金有关企业所得税政策问题的通知》(财税〔2008〕151号)第一条规定:财政性资金,是指企业取得的来源于政府及其有关部门的财政补助、补贴、贷款贴息,以及其他各类财政专项资金,包括直接减免的增值税和即征即退、先征后退、先征后返的各种税收,但不包括企业按规定取得的出口退税款。对企业取得的出口退税(增值税进项税额)不作为应税收入,是因为根据相关税收法规规定,对增值税出口货物实行零税率,即对出口环节的增值部分免征增值税,同时退还出口货物前道环节所征的进项税额。由于增值税是价外税,出口货物前道环节所含的进项税额是抵扣项目,体现为企业垫付资金的性质,增值税出口退税实质上是政府归还企业事先垫付的资金,会计处理上不属于政府补助,税务处理上不计入应纳税所得额。

(四) 无偿划拨非货币性资产

会计准则规定企业取得无偿划拨非货币性资产,比如行政划拨土地使用权、天然起源的天然林等,都属于政府补助。

税法规定企业取得无偿划拨非货币性资产,除国务院财政、税务主管部门另有规定外,都应计入收入总额。

第二节　政府补助初始计量的会计与税法差异

一、与资产相关的政府补助初始计量的差异

(一) 与资产相关的政府补助初始计量的会计处理

根据《企业会计准则第16号——政府补助》(财会〔2017〕15号)第八

条规定：与资产相关的政府补助，应当冲减相关资产的账面价值或确认为递延收益。与资产相关的政府补助确认为递延收益的，应当在相关资产使用寿命内按照合理、系统的方法分期计入损益。按照名义金额计量的政府补助，直接计入当期损益。

企业在取得与资产相关的政府补助时，应当选择采用总额法或净额法进行会计处理。

总额法下，企业在取得与资产相关的政府补助时，应当按照补助资金的金额借记"银行存款"等科目，贷记"递延收益"科目；然后在相关资产使用寿命内按合理、系统的方法分期计入损益。如果企业先取得与资产相关的政府补助，再确认所购建的长期资产，则应当在开始对相关资产计提折旧或进行摊销时按照合理、系统的方法将递延收益分期计入当期收益；如果相关长期资产投入使用后，企业再取得与资产相关的政府补助，应当在相关资产的剩余使用寿命内按照合理、系统的方法将递延收益分期计入当期收益。

净额法下，企业在取得政府补助时，应当按照补助资金的金额冲减相关资产的账面价值。如果企业先取得与资产相关的政府补助，再确认所购建的长期资产，应当将取得的政府补助先确认为递延收益，在相关资产达到预定可使用状态或预定用途时将递延收益冲减资产账面价值；如果相关长期资产投入使用后，企业再取得与资产相关的政府补助，应当在取得补助时冲减相关资产的账面价值，并按照冲减后的账面价值和相关资产的剩余使用寿命计提折旧或进行摊销。

根据《财政部关于印发〈企业会计准则解释第3号〉的通知》（财会〔2009〕8号）第四点规定：企业因城镇整体规划、库区建设、棚户区改造、沉陷区治理等公共利益进行搬迁，收到政府从财政预算直接拨付的搬迁补偿款，应作为专项应付款处理。其中，属于对企业在搬迁和重建过程中发生的固定资产和无形资产损失、有关费用性支出、停工损失及搬迁后拟新建资产进行补偿的，应自专项应付款转入递延收益，并按照《企业会计准则第16号——政府补助》进行会计处理。企业取得的搬迁补偿款扣除转入递延收益的金额后如有结余的，应当作为资本公积处理。

（二）与资产相关的政府补助初始计量的税法处理

1. 增值税

企业向政府销售货物、提供应税劳务和销售应税服务、无形资产、不动产属于政府采购行为，企业需照章缴纳增值税，而政府补助是企业从政府无偿取得的经济资源，不属于增值税的征收范围，不征增值税。按照《国家税务总局关于取消增值税扣税凭证认证确认期限等增值税征管问题的公告》（国家税务总局公告2019年第45号）第七条规定，纳税人取得的财政补贴收入，与其销售货物、劳务、服务、无形资产、不动产的收入或者数量直接挂钩的，应按规定计算缴纳增值税。纳税人取得的其他情形的财政补贴收入，不属于增值税应税收入，不征收增值税。

根据《关于全面推开营业税改征增值税试点的通知》（财税〔2016〕36号）附件3的规定："一、下列项目免征增值税……（三十七）土地所有者出让土地使用权和土地使用者将土地使用权归还给土地所有者。"根据《财政部 国家税务总局关于全面推开营业税改征增值税试点的通知》（财税〔2016〕36号）附件2营业税改征增值税试点有关事项的规定"……通过合并、分立、出售、置换等方式，将全部或者部分实物资产以及与其相关联的债权、负债和劳动力一并转让给其他单位和个人，其中涉及的不动产、土地使用权转让行为不征收增值税。"

2. 企业所得税

根据《国家税务总局关于企业所得税若干政策征管口径问题的公告》（国家税务总局公告2021年第17号）第六条规定，关于企业取得政府财政资金的收入时间确认问题：企业按照市场价格销售货物、提供劳务服务等，凡由政府财政部门根据企业销售货物、提供劳务服务的数量、金额的一定比例给予全部或部分资金支付的，应当按照权责发生制原则确认收入。除上述情形外，企业取得的各种政府财政支付，如财政补贴、补助、补偿、退税等，应当按照实际取得收入的时间确认收入。

根据《财政部 国家税务总局关于财政性资金、行政事业性收费、政府性基金有关企业所得税政策问题的通知》（财税〔2008〕151号）规定，企业取得的各类财政性资金，除属于国家投资和资金使照后要求归还本金的以外，均应计入企业当年收入总额。对企业取得的由国务院财政、税务主管部门规定专项用途并经国务院批准的财政性资金，准予作为不征税收入，在计算应纳税所得额时从收入总额中减除。纳入预算管理的事业单位、社会团体等组织按照核定的预算和经费报领关系收到的由财政部门或上级单位拨入的财政补助收入，准予作为不征税收入，在计算应纳税所得额时从收入总额中减除，但国务院和国务院财政、税务主管部门另有规定的除外。《财政部 国家税务总局关于专项用途财政性资金企业所得税处理问题的通知》（财税〔2011〕70号）规定，自2011年1月1日起，企业从县级以上各级人民政府、财政部门及其他部门取得的应计入收入总额的财政性资金，凡同时符合以下条件的，可以作为不征税收入,在计算应纳税所得额时从收入总额中减除:(1)企业能够提供规定资金专项用途的资金拨付文件;(2)财政部门或其他拨付资金的政府部门对该资金有专门的资金管理办法或具体管理要求;(3)企业对该资金以及以该资金发生的支出单独进行核算。

上述不征税收入用于支出所形成的费用,不得在计算应纳税所得额时扣除;用于支出所形成的资产,其计算的折旧、摊销不得在计算应纳税所得额时扣除。专项用途的财政性资金作不征税收入处理后,在5年(60个月)内未发生支出且未缴回财政部门或其他拨付资金的政府部门的部分,应计入取得该资金第六年的应税收入总额;计入应税收入总额的财政性资金发生的支出,允许在计算应纳税所得额时扣除。

根据国家税务总局关于发布《企业政策性搬迁所得税管理办法》的公告(国家税务总局公告2012年第40号)第三条规定:企业政策性搬迁,是指由于社会公共利益的需要,在政府主导下企业进行整体搬迁或部分搬迁。第四条规定:企业应按本办法的要求,就政策性搬迁过程中涉及的搬迁收入、搬迁支出、搬迁资产税务处理、搬迁所得等所得税征收管理事项,单独进行税务管理和核算。不能单独进行税务管理和核算的,应视为企业自行搬迁或商业性搬迁等非政策性搬迁进行所得税处理,不得执行本办法规定。

3. 土地增值税

根据《中华人民共和国土地增值税暂行条例》(国发〔1993〕138号)第八条规定:因国家建设需要依法征用、收回的房地产免征土地增值税。

根据《中华人民共和国土地增值税暂行条例实施细则》(财法字〔1995〕6号)第十一条规定:条例第八条(二)项所称的因国家建设需要依法征用、收回的房地产,是指因城市实施规划、国家建设的需要而被政府批准征用的房产或收回的土地使用权。

4. 契税

根据《中华人民共和国契税暂行条例细则》(财法字〔1997〕52号)第十五条规定:土地、房屋被县级以上人民政府征用、占用后,重新承受土地、房屋权属的,是否减征或者免征契税,由省、自治区、直辖市人民政府确定。企业可以结合实际情况作出处理。第十条规定:土地使用权交换、房屋交换,交换价格不相等的,由多交付货币、实物、无形资产或者其他经济利益的一方缴纳税款。交换价格相等的,免征契税。

5. 印花税

根据《财政部 国家税务总局关于印花税若干政策的通知》(财税〔2006〕

162号）第三条规定，对土地使用权出让、转让合同，按"产权转移书据"征收印花税。

6. 房产税和城镇土地使用税

根据《财政部 国家税务总局关于房产税、城镇土地使用税有关问题的通知》（财税〔2008〕152号）第三点的规定：纳税人因房产、土地的实物或权利状态发生变化而依法终止房产税、城镇土地使用税纳税义务的，其应纳税款的计算应截止到房产、土地的实物或权利状态发生变化的当月末。因此，属于政策性搬迁的房产税和土地使用税应纳税款的计算应截止到房产的实物或权利状态发生变化的当月末。

（三）与资产相关的政府补助初始计量的税会差异分析

1. 征税收入政府补助

作为征税收入的政府补助相关税务处理。实际收到财政拨款属于《中华人民共和国企业所得税法》（中华人民共和国主席令第23号）规定的收入总额中的其他收入，如果不符合《中华人民共和国企业所得税法》（中华人民共和国主席令第23号）规定的不征税收入条件，应一次性计入实际取得当年的应纳税所得额。

收到政府补助当年，按照会计准则的规定摊销计入当期损益，按照税法的规定全额计入当年应纳税所得额，若两者有差额，则产生税会差异，当年企业所得税汇算清缴时应纳税调增该差额部分。

若相关补贴与销售收入相关，则不产生税会差异，会计与税法均确认收入。

2. 不征税收入政府补助

作为不征税收入的政府补助相关税务处理。实际收到财政拨款如果符合《中华人民共和国企业所得税法》（中华人民共和国主席令第23号）、《财政部 国家税务总局关于专项用途财政性资金企业所得税处理问题的通知》（财税〔2011〕70号）规定的不征税收入条件，不计入实际取得当年的应纳税所得额，相应政府补助对应的资产折旧不得在税前扣除。

收到政府补助当年，按照会计准则的规定摊销计入当期损益，按照税法的规定不征税收入不得计入当年应纳税所得额，产生税会差异，当年企业所得税汇算清缴时应纳税调减该部分收入，相应地，不征税收入形成资产折旧也不得在税前扣除，当年企业所得税汇算清缴时应纳税调增。

3. 政策性搬迁

作为政策性搬迁的相关税务处理，实际发生如果符合《国家税务总局关于发布〈企业政策性搬迁所得税管理办法〉的公告》（国家税务总局公告 2012 年第 40 号）规定的政策搬迁，企业在搬迁期间发生的搬迁收入和搬迁支出，可以暂不计入当期应纳税所得额，而在完成搬迁的年度，对搬迁收入和支出进行汇总清算。搬迁收入扣除搬迁支出后的余额，为企业的搬迁所得。企业应在搬迁完成年度，将搬迁所得计入当年度企业应纳税所得额计算纳税。企业搬迁期间新购置的各类资产，应按《中华人民共和国企业所得税法》及《中华人民共和国企业所得税法实施条例》（中华人民共和国国务院令第 714 号）等有关规定，计算确定资产的计税成本及折旧或摊销年限。企业发生的购置资产支出，不得从搬迁收入中扣除。《国家税务总局关于企业政策性搬迁所得税有关问题的公告》（国家税务总局公告 2013 年第 11 号）第一条规定：凡在国家税务总局 2012 年第 40 号公告生效前已经签订搬迁协议且尚未完成搬迁清算的企业政策性搬迁项目，企业在重建或恢复生产过程中购置的各类资产，可以作为搬迁支出，从搬迁收入中扣除。但购置的各类资产，应剔除该搬迁补偿收入后，作为该资产的计税基础，并按规定计算折旧或费用摊销。

企业取得与资产相关的政府补助，不能全额确认为当期收益，应当随着相关资产的使用逐渐计入以后各期的收益。也就是说，这类补助应当先确认为递延收益，然后自相关资产可供使用时起；在该项资产使用寿命内平均分配，计入当期损益。

案例分析

【案例 8-1】按照国家有关政策，企业购置环保设备可以申请财政补贴，且该补贴不满足不征税收入条件。某公司于 2022 年 1 月向政府有关部门提交了 420 万元的补助申请，作为对其购置环保设备的补贴。2022 年 3 月 15 日，公司实际收到政府补助 420 万元。2022 年 4 月 20 日，公司购入不需要安装环保设备，取得增值税专用发票注明的价款为 960 万元，进项税额为 163.2 万元，预计使用年限 10 年，采用直线法计提折旧，预计净残值为零。2030 年 4 月公司出售了该设备，取得处置价款 240 万元（不含税），增值税销项税额为 40.8 万元，开具增值税专用发票。

方法一，公司采用总额法会计处理见表 8-1。

表 8-1　　　　　　　　　　　税会差异分析

会计处理	税收处理	税会差异分析
（1）作为征税收入		
①2022 年 3 月 15 日，实际收到财政拨款属于与资产相关的政府补助，确认为递延收益 ②2022 年 4 月 20 日，购入环保设备并取得增值税专用发票且已认证申报抵扣 ③自 2022 年 5 月起，每月末直线法计提折旧，同时分摊递延收益 累计折旧 = 960 ÷ 10 ÷ 12 = 8（万元） 月末在相关资产使用寿命内按照合理、系统的方法分摊递延收益计入损益，由于购置该环保设备取得政府补助属于与企业日常活动有关的政府补助，企业应记入"其他收益"科目 递延收益 = 420 ÷ 10 ÷ 12 = 3.5（万元） ④2030 年 4 月出售设备的同时一次性转销"递延收益"科目余额 应将剩余的递延收益全部转入资产处置当期的损益，即一次性转销"递延收益"科目余额 = 420 - 420 ÷ 10 × (8 + 7 × 12 + 4) ÷ 12 = 84（万元）	2022 年 3 月 15 日，实际收到财政拨款属于《中华人民共和国企业所得税法》（中华人民共和国主席令第 23 号）规定的收入总额中的其他收入，如果不符合《中华人民共和国企业所得税法》（中华人民共和国主席令第 23 号）规定的不征税收入条件，应一次性计入实际取得当年的应纳税所得额	2022 年，按照会计准则的规定计入其他收益为 28 万元，按照税法的规定计入当年应纳税所得额为 420 万元，税会差异为 392 万元，当年企业所得税汇算清缴时应纳税调增 392 万元 2023 年 1 月至 2029 年，按照会计准则的规定计入其他收益 42 万元，按照税法的规定企业在实际收到财政拨款年度（2022 年）已经缴纳企业所得税，计入应纳税所得额为 0 元，税会差异为 42 万元，每年企业所得税汇算清缴时应纳税调减 42 万元 2030 年，按会计准则的规定计入其他收益为 14 万元，计入营业外收入为 84 万元，按照税法的规定政府补助计入应纳税所得额为 0 元，税会差异为 98 万元，当年企业所得税汇算清缴时应纳税调减 98 万元

续表

会计处理	税收处理	税会差异分析
（2）作为不征税收入		
同上	2022年3月15日，实际收到财政拨款如果符合《中华人民共和国企业所得税法》（中华人民共和国主席令第23号）规定的不征税条件，不计入实际取得当年的应纳税所得额，但是，政府补助形成固定资产的计税基础为540万元，即420万元政府补助部分不得计算相应的资产折旧在税前扣除	2022年，按照会计准则的规定计入其他收益为28万元，按照税法的规定不征税收入计入当年应纳税所得额为0元，税会差异为28万元，当年企业所得税汇算清缴时应纳税调减28万元；相应地，不征税收入形成资产折旧28万元也不得在税前扣除，当年企业所得税汇算清缴时应纳税调增28万元 2023年1月至2029年，按照会计准则的规定计入其他收益42万元，按照税法的规定不征税收入计入当年应纳税所得额为0元，税会差异为42万元，每年企业所得税汇算清缴时应纳税调减42万元；相应地，不征税收入形成资产折旧42万元也不得在税前扣除，当年企业所得税汇算清缴时应纳税调增42万元 2030年，按照会计准则的规定计入其他收益为14万元，计入营业外收入为84万元，按照税法的规定不征税收入计入当年应纳税所得额为0元，税会差异为98万元，当年企业所得税汇算清缴时应纳税调减98万元；相应地，不征税收入形成资产折旧14万元也不得在税前扣除，当年企业所得税汇算清缴时应纳税调增14万元。出售固定资产会计核算的"营业外收入-处置非流动资产利得"为7.2万元，税法计算的财产转让所得=240-40.8-108=91.2（万元），税会差异为84（91.2-7.2）万元，当年企业所得税汇算清缴时应纳税调增84万元

方法二，公司采用净额法会计处理见表8-2。

表 8-2　　税会差异分析

会计处理	税收处理	税会差异分析
（1）作为征税收入		
①2022 年 3 月 15 日，实际收到财政拨款时确认递延收益 420 万元 ②2022 年 4 月 20 日购入设备确认固定资产。同时，确认属于与资产相关的政府补助，应当冲减固定资产的账面价值 ③自 2022 年 5 月起，每月末按照直线法计提折旧　累计折旧 =（960 - 420）÷10÷12 = 4.5（万元） ④2026 年 4 月出售该环保设备。累计折旧 =（8 + 7×12 + 4）×540÷10÷12 = 432（万元） 固定资产 = 960 - 420 = 540（万元）	2022 年 3 月 15 日，实际收到财政拨款属于《中华人民共和国企业所得税法》（中华人民共和国主席令第 23 号）规定的收入总额中的其他收入，如果不符合《中华人民共和国企业所得税法》（中华人民共和国主席令第 23 号）规定的不征税收入条件，应一次性计入实际取得当年的应纳税所得额	2022 年，按照会计准则的规定冲减固定资产账面价值 420 万元，计入当期损益 0 元，按照税法的规定计入当年应纳税所得额为 420 万元，税会差异为 420 万元，当年企业所得税汇算清缴时应纳税调增 420 万元。固定资产的初始计税基础为 960 万元，账面价值为 540 万元，会计核算折旧为 36（4.5×8）万元，税法计算税前扣除折旧为 64（8×8）万元，税会差异为 28 万元，当年企业所得税汇算清缴时应纳税调减 28 万元 2023 年 1 月至 2029 年，会计核算折旧为 54（4.5×12）万元，税法计算税前扣除折旧为 96（8×12）万元，税会差异为 42 万元，当年企业所得税汇算清缴时应纳税调减 42 万元 2030 年，按照会计准则的规定出售固定资产计入营业外收入为 91.2 万元，按照税法规定计算的转让固定资产所得 = 240 - 40.8 - 192 = 7.2（万元），税会差异为 84 万元，当年企业所得税汇算清缴时应纳税调减 84 万元
（2）作为不征税收入		
同上	2022 年 3 月 15 日，实际收到财政拨款如果符合《中华人民共和国企业所得税法》（中华人民共和国主席令第 23 号）规定的不征税收入条件，不计入实际取得当年的应纳税所得额，但是，政府补助形成固定资产的计税基础为 540 万元，即 420 万元政府补助部分不得计算相应的资产折旧在税前扣除	2022 年，按照会计准则的规定冲减固定资产账面价值 420 万元，计入当期损益 0 元，按照税法不征税收入规定计入当年应纳税所得额为 0 元，无税会差异。固定资产的初始计税基础为 540 万元，账面价值为 540 万元，会计核算折旧为 36（4.5×8）万元，税法计算税前扣除折旧为 36（4.5×8）万元，无税会差异 2023 年 1 月至 2029 年，会计核算折旧为 54（4.5×12）万元，税法计算税前扣除折旧为 54（4.5×12）万元，无税会差异 2030 年，按照会计准则的规定出售固定资产计入营业外收入为 91.2 万元，税法规定计算的转让固定资产所得 = 240 - 40.8 - 108 = 91.2（万元），无税会差异

二、与收益相关的政府补助初始计量的差异

（一）与收益相关的政府补助初始计量的会计处理

根据《企业会计准则第 16 号——政府补助》（财会〔2017〕15 号）第九条规定：与收益相关的政府补助，应当分情况按照以下规定进行会计处理：（一）用于补偿企业以后期间的相关成本费用或损失的，确认为递延收益，并在确认相关成本费用或损失的期间，计入当期损益或冲减相关成本；（二）用于补偿企业已发生的相关成本费用或损失的，直接计入当期损益或冲减相关成本。

对与收益相关的政府补助，企业同样可以选择采用总额法或净额法进行会计处理：选择总额法的，应当计入其他收益或营业外收入；选择净额法的，应当冲减相关成本费用或营业外支出。

（二）与收益相关的政府补助初始计量的税法处理

根据税法规定，与收益相关的政府补助，除国务院财政、税务主管部门另有规定外，都应在实际取得时计入收入总额。当会计上将与收益相关的政府补助，用于补偿企业以后的相关费用或损失取得时确认为递延收益的，在当期计算应纳税所得额时，进行纳税调增处理；当确认相关费用的期间计入当期损益（营业外收入）后，在当期计算应纳税所得额时，进行纳税调减处理。当会计上将与收益相关的政府补助，用于补偿企业已发生的相关费用或损失，取得时直接计入当期损益（营业外收入）的，在当期计算应纳税所得额时，亦应计入收入总额。

（三）与收益相关的政府补助初始计量的税会差异分析

1. 征税收入政府补助

收到政府补助的当年，实际收到的补助资金按照税法规定全额计入应纳税所得额。会计核算摊销使用部分计入当期损益，若两者有差额，则产生税会差异，当年企业所得税汇算清缴时应纳税调增。

2. 不征税收入政府补助

收到政府补助的当年，实际收到的补助资金按照税法规定不计入应纳税所得额。会计核算摊销使用部分计入当期损益，且相关费用计入管理费用，当年企业所得税汇算清缴应当调减计入其他收益的该部分收入，并调增不征税收入对应费用。

案例分析

【例8-2】2022年3月，某公司因市政府旧城区改建发生政策性搬迁业务，取得搬迁补偿收入1 000万元（其中征用土地补偿800万元，安置职工补偿50万元，停业补偿150万元）。搬迁中拆除土地厂房净值600万元（已摊销200万元，未计提减值准备），2022年支付职工安置费30万元、搬迁设备拆除、运输费70万元，2023年支付临时存放搬迁资产而发生30万元。2023年12月1日用搬迁补偿资金重置固定资产500万元。2023年12月完成搬迁。重置固定资产税法按5年折旧，预计净残值为零，采用直线法计提折旧。假设以前年度均盈利且已按规定向主管税务机关报送政策性搬迁相关资料（见表8-3）。

表8-3　　　　　　　　税会差异分析

会计处理	税收处理	税会差异分析
作为征税收入		
2022年取得搬迁补偿收入，计入专项应付款核算。2022年、2023年支付职工安置费、各类设备拆除、运输费等费用，报废原固定资产冲减专项应付款到年限结转专项应付款余额至递延收益 2024—2043年，计提设备折旧（厂房按20年折旧，不考虑残值），冲减递延收益至营业外收入	公司在搬迁期间发生的搬迁收入和搬迁支出，可以暂不计入当期应纳税所得额，而在完成搬迁的年度，对搬迁收入和支出进行汇总清算。搬迁收入扣除搬迁支出后的余额，为企业的搬迁所得。企业应在搬迁完成年度，将搬迁所得计入当年度企业应纳税所得额计算纳税。2017年为搬迁项目完成年度，应将搬迁所得计入当年应纳税所得额，应调增应纳税所得额270万元	2023年，搬迁期间重置固定资产的会计处理不影响当年损益，无税会差异产生，不需要进行纳税调整。2024—2043年，对利用搬迁收入重新建造的厂房和重置固定资产计提的折旧（摊销）允许在税前扣除，计提折旧的会计处理不产生税会差异，不需要进行纳税调整。但由于搬迁补偿收入已在搬迁完成年度清算中单独处理，所以要将递延收益转入营业外收入的金额逐年作纳税调减

第三节　政府补助后续计量的会计与税法差异

一、已确认的政府补助需要退回的政府补助的差异

（一）已确认需要退回的政府补助的会计处理

根据《企业会计准则第16号——政府补助》（财会〔2017〕15号）第十五条规定：已确认的政府补助需要退回的，应当在需要退回的当期分情况按照以下规定进行会计处理：（一）初始确认时冲减相关资产账面价值的，调整资产账面价值；（二）存在相关递延收益的，冲减相关递延收益账面余额，超出部分计入当期损益；（三）属于其他情况的，直接计入当期损益。此外，对于属于前期差错的政府补助退回，应当按照前期差错更正进行追溯调整。

（二）已确认需要退回的政府补助的税法处理

根据《中华人民共和国企业所得税法实施条例》（中华人民共和国国务院令第714号）第二十二条规定，收入总额包括补贴收入等。在税务处理上，已计入收入总额的补贴收入需要返还的，相关收入应当从收入中转出。

（三）已确认需要退回的政府补助的税会差异分析

政府补助退回时，企业所得税分两种情况进行纳税调整。

1. 政府补助作为不征税收入时企业所得税处理

属于不征税收入的政府补助，收到与退回对企业应纳税所得额都无影响。如果该政府补助与资产相关且以净额法核算，对会计利润也无影响，且资产的账面价值等于计税基础，无须做其他纳税调整。

2. 政府补助作为应税收入时企业所得税处理

退回政府补助年度在企业所得税汇算清缴时，无论存在相关递延收益，或不存在相关递延收益，应填报表A105020"未按权责发生制确认收入纳税调整明细表"，根据退回的账载金额进行纳税调整。

二、相关资产在使用寿命结束前被出售转让、报废或发生毁损的会计与税法差异

（一）相关已确认的政府补助的会计处理

根据《企业会计准则第16号——政府补助》（财会〔2017〕15号）第八

条规定：相关资产在使用寿命结束前被出售、转让、报废或发生毁损的，应当将尚未分配的相关递延收益余额转入资产处置当期的损益。

1. 总额法

相关资产在使用寿命结束时或结束前被处置（出售、报废、转让、发生毁损等），尚未分配的相关递延收益余额应当转入资产处置当期的损益，不再予以递延。对相关资产划分为持有待售类别的，先将尚未分配的递延收益余额冲减相关资产的账面价值，再按照《企业会计准则第42号——持有待售的非流动资产、处置组和终止经营》的要求进行会计处理。

2. 净额法

净额法按照补助资金的金额冲减相关资产的账面价值，相关资产在使用寿命结束时或结束前被处置（出售、报废、转让、发生毁损等），直接将相关资产余额转入资产处置当期的损益。对相关资产划分为持有待售类别的，按照《企业会计准则第42号——持有待售的非流动资产、处置组和终止经营》的要求进行会计处理。

（二）相关已确认的政府补助的税法处理

【企业所得税】

在税务处理上，相关资产在使用寿命结束前被出售、转让、报废或发生毁损的，余额转入资产处置当期的损益。在当期计算应纳税所得额时，均可按照实际资产净值与相关递延收益余额进行纳税调整处理。

（三）相关已确认的政府补助的税会差异分析

1. 应税收入

取得政府补助为应税收入，由于政府补助已于收到时一次性调增应纳税所得额，为避免重复征税，相关资产处置当期的损益做纳税调减处理。固定资产净值允许在税前扣除，不做纳税调整。

2. 不征税收入

取得政府补助为不征税收入，相关资产处置当期的资产净值做纳税调增处理。固定资产净值不得在税前扣除，调增应纳税所得额。

本章政策依据

1. 《企业会计准则第16号——政府补助》（财会〔2017〕15号）
2. 《中华人民共和国企业所得税法》（中华人民共和国主席令第23号）
3. 《中华人民共和国企业所得税法实施条例》（中华人民共和国国务院令

第 714 号）

4.《财政部关于印发〈企业会计准则解释第 3 号〉的通知》（财会〔2009〕8 号）

5.《财政部 国家税务总局关于财政性资金、行政事业性收费、政府性基金有关企业所得税政策问题的通知》（财税〔2008〕151 号）

6.《财政部 国家税务总局关于专项用途财政性资金有关企业所得税处理问题的通知》（财税〔2009〕87 号）

7.《财政部 国家税务总局关于专项用途财政性资金企业所得税处理问题的通知》（财税〔2011〕70 号）

8.《国家税务总局关于取消增值税扣税凭证认证确认期限等增值税征管问题的公告》（国家税务总局公告 2019 年第 45 号）

9. 国家税务总局关于发布《企业政策性搬迁所得税管理办法》的公告（国家税务总局公告 2012 年第 40 号）

10.《关于全面推开营业税改征增值税试点的通知》（财税〔2016〕36 号）

11.《中华人民共和国土地增值税暂行条例》（国发〔1993〕138 号）

12.《中华人民共和国土地增值税暂行条例实施细则》（财法字〔1995〕6 号）

13.《中华人民共和国契税暂行条例细则》（财法字〔1997〕52 号）

14.《财政部 国家税务总局关于印花税若干政策的通知》（财税〔2006〕162 号）

15.《财政部 国家税务总局关于房产税、城镇土地使用税有关问题的通知》（财税〔2008〕152 号）

16.《企业会计准则第 42 号——持有待售的非流动资产、处置组和终止经营》

第九章　租赁会计与税法差异

第一节　租赁概念的会计与税法差异

一、租赁的会计概念

根据《企业会计准则第 21 号——租赁》（财会〔2018〕35 号）第二条规定：租赁，是指在一定期间内，出租人将资产的使用权让与承租人以获取对价的合同。第四条规定：在合同开始日，企业应当评估合同是否为租赁或者包含租赁。如果合同中一方让渡了在一定期间内控制一项或多项已识别资产使用的权利以换取对价，则该合同为租赁或者包含租赁。第五条规定：为确定合同是否让渡了在一定期间内控制已识别资产使用的权利，企业应当评估合同中的客户是否有权获得在使用期间内因使用已识别资产所产生的几乎全部经济利益，并有权在该使用期间主导已识别资产的使用。

二、租赁的税法概念

【增值税】

根据《财政部 国家税务总局关于全面推开营业税改征增值税试点的通知》（财税〔2016〕36 号）附件 1：营业税改征增值税试点实施办法附：销售服务、无形资产、不动产注释第一条第（六）项规定：5.租赁服务，包括融资租赁服务和经营租赁服务。（1）融资租赁服务，是指具有融资性质和所有权转移特点的租赁活动。即出租人根据承租人所要求的规格、型号、性能等条件购入有形动产或者不动产租赁给承租人，合同期内租赁物所有权属于出租人，承租人只拥有使用权，合同期满付清租金后，承租人有权按照残值购入租赁物，以拥有其所有权。不论出租人是否将租赁物销售给承租人，均属于融资租赁。按照标的物的不同，融资租赁服务可分为有形动产融资租赁服务和不动产融资租赁服务。(2) 经营租赁服务，是指在约定时间内将有形动产或者不动产转让他人使用且租赁物所有权不变更的业务活动。按照标的物的不同，经营租赁服务可分为有形动产经营租赁服务和不动产经营租赁服务。

《财政部 国家税务总局关于全面推开营业税改征增值税试点的通知》（财税〔2016〕36号）附件1：营业税改征增值税试点实施办法附：销售服务、无形资产、不动产注释第一条第（五）项规定：5. 贷款服务……融资性售后回租，是指承租方以融资为目的，将资产出售给从事融资性售后回租业务的企业后，从事融资性售后回租业务的企业将该资产出租给承租方的业务活动。

三、租赁概念的税会差异分析

根据新租赁会计准则和税收政策对租赁的定义，会计上承租人不再区分融资租赁和经营租赁，而是按使用方法进行会计确认。现行税收政策未对租赁政策有调整，仍按经营租赁、融资租赁、融资性售后回租进行区分，存在税会差异。

本次租赁准则修改最主要变化即为对租赁的识别，但税法中对租赁的范围较为宽泛。会计准则中则规定合同中一方让渡了在一定期间内控制一项或多项已识别资产使用的权利以换取对价，则该合同为租赁或者包含租赁，

案例分析

【例9-1】2021年12月1日，某公司与乙清洁能源公司签订了一份网约车租赁合同。租赁合同规定：租赁期开始日为2022年1月1日；租赁期为3年，每年年末支付租金50万元；租赁期间，公司可在平台随时呼叫网约车，平台根据网约车忙碌与空闲程度随机派单，上述金额均不含增值税（见表9-1）。

表9-1　　　　　　　税会差异分析

会计处理	税收处理	税会差异分析
根据会计准则规定合同中一方让渡了在一定期间内控制一项或多项已识别资产使用的权利以换取对价，则该合同为租赁或者包含租赁。本例中的网约车不为一项已识别资产，具体使用的网约车可以替代，不应当作为租赁处理	根据税法规定，经营租赁是指在约定时间内将有形动产或者不动产转让他人使用且租赁物所有权不变更的业务活动。本例中呼叫网约车，未指派相关驾驶员或租赁指定车辆，即享受了网约车平台提供的车辆运输服务，应当取得运输服务发票	租赁资产识别会计处理与税务处理存在差异

第二节　租赁初始计量的会计与税法差异

一、出租人租赁初始计量的会计与税法差异

（一）租赁初始计量的会计处理

1. 经营租赁

根据《企业会计准则第21号——租赁》（财会〔2018〕35号）第四十五条规定：在租赁期内各个期间，出租人应当采用直线法或其他系统合理的方法，将经营租赁的租赁收款额确认为租金收入。其他系统合理的方法能够更好地反映因使用租赁资产所产生经济利益的消耗模式的，出租人应当采用该方法。第四十六条规定：出租人发生的与经营租赁有关的初始直接费用应当资本化，在租赁期内按照与租金收入确认相同的基础进行分摊，分期计入当期损益。

2. 融资租赁

根据《企业会计准则第21号——租赁》（财会〔2018〕35号）第三十八条规定：在租赁期开始日，出租人应当对融资租赁确认应收融资租赁款，并终止确认融资租赁资产。出租人对应收融资租赁款进行初始计量时，应当以租赁投资净额作为应收融资租赁款的入账价值。租赁投资净额为未担保余值和租赁期开始日尚未收到的租赁收款额按照租赁内含利率折现的现值之和。租赁收款额，是指出租人因让渡在租赁期内使用租赁资产的权利而应向承租人收取的款项，包括：（1）承租人需支付的固定付款额及实质固定付款额，存在租赁激励的，扣除租赁激励相关金额；（2）取决于指数或比率的可变租赁付款额，该款项在初始计量时根据租赁期开始日的指数或比率确定；（3）购买选择权的行权价格，前提是合理确定承租人将行使该选择权；（4）承租人行使终止租赁选择权需支付的款项，前提是租赁期反映出承租人将行使终止租赁选择权；（5）由承租人、与承租人有关的一方以及有经济能力履行担保义务的独立第三方向出租人提供的担保余值。在转租的情况下，若转租的租赁内含利率无法确定，转租出租人可采用原租赁的折现率（根据与转租有关的初始直接费用进行调整）计量转租投资净额。

（二）租赁初始计量的税法处理

1. 增值税

根据《中华人民共和国增值税暂行条例》（国务院令第 691 号）第二条、根据《财政部 国家税务总局关于调整增值税税率的通知》（财税〔2018〕32 号）第一条及根据《财政部 国家税务总局 海关总署关于深化增值税改革有关政策的公告》（财政部 税务总局 海关总署公告 2019 年第 39 号）第一条规定，有形动产租赁服务税率为 13%，不动产租赁服务税率为 9%。另外，小规模纳税人税率为 3%。

根据《财政部 国家税务总局关于全面推开营业税改征增值税试点的通知》（财税〔2016〕36 号）附件 2：营业税改征增值税试点有关事项的规定，一般纳税人出租其 2016 年 4 月 30 日前取得的不动产，可以选择适用简易计税方法，按照 5% 的征收率计算应纳税额；纳税人出租其 2016 年 4 月 30 日前取得的与机构所在地不在同一县（市）的不动产，应按照上述计税方法在不动产所在地预缴税款后，向机构所在地主管税务机关进行纳税申报；一般纳税人出租其 2016 年 5 月 1 日后取得的、与机构所在地不在同一县（市）的不动产，应按照 3% 的预征率在不动产所在地预缴税款后，向机构所在地主管税务机关进行纳税申报。

根据《财政部 国家税务总局关于建筑服务等营改增试点政策的通知》（财税〔2017〕58 号）规定，纳税人提供租赁服务采取预收款方式的，其纳税义务发生时间为收到预收款的当天。

2. 企业所得税

根据《中华人民共和国企业所得税法实施条例》（中华人民共和国国务院令第 714 号）第十九条规定，企业所得税法第六条第（六）项所称租金收入，是指企业提供固定资产、包装物或者其他有形资产的使用权取得的收入。租金收入，按照合同约定的承租人应付租金的日期确认收入的实现。第九条规定，企业应纳税所得额的计算，以权责发生制为原则，属于当期的收入和费用，不论款项是否收付，均作为当期的收入和费用；不属于当期的收入和费用，即使款项已经在当期收付，均不作为当期的收入和费用。本条例和国务院财政、税务主管部门另有规定的除外。

根据《国家税务总局关于贯彻落实企业所得税法若干税收问题的通知》（国税函〔2010〕79 号）第一条规定，根据《实施条例》第十九条的规定，企业提供固定资产、包装物或者其他有形资产的使用权取得的租金收入，应按交易合同或协议规定的承租人应付租金的日期确认收入的实现。其中，如果交易合同或协议中规定租赁期限跨年度，且租金提前一次性支付的，根据《实施条例》第九条规定的收入与费用配比原则，出租人可对上述已确认的收入，在租赁期内，分期均匀计入相关年度收入。

3. 印花税

根据《中华人民共和国印花税法》附表：印花税税目税率表规定，经营租赁按照其所载明的租金总额，依照"租赁合同"税目，按千分之一税率计税贴花；融资租赁按照其所载明的租金总额，依照"融资租赁合同"税目，按万分之零点五税率计税贴花。

（三）租赁初始计量的税会差异分析

1. 经营租赁

根据上述税法规定如果交易合同或协议中规定租赁期限跨年度，且租金提前一次性支付的，出租人可对上述已确认的收入，在租赁期内，分期均匀计入相关年度收入。会计上按权责发生制确认收入，企业所得税按租赁合同约定付租金的日期确认收入，如果为跨年度租赁合同且租金提前一次收取的，可以按权责发生制分期确认收入，企业所得税申报收入与会计收入没有税会差异。出租人发生的初始直接费用允许在实际发生的当期据实扣除，计算所得税时做纳税调减处理，在剩余摊销年度，计算所得税时做纳税调增处理。

根据上述税法规定，纳税人提供租赁服务采取预收款方式的，其增值税纳税义务发生时间为收到预收款的当天，即出租人在收到房租预收款时应当申报缴纳增值税款，不论该预收金额是当年度租金或者以后几年的租金。会计上按照权责发生制确认收入，按照合同确定当年度租金收入。

2. 融资租赁

根据上述税法规定由于租入方视为分期付款购买固定资产，故出租方应为按分期收款销售固定资产处理，故"资产处置损益"及后期由"未实现融资收益"转入"租赁收入"的金额均应从"利润总额"中剔除，同时按照合同约定的应收价款的日期分期调增资产转让所得。出租人发生的初始直接费用允许在实际发生的当期据实扣除，计算所得税时做纳税调减处理。

案例分析

【例9-2】2022年1月1日，某公司账面存在部分房屋，根据经营规划其中一幢的一层店面房进行出租，合同约定租赁期为3年，合计租金150万元，在合同签订日收入房租预收款100万元（见表9-2）。

表 9 – 2　　　　　　　　　　税会差异分析

会计处理	税收处理	税会差异分析
根据会计准则规定，按权责发生制确认收入，企业所得税按租赁合同约定付租金的日期确认收入	根据税法规定，出租部分以房产租金收入为房产税的计税依据。依照房产租金收入计算缴纳的，税率为12%。房产出租的，计征房产税的租金收入不含增值税。免征增值税的，确定计税依据时，成交价格、租金收入、转让房地产取得的收入不扣减增值税额。税务机关核定的计税价格或收入不含增值税自用部分依照房产原值一次减除10%—30%后的余值计算缴纳。具体减除幅度，由省、自治区、直辖市人民政府规定。没有房产原值作为依据的，由房产所在地税务机关参考同类房产核定。按房产余值×（自用面积÷总面积）来作为计税房产原值，税率为1.2%出租、出借房产，自交付出租、出借房产之次月起计征房产税和城镇土地使用税。纳税人因房产、土地的实物或权利状态发生变化而依法终止房产税、城镇土地使用税纳税义务的，其应纳税款的计算应截至房产、土地的实物或权利状态发生变化的当月末	租赁资产初始计量会计处理与税务处理存在差异。实务中，因税务系统升级，增值税与房产税会相互稽核，若租赁发票在预收款时开具，则房产税应当在开具增值税专用发票次月申报缴纳

二、承租人租赁初始计量的会计与税法差异

（一）租赁初始计量的会计处理

根据《企业会计准则第21号——租赁》（财会〔2018〕35号）第十四条规定，在租赁期开始日，承租人应当对租赁确认使用权资产和租赁负债，选择进行简化处理的短期租赁和低价值资产租赁除外。使用权资产，是指承租人可在租赁期内使用租赁资产的权利。租赁期开始日，是指出租人提供租赁资产使其可供承租人使用的起始日期。第十五条规定，租赁期，是指承租人有权使用租赁资产且不可撤销的期间。承租人有续租选择权，即有权选择续租该资产，且合理确定将行使该选择权的，租赁期还应当包含续租选择权涵盖的期间。承租人有终止租赁选择权，即有权选择终止租赁该资产，但合理确定将不会行使该选择权的，租赁期应当包含终止租赁选择权涵盖的期间。发生承租人可控范围内的重大事件或变化，且影响承租人是否合理确定将行使相应选择权的，承租人应当对其是否合理确定将行使续租选择权、购买选择权或不行使终止租赁选择权进行重新评估。第十六条规定，使用权资产应当按照成本进行初始计量。该成本包括：（一）租赁负债的初始计量金额；（二）在租赁期开始日或之前支付的租赁付款额，存在租赁激励的，扣除已享

受的租赁激励相关金额;(三)承租人发生的初始直接费用;(四)承租人为拆卸及移除租赁资产、复原租赁资产所在场地或将租赁资产恢复至租赁条款约定状态预计将发生的成本。前述成本属于为生产存货而发生的,适用《企业会计准则第 1 号——存货》。承租人应当按照《企业会计准则第 13 号——或有事项》对本条第(四)项所述成本进行确认和计量。租赁激励,是指出租人为达成租赁向承租人提供的优惠,包括出租人向承租人支付的与租赁有关的款项、出租人为承租人偿付或承担的成本等。初始直接费用,是指为达成租赁所发生的增量成本。增量成本是指若企业不取得该租赁,则不会发生的成本。第十七条规定,租赁负债应当按照租赁期开始日尚未支付的租赁付款额的现值进行初始计量。在计算租赁付款额的现值时,承租人应当采用租赁内含利率作为折现率;无法确定租赁内含利率的,应当采用承租人增量借款利率作为折现率。租赁内含利率,是指使出租人的租赁收款额的现值与未担保余值的现值之和等于租赁资产公允价值与出租人的初始直接费用之和的利率。承租人增量借款利率,是指承租人在类似经济环境下为获得与使用权资产价值接近的资产,在类似期间以类似抵押条件借入资金须支付的利率。第十八条规定,租赁付款额,是指承租人向出租人支付的与在租赁期内使用租赁资产的权利相关的款项,包括:(一)固定付款额及实质固定付款额,存在租赁激励的,扣除租赁激励相关金额;(二)取决于指数或比率的可变租赁付款额,该款项在初始计量时根据租赁期开始日的指数或比率确定;(三)购买选择权的行权价格,前提是承租人合理确定将行使该选择权;(四)行使终止租赁选择权需支付的款项,前提是租赁期反映出承租人将行使终止租赁选择权;(五)根据承租人提供的担保余值预计应支付的款项。实质固定付款额,是指在形式上可能包含变量但实质上无法避免的付款额。可变租赁付款额,是指承租人为取得在租赁期内使用租赁资产的权利,向出租人支付的因租赁期开始日后的事实或情况发生变化(而非时间推移)而变动的款项。取决于指数或比率的可变租赁付款额包括与消费者价格指数挂钩的款项、与基准利率挂钩的款项和为反映市场租金费率变化而变动的款项等。第十九条规定,担保余值,是指与出租人无关的一方向出租人提供担保,保证在租赁结束时租赁资产的价值至少为某指定的金额。未担保余值,是指租赁资产余值中,出租人无法保证能够实现或仅由与出租人有关的一方予以担保的部分。

(二)租赁初始计量的税法处理

【企业所得税】

《中华人民共和国企业所得税法实施条例》(中华人民共和国国务院令第

714号）第四十七条第二款规定：以融资租赁方式租入固定资产发生的租赁费支出，按照规定构成融资租入固定资产价值的部分应当提取折旧费用，分期扣除。第五十八条第（三）项规定：融资租入的固定资产，以租赁合同约定的付款总额和承租人在签订租赁合同过程中发生的相关费用为计税基础，租赁合同未约定付款总额的，以该资产的公允价值和承租人在签订租赁合同过程中发生的相关费用为计税基础。

（三）租赁初始计量的税会差异分析

根据上述会计准则规定，明确了可以选择简易处理的租赁事项：短期租赁，租赁期不超过12个月的租赁，在实务中多为企业为了临时过渡进行零碎租赁；低价值租赁，准则指南中建议低于4万元人民币属于低价值资产，并且是在资产全新时低于4万元，不应考虑使用折损，能够进行转租的资产都不属于低价值资产，实务中低价值租赁多为租赁办公家具、小型设备等等。税法上不存在租赁豁免的情况，若满足租赁的规定，则均按照租赁进行规范。

根据上述差异导致融资租入固定资产的计税基础大于初始会计成本，以后期间，会计折旧与财务费用（如果计提减值准备的，还应加上减值准备）之和，与税法折旧的差额，做纳税调整处理。

案例分析

【例9-3】 2021年12月1日，某公司与乙租赁公司签订了一份设备融资租赁合同。租赁合同规定：租赁期开始日为2022年1月1日；租赁期为3年，每年年末支付租金200万元；租赁期届满，该设备的预计残余价值为40万元，其中公司担保余值为30万元，未担保余值为10万元。该设备于2022年12月31日运抵公司，当日投入使用；假定该设备为全新设备，租赁开始日的公允价值为600万元。上述金额均不含增值税（见表9-3）。

表9-3 税会差异分析

会计处理	税收处理	税会差异分析
租入固定资产最低租赁付款额现值 = 200 × 2.673 + 30 × 0.8396 = 559.788（万元），按照最低租赁付款额现值与租赁开始日租赁资产公允价值孰低原则，租入固定资产入账价值为559.788万元。未确认费用 = 630 − 559.788 = 70.212（万元）	租入固定资产的计税基础为600万元	2022年，租赁资产确认会计处理与税务处理存在差异

第三节　租赁后续计量的会计与税法差异

一、出租人租赁后续计量的会计与税法差异

（一）租赁后续计量的会计处理

1. 经营租赁

根据《企业会计准则第 21 号——租赁》（财会〔2018〕35 号）第四十七条规定：对于经营租赁资产中的固定资产，出租人应当采用类似资产的折旧政策计提折旧；对于其他经营租赁资产，应当根据该资产适用的企业会计准则，采用系统合理的方法进行摊销。

2. 融资租赁

根据《企业会计准则第 21 号——租赁》（财会〔2018〕35 号）第三十九条规定：出租人应当按照固定的周期性利率计算并确认租赁期内各个期间的利息收入。该周期性利率，是按照本准则第三十八条规定所采用的折现率，或者按照本准则第四十四条规定所采用的修订后的折现率。

（二）租赁后续计量的税法处理

1. 企业所得税

根据《中华人民共和国企业所得税法实施条例》（中华人民共和国国务院令第 714 号）第十九条规定：租金收入，按照合同约定的承租人应付租金的日期确认收入的实现。

根据《国家税务总局关于贯彻落实企业所得税法若干税收问题的通知》（国税函〔2010〕79 号）第一条规定：如果交易合同或协议中规定租赁期限跨年度，且租金提前一次性支付的，出租人可对上述已确认的收入，在租赁期内，分期均匀计入相关年度收入。

2. 房产税

根据《中华人民共和国房产税暂行条例》（国发〔1986〕90 号）第四条规定：房产税的税率，依照房产余值计算缴纳的，税率为 1.2%；依照房产租金收入计算缴纳的，税率为 12%。

（三）租赁后续计量的税会差异分析

1. 经营租赁

由上述政策可见，出租人采用直线法将经营租赁的租赁收款额确认为租

金收入时，与企业所得税的处理相同，无须进行纳税调整。

2. 融资租赁

由上述政策可见，将每期确认为"租赁收入的未实现融资收益"部分做调减处理，将每期初始直接费用摊销额纳税调增，或有租金在实际收到时确认与会计处理一致，不做纳税调整。

二、承租人租赁后续计量的会计与税法差异

（一）租赁后续计量的会计处理

根据《企业会计准则第21号——租赁》（财会〔2018〕35号）第二十条规定：在租赁期开始日后，承租人应当采用成本模式对使用权资产进行后续计量。第二十一条规定：承租人应当参照《企业会计准则第4号——固定资产》有关折旧规定，对使用权资产计提折旧；承租人能够合理确定租赁期届满时取得租赁资产所有权的，应当在租赁资产剩余使用寿命内计提折旧；无法合理确定租赁期届满时能够取得租赁资产所有权的，应当在租赁期与租赁资产剩余使用寿命两者孰短的期间内计提折旧。

（二）租赁后续计量的税法处理

1. 企业所得税

根据《中华人民共和国企业所得税法实施条例》（中华人民共和国国务院令第714号）第四十七条规定：企业根据生产经营活动的需要租入固定资产支付的租赁费，按照以下方法扣除：（一）以经营租赁方式租入固定资产发生的租赁费支出，按照租赁期限均匀扣除；（二）以融资租赁方式租入固定资产发生的租赁费支出，按照规定构成融资租入固定资产价值的部分应当提取折旧费用，分期扣除。根据《中华人民共和国企业所得税法》第十一条规定：以经营租赁方式租入的固定资产不得计算折旧扣除。

2. 房产税

根据《财政部 国家税务总局关于房产税城镇土地使用税有关问题的通知》（财税〔2009〕128号）规定，融资租赁的房产，由承租人自融资租赁合同约定开始日的次月起依照房产余值缴纳房产税。合同未约定开始日的，由承租人自合同签订的次月起依照房产余值缴纳房产税。

（三）租赁后续计量的税会差异分析

根据上述税法规定，融资费用的摊销额不得在税前扣除，资产折旧的账面价值与计税基础不一致，应当将本期计入财务费用的金额与本期会计折旧之和，与本期税法折旧对比，两者的差额调整应纳税所得额。

新租赁会计准则规定,将使用权资产计提折旧,租赁负债摊销计入财务费用,同时可能会涉及减值处理;税法处理上对于会计计入当期损益的折旧、减值、财务费用不予认可,只有按权责发生制确认的每期租赁费准予税前扣除。

案例分析

【例9-4】 2021年12月1日,某公司(出租人)与甲公司(承租人)订了一份租赁合同。合同主要条款如下:

租赁标的物:某变电设备;起租日:2022年1月1日;租赁期:2022年1月1日—2024年12月31日,共36个月;租金支付:自2022年1月1日起,每隔6个月于月末支付租金150 000元;公司为签订租赁合同发生初始直接费用10 000元;该设备在2021年12月1日的账面价值(计税基础等于账面价值)、公允价值分别为695 000元,700 000元;租赁合同规定的利率为7%(6个月利率)(乙公司租赁内含利率未知);租赁期届满时,甲公司享有优惠购买该变电设备的选择权,购买价为100元,估计该日租赁资产的公允价值为80 000元。

上述均为不含增值税收入(见表9-4)。

表9-4　　　　　　　　　　税会差异分析

会计处理	税收处理	税会差异分析
(1)租赁期开始日		
第一步,判断租赁类型。根据优惠购买选择权,因此这项租赁应认定为融资租赁。 第二步,计算租赁内含利率。计算租赁开始日最低租赁收款额及其现值和未实现融资收益。 最低租赁收款额=最低租赁付款额+无关第三方对出租人担保的资产余值=各期租金之和+承租人或与其有关的第三方担保的资产余值+优惠购买价格=150 000×6+0+100=900 100(元) 应收融资租赁款入账价值=最低租赁收款额+初始直接费用=900 100+10 000=910 100(元) 最低租赁收款额现值+未担保余值的现值=租赁开始日租赁资产公允价值=700 000(元) 未实现融资收益=(最低租赁收款额+未担保余值)-租赁资产的公允价值=900 100-700 000=200 100(元)	初始直接费用10 000元(假设均取得增值税普通发票,无进项税抵扣)允许在当期扣除。资产处置损益5 000元不确认所得	使用权资产初始确认会计处理与税法处理存在差异。初始直接费用10 000元做纳税调减处理。资产处置损益做纳税调减处理

续表

会计处理	税收处理	税会差异分析
(2) 2022年1月1日和2024年12月31日租赁付款		
第一步，计算租赁期内各期应分摊的融资收益。每年确认租赁收入； 第二步，收到租金时，确认初始直接费用摊销额	账面确认每期确认为"租赁收入"的"未实现融资收益"不计入当期收入，每期初始费用应于发生时计入当期损益	由上述政策可见，将每期确认为"租赁收入"的"未实现融资收益"部分做调减处理，将每期初始直接费用摊销额纳税调增
(3) 或有租金发生		
本期发生或有租金计入当期收入	本期发生或有租金计入当期收入	或有租金在实际收到时确认与会计处理一致，不做纳税调整

第四节 售后租回交易

一、出租人售后回租交易的会计与税法差异

(一) 售后回租的会计处理

根据《企业会计准则第 21 号——租赁》（财会〔2018〕35 号）第五十条规定：承租人和出租人应当按照《企业会计准则第 14 号——收入》的规定，评估确定售后租回交易中的资产转让是否属于销售。第五十一条规定：售后租回交易中的资产转让属于销售的，出租人应当根据其他适用的企业会计准则对资产购买进行会计处理，并根据本准则对资产出租进行会计处理。如果销售对价的公允价值与资产的公允价值不同，或者出租人未按市场价格收取租金，则出租人按市场价格调整租金收入。在进行上述调整时，企业应当基于以下两者中更易于确定的项目：销售对价的公允价值与资产公允价值之间的差额、租赁合同中付款额的现值与按租赁市价计算的付款额现值之间的差额。第五十二规定：售后租回交易中的资产转让不属于销售的，出租人不确认被转让资产，但应当确认一项与转让收入等额的金融资产，并按照《企业会计准则第 22 号——金融工具确认和计量》对该金融资产进行会计处理。

（二）售后回租的税法处理

根据《财政部 国家税务总局关于全面推开营业税改增值税的通知》（财税〔2016〕36号）附件2：营业税改征增值税试点有关事项的规定第一条第（三）项规定：5. 融资租赁和融资性售后回租业务……（2）经人民银行、银监会或者商务部批准从事融资租赁业务的试点纳税人，提供融资性售后回租服务，以取得的全部价款和价外费用（不含本金），扣除对外支付的借款利息（包括外汇借款和人民币借款利息）、发行债券利息后的余额作为销售额。

（三）售后回租的税会差异分析

新租赁准则要求先按照收入准则的规定，评估售后回交易中的资产转让是否属于销售。

1. 不属于销售的情况

根据上述会计准则规定，售后租回交易中的资产转让不属于销售的，出租人不确认被转让资产，但应确认一项与转让收入等额的金融资产。

根据《国家税务总局关于融资性售后回租业务中承租方出售资产行为有关税收问题的公告》（国家税务总局公告2010年第13号）就规定：融资性售后回租业务中，承租人出售资产的行为，不确认为销售收入，对融资性租赁的资产，仍按承租人出售前原账面价值作为计税基础计提折旧。租赁期间，承租人支付的属于融资利息的部分，作为企业财务费用在税前扣除。买方兼出租人需要按照规定计算缴纳利息部分的增值税额。

2. 资产转让属于销售的情况

根据上述会计准则规定，售后租回交易中的资产转让属于销售的，新准则将该业务作为资产销售和租赁两项交易进行会计处理。

纳税人提供融资性售后回租服务，以取得的全部价款和价外费用（不含本金），扣除对外支付的借款利息（包括外汇借款和人民币借款利息）、发行债券利息后的余额作为销售额。而会计上出租人基于销售对价的公允价值与资产公允价值之间的差额、租赁合同中付款额的现值与按租赁市价计算的付款额现值之间的差额来调整租金收入。

二、承租人售后租回交易的会计与税法差异

（一）售后回租的会计处理

根据《企业会计准则第21号——租赁》（财会〔2018〕35号）第五十条规定：承租人和出租人应当按照《企业会计准则第14号——收入》的规定，评估确定售后租回交易中的资产转让是否属于销售。第五十一条规定：售后

租回交易中的资产转让属于销售的，承租人应当按原资产账面价值中与租回获得的使用权有关的部分，计量售后租回所形成的使用权资产，并仅就转让至出租人的权利确认相关利得或损失。如果销售对价的公允价值与资产的公允价值不同，或者出租人未按市场价格收取租金，则企业应当将销售对价低于市场价格的款项作为预付租金进行会计处理，将高于市场价格的款项作为出租人向承租人提供的额外融资进行会计处理；同时，承租人按照公允价值调整相关销售利得或损失。在进行上述调整时，企业应当基于以下两者中更易于确定的项目：销售对价的公允价值与资产公允价值之间的差额、租赁合同中付款额的现值与按租赁市价计算的付款额现值之间的差额。第五十二规定：售后租回交易中的资产转让不属于销售的，承租人应当继续确认被转让资产，同时确认一项与转让收入等额的金融负债，并按照《企业会计准则第22号——金融工具确认和计量》对该金融负债进行会计处理。

（二）售后回租的税法处理

1. 增值税

根据《国家税务总局关于融资性售后回租业务中承租方出售资产行为有关税收问题的公告》（国家税务总局公告2010年第13号）第一条规定：根据现行增值税和营业税有关规定，融资性售后回租业务中承租方出售资产的行为，不属于增值税和营业税征收范围，不征收增值税和营业税。

2. 企业所得税

根据《国家税务总局关于融资性售后回租业务中承租方出售资产行为有关税收问题的公告》（国家税务总局公告2010年第13号）第二条规定：根据现行企业所得税法及有关收入确定规定，融资性售后回租业务中，承租人出售资产的行为，不确认为销售收入，对融资性租赁的资产，仍按承租人出售前原账面价值作为计税基础计提折旧。租赁期间，承租人支付的属于融资利息的部分，作为企业财务费用在税前扣除。

3. 契税

根据《财政部 国家税务总局关于企业以售后回租方式进行融资等有关契税政策的通知》（财税〔2012〕82号）第一条规定：对金融租赁公司开展售后回租业务，承受承租人房屋、土地权属的，照章征税。对售后回租合同期满，承租人回购原房屋、土地权属的，免征契税。

（三）售后回租的税会差异分析

新租赁准则要求先按照收入准则的规定，评估售后回交易中的资产转让是否属于销售。

1. 不属于销售的情况

根据上述会计准则规定，售后租回交易中的资产转让不属于销售的，承租人应当继续确认被转让资产，同时确认一项与转让收入等额的金融负债。

根据《国家税务总局关于融资性售后回租业务中承租方出售资产行为有关税收问题的公告》（国家税务总局公告 2010 年第 13 号）就规定：融资性售后回租业务中，承租人出售资产的行为，不确认为销售收入，对融资性租赁的资产，仍按承租人出售前原账面价值作为计税基础计提折旧。租赁期间，承租人支付的属于融资利息的部分，作为企业财务费用在税前扣除。卖方兼承租人需要按照规定取得利息部分的增值税发票。

2. 资产转让属于销售的情况

根据上述会计准则规定，售后租回交易中的资产转让属于销售的，新准则将该业务作为资产销售和租赁两项交易进行会计处理。

会计准则规定如果销售对价的公允价值与资产的公允价值不同，或者出租人未按市场价格收取租金，则企业应当将销售对价低于市场价格的款项作为预付租金进行会计处理，将高于市场价格的款项作为出租人向承租人提供的额外融资进行会计处理；同时，承租人按照公允价值调整相关销售利得或损失。而税法规定承租人出售融资性租赁的资产，仍按承租人出售前原账面价值作为计税基础计提折旧。如果双方约定售后回租的资产的现值为出售前原账面价值，则税会无差异。

第五节　使用权资产计提减值的会计与税法差异

一、使用权资产计提减值的会计处理

根据《企业会计准则第 21 号——租赁》（财会〔2018〕35 号）第二十二条规定：承租人应当按照《企业会计准则第 8 号——资产减值》的规定，确定使用权资产是否发生减值，并对已识别的减值损失进行会计处理。

根据《企业会计准则第 8 号——资产减值》（财会〔2006〕3 号）第十五条规定：可收回金额的计量结果表明，资产的可收回金额低于其账面价值的，应当将资产的账面价值减记至可收回金额，减记的金额确认为资产减

值损失，计入当期损益，同时计提相应的资产减值准备。第十六条规定：资产减值损失确认后，减值资产的折旧或者摊销费用应当在未来期间作相应调整，以使该资产在剩余使用寿命内，系统地分摊调整后的资产账面价值（扣除预计净残值）。第十七条规定：资产减值损失一经确认，在以后会计期间不得转回。

二、使用权资产计提减值的税法处理

根据《中华人民共和国企业所得税法》（中华人民共和国主席令第 23 号）第十条规定：在计算应纳税所得额时，下列支出不得扣除……（七）未经核定的准备金支出……

根据《中华人民共和国企业所得税法实施条例》（中华人民共和国国务院令第 714 号）第五十五条规定：企业所得税法第十条第（七）项所称未经核定的准备金支出，是指不符合国务院财政、税务主管部门规定的各项资产减值准备、风险准备等准备金支出。第五十六条规定：企业持有各项资产期间资产增值或者减值，除国务院财政、税务主管部门规定可以确认损益外，不得调整该资产的计税基础。

根据《国家税务总局关于企业所得税应纳税所得额若干问题的公告》（国家税务总局公告 2014 年第 29 号）第五条第（三）款规定：企业按会计规定提取的固定资产减值准备，不得税前扣除，其折旧仍按税法确定的固定资产计税基础计算扣除。

三、使用权资产计提减值的税会差异分析

根据会计会计准则规定，当使用权资产的可收回金额低于其账面价值时，应计提减值准备，同时在资产减值损失确认后，使用权资产折旧也应当在未来期间做相应调整；在税务处理上，对会计上计提的使用权资产减值准备在损失真实发生前不允许税前扣除；使用权资产减值不得调整该资产的计税基础，其折旧仍按原计税基础计算扣除。以上原因导致使用权资产计提减值后账面价值和计税基础间产生差异，应进行企业所得税纳税调整。

第六节 租赁期届满的会计与税法差异

一、租赁期届满的会计处理

（一）返还

租赁期届满，承租人向出租人返还租赁资产时，通常借记"租赁负债——租赁付款额""使用权资产累计折旧"科目，贷记"使用权资产"科目。

（二）优惠续租

承租人行使优惠续租选择权，应视同该项租赁一直存在而做出相应的账务处理。如果租赁期届满时没有续租，根据租赁合同规定须向出租人支付违约金时，借记"营业外支出"科目，贷记"银行存款"等科目。

（三）留购

在承租人享有优惠购买选择权的情况下，支付购买价款时，借记"租赁负债——租赁付款额"科目，贷记"银行存款"等科目；同时，将固定资产从"使用权资产"明细科目转入有关明细科目。

二、租赁期届满的税法处理

（一）返还

租赁期届满，承租人将租赁资产归还出租人，承租人不做任何税务处理。

（二）优惠续租

如果租赁期届满时没有续租，承租人支付的违约金，允许据实扣除。需要注意的是，由于出租人取得的违约金属于其租赁资产取得的价外费用，所以承租人仍需取得出租人开具的增值税发票方可税前扣除。如果行使优惠续租选择权，应将续租期间应付租赁费金额增加固定资产的计税基础，并通过折旧方式在税前扣除。

（三）留购

承租人享有优惠购买选择权，由于已将购买价款计入固定资产的计税基础，并通过折旧方式在税前扣除，因此在支付购买价款时，不做税务处理。

三、租赁期届满的税会差异分析

租赁期届满时，不再确认所得或损失，但如果出租人向承租人收取了租赁资产价值补偿金、违约金，则应于实际收到时计提销项税，并确认收入，这与会计上确认收入的做法一致。

案例分析

【例9-5】2021年12月1日，某公司（承租人）与乙公司（出租人）签订了一份租赁合同。合同主要条款如下：

租赁标的物：某变电设备；起租日：2022年1月1日；租赁期：2022年1月1日至2024年12月31日，共36个月；租金支付：自2022年1月1日起，每隔6个月于月末支付租金150 000元；该变电设备的保险、维护等费用均由公司负担，其中保险费6 000元，维护费4 000元；该机器在2021年12月1日的公允价值为700 000元；租赁合同规定的利率为7%（6个月利率）（乙公司租赁内含利率未知）；公司在租赁谈判和签订租赁合同过程中发生可归属于租赁项目的手续费、差旅费1 000元；该变电设备的估计使用年限为8年，已使用3年，期满无残值。承租人采用年限平均法计提折旧；租赁期届满时，公司享有优惠购买该机器的选择权，购买价为100元，估计该日租赁资产的公允价值为80 000元。

以上收入均不含增值税（见表9-5）。

表9-5　　　　　　　　　税会差异分析

会计处理	税收处理	税会差异分析
（1）租赁期开始日		
第一步，计算租赁开始日最低租赁付款额的现值，确定使用权资产入账价值。根据公允价值与最低租赁付款额现值孰低原则，租赁资产的入账价值应为其公允价值700 000元。第二步，计算未确认融资费用。未确认融资费用 = 最低租赁付款额 - 租赁开始日租赁资产的公允价值第三步，将初始直接费用计入资产价值。初始直接费用是指在租赁谈判和签订租赁合同的过程中发生的可直接归属于租赁项目的费用使用权资产会计处理初始确认 = 700 000 + 1 000 + 100 = 7 001 100（元）	固定资产的计税基础 = 150 000 × 6 + 1 000 + 100 = 901 100（元）	使用权资产初始确认会计处理与税法处理存在差异

续表

会计处理	税收处理	税会差异分析
（2）2022年1月1日和2024年12月31日租赁付款		
第一步，确定融资费用分摊率。在租赁期内采用实际利率法分摊未确认融资费用。 第二步，使用权资产每月计提折旧＝7 001 100÷5＝1 400 220（元）	使用权资产计税基础为901 100元，由于该项固定资产已使用过，主管税务机关根据新旧程度确定税法折旧年限为5年，净残值为零。采用直线法计算税法折旧，则2020年至2024年每年允许扣除的折旧额＝901 100÷5＝180 220（元）	每年年末申报所得税时，将当年未确认融资费用分摊额与会计折旧之和与税法折旧的差额分别做纳税调整
（3）期间费用发生		
公司支付该机器发生的保险费、维护费计入当期损益。 本期发生或有租金计入当期损益	企业发生的保险费、维护费据实扣除，不做纳税调整。本期发生或有租金计入当期损益据实扣除，不做纳税调整	无

本章政策依据

1. 《企业会计准则第8号——资产减值》（财会〔2006〕3号）

2. 《企业会计准则第21号——租赁》（财会〔2018〕35号）

3. 《中华人民共和国增值税暂行条例》（国务院令第691号）

4. 《财政部 国家税务总局关于全面推开营业税改征增值税试点的通知》（财税〔2016〕36号）

5. 《财政部 国家税务总局关于调整增值税税率的通知》（财税〔2018〕32号）

6. 《财政部 国家税务总局 海关总署关于深化增值税改革有关政策的公告》（财政部 国家税务总局 海关总署公告2019年第39号）

7. 《中华人民共和国企业所得税法》（中华人民共和国主席令第23号）

8. 《中华人民共和国企业所得税法实施条例》（中华人民共和国国务院令第714号）

9. 《国家税务总局关于贯彻落实企业所得税法若干税收问题的通知》（国税函〔2010〕79号）

10. 《财政部 国家税务总局关于融资租赁合同有关印花税政策的通知》

（财税〔2015〕144号）

11. 《中华人民共和国房产税暂行条例》（国发〔1986〕90号）

12. 《财政部 国家税务总局关于房产税城镇土地使用税有关问题的通知》（财税〔2009〕128号）

13. 《财政部 国家税务总局关于企业以售后回租方式进行融资等有关契税政策的通知》（财税〔2012〕82号）

14. 《国家税务总局关于融资性售后回租业务中承租方出售资产行为有关税收问题的公告》（国家税务总局公告2010年第13号）

第十章 借款费用会计与税法差异

第一节 借款费用概念的会计与税法差异

一、借款费用的会计概念

根据《企业会计准则第 17 号——借款费用》（财会〔2006〕3 号）第二条规定：借款费用，是指企业因借款而发生的利息及其他相关成本。借款费用包括借款利息、折价或者溢价的摊销、辅助费用以及因外币借款而发生的汇兑差额等。

借款利息，包括企业从银行或者其他金融机构等借入资金发生的利息、发行公司债券发生的利息，以及为购建或者生产符合资本化条件的资产而发生的带息债务所承担的利息等。折价或者溢价的摊销，主要包括发行公司债券等所发生的折价或者溢价在每期的摊销金额。

辅助费用，包括企业在借款过程中发生的诸如手续费、佣金、印刷费等交易费用。

因外币借款而发生的汇兑差额，是指由于汇率变动导致市场汇率与账面汇率出现差异，从而对外币借款本金及其利息的记账本位币金额所产生的影响金额。

二、借款费用的税法概念

（一）增值税

根据《财政部、国家税务总局关于全面推开营业税改征增值税试点的通知》（财税〔2016〕36 号）附件 1《营业税改征增值税试点实施办法》中《销售服务、无形资产、不动产注释》规定：贷款是指将资金贷与他人使用而取得利息收入的业务活动。各种占用、拆借资金取得的收入，包括金融商品持有期间（含到期）利息（保本收益、报酬、资金占用费、补偿金等）收入、信用卡透支利息收入、买入返售金融商品利息收入、融资融券收取的利息收入，以及融资性售后回租、押汇、罚息、票据贴现、转贷等业务取得的利息及利息性质的收入，按照"贷款服务"缴纳增值税。

（二）企业所得税

根据《中华人民共和国企业所得税法实施条例》（中华人民共和国国务院令第714号）第三十八条规定，非金融企业向金融企业借款的利息支出、金融企业的各项存款利息支出和同业拆借利息支出、企业经批准发行债券的利息支出、非金融企业向非金融企业借款的利息支出，不超过按照金融企业同期同类贷款利率计算的数额的部分，准予扣除。

三、借款费用概念的税会差异分析

会计准则规定借款费用是指企业因借款而发生的利息及其他相关成本，税法规定借款费用是指借款与债券的利息支出，两者不存在概念上的差异。

第二节 借款利息的会计与税法差异

一、借款利息的会计处理

根据《企业会计准则第17号——借款费用》（财会〔2006〕3号）第四条规定：企业发生的借款费用，可直接归属于符合资本化条件的资产的购建或者生产的，应当予以资本化，计入相关资产成本；其他借款费用，应当在发生时根据其发生额确认为费用，计入当期损益。符合资本化条件的资产，是指需要经过相当长时间的购建或者生产活动才能达到预定可使用或者可销售状态的固定资产、投资性房地产和存货等资产。

二、借款利息的税法处理

（一）非金融企业向非金融企业借款

1. 企业所得税

根据《中华人民共和国企业所得税法实施条例》（中华人民共和国国务院

令第714号）第三十七条规定：企业在生产经营活动中发生的合理的不需要资本化的借款费用，准予扣除。企业为购置、建造固定资产、无形资产和经过12个月以上的建造才能达到预定可销售状态的存货发生借款的，在有关资产购置、建造期间发生的合理的借款费用，应当作为资本性支出计入有关资产的成本，并依照该条例的规定扣除。第三十八条规定：企业在生产经营活动中发生的下列利息支出，准予扣除：（一）非金融企业向金融企业借款的利息支出、金融企业的各项存款利息支出和同业拆借利息支出、企业经批准发行债券的利息支出；（二）非金融企业向非金融企业借款的利息支出，不超过按照金融企业同期同类贷款利率计算的数额的部分。

根据《国家税务总局关于企业所得税若干问题的公告》（国家税务总局公告2011年第34号）第一条规定："金融企业的同期同类贷款利率情况说明"中，应包括在签订该借款合同当时，本省任何一家金融企业提供同期同类贷款利率情况。该金融企业应为经政府有关部门批准成立的可以从事贷款业务的企业，包括银行、财务公司、信托公司等金融机构。"同期同类贷款利率"是指在贷款期限、贷款金额、贷款担保以及企业信誉等条件基本相同下，金融企业提供贷款的利率。既可以是金融企业公布的同期同类平均利率，也可以是金融企业对某些企业提供的实际贷款利率。

根据《国家税务总局关于企业所得税应纳税所得额若干税务处理问题的公告》（国家税务总局2012年第15号）第二条规定：关于企业融资费用支出税前扣除问题，企业通过发行债券、取得贷款、吸收保户储金等方式融资而发生的合理的费用支出，符合资本化条件的，应计入相关资产成本；不符合资本化条件的，应作为财务费用（包括手续费及佣金支出），准予在企业所得税前据实扣除。

2. 印花税

依据《中华人民共和国印花税法》规定：借款凭证为应税凭证。根据《国家税务局关于印花税若干具体问题的解释和规定的通知》（国税发〔1991〕155号）第五条规定：我国的其他金融组织，是指除人民银行、各专业银行以外，由中国人民银行批准设立，领取经营金融业务许可证书的单位。对借款合同而言，银行及其他金融组织和借款人（不包括银行同业拆借）所签订的借款合同，无论是否签订借款合同（或协议），或者出具其他凭据，均须按"借款合同"税目缴纳印花税。

（二）投资者投资未到位而发生的利息支出

【企业所得税】

股东投资未到位可以分为两种情况：第一种，投资者未按规定期限缴纳出资，未按规定期限缴纳出资的投资者不仅包括公司设立时分期缴纳出资的股东，也包括增资时分期缴纳出资的股东；第二种，投资者未按规定足额缴纳出资。

根据《国家税务总局关于企业投资者投资未到位而发生的利息支出企业所得税前扣除问题的批复》（国税函〔2009〕312号）规定：关于企业由于投资者投资未到位而发生的利息支出扣除问题，根据《中华人民共和国企业所得税法实施条例》第二十七条规定，凡企业投资者在规定期限内未缴足其应缴资本额的，该企业对外借款所发生的利息，相当于投资者实缴资本额与在规定期限内应缴资本额的差额应计付的利息，其不属于企业合理的支出，应由企业投资者负担，不得在计算企业应纳税所得额时扣除。具体计算不得扣除的利息，应以企业一个年度内每一账面实收资本与借款余额保持不变的期间作为一个计算期，每一计算期内不得扣除的借款利息按该期间借款利息发生额乘以该期间企业未缴足的注册资本占借款总额的比例计算，公式为：企业每一计算期不得扣除的借款利息 = 该期间借款利息额 × 该期间未缴足注册资本额 ÷ 该期间借款额。企业一个年度内不得扣除的借款利息总额为该年度内每一计算期不得扣除的借款利息额之和。

（三）企业向关联企业借款

1. 增值税

根据《财政部、国家税务总局关于全面推开营业税改征增值税试点的通知》（财税〔2016〕36号）附件3《营业税改征增值税试点过渡政策的规定》第一条规定：统借统还业务中，企业集团或企业集团中的核心企业以及集团所属财务公司按不高于支付给金融机构的借款利率水平或者支付的债券票面利率水平，向企业集团或者集团内下属单位收取的利息，免征增值税。统借方向资金使用单位收取的利息，高于支付给金融机构借款利率水平或者支付的债券票面利率水平的，应全额缴纳增值税。企业将自有或借入的资金贷与他人使用而收取的资金占用费，应当按照"贷款服务"缴纳增值税。

2. 企业所得税

根据《中华人民共和国企业所得税法》（中华人民共和国主席令第23号）第四十一条规定：企业与其关联方之间的业务往来，不符合独立交易原则而减少企业或者其关联方应纳税收入或者所得额的，税务机关有权按照合理方法调整。第四十六条规定：企业从其关联方接受的债权性投资与权益性投资的比例超过规定标准而发生的利息支出，不得在计算应纳税所得额时扣除。

根据《中华人民共和国企业所得税法实施条例》（中华人民共和国国务院

令第 714 号）第一百一十九条规定：企业所得税法第四十六条所称债权性投资，是指企业直接或者间接从关联方获得的，需要偿还本金和支付利息或者需要以其他具有支付利息性质的方式予以补偿的融资。企业间接从关联方获得的债权性投资，包括：（一）关联方通过无关联第三方提供的债权性投资；（二）无关联第三方提供的、由关联方担保且负有连带责任的债权性投资；（三）其他间接从关联方获得的具有负债实质的债权性投资。企业所得税法第四十六条所称权益性投资，是指企业接受的不需要偿还本金和支付利息，投资人对企业净资产拥有所有权的投资。

根据《财政部、国家税务总局关于企业关联方利息支出税前扣除标准有关税收政策问题的通知》（财税〔2008〕121号）第一条规定：企业接受关联方债权性投资，在计算应纳税所得额时，实际支付给关联方的利息支出，不超过以下规定比例和税法及其实施条例有关规定计算的部分，准予扣除，超过的部分不得在发生当期和以后年度扣除，其接受关联方债权性投资与其权益性投资比例为：（一）金融企业5∶1；（二）其他企业2∶1。若企业能够按照税法及其实施条例的有关规定提供相关资料，并证明相关交易活动符合独立交易原则的；或者该企业的实际税负不高于境内关联方的，其实际支付给境内关联方的利息支出，在计算应纳税所得额时准予扣除。第三条规定：企业同时从事金融业务和非金融业务，其实际支付给关联方的利息支出，应按照合理方法分开计算；没有按照合理方法分开计算的，一律按2∶1的比例计算准予税前扣除的利息支出。

根据《国家税务总局关于企业向自然人借款的利息支出企业所得税税前扣除问题的通知》（国税函〔2009〕777号）第一条规定：企业向股东或其他与企业有关联关系的自然人借款的利息支出，应根据《中华人民共和国企业所得税法》第四十六条及《财政部、国家税务总局关于企业关联方利息支出税前扣除标准有关税收政策问题的通知》（财税〔2008〕121号）规定的条件，计算企业所得税扣除额。第二条规定：企业向除第一条规定以外的内部职工或其他人员借款的利息支出，其借款情况同时符合以下条件的，其利息支出在不超过按照金融企业同期同类贷款利率计算的数额的部分，根据税法第八条和税法实施条例第二十七条规定，准予扣除。（一）企业与个人之间的借贷是真实、合法、有效的，并且不具有非法集资目的或其他违反法律、法规的行为；（二）企业与个人之间签订了借款合同。

（四）房地产企业土地增值税利息扣除

根据《财政部、国家税务总局关于土地增值税一些具体问题规定的通知》

（财税字〔1995〕48号）第八条规定：关于扣除项目金额中的利息支出如何计算问题：（一）利息的上浮幅度按国家的有关规定执行，超过上浮幅度的部分不允许扣除；（二）对于超过贷款期限的利息部分和加罚的利息不允许扣除。

根据《国家税务总局关于土地增值税清算有关问题的通知》（国税函〔2010〕220号）第三条规定：房地产开发费用的扣除问题中，（一）财务费用中的利息支出，凡能够按转让房地产项目计算分摊并提供金融机构证明的，允许据实扣除，但最高不能超过按商业银行同类同期贷款利率计算的金额。其他房地产开发费用，按照"取得土地使用权所支付的金额"与"房地产开发成本"金额之和的5%以内计算扣除；（二）凡不能按转让房地产项目计算分摊利息支出或不能提供金融机构证明的，房地产开发费用在按"取得土地使用权所支付的金额"与"房地产开发成本"金额之和的10%以内计算扣除。全部使用自有资金，没有利息支出的，按照以上方法扣除。上述具体适用的比例按省级人民政府此前规定的比例执行。（三）房地产开发企业既向金融机构借款，又有其他借款的，其房地产开发费用计算扣除时不能同时适用上述两种办法。（四）土地增值税清算时，已经计入房地产开发成本的利息支出，应调整至财务费用中计算扣除。

三、借款利息的税会差异分析

（一）企业所得税法和会计准则差异

非金融企业借款费用过高利率，税法规定超过同期同类贷款利率的需要纳税调整，不得税前扣除。会计核算上可全额计入成本费用。

企业投资者投资未到位发生借款利息其不属于企业合理的支出，应由企业投资者负担，不得在计算企业应纳税所得额时扣除。会计核算上可全额计入成本费用。

关联方利息扣除，应当在不超过规定比例的范围内计算扣除，超过比例不得税前扣除，具体计算方法如下：

根据《中华人民共和国企业所得税法实施条例》（中华人民共和国国务院令第714号）第三十八条规定：企业在生产经营活动中发生的下列利息支出，准予扣除：（一）非金融企业向金融企业借款的利息支出、金融企业的各项存款利息支出和同业拆借利息支出、企业经批准发行债券的利息支出；（二）非金融企业向非金融企业借款的利息支出，不超过按照金融企业同期同类贷款利率计算的数额的部分。

根据《国家税务总局关于印发〈特别纳税调整实施办法（试行）〉的通知》（国税发〔2009〕2号）第八十八条规定：所得税法第四十六条规定不得在计算应纳税所得额时扣除的利息支出，不得结转到以后纳税年度；应按照实际支付给各关联方利息占关联方利息总额的比例，在各关联方之间进行分配，其中，分配给实际税负高于企业的境内关联方的利息准予扣除；直接或间接实际支付给境外关联方的利息应视同分配的股息，按照股息和利息分别适用的所得税税率差补征企业所得税，如已扣缴的所得税税款多于按股息计算应征所得税税款，多出的部分不予退税。

对各关联方分配的债资比例超过标准比例的利息支出，按下列方法进行税务处理：

（1）符合独立交易原则，且按照税务机关的要求将相关资料报备的，无论是向境外关联方支付的利息，还是向境内关联方支付的利息，均准予扣除。

（2）不符合独立交易原则，或者符合独立交易原则但未按规定向税务机关报送证明资料的，区别情况处理。第一，分配给境外关联方的利息支出不得扣除。第二，分配给实际税负大于等于本企业的境内关联方的利息准予扣除。分配给实际税负小于本企业的境内关联方利息不得扣除。分配给境外关联方的利息应视同分配的股息，按照股息和利息分别适用的所得税税率差补征预提企业所得税，如已扣缴的所得税税款多于按股息计算应征所得税税款，多出的部分不予退税。

纳税调增金额＝超过一般贷款利率部分的利息支出＋不允许扣除的比例超过标准比例的利息支出。本年度不得扣除的利息支出，不得结转至以后年度扣除。

（二）土地增值税和会计准则差异

1. 资本化的利息支出应调整作为财务费用。根据《国家税务总局关于土地增值税清算有关问题的通知》（国税函〔2010〕220号）规定：土地增值税清算时，已经计入房地产开发成本的利息支出，应调整至财务费用中计算扣除。也就是说，已经资本化的利息支出，在计算土地增值税时，仍应作为费用处理。这对土地增值税金额的影响较大，因为如果利息支出作为开发成本处理，不仅可以据实扣除，而且可以作为加计扣除的基数。在计算土地增值税时，应将资本化利息支出从"开发成本——某项目"中剔除并调整至财务费用中扣除，但会计处理不做相应调整。

2. 据实扣除或者按比例计算扣除。国税函〔2010〕220号文件规定：财务费用中的利息支出，凡能够按转让房地产项目计算分摊并提供金融机构证明的，允许据实扣除，但最高不能超过按商业银行同类同期贷款利率计算的金额。凡不能按转让房地产项目计算分摊利息支出或不能提供金融机构证明的，房地产开发费用在按"取得土地使用权所支付的金额"与"房地产开发成本"金额之和的10%以内计算扣除。全部使用自有资金，没有利息支出的，按照以上方法扣除。会计核算上，企业实际支付的利息费用均可以计入财务费用列支。

3. 超期利息和罚息不能扣除。《财政部 国家税务总局关于土地增值税一些具体问题规定的通知》（财税字〔1995〕48号）规定：对于超过贷款期限的利息部分和加罚的利息不允许扣除。会计核算上支付的超期利息和罚息均可以列支。

案例分析

【例10-1】某建设公司于2020年1月1日采取出包方式开始建造厂房，到12月31日发生支出100万元。为建造厂房该公司于2020年1月1日向集团公司专门借款80万元，借款期为2年，年利率为8%。假设可以取得符合规定的发票，假设金融机构同类同期贷款利率为5%，该工程在2年后竣工转资（见表10-1）。

表10-1　　　　　　　　税会差异分析

会计处理	税收处理	税会差异分析
（1）2022年12月固定资产入账		
竣工时该固定资产入账价值 = 100 + 80 × 8% × 2 = 112.8（万元）	竣工时该固定资产计税基础 = 100 + 80 × 5% × 2 = 108（万元）	—
（2）2023年计提折旧		
2023年该固定资产会计折旧 = 112.8 ÷ 20 = 5.64（万元），2023年年末该固定资产账面价值 = 112.8 - 5.64 = 107.16（万元）	2023年该固定资产税收折旧 = 108 ÷ 20 = 5.4（万元），2023年年末计税基础 = 108 - 5.4 = 102.6（万元）	该固定资产2023年税法允许扣除的折旧金额为5.4万元，会计上计提的折旧金额为5.64万元，其税会差异应进行纳税调整；该税会差异为永久性差异，不确认递延所得税

续表

会计处理	税收处理	税会差异分析
（3）2024 年计提折旧		
2024 年该固定资产会计折旧 = 112.8 ÷ 20 = 5.64（万元），2024 年年末该固定资产账面价值 = 112.8 − 5.64 × 2 = 101.52（万元）	2024 年该固定资产税收折旧 = 108 ÷ 20 = 5.4（万元），2024 年年末计税基础 = 108 − 5.4 = 97.2（万元）	该固定资产 2024 年税法允许扣除的折旧金额为 5.4 万元，会计上计提的折旧金额为 5.64 万元，其税会差异应进行纳税调整；该税会差异为永久性差异，不确认递延所得税

第三节　辅助费用的会计处理

一、辅助费用的概念

辅助费用是企业为了安排借款而发生的必要费用，包括借款手续费（如发行债券手续费）、佣金等。如果企业不发生这些费用，就无法取得借款，因此辅助费用是企业借入款项所付出的一种代价，是借款费用的组成部分。

二、辅助费用的会计处理

根据《企业会计准则第 17 号——借款费用》（财会〔2006〕3 号）第十条规定：专门借款发生的辅助费用，在所购建或者生产的符合资本化条件的资产达到预定可使用或者可销售状态之前发生的，应当在发生时根据其发生额予以资本化，计入符合资本化条件的资产的成本；在所购建或者生产的符合资本化条件的资产达到预定可使用或者可销售状态之后所发生的，应当在发生时根据其发生额确认为费用，计入当期损益。一般借款发生的辅助费用，应当在发生时根据其发生额确认为费用，计入当期损益。

根据《企业会计准则第 17 号——借款费用》（财会〔2006〕3 号）应用指南第三条规定：资本化或计入当期损益的辅助费用的发生额，是指根据《企业会计准则第 22 号——金融工具确认和计量》，按照实际利率法所确定的金融负债交易费用对每期利息费用的调整额。借款实际利率与合同利率差异较小的，也可以采用合同利率计算确定利息费用。一般借款发生的辅助费用，也应当按照上述原则确定其发生额并进行处理。考虑到借款辅助费用与金融负债交易费用是一致的,其会计处理也应当保持一致。根据《企业会计准则第22号——金融工具确认和计量》(财会〔2017〕7号)第三十条规定:企业初始确认金融资产或金融负债,应当按照公允价值计量。对于以公允价值计量且其变动计入当期损益的金融资产或金融负债,相关交易费用应当直接计入当期损益;对于其他类别的金融资产或金融负债,相关交易费用应当计入初始确认金额。

为购建或者生产符合资本化条件的资产的专门借款或者一般借款,通常都属于除以公允价值计量且其变动计入当期损益的金融负债之外的其他金融负债。对于这些金融负债所发生的辅助费用需要计入借款的初始确认金额,即抵减相关借款的初始金额,从而影响以后各期实际利息的计算。换句话说,由于辅助费用的发生将导致相关借款实际利率的上升,从而需要对各期利息费用做相应调整,在确定借款辅助费用资本化金额时可以结合借款利息资本化金额一起计算。

第四节 汇兑差额的会计与税法差异

当企业为购建或者生产符合资本化条件的资产所借入的专门借款为外币借款时,由于企业取得外币借款日、使用外币借款日和会计结算日往往并不一致,而外汇汇率又在随时发生变化,因此,外币借款会产生汇兑差额。根据《企业会计准则第17号——借款费用》(财会〔2006〕3号)第九条规定:在资本化期间内,外币专门借款本金及其利息的汇兑差额,应当予以资本化,计入符合资本化条件的资产的成本。因此,在借款费用资本化期间内,为购建固定资产而专门借入的外币借款所产生的汇兑差额,应当予以资本化,计入固定资产成本,而除外币专门借款之外的其他外币借款本金及其利息所产生的汇兑差额应当作为财务费用,计入当期损益。

根据《中华人民共和国企业所得税法实施条例》(中华人民共和国国务院令第714号)第三十九条规定:企业在货币交易中,以及纳税年度终了时将人民币以外的货币性资产、负债按照期末即期人民币汇率中间价折算为人民币时产生的汇兑损失,除已经计入有关资产成本以及与向所有者进行利润分配相关的部分外,准予扣除。

本章政策依据

1. 《企业会计准则第 17 号——借款费用》（财会〔2006〕3 号）
2. 《企业会计准则第 22 号——金融工具确认和计量》（财会〔2017〕7 号）
3. 《财政部 国家税务总局关于全面推开营业税改征增值税试点的通知》（财税〔2016〕36 号）附件 1《营业税改征增值税试点实施办法》
4. 《财政部 国家税务总局关于全面推开营业税改征增值税试点的通知》（财税〔2016〕36 号）附件 3《营业税改征增值税试点过渡政策的规定》
5. 《中华人民共和国企业所得税法》（中华人民共和国主席令第 23 号）
6. 《中华人民共和国企业所得税法实施条例》（中华人民共和国国务院令第 714 号）
7. 《财政部 国家税务总局关于企业关联方利息支出税前扣除标准有关税收政策问题的通知》（财税〔2008〕121 号）
8. 《国家税务总局关于企业投资者投资未到位而发生的利息支出企业所得税前扣除问题的批复》（国税函〔2009〕312 号）
9. 《国家税务总局关于企业向自然人借款的利息支出企业所得税税前扣除问题的通知》（国税函〔2009〕777 号）
10. 《国家税务总局关于印发〈特别纳税调整实施办法〔试行〕〉的通知》（国税发〔2009〕2 号）
11. 《国家税务总局关于企业所得税若干问题的公告》（国家税务总局公告 2011 年第 34 号）
12. 《国家税务总局关于企业所得税应纳税所得额若干税务处理问题的公告》（国家税务总局 2012 年第 15 号）
13. 《中华人民共和国印花税法》
14. 《国家税务局关于印花税若干具体问题的解释和规定的通知》（国税发〔1991〕155 号）
15. 《财政部 国家税务总局关于土地增值税一些具体问题规定的通知》（财税字〔1995〕048 号）
16. 《国家税务总局关于土地增值税清算有关问题的通知》（国税函〔2010〕220 号）

第十一章 股份支付会计与税法差异

第一节 股份支付的概念

根据《企业会计准则第11号——股份支付》（财会〔2006〕3号）第二条规定：股份支付，是指企业为获取职工和其他方提供服务而授予权益工具或者承担以权益工具为基础确定的负债的交易。

股份支付分为以权益结算的股份支付和以现金结算的股份支付。以权益结算的股份支付，是指企业为获取服务以股份或其他权益工具作为对价进行结算的交易。以现金结算的股份支付，是指企业为获取服务承担以股份或其他权益工具为基础计算确定的交付现金或其他资产义务的交易。

企业授予职工期权、认股权证等衍生工具或其他权益工具，对职工进行激励或补偿，以换取职工提供的服务，实质上属于职工薪酬的组成部分，但由于股份支付是以权益工具的公允价值为计量基础，因此由准则进行规范。

第二节 不同结算方式下股份支付的会计与税法差异

一、权益结算方式下股份支付的会计与税法差异

（一）以权益结算的股份支付会计处理

根据《企业会计准则第11号——股份支付》（财会〔2006〕3号）第五

条规定：授予后立即可行权的换取职工服务的以权益结算的股份支付，应当在授予日按照权益工具的公允价值计入相关成本或费用，相应增加资本公积。除立即可行权的股份支付外，企业在授予日不做会计处理。第六条规定：完成等待期内的服务或达到规定业绩条件才可行权的换取职工服务的以权益结算的股份支付，在等待期内的每个资产负债表日，应当以对可行权权益工具数量的最佳估计为基础，按照权益工具授予日的公允价值，将当期取得的服务计入相关成本或费用和资本公积；第九条规定：在行权日，企业应根据实际行权的权益工具数量与金额，计算确定应转入实收资本或股本的金额，将其转入实收资本或股本。

（二）以权益结算的股份支付税法处理

1. 企业所得税

根据《国家税务总局关于我国居民企业实行股权激励计划有关企业所得税处理问题的公告》（国家税务总局公告 2012 年第 18 号）第二条规定：对股权激励计划实行后立即可以行权的，上市公司可以根据实际行权时该股票的公允价格与激励对象实际行权支付价格的差额和数量，计算确定作为当年上市公司工资薪金支出，依照税法规定进行税前扣除。对股权激励计划实行后，需待一定服务年限或者达到规定业绩条件后方可行权的以权益结算的股份支付：（1）授予日：企业在授予日不做税法扣除。（2）等待期：在等待期内会计上计算确认的相关成本费用，不得在对应年度计算缴纳企业所得税时扣除，企业所得税应调增应纳税所得额。（3）实际行权日：在股权激励计划可行权后，企业可根据该股票实际行权时的公允价格与当年激励对象实际行权支付价格的差额及数量，计算确定作为当年上市公司工资薪金支出，依照税法规定进行税前扣除，企业所得税应调减应纳税所得额。

2. 个人所得税

（1）可公开交易的股票期权。

①员工取得可公开交易的股票期权，属于员工已实际取得有确定价值的财产，应按授权日股票期权的市场价格，作为员工授权日所在月份的"工资薪金所得"征税。自 2019 年 1 月 1 日起应按照《财政部 税务总局关于个人所得税法修改后有关优惠政策衔接问题的通知》（财税〔2018〕164 号）第二条"关于上市公司股权激励的政策"规定计算纳税，即：应纳税额＝股权激励收入×适用税率－速算扣除数；②根据《财政部 国家税务总局关于个人股票期权所得征收个人所得税问题的通知》（财税〔2005〕35 号）第四条第（二）款规定：员工取得可公开交易的股票期权后，转让该股票期

权所得,属于财产转让所得,依法征免个人所得税;③根据《国家税务总局关于个人股票期权所得缴纳个人所得税有关问题的补充通知》(国税函〔2006〕902号)第六条第(三)款规定:实际行权时不征税:员工取得可公开交易的股票期权后,实际行使该股票期权购买股票时,不再计算缴纳个人所得税。

(2)不可公开交易的股票期权。根据《财政部 国家税务总局关于个人股票期权所得征收个人所得税问题的通知》(财税〔2005〕35号)第二条规定:①授予时不征所得税,员工接受实施股票期权计划企业授予的股票期权时,除另有规定外,一般不作为应税所得征税;②行权日前转让按"工资、薪金所得"征税,如因特殊情况,员工在行权日之前将股票期权转让的,以股票期权的转让净收入,作为"工资薪金所得"征收个人所得税;③实际行权时按"工资、薪金所得"征税:员工实际行权时,其从企业取得股票的实际购买价低于购买日公平市场价的差额,是由于员工在企业取得的与任职、受雇有关的所得,应按"工资、薪金所得"适用的规定计算缴纳个人所得税;④行权后转让或持有收益的税务处理:员工将行权后的股票再转让时获得的高于购买日公平市场价的差额,是因个人在证券二级市场上转让股票等有价证券而获得的所得,应按照"财产转让所得"适用的征免规定计算缴纳个人所得税。员工因拥有股权而参与企业税后利润分配取得的所得,应按照"利息、股息、红利所得"适用的规定计算缴纳个人所得税;⑤行权日股票期权工资薪金所得应纳税所得额计算:股票期权形式的工资薪金应纳税所得额 =(行权股票的每股市场价 - 员工取得该股票期权支付的每股施权价)×股票数量;⑥应纳税款的计算,根据《财政部 税务总局关于个人所得税法修改后有关优惠政策衔接问题的通知》(财税〔2018〕164号)、《财政部 税务总局关于延续实施全年一次性奖金个人所得税优惠政策的公告》(财政部 税务总局公告2021年第42号)规定:居民个人取得股票期权、股票增值权、限制性股票、股权奖励等股权激励(以下简称股权激励),符合相关条件的,在2022年12月31日前,不并入当年综合所得,全额单独适用综合所得税率表,计算纳税。计算公式为:应纳税额 = 股权激励收入 × 适用税率 - 速算扣除数。

注意事项:(1)上述规定属于过渡性安排,有效期限从2019年1月1日至2023年12月31日(与取得全年一次性奖金优惠期限一致);(2)居民个人一个纳税年度内取得两次以上(含两次)股权激励的,应合并在一起计算纳税,但是在2022年12月31日前仍无须并入综合所得。

（三）以权益结算的股份支付的税会差异分析

【企业所得税和会计准则差异】

根据上述会计准则与税法的规定，对以权益结算的股份支付的税会差异分析如下：

1. 时间差异

会计上根据配比原则和权责发生制，在等待期内，需要将以股权激励方式取得的成本费用进行确认计量，而税法上，职工工资薪金支出若要在税前扣除，必须满足实际支付的条件，等待期内不确定的成本费用是不允许税前扣除的，只有等到实际行权的时候才可以按照实际发生的金额进行扣除，因此会计与税法的确认时间存在差异，形成暂时性差异。

2. 计量差异

会计按照授予日时权益工具的公允价值确认为成本或费用，税法根据实际行权时股票的公允价格与支付价格的差额作为费用进行税前扣除，若权益工具授予日时的公允价值与实际行权时股票的公允价格减支付价格的差额不一致，则会计与税法的确认金额将存在差异，形成永久性差异。

二、现金结算方式下股份支付的会计与税法差异

（一）以现金结算的股份支付会计处理

根据《企业会计准则第 11 号——股份支付》（财会〔2006〕3 号）规定：1. 授予日：授予后立即可行权，应当授予日以企业承担负债的公允价值计入相关成本或费用，相应增加负债除立即可行权的股份支付外，企业在授予日不做会计处理。2. 等待期：完成等待期内的服务或达到规定业绩条件以后才可行权的以现金结算的股份支付，在此期间的每个资产负债表日，应当以对可行权情况的最佳估计为基础，按照企业承担负债的公允价值金额，将当期取得的服务计入成本或费用和相应的负债。3. 实际行权日：可行权日之后，负债公允价值的变动计入当期损益。

（二）以现金结算的股份支付税法处理

1. 企业所得税

详见"以权益结算的股份支付税法处理"。

2. 个人所得税

以现金结算的股份支付包括企业授予员工未来可以获得按照未来股票市价乘以授予股票数量计算的等额现金的权利，以及股票增值权（获得股票未来的增值收益的权利）。根据《财政部 国家税务总局关于股票增值权

所得和限制性股票所得征收个人所得税有关问题的通知》(财税〔2009〕5号)、《国家税务总局关于股权激励有关个人所得税问题的通知》(国税函〔2009〕461号)和《财政部 税务总局关于延续实施全年一次性奖金等个人所得税优惠政策的公告》(财政部 税务总局公告2021年第42号),在2022年12月31日前,不并入当年综合所得,全额单独适用综合所得税率表,计算纳税。计算公式为:应纳税额=股权激励收入×适用税率-速算扣除数。

(三) 以现金结算的股份支付的税会差异分析

根据上述会计准则与税法的规定,对以行权现金结算的股份支付的税会差异分析如下:

1. 时间差异

会计上根据配比原则和权责发生制,在等待期内,需要将以股权激励方式获取的成本费用进行确认计量,而税法上,职工工资薪金支出若要在税前扣除,必须满足实际支付的条件,等待期内不确定的成本费用是不允许税前扣除的,只有等到实际行权的时候才可以按照实际发生的金额进行扣除,会计与税法的确认时间存在差异,形成暂时性差异。

2. 计量差异

对于现金结算的股份支付,准则上要求在资产负债表日按照公允价值确认成本费用,与18号文规定一致,则不产生税会差异。

案例分析

【例11-1】A公司2019年1月1日至2022年12月31日发生以下业务:

(1) 若2019年1月1日,A公司向150名管理人员每个人授予100股股票期权,这些人员从2019年1月1日起在公司连续服务3年,可以5元每股购买该公司100股股票。每份期权在2019年1月1日的公允价值为0.0016万元。第一年有18名人员离开公司,公司预计3年内还将有15名人员离开;第2年有7名人员离开公司,公司预计还将有5名职员离开;第3年有3名人员离开公司。122名职员都在2022年12月31日行权,甲公司股份面值为1元。

(2) 若2022年行权时公允价值为0.0021万元,如何处理。

(3) 若2022行权时公允价值为0.0024万元,如何处理(见表11-1)。

表 11－1　税会差异分析

会计处理	税收处理	税会差异分析
（1）2019 年 12 月 31 日		
2019 年确认管理费用 =（150 －33）×100×0.0016×1÷3 =6.24（万元）	在等待期内会计上计算确认的相关成本费用，不得在对应年度计算缴纳企业所得税时扣除，企业所得税应调增应纳税所得额	2019 年计算企业所得税时，费用 6.24 万元不允许税前扣除，企业所得税应调增应纳税所得额 6.24 万元，确认递延所得税资产，借记递延所得税资产 1.56（6.24×25%）万元
（2）2020 年 12 月 31 日		
2020 年确认管理费用 =（150 －30）×100×0.0016×2÷3 －6.24 = 6.56（万元）	在等待期内会计上计算确认的相关成本费用，不得在对应年度计算缴纳企业所得税时扣除，企业所得税应调增应纳税所得额	2020 年计算企业所得税，费用 6.56 万元不允许税前扣除，需纳税调增，产生可抵扣暂时性差异，确认递延所得税资产，借记递延所得税资产 1.64（6.56×25%）万元
（3）2021 年 12 月 31 日		
2021 年确认管理费用 = 122× 100×0.0016－12.8 = 6.72（万元）	在等待期内会计上计算确认的相关成本费用，不得在对应年度计算缴纳企业所得税时扣除，企业所得税应调增应纳税所得额	2021 年计算企业所得税，费用 6.72 万元不允许税前扣除，需纳税调增，产生可抵扣暂时性差异，确认递延所得税资产，借记递延所得税资产 1.68（6.72×25%）万元
（4）2022 年行权按公允价值为 0.0021 万元行权		
在 2022 年 12 月 31 日行权时确认资本公积——其他资本公积 = 122×100×0.0016 = 19.52（万元）	2022 年可扣除金额 = 122× 100×（0.0021－0.0005）= 19.52（万元）	2022 年可税前扣除的金额 122×100 ×（0.0021－0.0005）= 19.52（万元），需进行纳税调减，会计确认的费用总额 19.52 万元与税法允许扣除的金额一致，同时递延所得税资产转回
（5）2022 年行权按公允价值为 0.0024 万元行权		
在 2022 年 12 月 31 日行权时确认资本公积——其他资本公积 = 122×100×0.0016 = 19.52（万元）	2022 年可税前扣除的金额 = 122×100×（0.0024－ 0.0005）= 23.18（万元）	2022 年可税前扣除的金额 122×100 ×（0.0024－0.0005）= 23.18（万元），需进行纳税调减，会计确认的费用总额 19.52 万元与税法允许扣除的金额不一致，存在永久性差异，同时递延所得税资产转回

第三节 特殊股份支付业务的会计与税法差异

一、集团内公司股份支付业务的会计与税法差异

(一) 集团内公司股份支付业务的会计处理

1. 根据《企业会计准则解释第 4 号》（财会〔2010〕15 号）第七条解释：结算企业以本身权益工具结算的，应当将该交易作为权益结算处理，除此，应当作为现金结算。若结算企业是接收服务企业的投资者的，应该按照授予日权益工具的公允价值或应承担负债的公允价值确认为对接受服务企业的长期股权投资，同时确认资本公积（其他资本公积）或负债（见表 11-2、表 11-3）。

表 11-2　　　　结算企业以自身权益工具结算的会计处理

项目	结算企业（母公司）	接收服务企业（子公司）
个体财务报表	借：长期股权投资 贷：资本公积	借：管理费用 贷：资本公积
合并财务报表	借：资本公积（子公司） 贷：长期股权投资（母公司）	

表 11-3　　　　结算企业以现金结算的会计处理

项目	结算企业（母公司）	接收服务企业（子公司）
个体财务报表	借：长期股权投资 贷：应付职工薪酬	借：管理费用 贷：资本公积
合并财务报表	借：资本公积（子公司） 　　管理费用（如有差额） 贷：长期股权投资（母公司）	

2. 接收服务企业没有结算义务或授予本企业职工的是其本身权益工具的，应当将股份支付作为权益结算的股份支付处理；接受服务企业具有结算义务并授予本职工的是企业集团内其他企业权益工具的，应当将该股份支付交易作为现金结算的股份支付处理（见表 11-4、表 11-5）。

表 11-4 结算企业以其他企业股份结算的会计处理

项目	结算企业（母公司）	接收服务企业（子公司）
个体财务报表	借：长期股权投资 　　贷：应付职工薪酬	借：管理费用 　　贷：资本公积
合并财务报表	借：资本公积（子公司） 　　管理费用（如有差额） 　　贷：长期股权投资（母公司）	

表 11-5 接受服务企业具有结算义务的会计处理

项目	接收服务企业（子公司）
账务处理	借：管理费用 　　贷：应付职工薪酬 注：子公司需要购入母公司的权益工具授予本公司员工，按现金结算的股份支付处理

（二）集团内公司股份支付业务的税法处理

1. 企业所得税

根据《国家税务总局关于我国居民企业实行股权激励计划有关企业所得税处理问题的公告》（国家税务总局公告 2012 年第 18 号）第二条规定：对股权激励计划实行后立即可行权的，企业根据实际行权时该股票的公允价格与激励对象实际行权支付价格的差额和数量计算确定的支出，可根据税法规定进行税前扣除。对于存在等待期的股权激励计划，企业在等待期内计算确认的相关成本费用，不得在对应年度计算缴纳企业所得税时扣除，等到股权激励计划可行权后，企业根据实际行权时的公允价格与当年激励对象实际行权支付价格的差额及数量计算确定支出，可依照税法规定进行税前扣除。由此得出，企业股票实际行权时的公允价格与当年激励对象实际行权支付价格的差额能够在企业所得税税前扣除。这部分差额实质是期权的内在价值。由于期权的价值由时间价值和内在价值构成，而企业所得税只允许扣除期权的内在价值，因此，期权内在价值的变动会形成暂时性差异。

2. 个人所得税

若企业为上市公司，则应当根据《财政部 国家税务总局关于股票增值权所得和限制性股票所得征收个人所得税有关问题》（财税〔2009〕5 号）、《财政部 国家税务总局关于完善股权激励和技术入股有关所得税政策的通知》（财税〔2016〕101 号）等文件规定，就被授予对象的个人应纳税所得额依据

"工资、薪金"税目，在不超过12个月的期限内代扣代缴授予对象个人所得税；若企业为非上市公司，则应当根据财税〔2016〕101号规定，对授予本公司员工的股票期权、限制性股票和股权奖励，符合规定条件的经向主管税务机关备案，可实行递延纳税政策，即员工在取得股权激励时可暂不纳税，递延至转让该股权时纳税；股权转让时，按照股权转让收入减除股权取得成本以及合理税费后的差额，适用"财产转让所得"项目，按照20%的税率计算缴纳个人所得税。

（三）集团内公司股份支付业务的税会差异分析

企业能够在企业所得税税前扣除的金额应该是该股票实际行权时的公允价格与当年激励对象实际行权支付价格的差额，这部分差额实质是期权的内在价值。由于期权的价值由时间价值和内在价值构成，而企业所得税只允许扣除期权的内在价值，因此，期权内在价值的变动会形成暂时性差异。

二、股份支付取消的会计与税法差异

（一）股份支付取消的会计处理

根据《企业会计准则解释第3号》（财会〔2009〕8号）第五条解释：对于股权激励计划终止时的会计处理的规定是：如果企业在等待期内取消了所授予的权益工具，企业应当对取消或结算作为加速可行权处理，将剩余等待期内应确认的金额立即计入当期损益，同时确认资本公积。员工及其他方能够选择满足非可行权条件但在等待期内未满足的，企业应当将其作为授予权益工具的取消处理。

（二）股份支付取消的税法处理

【企业所得税】

对于股份支付取消，实际行权的权益工具数量为零，但由于会计上视同加速行权确认了费用，则该项计入损益的费用不得税前扣除，应做企业所得税纳税调增处理。

（三）股份支付取消的税会差异分析

企业在实际行权的权益工具数量为零，计入损益的费用不得进行税前扣除，而会计上在等待期立即确认原本在剩余等待期内确认的金额，所产生的变动会形成永久性差异。

案例分析

【例11-2】A公司是一家上市公司。2020年1月1日（授予日），A公司向其全资子公司 B 公司的 200 名管理人员每人授予 100 份股票期权，这些职员从 2020 年 1 月 1 日起在 B 公司连续服务 3 年（等待期），即可以每股 0.0005 万元购买 100 股 A 公司股票，从而获益。A 公司估计该期权在授予日的公允价值为 0.0018 万元。第 1 年有 20 名职员离开 B 公司，估计 3 年中离开的职员的比例将达到 20%；第 2 年又有 10 名职员离开 B 公司，估计的职员 3 年中离开比例修正为 15%；第 3 年又有 15 名职员离开。2022 年按照收盘公允价值 0.0023 万元全部行权（见表 11-6）。

表 11-6　　　　　　　　　税会差异分析

会计处理	税收处理	税会差异分析
（1）2020 年 12 月 31 日		
B 公司在等待期内确认管理费用 = 200 × (1 - 20%) × 100 × 0.0018 × 1 ÷ 3 = 9.6（万元）	B 公司在等待期内会计上计算确认的相关成本费用，不得在对应年度计算缴纳企业所得税时扣除，企业所得税应调增应纳税所得额	2020 年 B 公司计算企业所得税，费用 9.6 万元不允许税前扣除，需纳税调增，产生可抵扣暂时性差异，确认递延所得税资产，借记递延所得税资产 2.4 万元
（2）2021 年 12 月 31 日		
B 公司确认管理费用 = 200 × (1 - 15%) × 100 × 0.0018 × 2 ÷ 3 - 9.6 = 10.8（万元）	B 公司在等待期内会计上计算确认的相关成本费用，不得在对应年度计算缴纳企业所得税时扣除，企业所得税应调增应纳税所得额	2021 年 B 公司计算企业所得税，费用 10.8 万元不允许税前扣除，需纳税调增，产生可抵扣暂时性差异，确认递延所得税资产，借记递延所得税资产 2.7 万元
（3）2022 年 12 月 31 日		
B 公司确认管理费用 = 155 × 100 × 0.0018 - 9.6 - 10.8 = 7.5（万元）	B 公司在等待期内会计上计算确认的相关成本费用，不得在对应年度计算缴纳企业所得税时扣除，企业所得税应调增应纳税所得额	2022 年 B 公司计算企业所得税，费用 7.5 万元不允许税前扣除，需纳税调增，产生可抵扣暂时性差异，确认递延所得税资产，借记递延所得税资产 1.875 万元
（4）2022 年行权时		
B 公司确认资本公积——其他资本公积 = (0.0023 - 0.0005) × 155 × 100 = 27.9（万元）	2022 年 B 公司所得税汇算清缴时可税前扣除的金额 = 27.9 [（0.0023 - 0.0005）× 155 × 100 = 27.9] 万元	2022 年可税前扣除的金额 27.9 万元，需进行纳税调减，会计确认的费用总额 27.9 万元与税法允许扣除的金额一致，同时递延所得税资产转回

本章政策依据

1. 《企业会计准则第 11 号——股份支付》（财会〔2006〕3 号）
2. 《企业会计准则解释第 3 号》（财会〔2009〕8 号）
3. 《关于印发企业会计准则解释第 4 号的通知》（财会〔2010〕15 号）
4. 《国家税务总局关于我国居民企业实行股权激励计划有关企业所得税处理问题的公告》（国家税务总局公告 2012 年第 18 号）
5. 《财政 国家税务总局关于完善股权激励和技术入股有关所得税政策的通知》（财税〔2016〕101 号）
6. 《财政部 国家税务总局关于个人股票期权所得征收个人所得税问题的通知》（财税〔2005〕35 号）
7. 《国家税务总局关于个人股票期权所得缴纳个人所得税有关问题的补充通知》（国税函〔2006〕902 号）
8. 《财政部 国家税务总局关于股票增值权所得和限制性股票所得征收个人所得税有关问题》（财税〔2009〕5 号）
9. 《国家税务总局关于股权激励有关个人所得税问题的通知》（国税函〔2009〕461 号）
10. 《财政部 税务总局关于个人所得税法修改后有关优惠政策衔接问题的通知》（财税〔2018〕164 号）
11. 《财政部 税务总局关于延续实施全年一次性奖金个人所得税优惠政策的公告》（财政部 税务总局公告 2021 年第 42 号）

第十二章　资产减值会计与税法差异

第一节　资产减值概述

一、资产减值相关的会计规定

（一）资产减值的迹象

企业在资产负债表日应当判断资产是否存在可能发生减值的迹象；对于存在减值迹象的资产，应当进行减值测试，计算可收回金额，可收回金额低于账面价值的，应当按照可收回金额低于账面价值的金额，计提减值准备。

资产可能发生减值的迹象主要包括以下方面：

1. 资产的市价当期大幅度下跌，其跌幅明显高于因时间的推移或者正常使用而预计的下跌。

2. 企业经营所处的经济、技术或者法律等环境以及资产所处的市场在当期或者将在近期发生重大变化，从而对企业产生不利影响；

3. 市场利率或者其他市场投资报酬率在当期已经提高，从而影响企业计算资产预计未来现金流量现值的折现率，导致资产可收回金额大幅度降低。

4. 有证据表明资产已经陈旧过时或者其实体已经损坏。

5. 资产已经或者将被闲置、终止使用或者计划提前处置。

6. 企业内部报告的证据表明资产的经济绩效已经低于或者将低于预期，如资产所创造的净现金流量或者实现的营业利润（或者亏损）远远低于（或者高于）预计金额等。

7. 其他表明资产可能已经发生减值的迹象。

（二）资产组的认定

根据《企业会计准则第 8 号——资产减值》第十八条规定，有迹象表明一项资产可能发生减值的，企业应当以单项资产为基础估计其可收回金额。企业难以对单项资产的可收回金额进行估计的，应当以该资产所属的资产组为基础确定资产组的可收回金额。

资产组的认定，应当以资产组产生的主要现金流入是否独立于其他资产或者资产组的现金流入为依据。同时，在认定资产组时，应当考虑企业管理层管理生产经营活动的方式（如是按照生产线、业务种类还是按照地区或者区域等）和对资产的持续使用或者处置的决策方式等。

几项资产的组合生产的产品（或者其他产出）存在活跃市场的，即使部分或者所有这些产品（或者其他产出）均供内部使用，也应当在符合前款规定的情况下，将这几项资产的组合认定为一个资产组。

如果该资产组的现金流入受内部转移价格的影响，应当按照企业管理层在公平交易中对未来价格的最佳估计数来确定资产组的未来现金流量。

资产组一经确定，各个会计期间应当保持一致，不得随意变更。

如需变更，企业管理层应当证明该变更是合理的，并根据本准则第二十七条的规定在附注中做相应说明。

（三）减值测试的方法

根据《企业会计准则第 8 号——资产减值》第二十一条规定：企业对某一资产组进行减值测试，应当先认定所有与该资产组相关的总部资产，再根据相关总部资产能否按照合理和一致的基础分摊至该资产组分别下列情况处理。（一）对于相关总部资产能够按照合理和一致的基础分摊至该资产组的部分，应当将该部分总部资产的账面价值分摊至该资产组，再据以比较该资产组的账面价值（包括已分摊的总部资产的账面价值部分）和可收回金额，并按照本准则第二十二条的规定处理。（二）对于相关总部资产中有部分资产难以按照合理和一致的基础分摊至该资产组的，应当按照下列步骤处理：

首先，在不考虑相关总部资产的情况下，估计和比较资产组的账面价值和可收回金额，并按照本准则第二十二条的规定处理。

其次，认定由若干个资产组组成的最小的资产组组合，该资产组组合应当包括所测试的资产组与可以按照合理和一致的基础将该部分总部资产的账面价值分摊其上的部分。

最后，比较所认定的资产组组合的账面价值（包括已分摊的总部资产的账面价值部分）和可收回金额，并按照本准则第二十二条的规定处理。

第二十二条规定：资产组或者资产组组合的可收回金额低于其账面价值的（总部资产和商誉分摊至某资产组或者资产组组合的，该资产组或者资产组组合的账面价值应当包括相关总部资产和商誉的分摊额），应当确认相应的减值损失。减值损失金额应当先抵减分摊至资产组或者资产组组合中商誉的账面价值，再根据资产组或者资产组组合中除商誉之外的其他各项资产的账面价值所占比重，按比例抵减其他各项资产的账面价值。

以上资产账面价值的抵减，应当作为各单项资产（包括商誉）的减值损失处理，计入当期损益。抵减后的各资产的账面价值不得低于以下三者之中最高者：该资产的公允价值减去处置费用后的净额（如可确定的）、该资产预计未来现金流量的现值（如可确定的）和零。

因此而导致的未能分摊的减值损失金额，应当按照相关资产组或者资产组组合中其他各项资产的账面价所占比重进行分摊。

二、资产减值相关的税法规定

根据《中华人民共和国企业所得税法》（中华人民共和国主席令第 63 号）第十条规定：在计算应纳税所得额时，下列支出不得扣除……（七）未经核定的准备金支出……

根据《中华人民共和国企业所得税法实施条例》（中华人民共和国国务院令第 512 号）第五十五条规定：企业所得税法第十条第（七）项所称未经核定的准备金支出，是指不符合国务院财政、税务主管部门规定的各项资产减值准备、风险准备等准备金支出。

根据《国家税务总局关于发布〈企业资产损失所得税税前扣除管理办法〉的公告》（国家税务总局公告 2011 年第 25 号）第三条规定：准予在企业所得税税前扣除的资产损失，是指企业在实际处置、转让上述资产过程中发生的合理损失（以下简称实际资产损失），以及企业虽未实际处置、转让上述资产，但符合《通知》和本办法规定条件计算确认的损失（以下简称法定资产损失）。第四条规定：企业实际资产损失，应当在其实际发生且会计上已做损失处理的年度申报扣除；法定资产损失，应当在会计上已做损失处理的年度申报扣除。第五条规定：企业发生的资产损失，应按规定的程序和要求向主管税务机关申报后方能在税前扣除。未经申报的损失，不得在税前扣除。

《国家税务总局关于企业所得税资产损失资料留存备查有关事项的公

告》(国家税务总局公告 2018 年第 15 号) 第一条规定：企业向税务机关申报扣除资产损失，仅需填报企业所得税年度纳税申报表"资产损失税前扣除及纳税调整明细表"，不再报送资产损失相关资料。相关资料由企业留存备查。第二条规定：企业应当完整保存资产损失相关资料，保证资料的真实性、合法性。申报资产损失时应填写"A105090 资产损失税前扣除及纳税调整明细表"。

三、资产减值的会计与税法差异

根据上述会计准则和税法的规定，企业按会计准则规定提取的各类资产减值准备，不得在企业所得税前扣除，只有发生了准予在企业所得税税前扣除的资产损失情形的，才能在按规定申报后予以扣除，其中企业实际资产损失（指在实际处置、转让资产过程中发生的合理损失）应当在实际发生且会计上已做损失处理的年度申报扣除，法定资产损失（指虽未实际处置、转让资产，但符合规定条件计算确认的损失）应当在会计上已做损失处理的年度申报扣除。因此，如果企业当年计提了某项资产减值准备，会导致该资产的账面价值和计税基础产生差异，需予以纳税调增并确认递延所得税资产，待符合税法规定的资产损失发生时再转回该差异。

第二节 各类资产减值的会计与税法差异

一、存货减值的会计与税法差异

（一）存货减值的会计处理

1. 计提减值

根据《企业会计准则第 1 号——存货》（财会〔2006〕3 号）第十五条规定：资产负债表日，存货应当按照成本与可变现净值孰低计量。存货成本高于其可变现净值的，应当计提存货跌价准备，计入当期损益。可变现净值，是指在日常活动中，存货的估计售价减去至完工时估计将要发生的成本、估计的销售费用以及相关税费后的金额。第十八条规定：企业通常应当按照单个存货项目计提存货跌价准备。对于数量繁多、单价较低的存货，可以按照存货类别计提存货跌价准备。与在同一地区生产和销售的产品系列相关、具有相同或类似最终用途或目的，且难以与其他项目分开计量的存货，可以合并计提存货跌价准备。第十九条规定：资产负债表日，企业应当确定存货的可变现净值。以前减记存货价值的影响因素已经消失的，减记的金额应当予以恢复，并在原已计提的存货跌价准备金额内转回，转回的金额计入当期损益。

2. 损失发生

根据《企业会计准则第1号——存货》（财会〔2006〕3号）第二十一条规定：企业发生的存货毁损，应当将处置收入扣除账面价值和相关税费后的金额计入当期损益。存货的账面价值是存货成本扣减累计跌价准备后的金额。存货盘亏造成的损失，应当计入当期损益。

（二）存货减值的税法处理

1. 计提减值

根据《中华人民共和国企业所得税法》（中华人民共和国主席令第23号）第十条规定：在计算应纳税所得额时，下列支出不得扣除……（七）未经核定的准备金支出……

根据《中华人民共和国企业所得税法实施条例》（中华人民共和国国务院令第714号）第五十五条规定：企业所得税法第十条第（七）项所称未经核定的准备金支出，是指不符合国务院财政、税务主管部门规定的各项资产减值准备、风险准备等准备金支出。第五十六条规定：企业持有各项资产期间资产增值或者减值，除国务院财政、税务主管部门规定可以确认损益外，不得调整该资产的计税基础。

2. 损失发生

根据《国家税务总局关于发布〈企业资产损失所得税税前扣除管理办法〉的公告》（国家税务总局公告2011年第25号）第三条规定：准予在企业所得税税前扣除的资产损失，是指企业在实际处置、转让上述资产过程中发生的合理损失，以及企业虽未实际处置、转让上述资产，但符合《通知》和本办法规定条件计算确认的损失。

根据《财政部 国家税务总局关于企业资产损失税前扣除政策的通知》（财税〔2009〕57号）第七条规定：对企业盘亏的存货，以该存货的成本减除责任人赔偿后的余额，作为存货盘亏损失在计算应纳税所得额时扣除。第八条规定：对企业毁损、报废的存货，以该存货的成本减除残值、保险赔款和责任人赔偿后的余额，作为存货毁损、报废损失在计算应纳税所得额时扣除。第九条规定：对企业被盗的存货，以该存货的成本减除保险赔款和责任人赔偿后的余额,作为存货被盗损失在计算应纳税所得额时扣除。第十条规定:企业因存货盘亏、毁损、报废、被盗等原因不得从增值税销项税额中抵扣的进项税额,可以与存货损失一起在计算应纳税所得额时扣除。

根据《国家税务总局关于发布〈企业资产损失所得税税前扣除管理办法〉的公告》(国家税务总局公告 2011 年第 25 号)第二十六条规定:存货盘亏损失,为其盘亏金额扣除责任人赔偿后的余额,应依据以下证据材料确认:(一)存货计税成本确定依据;(二)企业内部有关责任认定、责任人赔偿说明和内部核批文件;(三)存货盘点表;(四)存货保管人对于盘亏的情况说明。

第二十七条规定:存货报废、毁损或变质损失,为其计税成本扣除残值及责任人赔偿后的余额,应依据以下证据材料确认:(一)存货计税成本的确定依据;(二)企业内部关于存货报废、毁损、变质、残值情况说明及核销资料;(三)涉及责任人赔偿的,应当有赔偿情况说明;(四)该项损失数额较大的(指占企业该类资产计税成本 10% 以上,或减少当年应纳税所得、增加亏损 10% 以上,下同),应有专业技术鉴定意见或法定资质中介机构出具的专项报告等。

第二十八条规定:存货被盗损失,为其计税成本扣除保险理赔以及责任人赔偿后的余额,应依据以下证据材料确认:(一)存货计税成本的确定依据;(二)向公安机关的报案记录;(三)涉及责任人和保险公司赔偿的,应有赔偿情况说明等。

根据《国家税务总局关于取消 20 项税务证明事项的公告》(国家税务总局公告 2018 年第 65 号)的规定,取消了企业向税务机关申报扣除特定损失时,需留存备查专业技术鉴定意见(报告)或法定资质中介机构出具的专项报告,改为纳税人留存备查自行出具的有法定代表人、主要负责人和财务负责人签章证实有关损失的书面申明。

(三)存货减值的税会差异分析

存货计提减值的税会差异主要在于,会计上根据谨慎性原则,对企业存货发生减值时要求提取存货跌价准备,这主要是防止企业虚增资产价值,使会计报表对资产披露失去真实性。企业所得税前允许扣除的项目,原则上必须遵循据实扣除的原则,除国家税收规定外,企业提取的各种跌价、减值准备,在计算应纳税所得额时不得扣除。只有在该项资产实际发生损失时,其损失金额才能从应纳税所得中扣除。企业已提取减值准备的存货,如果在纳税申报时已调增所得，因价值恢复或转让处置有关资产而冲销的减值准备允许企业做相反的纳税调整。

二、固定资产减值的会计与税法差异

（一）固定资产减值的会计处理

1. 计提减值

根据《企业会计准则第 4 号——固定资产》（财会〔2006〕3 号）第二十条规定：固定资产的减值，应当按照《企业会计准则第 8 号——资产减值》处理。

根据《企业会计准则第 8 号——资产减值》（财会〔2006〕3 号）第十五条规定：可收回金额的计量结果表明，资产的可收回金额低于其账面价值的，应当将资产的账面价值减记至可收回金额，减记的金额确认为资产减值损失，计入当期损益，同时计提相应的资产减值准备。第十六条规定：资产减值损失确认后，减值资产的折旧或者摊销费用应当在未来期间作相应调整，以使该资产在剩余使用寿命内，系统地分摊调整后的资产账面价值（扣除预计净残值）。第十七条规定：资产减值损失一经确认，在以后会计期间不得转回。

2. 损失发生

根据《企业会计准则第 4 号——固定资产》（财会〔2006〕3 号）第二十三条规定：企业出售、转让、报废固定资产或发生固定资产毁损，应当将处置收入扣除账面价值和相关税费后的金额计入当期损益。固定资产的账面价值是固定资产成本扣减累计折旧和累计减值准备后的金额。固定资产盘亏造成的损失，应当计入当期损益。

（二）固定资产减值的税法处理

1. 计提减值

根据《中华人民共和国企业所得税法》（中华人民共和国主席令第 23 号）第十条规定：在计算应纳税所得额时，下列支出不得扣除……（七）未经核定的准备金支出……

根据《中华人民共和国企业所得税法实施条例》（中华人民共和国国务院令第 714 号）第五十五条规定：企业所得税法第十条第（七）项所称未经核定的准备金支出，是指不符合国务院财政、税务主管部门规定的各项资产减值准备、风险准备等准备金支出。第五十六条规定：企业持有各项资产期间资产增值或者减值，除国务院财政、税务主管部门规定可以确认损益外，不得调整该资产的计税基础。

根据《国家税务总局关于企业所得税应纳税所得额若干问题的公告》（国家税务总局公告 2014 年第 29 号）第五条第（三）款规定：企业按会计规定提取的固定资产减值准备，不得税前扣除，其折旧仍按税法确定的固定资产计税基础计算扣除。

2. 损失发生

根据《国家税务总局关于发布〈企业资产损失所得税税前扣除管理办法〉的公告》（国家税务总局公告 2011 年第 25 号）第三条规定：准予在企业所得税税前扣除的资产损失，是指企业在实际处置、转让上述资产过程中发生的合理损失，以及企业虽未实际处置、转让上述资产，但符合《通知》和本办法规定条件计算确认的损失。

根据《财政部 国家税务总局关于企业资产损失税前扣除政策的通知》（财税〔2009〕57 号）第七条规定：对企业盘亏的固定资产，以该固定资产的账面净值减除责任人赔偿后的余额，作为固定资产盘亏损失在计算应纳税所得额时扣除。第八条规定：对企业毁损、报废的固定资产，以该固定资产的账面净值减除残值、保险赔款和责任人赔偿后的余额，作为固定资产毁损、报废损失在计算应纳税所得额时扣除。第九条规定：对企业被盗的固定资产，以该固定资产的账面净值减除保险赔款和责任人赔偿后的余额，作为固定资产被盗损失在计算应纳税所得额时扣除。

根据《国家税务总局关于发布〈企业资产损失所得税税前扣除管理办法〉的公告》（国家税务总局公告 2011 年第 25 号）第二十九条规定：固定资产盘亏、丢失损失，为其账面净值扣除责任人赔偿后的余额，应依据以下证据材料确认：（一）企业内部有关责任认定和核销资料；（二）固定资产盘点表；（三）固定资产的计税基础相关资料；（四）固定资产盘亏、丢失情况说明；（五）损失金额较大的，应有专业技术鉴定报告或法定资质中介机构出具的专项报告等。

第三十条规定：固定资产报废、毁损损失，为其账面净值扣除残值和责任人赔偿后的余额，应依据以下证据材料确认：（一）固定资产的计税基础相关资料；（二）企业内部有关责任认定和核销资料；（三）企业内部有关部门出具的鉴定材料；（四）涉及责任赔偿的，应当有赔偿情况的说明；（五）损失金额较大的或自然灾害等不可抗力原因造成固定资产毁损、报废的，应有专业技术鉴定意见或法定资质中介机构出具的专项报告等。

第三十一条规定：固定资产被盗损失，为其账面净值扣除责任人赔偿后的余额,应依据以下证据材料确认:(一)固定资产计税基础相关资料;(二)公安机关的报案记录,公安机关立案、破案和结案的证明材料;(三)涉及责任赔偿的,应有赔偿责任的认定及赔偿情况的说明等。

根据《国家税务总局关于取消20项税务证明事项的公告》(国家税务总局公告2018年第65号)的规定,取消了企业向税务机关申报扣除特定损失时,需留存备查专业技术鉴定意见(报告)或法定资质中介机构出具的专项报告,改为纳税人留存备查自行出具的有法定代表人、主要负责人和财务负责人签章证实有关损失的书面申明。

(三)固定资产减值的税会差异分析

会计准则规定固定资产的可收回金额低于其账面价值时应计提减值准备,税法对会计上计提的固定资产减值准备不允许税前扣除,只有在实际发生损失或符合法定资产损失条件时,其减值金额才能从应纳税所得中扣除;会计上在资产减值损失确认后,固定资产的折旧也应当在未来期间做相应调整,而税法规定固定资产减值不得调整该资产的计税基础,其折旧仍按原计税基础计算扣除,以上原因导致固定资产计提减值后账面价值和计税基础间产生差异,应进行企业所得税纳税调整。

三、无形资产减值的会计与税法差异

(一)无形资产减值的会计处理

1. 计提减值

根据《企业会计准则第6号——无形资产》(财会〔2006〕3号)第二十条规定:无形资产的减值,应当按照《企业会计准则第8号——资产减值》处理。

根据《企业会计准则第8号——资产减值》(财会〔2006〕3号)第十五条规定:可收回金额的计量结果表明,资产的可收回金额低于其账面价值的,应当将资产的账面价值减记至可收回金额,减记的金额确认为资产减值损失,计入当期损益,同时计提相应的资产减值准备。

第十六条规定:资产减值损失确认后,减值资产的折旧或者摊销费用应当在未来期间作相应调整,以使该资产在剩余使用寿命内,系统地分摊调整后的资产账面价值(扣除预计净残值)。第十七条规定:资产减值损失一经确认,在以后会计期间不得转回。

2. 损失发生

根据《企业会计准则第6号——无形资产》(财会〔2006〕3号)第二十

二条规定：企业出售无形资产，应当将取得的价款与该无形资产账面价值的差额计入当期损益。第二十三条规定：无形资产预期不能为企业带来经济利益的，应当将该无形资产的账面价值予以转销。

（二）无形资产减值的税法处理

1. 计提减值

根据《中华人民共和国企业所得税法》（中华人民共和国主席令第 23 号）第十条规定：在计算应纳税所得额时，下列支出不得扣除……（七）未经核定的准备金支出……

根据《中华人民共和国企业所得税法实施条例》（中华人民共和国国务院令第 714 号）第五十五条规定：企业所得税法第十条第（七）项所称未经核定的准备金支出，是指不符合国务院财政、税务主管部门规定的各项资产减值准备、风险准备等准备金支出。第五十六条规定：企业持有各项资产期间资产增值或者减值，除国务院财政、税务主管部门规定可以确认损益外，不得调整该资产的计税基础。

2. 损失发生

根据《国家税务总局关于发布〈企业资产损失所得税税前扣除管理办法〉的公告》（国家税务总局公告 2011 年第 25 号）第三条规定：准予在企业所得税税前扣除的资产损失，是指企业在实际处置、转让上述资产过程中发生的合理损失，以及企业虽未实际处置、转让上述资产，但符合《通知》和本办法规定条件计算确认的损失。

根据《国家税务总局关于发布〈企业资产损失所得税税前扣除管理办法〉的公告》（国家税务总局公告 2011 年第 25 号）第三十八条规定：被其他新技术所代替或已经超过法律保护期限，已经丧失使用价值和转让价值，尚未摊销的无形资产损失，应提交以下证据备案：（一）会计核算资料；（二）企业内部核批文件及有关情况说明；（三）技术鉴定意见和企业法定代表人、主要负责人和财务负责人签章证实无形资产已无使用价值或转让价值的书面申明；（四）无形资产的法律保护期限文件。

（三）无形资产减值的税会差异分析

会计准则规定无形资产的可收回金额低于其账面价值时应计提减值准备，税法对会计上计提的无形资产减值准备不允许税前扣除，只有在实际发生损失或符合法定资产损失条件时，其减值金额才能从应纳税所得中扣除；会计上在资产减值损失确认后，无形资产的摊销也应当在未来期间做相应调整，而税法规定无形资产减值不得调整该资产的计税基础，其摊销仍按原计税基础计算扣除。以上原因导致无形资产计提减值后账面价值和计税基础间产生差异，应进行企业所得税纳税调整。

四、应收及预付款项减值的会计与税法差异

（一）应收及预付款项减值的会计处理

根据《企业会计准则第 22 号——金融工具确认和计量》（财会〔2017〕7 号）第四十八条规定：除了按照本准则第五十七条和第六十三条的相关规定计量金融工具损失准备的情形以外，企业应当在每个资产负债表日评估相关金融工具的信用风险自初始确认后是否已显著增加，并按照下列情形分别计量其损失准备、确认预期信用损失及其变动：（一）如果该金融工具的信用风险自初始确认后已显著增加，企业应当按照相当于该金融工具整个存续期内预期信用损失的金额计量其损失准备。无论企业评估信用损失的基础是单项金融工具还是金融工具组合，由此形成的损失准备的增加或转回金额，应当作为减值损失或利得计入当期损益。（二）如果该金融工具的信用风险自初始确认后并未显著增加，企业应当按照相当于该金融工具未来 12 个月内预期信用损失的金额计量其损失准备，无论企业评估信用损失的基础是单项金融工具还是金融工具组合，由此形成的损失准备的增加或转回金额，应当作为减值损失或利得计入当期损益。

（二）应收及预付款项减值的税法处理

1. 计提减值

根据《中华人民共和国企业所得税法》（中华人民共和国主席令第 23 号）第十条规定：在计算应纳税所得额时，下列支出不得扣除……（七）未经核定的准备金支出……

根据《中华人民共和国企业所得税法实施条例》（中华人民共和国国务院令第 714 号）第五十五条规定：企业所得税法第十条第（七）项所称未经核定的准备金支出，是指不符合国务院财政、税务主管部门规定的各项资产减值准备、风险准备等准备金支出。第五十六条规定：企业持有各项资产期间资产增值或者减值，除国务院财政、税务主管部门规定可以确认损益外，不得调整该资产的计税基础。

2. 损失发生

根据《国家税务总局关于发布〈企业资产损失所得税税前扣除管理办法〉的公告》（国家税务总局公告 2011 年第 25 号）第三条规定：准予在企业所得税税前扣除的资产损失，是指企业在实际处置、转让上述资产过程中发生的

合理损失,以及企业虽未实际处置、转让上述资产,但符合《通知》和本办法规定条件计算确认的损失。

根据《财政部 国家税务总局关于企业资产损失税前扣除政策的通知》(财税〔2009〕57号)第四条规定:企业除贷款类债权外的应收、预付账款符合下列条件之一的,减除可收回金额后确认的无法收回的应收、预付款项,可以作为坏账损失在计算应纳税所得额时扣除:(一)债务人依法宣告破产、关闭、解散、被撤销,或者被依法注销、吊销营业执照,其清算财产不足清偿的;(二)债务人死亡,或者依法被宣告失踪、死亡,其财产或者遗产不足清偿的;(三)债务人逾期3年以上未清偿,且有确凿证据证明已无力清偿债务的;(四)与债务人达成债务重组协议或法院批准破产重整计划后,无法追偿的;(五)因自然灾害、战争等不可抗力导致无法收回的;(六)国务院财政、税务主管部门规定的其他条件。

根据《国家税务总局关于发布〈企业资产损失所得税税前扣除管理办法〉的公告》(国家税务总局公告2011年第25号)第二十二条规定:企业应收及预付款项坏账损失应依据以下相关证据材料确认:(一)相关事项合同、协议或说明;(二)属于债务人破产清算的,应有人民法院的破产、清算公告;(三)属于诉讼案件的,应出具人民法院的判决书或裁决书或仲裁机构的仲裁书,或者被法院裁定终(中)止执行的法律文书;(四)属于债务人停止营业的,应有工商部门注销、吊销营业执照证明;(五)属于债务人死亡、失踪的,应有公安机关等有关部门对债务人个人的死亡、失踪证明;(六)属于债务重组的,应有债务重组协议及其债务人重组收益纳税情况说明;(七)属于自然灾害、战争等不可抗力而无法收回的,应有债务人受灾情况说明以及放弃债权申明。

第二十三条规定:企业逾期三年以上的应收款项在会计上已作为损失处理的,可以作为坏账损失,但应说明情况,并出具专项报告。第二十四条规定:企业逾期一年以上,单笔数额不超过五万元或者不超过企业年度收入总额万分之一的应收款项,会计上已经作为损失处理的,可以作为坏账损失,但应说明情况,并出具专项报告。

根据《国家税务总局关于取消20项税务证明事项的公告》(国家税务总局公告2018年第65号)的规定,取消了企业向税务机关申报扣除特定损失时,需留存备查专业技术鉴定意见(报告)或法定资质中介机构出具的专项报告,改为纳税人留存备查自行出具的有法定代表人、主要负责人和财务负责人签章证实有关损失的书面申明。

（三）应收及预付款项减值的税会差异分析

会计准则规定将应收及预付款项在整个存续期内的预期信用损失的金额（即根据合同应收的现金流量与预期能收到的现金流量之间的差额的现值）作为减值损失，根据该损失金额将该应收及预付款项的账面价值减记至预计未来现金流量现值，减记的金额确认减值损失，计提坏账准备；税法规定对会计上计提的坏账准备不允许税前扣除，只有在实际发生损失或符合法定资产损失条件时，其减值金额才能从应纳税所得中扣除。

五、投资性房地产减值的会计与税法差异

（一）投资性房地产减值的会计处理

1. 计提减值

根据《企业会计准则第3号——投资性房地产》（财会〔2006〕3号）应用指南第二条规定：在成本模式下，应当按照《企业会计准则第4号——固定资产》和《企业会计准则第6号——无形资产》的规定，对投资性房地产进行计量，计提折旧或摊销；存在减值迹象的，应当按照《企业会计准则第8号——资产减值》的规定进行处理。

根据《企业会计准则第8号——资产减值》（财会〔2006〕3号）第十五条规定：可收回金额的计量结果表明，资产的可收回金额低于其账面价值的，应当将资产的账面价值减记至可收回金额，减记的金额确认为资产减值损失，计入当期损益，同时计提相应的资产减值准备。

第十六条规定：资产减值损失确认后，减值资产的折旧或者摊销费用应当在未来期间做相应调整，以使该资产在剩余使用寿命内，系统地分摊调整后的资产账面价值（扣除预计净残值）。

第十七条规定：资产减值损失一经确认，在以后会计期间不得转回。

2. 损失发生

根据《企业会计准则第3号——投资性房地产》（财会〔2006〕3号）第十七条规定：当投资性房地产被处置，或者永久退出使用且预计不能从其处置中取得经济利益时，应当终止确认该项投资性房地产。第十八条规定：企业出售、转让、报废投资性房地产或者发生投资性房地产毁损，应当将处置收入扣除其账面价值和相关税费后的金额计入当期损益。

（二）投资性房地产减值的税法处理

1. 计提减值

根据《中华人民共和国企业所得税法》（中华人民共和国主席令第23号）

第十条规定：在计算应纳税所得额时，下列支出不得扣除……（七）未经核定的准备金支出……

根据《中华人民共和国企业所得税法实施条例》（中华人民共和国国务院令第714号）第五十五条规定：企业所得税法第十条第（七）项所称未经核定的准备金支出，是指不符合国务院财政、税务主管部门规定的各项资产减值准备、风险准备等准备金支出。第五十六条规定：企业持有各项资产期间资产增值或者减值，除国务院财政、税务主管部门规定可以确认损益外，不得调整该资产的计税基础。

2. 损失发生

根据《国家税务总局关于发布〈企业资产损失所得税税前扣除管理办法〉的公告》（国家税务总局公告2011年第25号）第三条规定：准予在企业所得税税前扣除的资产损失，是指企业在实际处置、转让上述资产过程中发生的合理损失，以及企业虽未实际处置、转让上述资产，但符合《通知》和本办法规定条件计算确认的损失。

（三）投资性房地产减值的税会差异分析

《企业所得税法》及其《实施条例》没有将投资性房地产单独列出，而是作为固定资产或无形资产处理，因此，投资性房地产减值的税会差异可参照上文中固定资产或无形资产的税会差异分析。

六、长期股权投资减值的会计与税法差异

（一）长期股权投资减值的会计处理

1. 计提减值

根据《企业会计准则第2号——长期股权投资》（财会〔2014〕14号）第十八条规定：投资方应当关注长期股权投资的账面价值是否大于享有被投资单位所有者权益账面价值的份额等类似情况。出现类似情况时，投资方应当按照《企业会计准则第8号——资产减值》对长期股权投资进行减值测试，可收回金额低于长期股权投资账面价值的，应当计提减值准备。

根据《企业会计准则第2号——长期股权投资》（财会〔2014〕14号）应用指南第六条第（一）款规定：企业按照上述规定确认自被投资单位应分得的现金股利或利润后，应当考虑长期股权投资是否发生减值。在判断该类长期股权投资是否存在减值迹象时，应当关注长期股权投资的账面价值是否大于享有被投资单位净资产（包括相关商誉）账面价值的份额等类似情况。出现类似情况时，企业应当按照资产减值准则对长期股权投资进

行减值测试，可收回金额低于长期股权投资账面价值的，应当计提减值准备。

2. 损失发生

根据《企业会计准则第 2 号——长期股权投资》（财会〔2014〕14 号）第十七条规定：处置长期股权投资，其账面价值与实际取得价款之间的差额，应当计入当期损益。采用权益法核算的长期股权投资，在处置该项投资时，采用与被投资单位直接处置相关资产或负债相同的基础，按相应比例对原计入其他综合收益的部分进行会计处理。

（二）长期股权投资减值的税法处理

1. 计提减值

根据《中华人民共和国企业所得税法》（中华人民共和国主席令第 23 号）第十条规定：在计算应纳税所得额时，下列支出不得扣除……（七）未经核定的准备金支出……

根据《中华人民共和国企业所得税法实施条例》（中华人民共和国国务院令第 714 号）第五十五条规定：企业所得税法第十条第（七）项所称未经核定的准备金支出，是指不符合国务院财政、税务主管部门规定的各项资产减值准备、风险准备等准备金支出。第五十六条规定：企业持有各项资产期间资产增值或者减值，除国务院财政、税务主管部门规定可以确认损益外，不得调整该资产的计税基础。

2. 损失发生

根据《国家税务总局关于发布〈企业资产损失所得税税前扣除管理办法〉的公告》（国家税务总局公告 2011 年第 25 号）第三条规定：准予在企业所得税税前扣除的资产损失，是指企业在实际处置、转让上述资产过程中发生的合理损失，以及企业虽未实际处置、转让上述资产，但符合《通知》和本办法规定条件计算确认的损失。

根据《财政部 国家税务总局关于企业资产损失税前扣除政策的通知》（财税〔2009〕57 号）第六条规定：企业的股权投资符合下列条件之一的，减除可收回金额后确认的无法收回的股权投资，可以作为股权投资损失在计算应纳税所得额时扣除：（一）被投资方依法宣告破产、关闭、解散、被撤销，或者被依法注销、吊销营业执照的；（二）被投资方财务状况严重恶化，累计发生巨额亏损，已连续停止经营 3 年以上，且无重新恢复经营改组计划的；（三）对被投资方不具有控制权，投资期限届满或者投资期限已超过 10 年，且被投资单位因连续 3 年经营亏损导致资不抵债的；（四）被投资方财务

状况严重恶化,累计发生巨额亏损,已完成清算或清算期超过 3 年以上的;
(五)国务院财政、税务主管部门规定的其他条件。

根据《国家税务总局关于发布〈企业资产损失所得税税前扣除管理办法〉的公告》(国家税务总局公告 2011 年第 25 号)第四十一条规定:企业股权投资损失应依据以下相关证据材料确认:(一)股权投资计税基础证明材料;(二)被投资企业破产公告、破产清偿文件;(三)工商行政管理部门注销、吊销被投资单位营业执照文件;(四)政府有关部门对被投资单位的行政处理决定文件;(五)被投资企业终止经营、停止交易的法律或其他证明文件;(六)被投资企业资产处置方案、成交及入账材料;(七)企业法定代表人、主要负责人和财务负责人签章证实有关投资(权益)性损失的书面申明;(八)会计核算资料等其他相关证据材料。

(三)长期股权投资计提减值的税会差异分析

会计准则规定长期股权投资的可收回金额低于其账面价值时应计提减值准备,税法对会计上计提的长期股权投资减值准备在损失真实发生前不允许税前扣除,且除国务院财政、税务主管部门规定可以确认损益外,该减值不得调整长期股权投资的计税基础。上述原因导致长期股权投资计提减值后账面价值和计税基础间产生差异,应进行企业所得税纳税调整。

案例分析

【例 12-1】某公司在 A、B、C 三地拥有三家分公司,这三家分公司的经营活动由一个总部负责运作。由于 A、B、C 三家分公司均能产生独立于其他分公司的现金流入,所以某公司将这三家分公司确定为三个资产组。2022 年 12 月 31 日,企业经营所处的技术环境发生了重大不利变化,出现减值迹象,需要进行减值测试。假设总部资产的账面价值为 2 000 万元,能够按照各资产组账面价值的比例进行合理分摊,A、B、C 分公司和总部资产的使用寿命均为 20 年。减值测试时,A、B、C 三个资产组的账面价值分别为 3 200 万元、1 600 万元和 3 200 万元。长江公司计算得出 A 分公司资产的可收回金额为 4 200 万元,B 分公司资产的可收回金额为 1 600 万元,C 分公司资产的可收回金额为 3 800 万元(见表 12-1)。

表 12 – 1　　　　　　　　税会差异分析

会计处理	税收处理	税会差异分析
（1）将总部资产分配至各资产组		
总部资产应分配给 A 资产组的金额 = 2 000 × 3 200 ÷ 8 000 = 800（万元） 总部资产应分配给 B 资产组的金额 = 2 000 × 1 600 ÷ 8 000 = 400（万元） 总部资产应分配给 C 资产组的金额 = 2 000 × 3 200 ÷ 8 000 = 800（万元） 分配后各资产组的账面价值为： A 资产组的账面价值 = 3 200 + 800 = 4 000（万元） B 资产组的账面价值 = 1 600 + 400 = 2 000（万元） C 资产组的账面价值 = 3 200 + 800 = 4 000（万元）	总部资产的计税基础为 2 000 万元	计提的资产减值损失不得在税前扣除
（2）进行减值测试		
1）对于相关总部资产能够按照合理和一致的基础分摊至该资产组的部分：A 资产组的账面价值为 4 000 万元，可收回金额为 4 200 万元，没有发生减值 B 资产组的账面价值为 2 000 万元，可收回金额为 1 600 万元，发生减值 400 万元 C 资产组的账面价值为 4 000 万元，可收回金额为 3 800 万元，发生减值 200 万元 2）减值损失金额应当先抵减分摊至资产组或者资产组组合中商誉的账面价值，再按比例抵减其他各项资产的账面价值： B 资产组减值额分配给总部资产的金额 = 400 × 400 ÷ 2 000 = 80（万元），分配给 B 资产组本身的金额 = 400 × 1 600 ÷ 2 000 = 320（万元） C 资产组减值额分配给总部资产的金额 = 200 × 800 ÷ 4 000 = 40（万元），分配给 C 资产组本身的金额 = 200 × 3 200 ÷ 4 000 = 160（万元） A 资产组没有发生减值，B 资产组发生减值 320 万元，C 资产组发生减值 160 万元，总部资产发生减值 = 80 + 40 = 120（万元） 某公司合计减值 = 总部资产减值 + B 资产组减值 + C 资产组减值 = 120 + 320 + 160 = 600（万元）	A、B、C 三个资产组的计税基础分别为 3 200 万元、1 600 万元和 3 200 万元	计提的资产减值损失不得在税前扣除

续表

会计处理	税收处理	税会差异分析
（3）计提减值		
总部资产的账面价值=2 000－120=1 880（万元）；A、B、C三个资产组的账面价值分别为3 200万元、1 280万元和3 040万元	总部资产的计税基础为2 000万元；A、B、C三个资产组的计税基础分别为3 200万元、1 600万元和3 200万元	计提的资产减值损失不得在税前扣除，纳税调增600万元

其他各类资产减值的会计准则与税法差异案例参照对应章节的案例分析。

本章政策依据

1. 《企业会计准则第2号——长期股权投资》（财会〔2014〕14号）

2. 《企业会计准则第8号——资产减值》（财会〔2006〕3号）

3. 《企业会计准则第6号——无形资产》（财会〔2018〕35号）

4. 《企业会计准则第3号——投资性房地产》（财会〔2006〕3号）

5. 《企业会计准则第4号——固定资产》（财会〔2006〕3号）

6. 《企业会计准则第22号——金融工具确认和计量》（财会〔2017〕7号）

7. 《中华人民共和国企业所得税法》（中华人民共和国主席令第63号）

8. 《中华人民共和国企业所得税法实施条例》（中华人民共和国国务院令第714号）

9. 《国家税务总局关于发布〈企业资产损失所得税税前扣除管理办法〉的公告》（国家税务总局公告2011年第25号）

第十三章　所得税会计与税法差异

第一节　所得税概念的会计与税法差异

一、所得税的会计概念

制定所得税会计准则是为了规范企业所得税的确认、计量和相关信息的列报。所得税会计准则所称所得税包括企业以应纳税所得额为基础的各种境内和境外税额。

二、所得税的税法概念

《企业所得税法》第二十二条规定：企业的应纳税所得额乘以适用税率，减除依照本法关于税收优惠的规定减免和抵免的税额后的余额，为应纳税额。

第二十三条　企业取得的下列所得已在境外缴纳的所得税税额，可以从其当期应纳税额中抵免，抵免限额为该项所得依照本法规定计算的应纳税额；超过抵免限额的部分，可以在以后五个年度内，用每年度抵免限额抵免当年应抵税额后的余额进行抵补：

（一）居民企业来源于中国境外的应税所得；

（二）非居民企业在中国境内设立机构、场所，取得发生在中国境外但与该机构、场所有实际联系的应税所得。

第二十四条　居民企业从其直接或者间接控制的外国企业分得的来源于中国境外的股息、红利等权益性投资收益，外国企业在境外实际缴纳的所得税税额中属于该项所得负担的部分，可以作为该居民企业的可抵免境外所得税税额，在本法第二十三条规定的抵免限额内抵免。

三、所得税概念的税会差异分析

会计准则所述所得税是一种费用，税法所述所得税是一种纳税义务，确定一定期间内企业的应纳税额。所得税费用＝当期所得税＋递延所得税。

会计准则所述所得税包含境内及境外税额，税法所述所得税为应纳税所得额乘以适用税率，减除依照本法关于税收优惠的规定减免和抵免的税额后的余额，其中境外缴纳的所得税税额，可以从其当期应纳税额中抵免，抵免限额为该项所得依照本法规定计算的应纳税额。也就是说，境外缴纳所得税不一定都可以抵免。

第二节 所得税计税基础的会计与税法差异

一、所得税计税基础会计与税法差异

（一）所得税的会计处理

1. 资产计税基础

资产的计税基础是指企业收回资产账面价值过程中，计算应纳税所得额时按照税法规定可以自应税经济利益中抵扣的金额。通常情况下，资产在取得时其入账价值与计税基础是相同的，后续计量过程中因企业会计准则规定与税法规定不同，可能产生资产的账面价值与其计税基础的差异。

2. 负债计税基础

负债的计税基础是指负债的账面价值减去未来期间计算应纳税所得额时按照税法规定可予抵扣的金额。用公式表示，即负债的计税基础＝账面价值－未来期间按照税法规定可予税前扣除的金额。

3. 可抵扣暂时性差异及应纳税暂时性差异

（1）可抵扣暂时性差异。可抵扣暂时性差异，是指在确定未来收回资产或清偿负债期间的应纳税所得额时，将导致产生可抵扣金额的暂时性差异。该差异在未来期间转回时会减少转回期间的应纳税所得额，减少未来期间的应缴所得税。在可抵扣暂时性差异产生当期，应当确认相关的递延所得税资产。可抵扣暂时性差异一般产生于以下情况：

①资产的账面价值小于其计税基础。当资产的账面价值小于其计税基础

时，从经济含义来看，资产在未来期间产生的经济利益少，按照税法规定允许税前扣除的金额多，则就账面价值与计税基础之间的差额，企业在未来期间可以减少应纳税所得额并减少应缴所得税，符合有关条件时，应当确认相关的递延所得税资产。

②负债的账面价值大于其计税基础。当负债的账面价值大于其计税基础时，负债产生的暂时性差异实质上是税法规定就该项负债可以在未来期间税前扣除的金额。一项负债的账面价值大于其计税基础，意味着未来期间按照税法规定与该项负债相关的全部或部分支出可以从未来应税经济利益中扣除，减少未来期间的应纳税所得额和应缴所得税。

（2）应纳税暂时性差异。应纳税暂时性差异，是指在确定未来收回资产或清偿负债期间的应纳税所得额时，将导致产生应税金额的暂时性差异。该差异在未来期间转回时，会增加转回期间的应纳税所得额，即在未来期间不考虑该事项影响的应纳税所得额的基础上，由于该暂时性差异的转回，会进一步增加转回期间的应纳税所得额和应缴所得税金额。在应纳税暂时性差异产生当期，应当确认相关的递延所得税负债。应纳税暂时性差异通常产生于以下情况：

①资产的账面价值大于其计税基础。一项资产的账面价值代表的是企业在持续使用或最终出售该项资产时将取得的经济利益的总额，而计税基础代表的是一项资产在未来期间可予税前扣除的金额。资产的账面价值大于其计税基础，该项资产未来期间产生的经济利益不能全部税前抵扣，两者之间的差额需要缴税，产生应纳税暂时性差异。

②负债的账面价值小于其计税基础。一项负债的账面价值为企业预计在未来期间清偿该项负债时的经济利益流出，而其计税基础代表的是账面价值在扣除税法规定未来期间允许税前扣除的金额之后的差额。负债的账面价值小于其计税基础，则意味着就该项负债在未来期间可以税前抵扣的金额为负数，即应在未来期间应纳税所得额的基础上调增，增加应纳税所得额和应缴所得税金额，产生应纳税暂时性差异，应确认相关的递延所得税负债。

（3）特殊项目产生的暂时性差异。某些交易或事项发生以后，因为不符合资产、负债确认条件而未体现为资产负债表中的资产或负债，但按照税法规定能够确定其计税基础的，其账面价值与计税基础之间的差异也构成暂时性差异。如企业发生的符合条件的广告费和业务宣传费支出，除另有规定外，不超过当年销售收入15%的部分准予扣除；超过部分准予在以后纳税年度结转扣除。该类费用在发生时按照会计准则规定计入当期损益，不形成资产负债表中的资产，但按照税法规定可以确定其计税基础的，两者之间的差异形成暂时性差异。

（二）所得税的税法计税基础

每一纳税年度的收入总额，减除不征税收入、免税收入、各项扣除以及允许弥补的以前年度亏损后的余额，为应纳税所得额。即应纳税所得额＝会计利润＋纳税调整增加额－纳税调整减少额－免税、减计收入及加计扣除－所得减免－弥补以前年度亏损－抵扣应纳税所得额。

（三）所得税计税基础的税会差异分析

会计准则是从资产负债表出发，通过比较资产、负债账面价值与按照税法规定确认的计税基础之间的差异确认可抵扣暂时性差异及应纳税暂时性差异，同时确认递延所得税资产及递延所得税负债，并据此计算每一会计期间利润表中的所得税。

税法则是从利润总额出发，加上纳税调整增加额，减去纳税调整减少额，减去免税、减计收入及加计扣除，减去所得减免，减去弥补以前年度亏损，减去抵扣应纳税所得额，并据此计算应交所得税。

二、暂时性差异与永久性差异（见表 13-1、表 13-2）

表 13-1　　　　　　　　　　暂时性差异一览表

序号	暂时性差异项目	产生暂时性差异的原因
1	应收账款、其他应收款、预付账款等	(1) 会计上计提坏账准备的方法、比例由企业自行确定，计算企业所得税不得扣除坏账准备；(2) 利息、租金、特许权使用费收入会计准则上按权责发生制确认收入，而税法按照合同约定的应付利息、租金、特许权使用费的日期确认；(3) 分期收款销售商品收入，税法允许分期确认收入而会计可能一次性也可能分期确认收入，而且实质上构成融资性质的要按公允价值计量，会计一次性确认收入以及实质上构成融资性质的要按公允价值计量会造成暂时性差异
2	以公允价值计量且其变动计入当期损益的金融资产	会计上按公允价值计量，税法按历史成本作为计税基础
3	其他债权投资/其他权益投资工具	会计上按公允价值计量。税法按历史成本作为计税基础。但由于公允价值与账面价值的差额部分计入资本公积，故无须做纳税调整。但可其他债权投资/其他权益投资工具减值准备不得在税前扣除，造成暂时性差异

续表

序号	暂时性差异项目	产生暂时性差异的原因
4	长期股权投资	在成本法核算下,被投资方宣告分配,投资方确认投资收益时应首先按《企业会计准则第2号——长期股权投资》(财会〔2014〕14号)规定的办法计算本期应当冲减的投资成本;计提减值准备相应减少长期股权投资账面价值;被投资方用留存收益转增股本,投资方不做账务处理。 在权益法下,投资日投资成本小于目标公司可辨认净资产公允价值份额确认当期损益,同时调整投资成本;长期股权投资的账面价值随着被投资方所有者权益的变动而作相应调整;计提减值准备相应减少长期股权投资账面价值;被投资方用留存收益转增股本,投资方不做账务处理。 税法规定,计税基础按照历史成本确定,被投资方用留存收益转增股本,投资方相应追加投资计税基础
5	贷款	呆账准备计提比例若与税法规定扣除的比例不同,会产生暂时性差异
6	存货	(1)存货减值准备(含建造合同预计损失准备)不得在税前扣除; (2)建造合同资产(建造时间超过12个月的飞机、船舶、大型设备、开发产品等),因会计资本化利息大于税法资本化利息,导致会计基础大于税法基础
7	债权投资	债权投资减值准备不得在税前扣除;一次还本付息的投资,其利息收入的确认时间与计税收入的确认时间不同
8	商誉	商誉在非同一控制下的企业合并时产生;商誉不得摊销,但可计提减值准备;税法规定,外购的商誉在整体转让或公司清算时一次性扣除
9	固定资产	(1)弃置费、残值、固定资产折旧、减值准备等因素导致不同年度的会计折旧与税法折旧不同,从而导致固定资产账面价值与计税基础不同;(2)会计折旧年限小于税法规定折旧年限,导致账面价值与计税基础不同;(3)除房屋、建筑物外未使用的固定资产计提的折旧不得在税前扣除;(4)应当资本化的借款,如果是向非金融部门取得,并且超过了同期同类银行贷款利率,则固定资产的原价大于计税基础;(5)应资本化的费用未资本化;(6)单价小于500万元的资产税法上可享受一次性税前扣除的优惠政策,按照会计准则要求需要按照预计可使用年度计提折旧,导致固定资产账面价值与计税价值不同

续表

序号	暂时性差异项目	产生暂时性差异的原因
10	投资性房地产	(1) 公允价值计量模式下，账面价值与计税基础产生差异；(2) 成本计量模式下，不同年度会计折旧与税法折旧的差异，导致账面价值与计税基础不同
11	在建工程	在建工程减值准备不得扣除
12	无形资产	(1) 无形资产减值准备不得在税前扣除；(2) 使用寿命不确定的无形资产不得摊销，但税法可按不少于10年的期限分期扣除；(3) 自行开发无形资产（符合研加计条件）的计税基础按照会计基础的175%确认；(4) 企业购买的软件最短可按两年期限扣除
13	非货币性资产交换取得的非现金资产	成本模式核算下，换入资产的初始计量，按照换出资产的账面价值加上相关税费为基础确定，而税法要求按公允价值作为计税基础
14	以改组方式取得的非现金资产	免税改组方式取得的非现金资产按照公允价值计量时，计税基础仍按原计税基础（历史成本）结转
15	应付账款、其他应付款、预收账款	(1) 由于债权人原因导致债务不能清偿或不需清偿的部分，应并入所得征税，实际支付时纳税调减；(2) 逾期包装物押金或超过12个月未退还的包装物押金，应并入所得征税，实际支付时纳税调减
16	预计负债	除另有规定者外，预计负债在实际发生时扣除
17	应付职工薪酬	(1) 工资奖金、补贴、津贴、非货币福利、现金结算的股份支付，会计上按权责发生制原则计提，计算所得税时按照实际发放数据实扣除；(2) 提而未缴的社会保险费和住房公积金，在实际支付时据实扣除
18	预收账款（房地产）	房地产企业取得的预收账款作为负债处理，但税法规定应按照预计利润率计算出预计利润并入当期所得总额预缴企业所得税，以后实际结转收入时，做纳税调减处理
19	以公允价值计量且其变动计入当期损益的金融负债	会计上按公允价值计量，税法按历史成本作为计税基础
20	广告与宣传费	根据《中华人民共和国企业所得税法实施条例》第四十四条规定：企业发生的符合条件的广告费和业务宣传费支出，除国务院财政、税务主管部门另有规定外，不超过当年销售（营业）收入15%的部分，准予扣除；超过部分，准予在以后纳税年度结转扣除

续表

序号	暂时性差异项目	产生暂时性差异的原因
21	职工教育经费	根据《财政部 税务总局关于企业职工教育经费税前扣除政策的通知》（财税〔2018〕51号）规定，自2018年1月1日起，企业发生的职工教育经费支出，不超过工资薪金总额8%的部分，准予在计算企业所得税应纳税所得额时扣除；超过部分，准予在以后纳税年度结转扣除
22	股份支付	权益结算的股份支付，在等待期内，需要将以股权激励方式取得的成本费用进行确认计量，而《企业所得税法》规定，职工工资薪金支出若要在税前扣除，必须满足实际支付的条件，等待期内不确定的成本费用是不允许税前扣除的，只有等到实际行权的时候才可以按照实际发生的金额进行扣除
23	股权转让所得	根据《国家税务总局关于贯彻落实企业所得税法若干税收问题的通知》（国税函〔2010〕79号）规定，企业转让股权收入，应于转让协议生效且完成股权变更手续时，确认收入的实现。转让股权收入扣除为取得该股权所发生的成本后，为股权转让所得。企业在计算股权转让所得时，不得扣除被投资企业未分配利润等股东留存收益中按该项股权所可能分配的金额
24	非货币性资产投资所得	《财政部 国家税务总局关于非货币性资产投资企业所得税政策问题的通知》（财税〔2014〕116号）第一条规定，居民企业（以下简称企业）以非货币性资产对外投资确认的非货币性资产转让所得，可在不超过5年期限内，分期均匀计入相应年度的应纳税所得额，按规定计算缴纳企业所得税
25	债务重组所得	《财政部 国家税务总局关于企业重组业务企业所得税处理若干问题的通知》（财税〔2009〕59号）第六条规定，企业债务重组确认的应纳税所得额占该企业当年应纳税所得额50%以上，可以在5个纳税年度的期间内，均匀计入各年度的应纳税所得额
26	弥补亏损	（1）企业纳税年度发生的亏损，准予向以后年度结转，用以后年度的所得弥补，但结转年限最长不得超过5年。（2）当年具备高新技术企业或科技型中小企业资格的企业，其具备资格年度之前5个年度发生的尚未弥补完的亏损，准予结转以后年度弥补，最长结转年限由5年延长至10年，而不论其前5个年度无论是否具备资格。（3）受疫情影响较大的困难行业企业2020年度发生的亏损，最长结转年限由5年延长至8年

续表

序号	暂时性差异项目	产生暂时性差异的原因
27	政策性搬迁收入	根据《国家税务总局关于发布〈企业政策性搬迁所得税管理办法〉的公告》（国家税务总局公告2012年第40号）第十五条规定：企业在搬迁期间发生的搬迁收入和搬迁支出，可以暂不计入当期应纳税所得额，而在完成搬迁的年度，对搬迁收入和支出进行汇总清算。第十七条规定：下列情形之一的，为搬迁完成年度，企业应进行搬迁清算，计算搬迁所得：从搬迁开始，5年内（包括搬迁当年度）任何一年完成搬迁的；从搬迁开始，搬迁时间满5年（包括搬迁当年度）的年度
28	公益性捐赠支出	（1）企业发生的公益性捐赠支出，在年度利润总额12%以内的部分，准予在计算应纳税所得额时扣除；（2）根据《关于公益性捐赠支出企业所得税税前结转扣除有关政策的通知》（财税〔2018〕15号）规定：企业通过公益性社会组织或者县级（含县级）以上人民政府及其组成部门和直属机构，用于慈善活动、公益事业的捐赠支出，在年度利润总额12%以内的部分，准予在计算应纳税所得额时扣除；超过年度利润总额12%的部分，准予结转以后3年内在计算应纳税所得额时扣除

表13-2　　　　　　　　永久性差异项目一览表

序号	非暂时性差异项目	产生非暂时性差异的原因
1	不征税收入	根据《中华人民共和国企业所得税法》第七条及《中华人民共和国企业所得税法实施条例》第二十六条规定，收入总额中的下列收入为不征税收入：（1）财政拨款；（2）依法收取并纳入财政管理的行政事业性收费、政府性基金；（3）国务院规定的其他不征税收入
2	免税收入	根据《中华人民共和国企业所得税法》第二十六条及《中华人民共和国企业所得税法实施条例》第八十二至八十五条规定，企业的下列收入为免税收入：（1）国债利息收入：国债利息收入，是指企业持有国务院财政部门发行的国债取得的利息收入；（2）符合条件的居民企业之间的股息、红利等权益性投资收益；（3）在中国境内设立机构、场所的非居民企业从居民企业取得与该机构、场所有实际联系的股息、红利等权益性投资收益；（4）符合条件的非营利组织的收入

续表

序号	非暂时性差异项目	产生非暂时性差异的原因
3	先征后返的部分税款	（1）企业按照国务院财政、税务主管部门有关文件规定，实际收到具有专门用途的先征后返所得税税款，按照会计准则规定应计入取得当期的利润总额，按税法暂不计入取得当期的应纳税所得额。 （2）根据《财政部 国家税务总局关于进一步鼓励软件产业和集成电路产业发展企业所得税政策的通知》（财税〔2012〕27号）第五条规定：软件生产企业实行增值税即征即退政策所退还的税款，由企业用于研究开发软件产品和扩大再生产，不作为企业所得税应税收入，不予征收企业所得税
4	减计收入	根据《中华人民共和国企业所得税法》第三十三条及《中华人民共和国企业所得税法实施条例》第九十九条规定，企业以《资源综合利用企业所得税优惠目录》规定的资源作为主要原材料，生产国家非限制和禁止并符合国家和行业相关标准的产品取得的收入，减按90%计入收入总额。原材料占生产产品材料的比例不得低于《资源综合利用企业所得税优惠目录》规定的标准
5	减免税所得	根据《中华人民共和国企业所得税法》第二十七条及《中华人民共和国企业所得税法实施条例》第八十六至九十条规定，企业的下列所得，可以免征、减征企业所得税：（1）企业农林牧渔项目的所得可以减免企业所得税；（2）企业从事国家重点扶持的公共基础设施项目投资经营的所得、符合条件的环境保护、节能节水项目的所得，自项目取得第一笔生产经营收入所属纳税年度起，第1年至第3年免征企业所得税，第4年至第6年减半征收企业所得税；（3）一个纳税年度内，居民企业技术转让所得不超过500万元的部分，免征企业所得税；超过500万元的部分，减半征收企业所得税 《财政部 国家税务总局关于企业所得税若干优惠政策的通知》（财税〔2008〕1号）规定，对证券投资基金从证券市场中取得的收入，包括买卖股票、债券的差价收入，股权的股息、红利收入，债券的利息收入及其他收入，暂不征收企业所得税；对投资者从证券投资基金分配中取得的收入，暂不征收企业所得税；对证券投资基金管理人运用基金买卖股票、债券的差价收入，暂不征收企业所得税

续表

序号	非暂时性差异项目	产生非暂时性差异的原因
6	加计扣除	（1）企业为开发新技术、新产品、新工艺发生的研究开发费用照规定据实扣除的基础上形成无形资产的未形成无形资产计入当期损益的，在按照研究开发费用的75%加计扣除按照无形资产成本的175%摊销，未形成无形资产计入当期损益的，在按规定据实扣除的基础上，在2018年1月1日至2020年12月31之前，再按照实际发生额的75%，在税前加计扣除；（2）制造业企业开展研发活动中实际发生的研发费用，未形成无形资产计入当期损益的，在按规定据实扣除的基础上，自2021年1月1日起，再按照实际发生额的100%在税前加计扣除；形成无形资产的，自2021年1月1日起，按照无形资产成本的200%在税前摊销；（3）企业安置残疾人员所支付的工资的加计扣除是指企业安置残疾人员的在按照支付给残疾职工工资据实扣除的基础上，按照支付给残疾职工工资的100%加计扣除；残疾人员的范围适用《中华人民共和国残疾人保障法》的有关规定
7	创业投资抵免所得	根据《中华人民共和国企业所得税法》第十七条规定及《中华人民共和国企业所得税法实施条例》第九十七条规定，创业投资企业采取股权投资方式投资于未上市的中小高新技术企业两年以上的，可以按照其投资额的70%在股权持有满两年的当年抵扣该创业投资企业的应纳税所得额；当年不足抵扣的，可以在以后纳税年度结转抵扣
8	专用设备投资	企业购置并实际使用《环境保护专用设备企业所得税优惠目录》《节能节水专用设备企业所得税优惠目录》和《安全生产专用设备企业所得税优惠目录》规定的环境保护、节能节水、安全生产等专用设备的，该专用设备的投资额的10%可以从企业当年的应纳税额中抵免；当年不足抵免的，可以在以后5个纳税年度结转抵免
9	不征税收入用于支出	企业的不征税收入用于支出所形成的费用或者财产者计算对应的折旧、摊销扣除不得扣除或者计算对应的折旧、摊销扣除
10	超过扣除标准的补充养老保险和补充医疗保险	企业为投资者或者职工支付的补充养老保险费、补充医疗保险费，在国务院财政、税务主管部门规定的范围和标准内，准予扣除，超过标准的部分不得扣除
11	超过扣除标准的商业保险	除企业依照国家有关规定为特殊工种职工支付的人身安全保险费和国务院财政、税务主管部门规定可以扣除的其他商业保险费外。企业为投资者或者职工支付的商业保险费，不得扣除

续表

序号	非暂时性差异项目	产生非暂时性差异的原因
12	借款费用	(1) 非金融企业向非金融企业借款的利息支出,不超过按照金融企业同期同类贷款利率计算的数额的部分,超过部分的利息支出,不得扣除;(2) 企业从其关联方接受的债权性投资与权益性投资的比例超过规定标准而发生的利息支出,不得在计算应纳税所得额时扣除
13	职工福利费	企业发生的职工福利费支出,不超过工资薪金总额14%的部分,准予扣除。超过部分不得扣除
14	工会经费	企业拨缴的工会经费,不超过工资薪金总额2%的部分,准予扣除;超过部分不得扣除
15	业务招待费	企业发生的与生产经营活动有关的业务招待费支出,按照发生额的60%扣除,但最高不得超过当年销售(营业)收入的5‰;超过部分不得扣除
16	改变用途的专项资金	企业依照法律、行政法规有关规定提取的用于环境保护、生态恢复等方面的专项资金,准予扣除;上述专项资金提取后改变用途的,不得扣除
17	转让定价纳税调整加收利息	关联企业间业务往来未按独立交易原则定价,导致少缴企业所得税款,被纳税调整补缴税款而加收的利息,不得在税前扣除
18	捐赠支出	非公益性捐赠支出,不得扣除
19	罚款、罚金、滞纳金	(1) 向行政部门支付的罚款、滞纳金不得扣除;(2) 向司法部门支付的滞纳金、罚金不得扣除
20	没收财物	因违法经营而被没收财物的损失,不得在税前扣除
21	非广告性赞助支出	非广告性赞助支出不得扣除
22	非法支出	贿赂、回扣等非法支出不得在税前扣除
23	财产损失	企业财产发生非常损失,由于证据不足或不符合税法规定条件的不得在税前扣除
24	关联交易	关联企业间业务往来,未按照独立交易原则定价,并减少了应纳税所得额的,税务机关有权采用税法规定的纳税调整方法,调增收入额或调减扣除额,或按照法定的程序核定应纳税所得额
25	个人消费	个人消费性支出不得在税前扣除
26	与取得收入无关的支出	与取得收入无关的其他支出不得在税前扣除

第三节 所得税确认会计与税法差异

一、所得税确认的会计处理

(一) 递延所得税资产确认

递延所得税资产产生于可抵扣暂时性差异。资产、负债的账面价值与其计税基础不同产生可抵扣暂时性差异的，在估计未来期间能够取得足够的应纳税所得额用以利用该可抵扣暂时性差异时，应当以很可能取得用来抵扣可抵扣暂时性差异的应纳税所得额为限，确认相关的递延所得税资产。同时根据税法规定可用未来年度税前利润弥补的亏损产生的所得税资产，也在该科目核算。

有关交易或事项发生时，对税前会计利润或是应纳所得额产生影响的，所确认的递延所得税资产应作为利润表中所得费用的调整；有关交易或事项发生时，有关的可抵扣暂时性差异产生于直接计入所有者权益的交易或事项的，确认的递延所得税资产也应计入所有者权益（以公允价值计量其变动计入其他综合收益的金融资产的公允价值变动、作为存货或固定资产的房地产转换为按公允价值计量的投资性房地产、权益结算的股份支付等）；企业合并中取得的有关资产、负债产生的可抵扣暂时性异，其所得税影响应相应调整合并中确认的商誉或是应计入合并当期损益的金额。

确认递延所得税资产时关注以下问题：

1. 递延所得税资产的确认应以未来期间很可能取得的用来抵扣可抵扣暂时性差异的应纳税所得额为限。在可抵扣暂时性差异转回的未来期间，企业无法产生足够的应纳税所得额用以利用可抵扣暂时性差异的影响，使得与可抵扣暂时性差异相关的经济利益无法实现的，则不应确认递延所得税资产；企业有明确的证据表明其于可抵扣暂时性差异转回的未来期间能够产生足够的应纳税所得额、进而利用可抵扣暂时性差异的，则应以很可能取得的应纳税所得额为限，确认相关的递延所得税资产。

2. 对与子公司、联营企业、合营企业的投资相关的可抵扣暂时性差异、同时满足下列条件的，应当确认相关的递延所得税资产：一是暂时性差异在可预见的未来很可能转回；二是未来很可能获得用来抵扣可抵扣暂时性差异的应纳税所得额。

对联营企业和合营企业等的投资产生的可抵扣暂时性差异，主要产生于权益法下被投资单位发生亏损时，投资企业按照持股比例确认应承担的部分，并相应减少长期股权投资的账面价值，但税法规定长期股权投资的成本在持有期间不发生变化，造成长期股权投资的账面价值小于其计税基础，产生可抵扣暂时性差异。可抵扣暂时性差异还产生于对长期股权投资计提减值准备的情况下。

3. 对于按照税法规定可以结转以后年度的未弥补亏损和税款抵减，应视同可抵扣暂时性差异处理。在有关的亏损或税款抵减金额得到税务部门的认可或预计能够得到税务部门的认可且预计可利用未弥补亏损或税款抵减的未来期间内能够取得足够的应纳税所得额时，除准则中规定不予确认的情况外，应当以很可能取得的应纳税所得额为限，确认相应的递延所得税资产，同时减少确认当期的所得税费用。

（二）递延所得税负债确认

递延所得税负债产生于应纳税暂时性差异。因应纳税暂时性差异在转回期间将增加企业的应纳税所得额和应交所得税，导致企业经济利益的流出，在其发生当期，构成企业应支付税金的义务，应作为负债确认。除企业会计准则中明确规定不可确认递延所得税负债的情况以外，企业对于所有的应纳税暂时性差异均应确认相关的递延所得税负债。除直接计入所有者权益的交易或事项以及企业合并外，在确认递延所得税负债的同时，应增加利润表中的所得税费用。

确认应纳税暂时性差异产生的递延所得税负债时，交易或事项发生时影响到会计利润或应纳税所得额的，相关的所得税影响应作为利润表中所得税费用的组成部分；与直接计入所有者权益的交易或事项相关的，其所得税影响应减少所有者权益（如以公允价值计量且其变动计入其他综合收益的金融资产的公允价值变动、作为存货或固定资产的房地产转换为按公允价值计量的投资性房地产、权益结算的股份支付等）；与企业合并中取得资产、负债相关的，递延所得税影响应调整购买日应确认的商誉。

（三）无须确认递延所得税的情形

1. 无须确认递延所得税资产

同时具有下列特征的交易中因资产或负债的初始确认所产生的递延所得税资产不予确认：该项交易不是企业合并；交易发生时既不影响会计利润也不影响应纳税所得额（或可抵扣亏损）。

2. 无须确认递延所得税负债

（1）商誉的初始确认。根据《企业会计准则第20号——企业合并》第十三条规定：购买方对合并成本大于合并中取得的被购买方可辨认净资产公允价值份额的差额，应当确认为商誉。因会计与税收的划分标准不同，会计上作为非同一控制下的企业合并，但如果按照税法规定计税时作为免税合并的情况下，商誉的计税基础为零，其账面价值与计税基础形成应纳税暂时性差异，准则中规定不确认与其相关的递延所得税负债。

（2）同时具有下列特征的交易中产生的资产或负债的初始确认：该项交易不是企业合并且交易发生时既不影响会计利润也不影响应纳税所得额（或可抵扣亏损）。

除企业合并以外的其他交易或事项中，如果该项交易或事项发生时既不影响会计利润，也不影响应纳税所得额，则所产生的资产、负债的初始确认金额与其计税基础不同，形成应纳税暂时性差异的，交易或事项发生时不确认相应的递延所得税负债。比如以公允价值计量且其变动计入其他综合收益的金融资产的公允价值变动计入其他综合收益，也不确认该项递延所得税负债。

（3）对与子公司、联营企业及合营企业投资相关的应纳税暂时性差异，同时满足下列条件的无须确认相应的递延所得税负债：一是投资企业能够控制暂时性差异转回的时间；二是该暂时性差异在可预见的未来很可能不会转回。满足上述条件时，投资企业可以运用自身的影响力决定暂时性差异的转回，如果不希望其转回，则在可预见的未来期间，该项暂时性差异即不会转回，对未来期间计税不产生影响，从而无须确认相应的递延所得税负债。

二、所得税确认的税法处理

企业按照税法规定计算确定的针对当期发生的交易和事项，应缴纳给税务部门的所得税金额，即当期应交所得税，应以适用的税收法规为基础计算确定：

居民企业应当就其来源于中国境内、境外的所得缴纳企业所得税。非居民企业在中国境内设立机构、场所的，应当就其所设机构、场所取得的来源于中国境内的所得，以及发生在中国境外但与其所设机构、场所有实际联系的所得，缴纳企业所得税。非居民企业在中国境内未设立机构、场所的，或者虽设立机构、场所但取得的所得与其所设机构、场所没有实际联系的，应当就其来源于中国境内的所得缴纳企业所得税。

企业每一纳税年度的收入总额，减除不征税收入、免税收入、各项扣除以及允许弥补的以前年度亏损后的余额，为应纳税所得额。即企业在确定当期应交所得税时，对于当期发生的交易或事项，会计处理与税收处理不同的，应在会计利润的基础上，按照适用税收法规的要求进行调整，计算出当期应纳税所得额，按照应纳税所得额与适用所得税税率计算确定当期应交所得税。

企业的应纳税所得额乘以适用税率，减除依照本法关于税收优惠的规定减免和抵免的税额后的余额，为应纳税额。

三、所得税确认的税会差异分析

税法角度的所得税从居民企业及非居民企业出发，分别应纳税所得额与适用所得税税率计算确定当期应交所得税；会计准则则未从居民企业及非居民企业出发，以应纳税所得额为基础计算各种境内和境外税额。

税法角度的所得税是指应缴纳给税务部门的所得税金额，会计准则所得税则是指企业经营利润应交纳的所得税。"所得税费用"，核算企业负担的所得税，是损益类科目；这一般不等于当期应交所得税。

所得税费用＝当期应交所得税＋递延所得税，当期所得税是指会计利润表列示的所得税费用，当期应交所得税是指应缴纳于税务机关的所得税，递延所得税是指按照所得税准则规定当期应予确认的递延所得税资产和递延所得税负债金额，即递延所得税资产及递延所得税负债当期发生额的综合结果，但不包括计入所有者权益的交易或事项的所得税影响。用公式表示即为：

递延所得税＝（递延所得税负债的期末余额－递延所得税负债的期初余额）－（递延所得税资产的期末余额－递延所得税资产的期初余额）

案例分析

【例 13-1】 甲公司为一般纳税人，适用的所得税税率为 25%，2022 年年初递延所得税资产的账面余额为 100 万元，递延所得税负债的账面余额为零，不存在其他未确认暂时性差异所得税影响的事项。2022 年，甲公司发生的下列交易或事项，其会计处理与所得税法规规定存在差异：

（1）甲公司持有 A 公司 30% 股权并具有重大影响，采用权益法核算，其初始投资成本为 1 200 万元。截至 2022 年 12 月 31 日，甲公司该股权投资的账面价值为 2 000 万元，其中，因乙公司 2021 年实现净利润，甲公司按持股比例计算确认增加的长期股权投资账面价值为 800 万元。甲公司计划于 2023 年出售该项股权投资，但出售计划尚未经董事会和股东大会批准。

（2）3 月 8 日，甲公司经股东大会批准，授予其 25 名管理人员每人 20 万份股份期权，每份期权于到期日可以6元/股的价格购买甲公司1股普通股，但约定被授予股份期权的管理人员必须在甲公司工作满3年才可行权。甲公司因该股权激励于当年确认了550万元的股份支付费用。税法规定，行权时股份公允价值与员工实际支付价款之间的差额，可在行权期间计算应纳税所得额时扣除。甲公司预计该股份期权行权时可予税前抵扣的金额为2 000万元，预计因该股权激励计划确认的股份支付费用合计数不会超过可税前抵扣的金额。

（3）2022年，甲公司发生与生产经营活动有关的业务宣传费支出2 800万元。甲公司2022年度销售收入为16 000万元。

（4）甲公司2022年度利润总额4 500万元，以前年度发生的可弥补亏损400万元尚在税法允许可结转以后年度产生的所得抵扣的期限内。

（5）甲公司库存商品年初账面余额为2 000万元，已提跌价准备80万元；年末账面余额为3 500万元，相应的跌价准备为110万元。

（6）甲公司的商标权自2021年年初开始摊销，原价为9万元，无残值，会计上采用5年期直线法摊销（税法规定不少于10年），2021年年末商标权的可收回价值为4万元，2022年年末商标权的可收回价值为3万元。

（7）2021年年初甲公司购入B公司股票，初始成本为800万元，甲公司将此投资分类为交易性金融资产，2021年年末此投资的公允价值为1 100万元。2022年12月2日甲公司抛售了B公司股票，卖价为1 200万元，并已进行相关账务处理。

假定：除上述事项外，甲公司不存在其他纳税调整事项；不考虑中期财务报告及其他因素，甲公司于年末进行所得税会计处理（见表13-3）。

表13-3　　　　　　　　税会差异分析

会计处理	税收处理	税会差异分析
（1）根据资料一		
长期股权投资的账面价值为2 000万元	长期股权投资的计税基础为1 200万元	账面价值与计税基础的差异形成暂时性差异800万元，甲公司计划于2022年出售该项股权投资，但出售计划尚未经董事会和股东大会批准，企业不能确定是否会出售该股权投资，此时说明该长期股权投资属于拟长期持有的股权投资，不能确定其暂时性差异的转回时间和转回方式，因此不需要确认递延所得税

续表

会计处理	税收处理	税会差异分析
(2) 根据资料二		
甲公司根据会计准则规定在当期确认的成本费用为 550 万元	税法规定在等待期内会计上计算确认的相关成本费用，不得在对应年度计算缴纳企业所得税时扣除，应纳税调增，确认所得税费用 137.5 万元	预计未来期间可税前扣除的金额为 2 000 万元，超过了该公司当期确认的成本费用。根据企业会计准则规定，超过部分的所得税影响应直接计入所有者权益。企业应确认递延所得税资产的金额 = 2 000×25% = 500（万元），确认资本公积 362.5 万元
(3) 根据资料三		
甲公司根据会计准则规定在当期确认的成本费用为 2 800 万元	税法规定，不超过当年销售收入 15% 的部分准予税前全额扣除；超过部分，准予在以后纳税年度结转扣除。企业可以税前扣除的业务宣传费 = 16 000×15% = 2 400（万元）	企业可以税前扣除的业务宣传费为 2 400 万元，实际发生金额 2 800 万元，形成可抵扣暂时性差异 400 万元，应确认递延所得税资产 = 400×25% = 100（万元）
(4) 根据资料四		
	弥补以前年度亏损 400 万元	因弥补亏损转回递延所得税资产 = 400×25% = 100（万元）
(5) 根据资料五		
库存商品的账面价值 = 3 500 - 110 = 3 390（万元）	库存商品的计税价值为 3 500 万元	年末账面价值与计税基础的差异形成可抵扣暂时性差异 110 万元，年初形成可抵扣暂时性差异 80 万元，新增可抵扣暂时性差异 30 万元，需确认递延所得税资产 7.5 万元
(6) 根据资料六		
2021 年年初无形资产账面价值为 4 万元 2020 年年末无形资产账面价值为 3 万元	2021 年年初无形资产计税价值为 8.1 万元 2021 年年末无形资产计税价值为 7.2 万元	2021 年年初形成可抵扣暂时性差异 4.1 万元，2021 年年末形成可抵扣暂时性差异 4.2 万元，新增可抵扣暂时性差异 0.1 万元，需确认递延所得税资产 0.025 万元

续表

会计处理	税收处理	税会差异分析
（7）根据资料七		
2021年年末交易性金融资产账面价值为1 100万元 2022年年末交易性金融资产账面价值为0万元	2021年年末交易性金融资产计税价值为800万元 2022年年末交易性金融资产为0万元	2021年年末形成应纳税暂时性差异300万元，2022年将股票售出后转回应纳税暂时性差异300万元
（8）企业所得税确认		
所得税费用＝应交所得税1 000＋递延所得税费用（－137.5－100＋100－7.5－0.025－75）＝779.975（万元）	企业应纳税所得额＝4 250－400－800＋550＋400＋30＋0.1＋300＝4 330.1（万元）应交所得税＝4 330.1×25%＝1 082.525（万元）	/

第四节 合并报表内部交易抵销会计与税法差异

一、内部债权债务合并处理税会差异

（一）内部债权债务合并处理会计处理

母公司与子公司、子公司相互之间的债权和债务项目，是指母公司与子公司、子公司相互之间的应收账款与应付账款、预付账款和预收账款、应付债券与债券投资等项目。对于发生在母公司与子公司、子公司相互之间的这些项目以及根据其预计可收回金额变动情况，确认的资产减值损失，计提的坏账准备，从债权方企业来说，在资产负债表中表现为一项债权资产；而从债务方来说，一方面形成一项负债，另一方面同时形成一项资产。发生的这种内部债权债务，从母公司与子公司组成的集团整体角度来看，它只是集团内部资金运动，既不增加企业集团的资产，也不增加负债。为此，在编制合并财务报表时也应当将内部债权债务项目予以抵销。

（二）内部债权债务合并处理税法处理

但从税法角度出发，母公司与子公司是独立的个体，是不存在合并抵销

的，对于包括应收账款、应收票据、预付账款以及其他应收款在内的所有应收款项，应当根据其预计可收回金额变动情况，确认资产减值损失，计提坏账准备，且不能税前扣除，会形成可抵扣暂时性差异，需确认递延所得税资产。

二、合并报表内部交易合并税会差异

（一）合并报表内部交易会计处理

母公司和子公司都从自身的角度，从自身独立的会计主体进行核算反映其购销活动所产生的损益情况。但是从企业集团内部来看，商品并未实现对外销售，只是将商品转移了存放地点，在这个交易中并没有产生销售损益。因此，企业在进行合并报表编制的时候不能将个别报表的收入、成本、存货项目进行简单的相加，而应该将那些并没有真正对外实现的销售产生的损益进行抵销。内部商品购进并且在会计期末形成存货的情况下，一方面将销售企业实现的内部销售收入及其相对应的销售成本予以抵销；另一方面将内部购进形成的存货价值中包含的未实现内部销售损益予以抵销。

（二）合并报表内部交易税法处理

但从税法角度出发，母公司与子公司是独立的个体，是不存在合并抵销的，对于因内部销售收入及其相对应的销售成本予以抵销以及内部购进形成的存货价值中包含的未实现内部销售损益无须抵销，会形成可抵扣暂时性差异，需确认递延所得税资产。

三、合并报表企业固定（无形）资产交易合并处理税会差异分析

（一）合并报表企业固定（无形）资产交易合并处理会计处理

内部固定（无形）资产交易，是指企业集团内部发生的与固定（无形）资产有关的购销业务。根据销售企业销售的是产品还是固定（无形）资产，可以将企业集团内部固定（无形）资产交易划分为两种类型：第一种类型是企业集团内部企业将自身使用的固定（无形）资产变卖给企业集团内的其他企业作为固定资产使用；第二种类型是企业集团内部企业将自身生产的产品销售给企业集团内的其他企业作为固定（无形）资产使用。此外，还有另一类型的内部固定（无形）资产交易，即企业集团内部企业将自身使用的固定（无形）资产变卖给企业集团内的其他企业作为普通商品销售。这种类型的固定资产交易，属于固定（无形）资产的内部处置，在企业集团内部发生的情况极少，一般情况下发生的数量也不大。

以第一种情况为例进行说明：将与内部交易形成的固定（无形）资产相关的销售收入、销售成本以及原价中包含的未实现内部销售损益予以抵销。将内部交易形成的固定（无形）资产当期多计提的折旧/摊销费和累计折旧/摊销（或少计提的折旧/摊销费和累计折旧/摊销）予以抵销。从单个企业来说，对计提折旧/摊销进行会计处理时，一方面增加当期的费用或计入相关资产的成本；另一方面形成累计折旧/摊销。因此，对内部交易形成的固定（无形）资产当期多计提的折旧/摊销费抵销时，应按当期多计提的折旧/摊销额，借记"累计折旧/摊销"项，贷记"管理费用"等项目。

（二）合并报表企业固定（无形）资产交易合并处理税法处理

固定（无形）资产交易合并抵销分录，需将未实现内部销售损益予以抵销以及将内部交易形成的固定（无形）资产当期多计提的折旧/摊销费和累计折旧/摊销（或少计提的折旧/摊销费和累计折旧/摊销）予以抵销，但从税法角度而言，无须将上述项目进行抵销，这就造成税会差异，资产账面价值与计税基础形成暂时性差异，需确认递延所得税资产。

案例分析

【例13-2】 某公司A公司为B公司的母公司，持有B公司的股权比例为80%。A、B公司均为增值税一般纳税人，适用的增值税税率为13%，所得税税率为25%，2022年有以下内部业务：

（1）2022年B公司向A公司销售甲产品1 000件，每件价款为8万元，成本为6万元，至年末已对外销售甲产品700件。货款尚未收付。A公司和B公司均按照应收账款余额10%计提坏账准备，税法规定坏账准备于实际发生时允许税前扣除，计提时不允许税前扣除。

（2）2022年B公司从A公司购进A商品5 000件，购买价格为每件6 000元。A公司A商品每件成本为4 000元。2022年B公司对外销售A商品4 000件，每件销售价格为900元；年末结存A商品1 000件。2022年12月31日，A商品每件可变现净值为5万元。

（3）2022年6月9日B公司以100万元的价格将其生产的产品销售给母公司，其销售成本为80万元。母公司购买该产品作为生产用固定资产，当日达到预定可使用状态。假设A公司对该资产按10年的使用期限计提折旧，预计净残值为零，采用直线法计提折旧（见表13-4）。

表 13-4　　　　　　　　　　税会差异分析

会计处理	税收处理	税会差异分析
(1) 根据资料一		
合并报表口径抵销债权债务：合并报表将 B 公司计提的资产减值损失 904 万元予以抵销	从税法角度来说，A 公司、B 公司是独立个体，B 公司计提资产减值损失 904 万元，税法规定不可税前扣除，需纳税调增	对个别报表而言，因资产减值损失不得税前扣除，产生税会差异，所以计提递延所得税资产 226 万元，从合并报表层面看，因内部坏账准备与资产减值损失予以抵销，所以在合并时编制资产减值损失冲回的抵销分录，但税务只认可单个公司，所以计税基础为 904 万元，造成暂时性差异需计提递延所得税资产 226 万元
(2) 根据资料二		
合并报表口径抵销：合并报表将 B 公司计提存货跌价准备 100 万元予以抵销	从税法角度来说，A 公司、B 公司是独立个体，B 公司计提存货跌价准备 100 万元，税法规定不可税前扣除，需纳税调增	对个别报表而言，因存货跌价准备不得税前扣除，产生税会差异，所以计提递延所得税资产 25 万元，从合并报表层面看，因内部销售收入及其相对应的销售成本予以抵销以及内部购进形成的存货价值中包含的未实现内部销售损益予以抵销，所以在合并时编制存货跌价准备冲回的抵销分录，同时合并抵销后存货的账面基础为 400 万元，但税务只认可单个公司，所以计税基础为 600 万元，造成暂时性差异需计提递延所得税资产 50 万元
(3) 根据资料三		
合并抵销分录：固定资产交易合并抵销分录将未实现内部销售损益予以抵销	从税法角度而言无须将固定资产交易未实现内部销售损益进行抵销，这就造成税会差异，资产账面价值与计税基础形成暂时性差异	固定资产交易合并抵销分录需将未实现内部销售损益予以抵销，但从税法角度而言，无须将上述项目进行抵销，这就造成税会差异，资产账面价值与计税基础形成暂时性差异，需确认递延所得税资产 4.75 万元

▌ 本章政策依据 ▌

1. 《企业会计准则第 18 号——所得税》（财会〔2006〕3 号）
2. 《企业会计准则第 20 号——企业合并》（财会〔2006〕3 号）

3.《企业会计准则第 2 号——长期股权投资》（财会〔2014〕14 号）

4.《中华人民共和国企业所得税法》

5.《中华人民共和国企业所得税法实施条例》

6.《财政部 国家税务总局关于企业所得税若干优惠政策的通知》（财税〔2008〕1 号）

7.《财政部 国家税务总局关于企业重组业务企业所得税处理若干问题的通知》（财税〔2009〕59 号）

8.《财政部 国家税务总局关于非货币性资产投资企业所得税政策问题的通知》（财税〔2014〕116 号）

9.《财政部 税务总局关于企业职工教育经费税前扣除政策的通知》（财税〔2018〕51 号）

10.《国家税务总局关于发布〈企业政策性搬迁所得税管理办法〉的公告》（国家税务总局公告 2012 年第 40 号）

11.《国家税务总局关于贯彻落实企业所得税法若干税收问题的通知》（国税函〔2010〕79 号）

第三编

特殊事项类

第十四章　非货币性资产交换会计与税法差异

第一节　非货币性资产交换概念的会计与税法差异

一、非货币性资产交换的会计概念

（一）非货币性资产交换的定义

根据《企业会计准则第 7 号——非货币性资产交换》（财会〔2019〕8 号）第二条规定：非货币性资产交换，是指企业主要以固定资产、无形资产、投资性房地产和长期股权投资等非货币性资产进行的交换。该交换不涉及或只涉及少量的货币性资产（即补价）。

货币性资产，是指企业持有的货币资金和收取固定或可确定金额的货币资金的权利。

非货币性资产，是指货币性资产以外的资产。

通常情况下，交易双方对于某项交易是否为非货币性资产交换的判断是一致的。需要注意的是，企业应从自身的角度，根据交易的实质判断相关交易是否属于本准则定义的非货币性资产交换。例如，投资方以一项固定资产出资取得对被投资方的权益性投资，对投资方来说，换出资产为固定资产，换入资产为长期股权投资，属于非货币性资产交换；对被投资方来说，则属于接受权益性投资，不属于非货币性资产交换。

（二）适用其他会计准则的非货币性资产交换

根据《企业会计准则第 7 号——非货币性资产交换》（财会〔2019〕8 号）第三条规定：本准则适用于所有非货币性资产交换，但下列各项适用其他相关会计准则。

1. 企业以存货换取客户的非货币性资产的，相关收入的会计处理适用《企业会计准则第 14 号——收入》《企业会计准则第 14 号——收入》对企业因转让存货取得非现金对价情形的会计处理做出了规范。

2. 非货币性资产交换中涉及企业合并的，适用《企业会计准则第 20 号——企业合并》《企业会计准则第 2 号——长期股权投资》和《企业会计准则第 33 号——合并财务报表》。

3. 非货币性资产交换中涉及由《企业会计准则第 22 号——金融工具确认和计量》规范的金融资产的，金融资产的确认、终止确认和计量适用《企业会计准则第 22 号——金融工具确认和计量》和《企业会计准则第 23 号——金融资产转移》。

4. 非货币性资产交换中涉及由《企业会计准则第 21 号——租赁》规范的使用权资产或应收融资租赁款等的，相关资产的确认、终止确认和计量适用《企业会计准则第 21 号——租赁》。

5. 非货币性资产交换的一方直接或间接对另一方持股且以股东身份进行交易的，或者非货币性资产交换的双方均受同一方或相同的多方最终控制，且该非货币性资产交换的交易实质是交换的一方向另一方进行了权益性分配或交换的一方接受了另一方权益性投入的，适用权益性交易的有关会计处理规定。例如，集团重组中发生的非货币性资产划拨、划转行为，在股东或最终控制方的安排下，企业无代价或以明显不公平的代价将非货币性资产转让给其他企业或接受其他企业的非货币性资产，该类转让的实质是企业进行了权益性分配或接受了权益性投入，不适用本准则，应当适用权益性交易会计处理的有关规定。

二、非货币性资产交换的税法概念

《企业所得税法实施条例》第二十五条规定：企业发生非货币性资产交换，以及将货物、财产、劳务用于捐赠、偿债、赞助、集资、广告、样品、职工福利或者利润分配等用途的，应当视同销售货物、转让财产或者提供劳务，但国务院财政、税务主管部门另有规定的除外。

三、非货币性资产交换概念的税会差异分析

会计准则规定，认定涉及少量货币性资产的交换为非货币性资产交换，通常以补价占整个资产交换金额的比例是否低于 25% 作为参考比例。也就是说，支付的货币性资产占换入资产公允价值（或占换出资产公允价值与支付

的货币性资产之和）的比例，或者收到的货币性资产占换出资产公允价值（或占换入资产公允价值和收到的货币性资产之和）的比例低于25%的，视为非货币性资产交换；高于25%（含25%）的视为货币性资产交换，适用《企业会计准则第14号——收入》等相关准则的规定。

根据税法规定，货币性资产交换和非货币性资产交换不与补价占比挂钩，即无论补价占整个资产交换的比例是多少，税法均应当分解为按公允价值销售和购进两笔业务进行处理。如果会计处理非货币性资产交换时，未采用公允价值计量，则应当相应进行纳税调整。

第二节　以公允价值为基础计量的非货币性资产交换的会计与税法差异

一、公允价值模式下非货币性资产交换会计计量的会计处理

（一）公允价值计量模式下的适用条件

根据《企业会计准则第7号——非货币性资产交换》（财会〔2019〕8号）第三章第六条的规定：非货币性资产交换同时满足下列条件的，应当以公允价值为基础计量。

1. 该项交换具有商业实质；
2. 换入资产或换出资产的公允价值能够可靠地计量。

换入资产和换出资产公允价值均能够可靠计量的，应当以换出资产的公允价值作为确定换入资产成本的基础，但有确凿证据表明换入资产的公允价值更加可靠的除外。

（二）公允价值计量模式下的会计处理原则

对于根据《企业会计准则第7号——非货币性资产交换》（财会〔2019〕8号）第三章第八条的规定，以公允价值为基础计量的非货币性资产交换中，换入资产和换出资产的计量分别按下列原则进行会计处理：

1. 对于换入资产，应当以换出资产的公允价值和应支付的相关税费作为换入资产的成本进行初始计量

换出资产的公允价值不能够可靠计量，或换入资产和换出资产的公允价值均能够可靠计量但有确凿证据表明换入资产的公允价值更加可靠的，应当

以换入资产的公允价值和应支付的相关税费作为换入资产的初始计量金额，其中，计入换入资产的应支付的相关税费应当符合相关会计准则对资产初始计量成本的规定，例如，换入资产为存货、长期股权投资、投资性房地产、固定资产、生产性生物资产、无形资产的相关税费均不包括准予从增值税销项税额中抵扣的进项税额。

2. 对于换出资产，应当在终止确认时，将换出资产的公允价值与其账面价值之间的差额计入当期损益

换出资产的公允价值不能够可靠计量，或换入资产和换出资产的公允价值均能够可靠计量但有确凿证据表明换入资产的公允价值更加可靠的，应当在终止确认时，将换入资产的公允价值与换出资产账面价值之间的差额计入当期损益。其中，计入当期损益的会计处理视换出资产类别的不同而有所区别。

（三）公允价值计量模式下多项非货币性资产交换的会计处理

1. 对于同时换入多项资产的会计处理

对于同时换入的多项资产，按照换入的金融资产以外的各项资产公允价值相对比例，将换出资产公允价值总额（涉及补价的，加上支付补价的公允价值或减去收到补价的公允价值）扣除换入金融资产公允价值后的净额进行分摊，以分摊至各项换入资产的金额，加上应支付的相关税费，作为各项换入资产的成本进行初始计量。

有确凿证据表明换入资产的公允价值更加可靠的，以各项换入资产的公允价值和应支付的相关税费作为各项换入资产的初始计量金额。

2. 对于同时换出多项资产的会计处理

对于同时换出的多项资产，将各项换出资产的公允价值与其账面价值之间的差额，在各项换出资产终止确认时计入当期损益。

有确凿证据表明换入资产的公允价值更加可靠的，按照各项换出资产的公允价值的相对比例，将换入资产的公允价值总额（涉及补价的，减去支付补价的公允价值或加上收到补价的公允价值）分摊至各项换出资产，分摊至各项换出资产的金额与各项换出资产账面价值之间的差额，在各项换出资产终止确认时计入当期损益。

3. 涉及补价的会计处理

根据《企业会计准则第 7 号——非货币性资产交换》（财会〔2019〕8 号）第九条规定：以公允价值为基础计量的非货币性资产交换，涉及补价的，应当按照下列规定进行处理：（一）支付补价的，以换出资产的公允价值，加上支付补价的公允价值和应支付的相关税费，作为换入资产的成本，换出资

产的公允价值与其账面价值之间的差额计入当期损益。有确凿证据表明换入资产的公允价值更加可靠的,以换入资产的公允价值和应支付的相关税费作为换入资产的初始计量金额,换入资产的公允价值减去支付补价的公允价值,与换出资产账面价值之间的差额计入当期损益。(二)收到补价的,以换出资产的公允价值,减去收到补价的公允价值,加上应支付的相关税费,作为换入资产的成本,换出资产的公允价值与其账面价值之间的差额计入当期损益。有确凿证据表明换入资产的公允价值更加可靠的,以换入资产的公允价值和应支付的相关税费作为换入资产的初始计量金额,换入资产的公允价值加上收到补价的公允价值,与换出资产账面价值之间的差额计入当期损益。

根据《企业会计准则第7号——非货币性资产交换》(财会〔2019〕8号)第十条规定:以公允价值为基础计量的非货币性资产交换,同时换入或换出多项资产的,应当按照下列规定进行处理:(一)对于同时换入的多项资产,按照换入的金融资产以外的各项换入资产公允价值相对比例,将换出资产公允价值总额(涉及补价的,加上支付补价的公允价值或减去收到补价的公允价值)扣除换入金融资产公允价值后的净额进行分摊,以分摊至各项换入资产的金额,加上应支付的相关税费,作为各项换入资产的成本进行初始计量。有确凿证据表明换入资产的公允价值更加可靠的,以各项换入资产的公允价值和应支付的相关税费作为各项换入资产的初始计量金额。(二)对于同时换出的多项资产,将各项换出资产的公允价值与其账面价值之间的差额,在各项换出资产终止确认时计入当期损益。有确凿证据表明换入资产的公允价值更加可靠的,按照各项换出资产的公允价值的相对比例,将换入资产的公允价值总额(涉及补价的,减去支付补价的公允价值或加上收到补价的公允价值)分摊至各项换出资产,分摊至各项换出资产的金额与各项换出资产账面价值之间的差额,在各项换出资产终止确认时计入当期损益。

二、以公允价值为基础计量的非货币性资产交换的税法处理

(一)增值税

《增值税暂行条例实施细则》第三条规定:条例第一条所称销售货物,是指有偿转让货物的所有权。《增值税暂行条例》第一条所称提供加工、修理修配劳务(以下称应税劳务),是指有偿提供加工、修理修配劳务。单位或者个体工商户聘用的员工为本单位或者雇主提供加工、修理修配劳务,不包括在内。

《国家税务总局关于纳税人资产重组有关增值税问题的公告》(国家税务总局公告2013年第66号)规定:纳税人在资产重组过程中,通过合并、分

立、出售、置换等方式，将全部或者部分实物资产以及与其相关联的债权、负债经多次转让后，最终的受让方与劳动力接收方为同一单位和个人的，仍适用《国家税务总局关于纳税人资产重组有关增值税问题的公告》（国家税务总局公告2011年第13号）的相关规定，其中货物的多次转让行为均不征收增值税。资产的出让方需将资产重组方案等文件资料报其主管税务机关。

对于换出资产，其取得的对价属于有偿取得《增值税暂行条例实施细则》以及《财政部 国家税务总局关于全面推开营业税改征增值税试点的通知》（财税〔2016〕36号，以下简称"36号文"）规定的其他经济利益，一般需要缴纳增值税。不过，《国家税务总局关于纳税人资产重组有关增值税问题的公告》（国家税务总局公告2011年第13号）、《国家税务总局关于纳税人资产重组有关增值税问题的公告》（国家税务总局公告2013年第66号）等文件规定，纳税人在资产重组过程中，通过合并、分立、出售、置换等方式，将全部或者部分实物资产以及与其相关联的债权、负债和劳动力一并转让给其他单位和个人，不属于增值税的征税范围，其中涉及的货物转让，不征收增值税。36号文进一步规定，其中涉及的不动产、土地使用权转让行为，不征收增值税。虽然36号文中并未提及无形资产转让行为，但是根据业务实质，此类资产重组中，涉及的无形资产转让行为也应当不征收增值税。

（二）企业所得税

根据《企业所得税法实施条例》第十三条规定：企业所得税法第六条所称企业以非货币形式取得的收入，应当按照公允价值确定收入额。前款所称公允价值，是指按照市场价格确定的价值。

根据《国家税务总局关于确认企业所得税收入若干问题的通知》（国税函〔2008〕875号）第一条第一款规定：一、除企业所得税法及实施条例另有规定外，企业销售收入的确认，必须遵循权责发生制原则和实质重于形式原则。（一）企业销售商品同时满足下列条件的，应确认收入的实现：1. 商品销售合同已经签订，企业已将商品所有权相关的主要风险和报酬转移给购货方；2. 企业对已售出的商品既没有保留通常与所有权相联系的继续管理权，也没有实施有效控制；3. 收入的金额能够可靠地计量；4. 已发生或将发生的销售方的成本能够可靠地核算。

三、以公允价值为基础计量的非货币性资产交换的税会差异

（一）增值税

对于换入资产，会计准则要求优先按照换出资产的公允价值和相关税费

作为换入资产的初始确认成本。由于非货币性资产交换实质上被视为一项购买交易，除了上述符合条件的不征收增值税的资产重组情形外，当换出资产方开具增值税专用发票时，换入资产方可以依法抵扣进项税额，因此，换入资产的会计成本等于换出资产的公允价值（含税价格）减去可抵扣进项税额后的金额。

涉及补价的非货币性资产交换在税收处理时，其基本原则与不涉及补价的情形相同。不过，在同时换入或换出多项资产的情形下，往往需要按每一项开具增值税发票或者汇总开具增值税发票并开具发票清单，在涉及资产众多的时候，双方应在签订合同时就将资产价值进行划分并制作合同附件清单，作为开票依据。

（二）企业所得税

换出资产终止确认的条件应当遵循会计准则规定的收入确认条件，即非货币性资产的接收方取得其控制权时终止确认换出资产。由于会计准则采用了控制权转移标准确认换出资产的终止时点，与《国家税务总局关于确认企业所得税收入若干问题的通知》（国税函〔2008〕875号）第一条第一款规定的确认企业所得税收入条件存在差异，往往会在换出资产终止确认的时间点上产生税会差异。

会计确认了换入资产后，如果随即进行了资产折旧、摊销或成本结转，由此而产生的成本费用未必能够在税前扣除。因为税收上确认一项资产及其对应的税前扣除，除了要有实际业务发生，还要求在汇算清缴结束前取得合规的税前扣除凭证（如果取得的是一项固定资产，应在投入使用后12个月内取得合规凭证）。

根据企业所得税法的相关规定，可以将企业所得税处理方式总结为两类：一类是按销售交易法进行处理，另一类是按购买交易法进行处理。

第三节　以公允价值计量的非货币性资产对外投资的会计与税法差异

一、以公允价值计量的非货币性资产对外投资的会计处理

根据《公司法》第二十七条规定，股东可以用实物、知识产权、土地使

用权等可以用货币估价并可以依法转让的非货币财产作价出资。对作为出资的财产应当评估作价，核实财产，不得高估或者低估作价。在具有商业实质的非货币性资产对外投资业务中，《企业会计准则第7号——非货币性资产交换》（财会〔2019〕8号）规定，对于获得的长期股权投资，应当以换出资产的公允价值和应支付的相关税费进行初始计量；对于换出资产，应当在终止确认时，将换出资产的公允价值与其账面价值之间的差额计入当期损益。

二、以公允价值计量的非货币性资产对外投资的税法处理

（一）一般性税务处理

一般性税务处理下，对于取得的长期股权投资应按照换出资产的公允价值（含税价）确定其计税基础；对于对外投资的非货币性资产，应作视同销售处理，按其公允价值（不含税价）确定换出资产的收入，一次性确认资产转让所得。

（二）特殊性税务处理

1. 对居民企业进行非货币性资产投资

《财政部 国家税务总局关于非货币性资产投资企业所得税政策问题的通知》（财税〔2014〕116号，以下简称"116号文"）规定，对非货币性资产进行评估并按评估后的公允价值扣除计税基础后的余额，计算确认非货币性资产转让所得。该所得可在不超过5年期限内，分期均匀计入相应年度的应纳税所得额，按规定计算缴纳企业所得税。企业在对外投资5年内转让上述股权或投资收回的，应停止执行递延纳税政策，并就递延期内尚未确认的非货币性资产转让所得，在转让股权或投资收回当年的企业所得税年度汇算清缴时，一次性计算缴纳企业所得税；企业在计算股权转让所得时，可按本通知第三条第一款规定将股权的计税基础一次调整到位。企业在对外投资5年内注销的，应停止执行递延纳税政策，并就递延期内尚未确认的非货币性资产转让所得，在注销当年的企业所得税年度汇算清缴时，一次性计算缴纳企业所得税。

换入股权的计税基础应以非货币性资产的原计税成本为计税基础，加上每年确认的非货币性资产转让所得，逐年进行调整。而无论投资方如何进行纳税处理，被投资企业取得非货币性资产的计税基础，按非货币性资产的公允价值（不含税价）确定。

2. 对100%直接控股的非居民企业进行非货币性资产投资

《财政部 国家税务总局关于企业重组业务企业所得税处理若干问题的通

知》（财税〔2009〕59号，以下简称"59号文"）规定，对100%直接控股的非居民企业进行非货币性资产投资，如选择特殊性税务处理，可以在10个纳税年度内均匀计入各年度应纳税所得额。

3. 国有企业改制上市

《财政部 国家税务总局关于企业改制上市资产评估增值企业所得税处理政策的通知》（财税〔2019〕62号，以下简称"62号文"）明确，国有企业以评估增值资产，出资设立拟上市的股份有限公司或国有企业将评估增值资产，注入已上市的股份有限公司，该过程中发生的资产评估增值，应缴纳的企业所得税可以不征收入库，作为国家投资直接转增该企业国有资本金（含资本公积，下同），但获得现金及其他非股权对价部分，应按规定缴纳企业所得税。经确认的评估增值资产，可按评估价值入账并按有关规定计提折旧或摊销，在计算应纳税所得额时允许扣除。

该项规定有助于减少税会差异。不过，该政策的执行期限为2019年1月1日至2023年12月31日，对于2023年以后的国有企业改制上市的企业所得税处理尚未明确。

4. 特殊性税务处理

财税〔2009〕59号文及《财政部 国家税务总局关于促进企业重组有关企业所得税处理问题的通知》（财税〔2014〕109号）文件规定，受让企业（即被投资企业）收购的资产不低于转让企业全部资产的50%，且受让企业在该资产收购发生时的股权支付金额不低于其交易支付总额的85%，可以选择按以下规定处理：转让企业（即投资企业）对转让的资产可不确认所得或损失，其取得受让企业股权的计税基础，以被转让资产的原有计税基础确定。受让企业取得转让企业资产的计税基础，以被转让资产的原有计税基础确定。

三、以公允价值为基础计量的非货币性资产交换的税会差异分析

（一）一般性税务处理

与以具有商业实质的非货币性资产对外投资业务的会计处理总体上无税会差异，与不具有商业实质的非货币性资产对外投资业务的会计处理存在纳税调整。

（二）特殊性税务处理

如果会计处理采用公允价值计量，企业所得税符合且选择特殊性税务处理的，则投资方长期股权投资的账面价值与计税基础存在差异，被投资

企业接受的非货币性资产账面价值与计税基础同样存在差异。反之，如果会计处理采用账面价值计量，在没有补价等特定事项的情况下，税会处理总体一致。

第四节　以账面价值为基础计量的非货币性资产交换的会计与税法差异

一、账面价值计量模式下非货币性资产交换的会计处理

（一）账面价值计量模式下的适用条件

非货币性资产交换不具有商业实质，或虽然具有商业实质，但换入资产和换出资产的公允价值不能够可靠地计量，应当以账面价值为基础计量，依据《企业会计准则第7号——非货币性资产交换》（财会〔2019〕8号）第十一条规定：对于换入资产，应当以换出资产的账面价值和应支付的相关税费作为换入资产的成本，无论是否支付补价，均不确认损益。

（二）账面价值计量模式下的会计处理

1. 以账面价值计量的非货币性资产交换的会计处理

收到或支付的补价作为确定换入资产成本的调整因素，其中，收到补价方应当以换出资产的账面价值减去补价加上应支付的相关税费作为换入资产的成本；支付补价方应当以换出资产的账面价值加上补价和应支付的相关税费作为换入资产的成本。

（1）换入资产入账价值的确定。

①不涉及补价的情况。换入资产成本＝换出资产账面价值＋换出资产增值税（销项税额）－换入资产可抵扣的增值税（进项税额）＋支付的相关税费。

②涉及补价的情况。支付补价：换入资产成本＝换出资产账面价值＋换出资产增值税（销项税额）－换入资产可抵扣的增值税（进项税额）＋支付的相关税费＋支付的补价。

收到补价：换入资产成本＝换出资产账面价值＋换出资产增值税（销项税额）－换入资产可抵扣的增值税（进项税额）＋支付的相关税费－收到的补价。

（2）相关税费的处理。应支付的相关税费是指企业直接为换入资产支付的税费，而企业为换出资产支付的税费不应计入换入资产成本。但因以账面价值计量的非货币性资产交换不能确认当期损益，所以为换出资产与公允价值计量模式会计处理相同，相关税费计入换入资产成本。

2. 账面价值计量模式下多项非货币性资产的交换的会计处理

以账面价值为基础计量的非货币性资产交换，同时换入或换出多项资产的，应当按照下列规定进行处理：

对于同时换入的多项资产，按照各项换入资产的公允价值的相对比例，将换出资产的账面价值总额（涉及补价的，加上支付补价的账面价值或减去收到补价的公允价值）分摊至各项换入资产，加上应支付的相关税费，作为各项换入资产的初始计量金额。换入资产的公允价值不能够可靠计量的，可以按照各项换入资产的原账面价值的相对比例或其他合理的比例对换出资产的账面价值进行分摊。

对于同时换出的多项资产，各项换出资产终止确认时均不确认损益。

二、账面价值计量模式下非货币性资产交换的税法处理

（一）增值税

根据《增值税暂行条例实施细则》第四条的规定，应视同销售缴纳增值税，计税时有销售额的按销售额计缴增值税，无销售额的按以下顺序确定销售额：（1）按纳税人最近时期同类货物的平均销售价格确定；（2）按其他纳税人最近时期同类货物的平均销售价格确定；（3）按组成计税价格确定，公式为：组成计税价格 = 成本（1 + 成本利润率）。

增值税的首要问题是如何确定销售额。双方应在资产评估或参照最近时期同类资产的销售价格基础上，商定一个同等金额，互开增值税发票。

（二）企业所得税

非货币资产交换，因不具有商业实质或者公允价值不能可靠计量等原因，会计按照账面价值计量，不产生损益，税法上做视同销售调整，可能产生所得或亏损。

对于换出资产，企业所得税处理时需要视同销售，按照公允价值（实务中表现为不含税价）计算确认非货币性资产转让所得；对于换入资产，企业所得税处理时以换入资产对应的税前扣除凭证上标明的"销售额"确定计税基础，会计与税收之间会产生暂时性差异。

三、账面价值计量模式下非货币性资产交换的税会差异

非货币资产交换，因不具有商业实质或者公允价值不能可靠计量等原因，会计按照账面价值计量，不产生损益，税法上做视同销售调整，可能产生所得或亏损。

■ 案例分析 ■

【例 14-1】某公司和乙公司均为增值税一般纳税人，适用增值税税率为 13%。经协商，某公司和乙公司于 2022 年 1 月 30 日签订资产交换合同，当日生效。合同约定，某公司用于交换的资产包括：一间生产用厂房，公允价值为 110 万元；一幢自购入时就全部用于经营出租的公寓楼，公允价值为 390 万元。乙公司用于交换的资产包括：一块土地的使用权，公允价值为 240 万元；经营过程中使用的 10 辆货车，公允价值为 300 万元。此公司以银行存款向乙公司支付补价 40 万元。双方于 2022 年 2 月 1 日完成了资产交换手续。

交换当日，此公司的厂房的账面价值为 120 万元（其中账面原价为 150 万元，已计提折旧 30 万元），作为采用成本模式计量的投资性房地产的公寓楼的账面价值为 360 万元（其中账面原价为 420 万元，已计提折旧 60 万元）。乙公司的土地使用权的账面价值为 210 万元（其中成本 220 万元，累计摊销额为 10 万元），10 辆货车的账面价值为 320 万元（其中账面原价为 400 万元，已计提折旧 80 万元）。此公司用银行存款支付了土地使用权的契税及过户费用 5 万元，乙公司用银行存款分别支付了厂房和公寓楼的契税及过户费用 3 万元和 10 万元。

假设某公司和乙公司此前均未对上述资产计提减值准备，上述资产交换后的用途不发生改变，厂房的评估价为 100 万元（不含税）、评估费用 2 万元，公寓楼的评估价值为 300 万元（不含税）、评估费用 3 万元。（假设评估费用前期已入账，本次会计处理不考虑）。

分析：

某公司的会计处理如下：

(1) 确定各项换入资产的初始计量金额（见表 14-1）。

表 14 – 1　　　　　　　　换入资产的初始计量金额　　　　　　　　单位：元

换入资产	公允价值	换出资产公允价值总额 + 补价	相关税费	初始计量金额
无形资产 – 土地使用权	2 400 000	不适用	50 000	2 450 000
固定资产 – 货车	3 000 000	不适用	0	3 000 000
合计	5 400 000	5 400 000	50 000	5 450 000

（2）确定各项换出资产终止确认的相关损益（见表 14 – 2）。

表 14 – 2　　　　　　　　换出资产终止确认的损益　　　　　　　　单位：元

换出资产	账面价值	公允价值	印花税及土地增值税	处置损益
固定资产 – 厂房	1 200 000	1 100 000	24 385 元 转让厂房应缴纳的印花税 = 1 100 000 × 0.000 5 = 550（元）；转让厂房应缴纳的土地增值税 = （1 100 000 – 1 000 000 – 20 000 – 550）× 30% = 23 835（元）	– 124 385
投资性房地产	3 600 000	3 900 000	262 365 元 转让公寓楼应缴纳的印花税 = 3 900 000 × 0.000 5 = 1 950（元）；转让公寓楼应缴纳的土地增值税 = （3 900 000 – 3 000 000 – 30 000 – 1 950）× 30% = 260 415（元）	37 635
合计	4 800 000	5 000 000	286 750	– 86 750

此公司的税务处理如下：

此公司应开具两张增值税专用发票，分别注明厂房的计税价格 110 万元、增值税额 9.9 万元；公寓楼的计税价格 390 万元、增值税额 35.1 万元。乙公司应开具两张增值税专用发票，分别注明土地使用权的计税价格 240 万元、增值税额 21.6 万元；10 辆货车的计税价格 300 万元、增值税额 39 万元。某公司应向乙公司支付增值税差额 15.6 万元，缴纳印花税 0.25 万元，土地增值税 28.425 万元，并且支付土地使用权的契税 5 万元。本案例是按照公允价值计量的非货币性资产交换，税会没有差异，企业所得税不需纳税调整。

【例 14 – 2】某公司 2022 年用子公司 A 公司的股权投资于乙公司，取得了乙公司的 30% 股份，详细情况如下：

A 公司股权账面价值 8 000 万元，经评估公允价值 10 000 万元（见表 14 – 3）。

表 14-3　　　　　　　　　　税会差异分析

会计处理	税收处理	税会差异分析
（1）2022 年非货币性资产入账		
入长期股权投资科目，其中：乙公司 10 000 万元；A 公司 8 000 万元；确认投资收益 2 000 万元	5 年均匀递延政策，2022 年该特殊性税务处理账载金额 = 2 000（万元），税收金额 = 400（万元），纳税调整减少 1 600 万元	该非货币性资产符合财税 2014 年 116 号文件的规定"一、居民企业（以下简称企业）以非货币性资产对外投资确认的非货币性资产转让所得，可在不超过 5 年期限内，分期均匀计入相应年度的应纳税所得额，按规定计算缴纳企业所得税"
（2）2023—2024 年纳税调整		
	每年该特殊性税务处理税收金额 = 400（万元），企业所得税纳税调整增加 400 万元	

▌本章政策依据▐

1.《企业会计准则第 7 号——非货币性资产交换》

2.《企业会计准则第 14 号——收入》

3.《增值税暂行条例实施细则》

4.《国家税务总局关于纳税人资产重组有关增值税问题的公告》（国家税务总局公告 2011 年第 13 号）

5.《财政部 国家税务总局关于全面推开营业税改征增值税试点的通知》（财税〔2016〕36 号）

6.《中华人民共和国企业所得税法》（中华人民共和国主席令第 23 号）

7.《中华人民共和国企业所得税法实施条例》（中华人民共和国国务院令第 714 号）

8.《国家税务总局关于确认企业所得税收入若干问题的通知》（国税函〔2008〕875 号）

9.《财政部 国家税务总局关于企业重组业务企业所得税处理若干问题的通知》（财税〔2009〕59 号）

10.《国家税务总局关于纳税人资产重组有关增值税问题的公告》（国家税务总局公告 2013 年第 66 号）

11.《财政部 国家税务总局关于促进企业重组有关企业所得税处理问题的通知》(财税〔2014〕109号)

12.《财政部 国家税务总局关于非货币性资产投资企业所得税政策问题的通知》(财税〔2014〕116号)

13.《财政部 国家税务总局关于企业改制上市资产评估增值企业所得税处理政策的通知》(财税〔2019〕62号)

第十五章 债务重组会计与税法差异

第一节 债务重组概念的会计与税法差异

（一）债务重组的会计概念

根据《企业会计准则第 12 号——债务重组》（财会〔2019〕9 号）第二条规定：债务重组，是指在不改变交易对手方的情况下，经债权人和债务人协定或法院裁定，就清偿债务的时间、金额或方式等重新达成协议的交易。

（二）债务重组的税法概念

【企业所得税】

根据《财政部 国家税务总局关于企业重组业务企业所得税处理若干问题的通知》（财税〔2009〕59 号）第一条第二款规定：债务重组，是指在债务人发生财务困难的情况下，债权人按照其与债务人达成的书面协议或者法院裁定书，就其债务人的债务做出让步的事项。

（三）债务重组概念的税会差异分析

根据以上会计准则和税收法规对债务重组的定义，在债务重组概念上的税会差异主要在于会计准则不再强调债权人让步，即只要在不改变交易对手的前提下，修改了偿债时间、金额或方式的，均定义为债务重组，而企业所得税法对债务重组的定义概念上仍强调"债权人做出让步"。

第二节 债务重组不同方式下的会计与税法差异

一、以资产清偿债务的差异

以资产清偿债务，债务人将所清偿债务账面价值与转让资产账面价值之间的差额，记入"其他收益"或"投资收益"科目。但税法上，非货币资产清偿债务，应当分解为转让相关非货币性资产、按非货币性资产公允价值清偿债务两项业务处理。

（一）以资产清偿债务的会计处理

1. 以金融资产清偿债务的会计处理

（1）债权人的会计处理。《企业会计准则第12号——债务重组》应用指南第五条第一款规定，债权人受让包括现金在内的单项或多项金融资产的，应当按照《企业会计准则第22号——金融工具确认和计量》的规定进行确认和计量。金融资产初始确认时应当以其公允价值计量。金融资产确认金额与债权终止确认日账面价值之间的差额，记入"投资收益"科目。

（2）债务人的会计处理。《企业会计准则第12号——债务重组》应用指南第六条第一款规定，债务人以单项或多项金融资产清偿债务的，债务的账面价值与偿债金融资产账面价值的差额，记入"投资收益"科目。

2. 以非金融资产（存货、固定资产、无形资产等）清偿债务的会计处理

（1）债权人的会计处理。《企业会计准则第12号——债务重组》第六条规定，以资产清偿债务方式进行债务重组的，债权人初始确认受让的金融资产以外的资产时，应当按照下列原则以成本计量：存货的成本，包括放弃债权的公允价值和使该资产达到当前位置和状态所发生的可直接归属于该资产的税金、运输费、装卸费、保险费等其他成本。对联营企业或合营企业投资的成本，包括放弃债权的公允价值和可直接归属于该资产的税金等其他成本。投资性房地产的成本，包括放弃债权的公允价值和可直接归属于该资产的税金等其他成本。固定资产的成本，包括放弃债权的公允价值和使该资产达到预定可使用状态前所发生的可直接归属于该资产的税金、运输费、装卸费、安装费、专业人员服务费等其他成本。生物资产的成本，包括放弃债权的公允价值和可直接归属于该资产的税金、运输费、保险费等其他成本。无形资

产的成本，包括放弃债权的公允价值和可直接归属于使该资产达到预定用途所发生的税金等其他成本。

放弃债权的公允价值与账面价值之间的差额，应当计入当期损益（投资收益）。

（2）债务人的会计处理。《企业会计准则第12号——债务重组》应用指南第六条第一款规定，债务人以单项或多项非金融资产（如固定资产、日常活动产出的商品或服务等）清偿债务，或者以包括金融资产和非金融资产在内的多项资产清偿债务的，将所清偿债务账面价值与转让资产账面价值之间的差额，记入"其他收益——债务重组收益"科目。

3. 以组合方式进行债务重组的会计处理

（1）债权人的会计处理。《企业会计准则第12号——债务重组》第九条规定，以多项资产清偿债务或者组合方式进行债务重组的，债权人应当首先按照《企业会计准则第22号——金融工具确认和计量》的规定确认和计量受让的金融资产和重组债权，然后按照受让的金融资产以外的各项资产的公允价值比例，对放弃债权的公允价值扣除受让金融资产和重组债权确认金额后的净额进行分配，并以此为基础按照本准则第六条的规定分别确定各项资产的成本。放弃债权的公允价值与账面价值之间的差额，应当计入当期损益（投资收益）。

（2）债务人的会计处理。《企业会计准则第12号——债务重组》规定，债务重组采用以资产清偿债务、将债务转为权益工具、修改其他条款等方式的组合进行的，对于权益工具，债务人应当在初始确认时按照权益工具的公允价值计量，权益工具的公允价值不能可靠计量的，应当按照所清偿债务的公允价值计量。对于修改其他条款形成的重组债务，债务人应当参照下文"修改其他条款"部分，确认和计量重组债务。所清偿债务的账面价值与转让资产的账面价值以及权益工具和重组债务的确认金额之和的差额，记入"其他收益——债务重组收益"或"投资收益"（仅涉及金融工具时）科目。

（二）以资产清偿债务的税法处理

1. 增值税

（1）增值税一般纳税人以债务重组方式对存货、无形资产、不动产、投资性房地产抵偿债务，应当计征增值税；以债务重组方式取得的存货、设备、无形资产、不动产等，增值税专用发票注明的增值税可作进项抵扣。

债务人以原材料、产成品等存货抵偿债务时，若抵债资产价格不公允可根据《增值税暂行条例实施细则》第四条的规定，无销售额的按以下顺序确定销售额：①按纳税人最近时期同类货物的平均销售价格确定；②按其他纳税人最近时期同类货物的平均销售价格确定；③按组成计税价格确定，公式为：组成计税价格＝成本×（1＋成本利润率）。

一般纳税人以使用过的固定资产（不动产除外）抵偿债务，2008年12月31日前如果取得固定资产时按照税法规定未能抵扣进项税额，可按照3%征收率并减按2%计税，不得开具增值税专用发票，也可选择放弃减税按照3%征收率计税，此时可以开具增值税专用发票。

债务人以转让技术抵偿债务时，根据《财政部 国家税务总局关于全面推开营业税改征增值税试点的通知》（财税〔2016〕36号）附件3《营业税改征增值税试点过渡政策的规定》第一条第二十六项规定，纳税人提供技术转让、技术开发和与之相关的技术咨询、技术服务免征增值税。

债务人以金融商品抵偿债务时，根据财税（2016）年36号文，附件2《营业税改征增值税试点有关事项的规定》金融商品转让，按照卖出价扣除买入价后的余额为销售额。转让金融商品出现的正负差，按盈亏相抵后的余额为销售额。

（2）根据《国家税务总局关于纳税人资产重组有关增值税问题的公告》（国家税务总局公告2011年第13号）及《营业税改征增值税试点有关事项的规定》（财税〔2016〕36号）规定，纳税人在资产重组过程中，通过合并、分立、出售、置换等方式，将全部或者部分实物资产以及与其相关联的债权、负债和劳动力一并转让给其他单位和个人，不属于增值税的征税范围，其中涉及的货物转让，不征收增值税。

2. 企业所得税

《企业所得税法实施条例》第二十二条规定：债务重组收入属于收入总额中的其他收入。第七十五条规定：企业在重组过程中，应当在交易发生时确认有关资产的转让所得，相关资产应当按照交易价格重新确定计税基础。

《国家税务总局关于贯彻落实企业所得税法若干税收问题的通知》（国税函〔2010〕79号）第二条规定，企业发生债务重组，应在债务重组合同或协议生效时确认收入的实现。

《国家税务总局关于〈发布企业重组业务所得税管理办法〉的公告》（国家税务总局公告2010年第4号）第十一条规定，企业发生债务重组，应准备以下相关资料，以备税务机关检查：一是以非货币资产清偿债务的，应保留当事各方签订的清偿债务的协议或合同，以及非货币资产公允价格确认的合法证据等；二是债权转股权的，应保留当事各方签订的债权转股权协议或合同。

《财政部 国家税务总局关于企业重组业务企业所得税处理若干问题的通知》(财税〔2009〕59号)第四条第二款规定：(1)以非货币资产清偿债务，应当分解为转让相关非货币性资产、按非货币性资产公允价值清偿债务两项业务，确认相关资产的所得或损失；(2)债务人应当按照支付的债务清偿额低于债务计税基础的差额，确认债务重组所得；债权人应当按照收到的债务清偿额低于债权计税基础的差额，确认债务重组损失。

债务人以技术转让抵偿债务时，根据《中华人民共和国企业所得税法实施条例》第九十条规定，企业所得税法第二十七条第(四)项所称符合条件的技术转让所得免征、减征企业所得税，是指一个纳税年度内，居民企业技术转让所得不超过500万元的部分，免征企业所得税；超过500万元的部分，减半征收企业所得税。

3. 房产税

《国家税务总局关于进一步明确房屋附属设备和配套设施计征房产税有关问题的通知》(国税发〔2005〕173号)第一条规定，为了维持和增加房屋的使用功能或使房屋满足设计要求，凡以房屋为载体，不可随意移动的附属设备和配套设施，如给排水、采暖、消防、中央空调、电气及智能化楼宇设备等，无论在会计核算中是否单独记账与核算，都应计入房产原值，计征房产税。

4. 土地增值税

《土地增值税暂行条例实施细则》第七条规定，财务费用中的利息支出，凡能够按转让房地产项目计算分摊并提供金融机构证明的，允许据实扣除，但最高不能超过按商业银行同类同期贷款利率计算的金额。其他房地产开发费用，按取得土地使用权所支付的金额和开发成本之和的5%以内计算扣除。凡不能按转让房地产项目计算分摊利息支出或不能提供金融机构证明的，房地产开发费用按取得土地使用权所支付的金额和开发成本之和的10%以内计算扣除。

(三) 以资产清偿债务的税会差异分析

1. 企业所得税

(1)债权人税会差异分析。重组前，按会计准则规定，调整债权的账面价值，计入信用资产减值损失，但按税法规定，除金融企业可按规定扣除减值准备外，其他企业一律不得扣除准备金。会计准则规定，放弃债权的公允价值与账面价值之间的差额，应当计入投资收益，但按税法规定，债权人应当按照收到的债务清偿额低于债权计税基础的差额，确认债务重组损失，债务重组损失=收回资产或重新确认债权公允价值－重组前债权计税基础，因此在税法处理上，将会计确认的投资收益或资产减值损失纳税调整，在申报表填写税务确认的债务重组损失金额。

(2) 债务人税会差异分析。按会计准则规定，不区分资产处置损益和债务重组损失，也不区分不同资产的处置损益，而将所清偿债务账面价值与转让资产账面价值之间的差额，记入"其他收益——债务重组收益"科目。但按税法规定，非货币资产清偿债务，应当分解为转让相关非货币性资产、按非货币性资产公允价值清偿债务两项业务，确认相关资产的所得或损失。

2. 房产税

会计上通常会将房屋与附属设备单独建立资产卡片，单独记账与核算，而按税法规定，凡以房屋为载体，不可随意移动的附属设备和配套设施，无论在会计核算中是否单独记账与核算，都应计入房产原值，计征房产税。

3. 土地增值税

会计上财务费用指企业为筹集生产经营所需资金等而发生的费用，包括应当作为期间费用的利息支出（减利息收入）、汇兑损失（减汇兑收益）、相关的手续费和现金折扣等。税法上，财务费用中的利息支出，凡能够按转让房地产项目计算分摊并提供金融机构证明的，允许据实扣除，但最高不能超过按商业银行同类同期贷款利率计算的金额。其他房地产开发费用，按取得土地使用权所支付的金额和开发成本之和的5%以内计算扣除。凡不能按转让房地产项目计算分摊利息支出或不能提供金融机构证明的，房地产开发费用按取得土地使用权所支付的金额和开发成本之和的10%以内计算扣除。

案例分析

【例15-1】 2021年11月5日，某技术公司向某科技公司赊购一批材料，含税价为234万元。2022年9月10日，某技术公司因发生财务困难，无法按合同约定偿还债务，双方协商进行债务重组。科技公司同意技术公司用其生产的商品、作为固定资产管理的机器设备和一项债券投资抵偿欠款。当日，该债权的公允价值为210万元，技术公司用于抵债的商品市价（不含增值税）为90万元，抵债设备的公允价值为75万元，用于抵债的债券投资市价为23.55万元。

抵债资产于2022年9月20日转让完毕，技术公司发生设备运输费用0.65万元，科技公司发生设备安装费用1.5万元。

科技公司以摊余成本计量该项债权。2022年9月20日，科技公司对该债权已计提坏账准备19万元，债券投资市价为21万元。科技公司将受让的商品、设备和债券投资分别作为低值易耗品、固定资产和以公允价值计量且其变动计入当期损益的金融资产核算。

技术公司以摊余成本计量该项债务。2022年9月20日，技术公司用于抵债的商品成本为70万元；抵债设备的账面原价为150万元，累计折旧为40万元，已计提减值准备18万元；技术公司以摊余成本计量用于抵债的债券投资，债券票面价值总额为15万元，票面利率与实际利率一致，按年付息。当日，该项债务的账面价值为234万元。

科技公司均为增值税一般纳税人，适用增值税税率为13%，经税务机关核定，该项交易中商品和设备的计税价格分别为90万元和75万元。不考虑其他相关税费（见表15-1）。

表15-1　　　　　　　　税会差异分析

会计处理	税收处理	税会差异分析
（1）债权人（某科技公司）税会差异分析		
2022年9月20日，某科技公司的账务处理如下： 低值易耗品可抵扣增值税=90×13%=11.7（万元） 设备可抵扣增值税=75×13%=9.75（万元） 低值易耗品和固定资产的成本应当以其公允价值比例（90∶75）对放弃债权公允价值扣除受让金融资产公允价值后的净额进行分配后的金额为基础确定 低值易耗品的成本=90÷（90+75）×（210-23.55-11.7-9.75）=90（万元） 固定资产的成本=75÷（90+75）×（210-23.55-11.7-9.75）=75（万元） 金融资产的成本=21（万元） 转回坏账准备19万元 结转债务重组相关损益，确认投资收益7.55万元	在税务方面，可以分解为以公允价值购入资产和债务重组损失两项业务。 债务重组损失=应收账款计税基础234-受让资产的公允价值186（75+90+21）-税21.45=26.55（万元）	重组前，按会计准则规定，调整债权的账面价值，计入信用资产减值损失，但按税法规定，除金融企业可按规定扣除减值准备外，其他企业一律不得扣除准备金。会计准则规定，放弃债权的公允价值与账面价值之间的差额，应当计入投资收益，但按税法规定，债权人应当按照收到的债务清偿额低于债权计税基础的差额，确认债务重组损失，债务重组损失=收回资产或重新确认债权公允价值-重组前债权计税基础，因此在税法处理上，将会计确认的投资收益或资产减值损失纳税调整，在申报表填写税务确认的债务重组损失金额

续表

会计处理	税收处理	税会差异分析
（2）债务人（某技术公司）税会差异分析		
技术公司 9 月 20 日的账务处理如下： ①固定资产成本 = 150 - 40 - 18 + 0.65 = 92.65（万元），对应的销项税额 = 9.75（75 × 13%）万元； ②库存商品成本 = 70 万元，对应的销项税额 = 11.7（90 × 13%）万元； ③债券成本 = 15 万元，对应的转让金融商品销项税额 = 0.34〔(21 - 15) × 6% ÷ 1.06〕万元； ④确认债务重组收益 债务重组收益（其他收益）= 234 - (92.65 + 9.75) - (70 + 11.7) - (15 + 0.34) = 34.56（万元） 说明：为了讲解债务重组债务人的会计处理，将不同资产的会计处理分开做讲解，实务中可以将上述几个步骤的会计处理合并	【增值税处理】 1. 设备和商品：用于抵偿债务，视同销售，需要按照市价（公允价值）确认增值税销项税额。因此，案例中的抵偿债务，应税务机关核定的计税价格确认增值税销项税额 2. 债券：按照税法规定，金融商品主要指外汇、有价证券、非货物期货基金、信托、理财产品等各类资产管理产品、各种金融衍生品，其中，有价证券主要指股票、债券。因此，案例中的债券属于金融商品。因此案例中债券抵偿债务，属于转让性质，金融商品转让需要缴纳增值税。金融商品转让税率是 6% 【企业所得税处理】 1. 固定资产抵偿债务 （1）固定资产转让所得或损失：公允价值 - 计税基础 = 75 - (150 - 40) = -35（万元）（假定会计折旧与税务折旧一致） 因此，企业所得税处理（申报）应先确认固定资产转让损失 35 万元 由于会计处理没有确认固定资产转让利得或损失，存在税会差异。此项税会差异，应做纳税调整，调减应纳税所得额 35 万元。固定资产抵偿债务，应作为"转让财产"处理，注意不是"视同销售" （2）固定资产抵偿债务重组收益：应按照公允价值（税务机关核定）75 万元计算。由于是几项资产抵偿债务，应合并计算债务重组收益	按会计准则规定，将所清偿债务账面价值与转让资产账面价值之间的差额，记入"其他收益——债务重组收益"科目。但按税法规定，非货币资产清偿债务，应当分解为转让相关非货币性资产、按非货币性资产公允价值清偿债务两项业务，确认相关资产的所得或损失

续表

会计处理	税收处理	税会差异分析
	2. 商品抵偿债务 (1) 商品转让所得：公允价值－计税基础＝90－70＝20（万元） 商品抵偿债务，应视同销售处理。由于会计处理没有确认收入，因此应通过"视同销售"调整 (2) 债务重组收益：合并计算 3. 债券抵偿债务 (1) 债券转让所得：21－15－0.34（税）＝5.66（万元） 债券抵偿债务，应视同转让财产，确认债券投资的"投资收益"。由于会计处理没有确认，应做纳税调整 (2) 债务重组收益：合并计算 4. 按非货币性资产公允价值清偿债务确认债务重组收益 债务重组收益＝234－90－75－21－21.45（税）＝26.55（万元）	

二、将债务转为权益工具清偿债务的差异

会计准则规定，将债务转为权益工具清偿债务的，债权人放弃债权的公允价值与账面价值之间的差额，计入投资收益，债务人所清偿债务账面价值与权益工具确认金额之间的差额，计入投资收益；在企业所得税处理上，债转股分解为"债务清偿"和"股权投资"两项业务，确认有关债务清偿所得或损失，符合特殊性税务处理的按特殊性税务处理。

（一）将债务转为权益工具清偿债务的会计处理

1. 债权人的会计处理

《企业会计准则第12号——债务重组》第七条规定，将债务转为权益工具方式进行债务重组导致债权人将债权转为对联营企业或合营企业的权益性投资的，债权人应当按照本准则第六条的规定计量其初始投资成本。放弃债权的公允价值与账面价值之间的差额，应当计入当期损益（投资收益）。

2. 债务人的会计处理

《企业会计准则第 12 号——债务重组》第十一条规定，将债务转为权益工具方式进行债务重组的，债务人应当在所清偿债务符合终止确认条件时予以终止确认。债务人初始确认权益工具时应当按照权益工具的公允价值计量，权益工具的公允价值不能可靠计量的，应当按照所清偿债务的公允价值计量。所清偿债务账面价值与权益工具确认金额之间的差额，应当计入当期损益（投资收益）。

（二）将债务转为权益工具清偿债务的税法处理

根据《财政部 国家税务总局关于企业重组业务企业所得税处理若干问题的通知》（财税〔2009〕59 号）第四条第二款第二点规定：发生债权转股权的，应当分解为债务清偿和股权投资两项业务，确认有关债务清偿所得或损失。

企业重组的税务处理区分不同条件分别适用一般性税务处理规定和特殊性税务处理规定。同一重组业务的当事各方应采取一致税务处理原则，即统一按一般性或特殊性税务处理（见表 15-2）。

表 15-2　　　　　　　　　　企业重组的税务处理

一般性税务处理	特殊性税务处理
1. 以非货币资产清偿债务，应当分解为"转让相关非货币性资产"和"按非货币性资产公允价值清偿债务"两项业务，确认相关资产的所得或损失 2. 发生债权转股权的，应当分解为"债务清偿"和"股权投资"两项业务，确认有关债务清偿所得或损失 3. 债务人应当按照支付的债务清偿额低于债务计税基础的差额，确认债务重组所得；债权人应当按照收到的债务清偿额低于债权计税基础的差额，确认债务重组损失 4. 债务人的相关所得税纳税事项原则上保持不变	根据（财税〔2009〕59 号）第五条规定，企业重组同时符合下列条件的，适用特殊性税务处理规定：（一）具有合理的商业目的，且不以减少、免除或者推迟缴纳税款为主要目的。（二）被收购、合并或分立部分的资产或股权比例符合本通知规定的比例。（三）企业重组后的连续 12 个月内不改变重组资产原来的实质性经营活动。（四）重组交易对价中涉及股权支付金额符合本通知规定比例。（五）企业重组中取得股权支付的原主要股东，在重组后连续 12 个月内，不得转让所取得的股权 1. 企业债务重组确认的应纳税所得额占该企业当年应纳税所得额 50% 以上，可以在 5 个纳税年度的期间内，均匀计入各年度的应纳税所得额 2. 企业发生债权转股权业务，对债务清偿和股权投资两项业务暂不确认有关债务清偿所得或损失，股权投资的计税基础以原债权的计税基础确定。企业的其他相关所得税事项保持不变

续表

一般性税务处理	特殊性税务处理
债权人在年终企业所得税汇算清缴时，需要按照《国家税务总局关于发布〈企业资产损失所得税税前扣除管理办法〉的公告》（国家税务总局公告2011年第25号），应依据投资的原始凭证、合同或协议、会计核算资料等相关证据材料确认债权投资损失，证明资金确实无法收回。同时，依据《国家税务总局关于企业所得税资产损失资料留存备查有关事项的公告》（国家税务总局公告2018年第15号），填报企业所得税年度纳税申报表A105090"资产损失税前扣除及纳税调整明细表"，专项申报扣除资产损失，相关资料由企业留存备查	债权人在当年度企业所得税汇算清缴过程中，通过"A105100企业重组及递延纳税事项纳税调整明细表"进行纳税调整。另外，根据《国家税务总局关于企业重组业务企业所得税征收管理若干问题的公告》（国家税务总局公告2015年第48号），重组各方应在该重组业务完成当年，办理企业所得税年度申报时，分别向各自主管税务机关报送"企业重组所得税特殊性税务处理报告表及附表"和申报资料。重组业务完成当年，指重组合同（协议）或法院裁定书生效日所属的企业所得税纳税年度

根据《国家税务总局关于企业重组业务企业所得税征收管理若干问题的公告》（国家税务总局公告2015年第48号）第一条，按照重组类型，企业重组的当事各方是指：（一）债务重组中当事各方，指债务人、债权人。（二）股权收购中当事各方，指收购方、转让方及被收购企业。（三）资产收购中当事各方，指收购方、转让方。（四）合并中当事各方，指合并企业、被合并企业及被合并企业股东。（五）分立中当事各方，指分立企业、被分立企业及被分立企业股东。上述重组交易中，股权收购中转让方、合并中被合并企业股东和分立中被分立企业股东，可以是自然人。当事各方中的自然人应按个人所得税的相关规定进行税务处理。

（三）将债务转为权益工具清偿债务的税会差异分析

1. 债权人的税会差异分析

重组前，按会计准则规定，调整债权的账面价值，计入公允价值变动损益、信用资产减值损失等，但按税法规定，除金融企业可按规定扣除减值准备外，其他企业一律不得扣除准备金。重组后，会计准则规定，对联营企业或合营企业投资的成本，包括放弃债权的公允价值和可直接归属于该资产的税金等其他成本，税法规定适用特殊性税务处理的，股权投资的计税基础以原债权的计税基础确定。

2. 债务人的税会差异分析

按会计准则规定，所清偿债务账面价值与权益工具确认金额之间的差额，应当计入当期损益（投资收益），债务人应当按照支付的债务清偿额低于债务计税基础的差额，确认债务重组所得。适用特殊性税务处理的，企业债务重组确认的应纳税所得额占该企业当年应纳税所得额50%以上，可享受递延5年纳税的优惠待遇，只有债权人债务让步那部分确认的债务重组所得可以享受递延5年纳税的优惠待遇，非货币资产确认的所得或损失应当正常缴纳企业所得税。

案例分析

【例15-2】 2022年5月10日，某技术公司从某科技公司购买一批材料，约定6个月后某技术公司应结清款项113万元（假定无重大融资成分，增值税税率13%）。科技公司将该应收款项分类为以公允价值计量且其变动计入当期损益的金融资产；技术公司将该应付款项分类为摊余成本计量的金融负债。2022年7月12日，技术公司因无法支付货款与科技公司协商进行债务重组，双方商定科技公司将该债权转为对技术公司的股权投资。9月20日，科技公司办结了技术公司的增资手续，技术公司和科技公司分别支付了1.5万元和1.2万元。债转股后某技术公司总股本为100万元，科技公司持有的抵债股权占技术公司总股本的30%，对技术公司具有重大影响，技术公司股权公允价值不能可靠计量。技术公司应付账款的账面价值仍然为113万元。

2022年6月30日，应收款项和应付款项的公允价值均为90万元。

2022年7月12日，应收账款和应付账款的公允价值均为80万元。

2022年9月20日，应收账款和应付账款的公允价值仍为80万元（见表15-3）。

表15-3　　　　　　　　税会差异分析

会计处理	税收处理	税会差异分析
(1) 债权人（某科技公司）税会差异分析		
(1) 2022年6月30日，交易性金融资产账面价值为90万元；7月12日与9月20日账面价值均为80万元； (2) 债务重组时，9月20日，某科技公司对某技术公司的长期股权投资成本为应收账款公允价值80万元与相关税费1.2万元的合计81.20万元	债权人科技公司债权的计税基础为113万元，收到债务清偿额为80万元，债务重组损失是33万元。科技公司会计处理确认的是"公允价值变动损益"33万元，而不是债务重组损失33万元，虽然金额一致，但是项目不一致也是需要进行纳税调整的	重组前，按会计准则规定，调整债权的账面价值，计入公允价值变动损益、信用资产减值损失等，但按税法规定，除金融企业可按规定扣除减值准备外，其他企业一律不得扣除准备金。重组后，会计准则规定，对联营企业或合营企业投资的成本，包括放弃债权的公允价值和可直接归属于该资产的税金等其他成本，税法规定适用特殊性税务处理的，股权投资的计税基础以原债权的计税基础确定

续表

会计处理	税收处理	税会差异分析
(2) 债务人（某技术公司）税会差异分析		
2022年9月20日，由于某技术公司股权的公允价值不能可靠计量，初始确认权益工具公允价值应当按照所清偿债务的公允价值80万元计量，应付账款的账面价值113万元与清偿债务的公允价值80万元的差额确认投资收益33万元；因发行权益工具支出的相关税费1.5万元确认为资本公积	债务人支付的债务清偿额80万元，债务计税基础113万元，确认有关债务清偿所得33万元。同时按照股权的公允价值确认80万元权益工具	按会计准则规定，所清偿债务账面价值与权益工具确认金额之间的差额，应当计入当期损益（投资收益），债务人应当按照支付的债务清偿额低于债务计税基础的差额，确认债务重组所得。适用特殊性税务处理的，企业债务重组确认的应纳税所得额占该企业当年应纳税所得额50%以上，可享受递延5年纳税的优惠待遇，只有债权人债务让步那部分确认的债务重组所得可以享受递延5年纳税的优惠待遇，非货币资产视同销售确认的所得或损失应当正常缴纳企业所得税

三、修改其他条款方式进行债务重组的差异

（一）修改其他条款方式进行债务重组的会计处理

1. 债权人的会计处理

《企业会计准则第12号——债务重组》应用指南第五条第二款，债务重组采用以修改其他条款方式进行的，如果修改其他条款导致全部债权终止确认，债权人应当按照修改后的条款以公允价值初始计量重组债权，重组债权的确认金额与债权终止确认日账面价值之间的差额，记入"投资收益"科目。如果修改其他条款未导致债权终止确认，债权人应当根据其分类，继续以摊余成本、以公允价值计量且其变动计入其他综合收益，或者以公允价值计量且其变动计入当期损益进行后续计量。

2. 债务人的会计处理

《企业会计准则第12号——债务重组》应用指南第六条第三款规定，债务重组采用修改其他条款方式进行的，如果修改其他条款导致债务终止确认，债务人应当按照公允价值计量重组债务，终止确认的债务账面价值与重组债务确认金额之间的差额，记入"投资收益"科目。

如果修改其他条款未导致债务终止确认，或者仅导致部分债务终止确认，对于未终止确认的部分债务，债务人应当根据其分类，继续以摊余成本、以

公允价值计量且其变动计入当期损益或其他适当方法进行后续计量。

如果修改后的债务条款涉及或有应付金额，且该或有应付金额符合或有事项准则中有关预计负债确认条件，债务人将该或有应付金额确认为预计负债，并根据或有事项准则的规定确定金额。

（二）修改其他条款方式进行债务重组的税法处理

根据《国家税务总局关于企业取得财产转让等所得企业所得税处理问题的公告》（2010年第19号）第一条规定，企业取得财产（包括各类资产、股权、债权等）转让收入、债务重组收入、接受捐赠收入、无法偿付的应付款收入等，不论是以货币形式、还是非货币形式体现，除另有规定外，均应一次性计入确认收入的年度计算缴纳企业所得税。

根据《财政部、国家税务总局关于企业重组业务企业所得税处理若干问题的通知》（财税〔2009〕59号）第六条第（一）项规定，企业债务重组确认的应纳税所得额占该企业当年应纳税所得额50%以上，可以在5个纳税年度的期间内，均匀计入各年度的应纳税所得额。第四条第（二）项第3点规定，债务人应当按照支付的债务清偿额低于债务计税基础的差额，确认债务重组所得；债权人应当按照收到的债务清偿额低于债权计税基础的差额，确认债务重组损失。

如果修改后的债务条款涉及或有应付金额，预计负债在实际发生时据实扣除。重组债务的账面价值与重组后债务的入账价值之间的差额，作为债务重组所得。债务重组利得与债务重组所得之间的差额，做纳税调整。

（三）修改其他条款方式进行债务重组的税会差异分析

修改其他条款方式进行债务重组的，若不附或有条件，税会一致处理；附或有条件，预计负债产生可抵扣暂时性差异。

本章政策依据

1. 《企业会计准则第12号——债务重组》（财会〔2019〕9号）
2. 《财政部 国家税务总局关于企业重组业务企业所得税处理若干问题的通知》（财税〔2009〕59号）
3. 《中华人民共和国增值税暂行条例实施细则》（中华人民共和国财政部 国家税务总局令第50号）
4. 《中华人民共和国企业所得税法实施条例》（中华人民共和国国务院令第714号）

5.《财政部 国家税务总局关于全面推开营业税改征增值税试点的通知》（财税〔2016〕36 号）

6.《国家税务总局关于纳税人资产重组有关增值税问题的公告》（国家税务总局公告 2011 年第 13 号）

7.《消费税若干具体问题的规定》（国税发〔1993〕156 号）

8.《国家税务总局关于贯彻落实企业所得税法若干税收问题的通知》（国税函〔2010〕79 号）

9.《国家税务总局关于〈发布企业重组业务所得税管理办法〉的公告》（国家税务总局公告 2010 年第 4 号）

10.《中华人民共和国印花税暂行条例》（中华人民共和国国务院令 1988 年第 11 号）

11.《中华人民共和国房产税暂行条例》（国发〔1986〕90 号）

12.《中华人民共和国土地增值税暂行条例》（中华人民共和国国务院令第 588 号）

13.《中华人民共和国契税法》（主席令第五十二号）

14.《财政部税务总局关于继续执行企业事业单位改制重组有关契税政策的公告》（财政部税务总局公告 2021 年第 17 号）

15.《国家税务总局关于发布〈企业资产损失所得税税前扣除管理办法〉的公告》（国家税务总局公告 2011 年第 25 号）

16.《国家税务总局关于企业所得税资产损失资料留存备查有关事项的公告》（国家税务总局公告 2018 年第 15 号）

17.《国家税务总局关于企业重组业务企业所得税征收管理若干问题的公告》（国家税务总局公告 2015 年第 48 号）

18.《国家税务总局关于股权分置改革中上市公司取得资产及债务豁免对价收入征免受所得税问题的批复》（国税函〔2009〕375 号）

第十六章 或有事项会计与税法差异

第一节 或有事项概述

一、或有事项的概念和特征

（一）或有事项的概念

根据《企业会计准则第13号——或有事项》（财会〔2006〕3号）的规定：或有事项，是指过去的交易或者事项形成的，其结果须由某些未来事项的发生或不发生才能决定的不确定事项。常见的或有事项主要包括：未决诉讼或仲裁、债务担保、产品质量保证（含产品安全保证）、承诺、亏损合同、重组义务、环境污染整治等。

（二）或有事项的特征

或有事项具有以下特征：

1. 由过去交易或事项形成，是指或有事项的现存状况是过去交易或事项引起的客观存在。

比如，未决诉讼虽然是正在进行中的诉讼，但该诉讼是企业因过去的经济行为导致起诉其他单位或被其他单位起诉。未来可能发生的自然灾害、交通事故、经营亏损等，不属于或有事项。

2. 结果具有不确定性，是指或有事项的结果是否发生具有不确定性，或者或有事项的结果预计将会发生，但发生的具体时间或金额具有不确定性。

比如，债务担保事项的担保方到期是否承担和履行连带责任，需要根据债务到期时被担保方能否按时还款加以确定。这一事项的结果在担保协议达成时具有不确定性。

3. 由未来事项决定，是指或有事项的结果只能由未来不确定事项的发生或不发生才能决定。

比如，债务担保事项只有在被担保方到期无力还款时企业（担保方）才履行连带责任。

（三）或有负债和或有资产

或有负债，是指过去的交易或事项形成的潜在义务，其存在须通过未来不确定事项的发生或不发生予以证实；或过去的交易或事项形成的现时义务，履行该义务不是很可能导致经济利益流出企业或该义务的金额不能可靠计量。

履行或有事项相关义务导致经济利益流出的可能性，通常按照一定的概率区间加以判断。一般情况下，发生的概率分为以下几个层次：基本确定、很可能、可能、极小可能。其中，"基本确定"是指发生的可能性大于95%但小于100%；"很可能"是指发生的可能性大于50%但小于或等于95%；"可能"是指发生的可能性大于5%但小于或等于50%；"极小可能"是指发生的可能性大于0但小于或等于5%。

或有资产，是指过去的交易或者事项形成的潜在资产，其存在须通过未来不确定事项的发生或不发生予以证实。

二、或有事项的确认

或有负债和或有资产不符合负债或资产的定义和确认条件，企业不应当确认或有负债和或有资产。但是随着时间的推移和事态的进展，或有负债对应的潜在义务可能转为现时义务，原本不是很可能导致经济利益流出的现时义务也可能被证实将很可能导致企业流出经济利益，并且现时义务的金额也能够可靠计量。这时或有负债就转化为企业的负债，应当予以确认。或有资产也是一样，其对应的潜在资产最终是否能够流入企业会逐渐变得明确，如果某一时点企业基本确定能够收到这项潜在资产并且其金额能够可靠计量，则应当将其确认为企业的资产。或有事项相关的义务同时满足下列条件的，应当确认为预计负债：

1. 该义务是企业承担的现时义务。企业没有其他现实的选择，只能履行该义务，如法律要求企业必须履行、有关各方合理预期企业应当履行等。

2. 履行该义务很可能导致经济利益流出企业。通常是指履行与或有事项相关的现时义务时，导致经济利益流出企业的可能性超过50%。

3. 该义务的金额能够可靠地计量。即与或有事项相关的现时义务的金额能够合理地估计。

企业不应当就未来经营亏损确认预计负债。

或有事项形成的或有资产只有在企业基本确定能够收到的情况下，才转变为真正的资产，从而予以确认。

三、预计负债的计量

当与或有事项有关的义务符合确认为负债的条件时应当将其确认为预计负债，预计负债应当按照履行相关现时义务所需支出的最佳估计数进行初始计量。所需支出存在一个连续范围，且该范围内各种结果发生的可能性相同的，最佳估计数应当按照该范围内的中间值确定。在其他情况下，最佳估计数应当分别下列情况处理：

1. 或有事项涉及单个项目的，按照最可能发生金额确定。
2. 或有事项涉及多个项目的，按照各种可能结果及相关概率计算确定。

企业在确定最佳估计数时，应当综合考虑与或有事项有关的风险、不确定性和货币时间价值等因素。

货币时间价值影响重大的，应当通过对相关未来现金流出进行折现后确定最佳估计数。

企业清偿预计负债所需支出全部或部分预期由第三方补偿的，补偿金额只有在基本确定能够收到时才能作为资产单独确认。确认的补偿金额不应当超过预计负债的账面价值。

第二节 或有事项的会计与税法差异

一、预计负债的会计处理

会计处理上，与或有事项相关的义务同时满足相关条件的，应当确认为预计负债。借记"销售费用""管理费用"等科目，贷记"预计负债"科目。实际发生时，借记"预计负债"科目，贷记"银行存款"科目。预计负债应当按照履行相关现时义务所需支出的最佳估计数进行初始计量。企业应当在资产负债表日对预计负债的账面价值进行复核。有确凿证据表明该账面价值不能真实反映当前最佳估计数的，应当按照当前最佳估计数对该账面价值进行调整。

二、预计负债的税法处理

根据《中华人民共和国企业所得税法实施条例》（中华人民共和国国务院

令第 714 号）第八条规定：企业实际发生的与取得收入有关的、合理的支出，包括成本、费用、税金、损失和其他支出，准予在计算应纳税所得额时扣除。

三、预计负债的税会差异分析

会计准则规定因或有事项而确认的预计负债，是纳税人根据有关情况预计的，只是履行该义务很可能导致经济利益流出企业，还没有实际发生，金额也是合理估计的，不符合税前扣除的真实性和确定性原则，不允许在计算应纳税所得额时扣除。

企业对未决诉讼或仲裁、债务担保、产品质量保证（含产品安全保证）亏损合同、重组业务等方面计提的预计负债，在申报企业所得税时应调增应纳税所得额，并确认一项递延所得税资产，支出实际发生时才允许扣除，并相应转销递延所得税资产。

对于可能获得的补偿，会计准则要求在"基本确定能够收到"时，按照"基本确定能够收到的金额"确认，而税法要求在实际收到时确认所得。因此，如果在计提预计负债的同时，按会计准则的规定同时确认了一笔补偿的金额，则当年实际计入成本费用的金额只是预计负债与补偿金额的差额，只需对该笔差额作纳税调整，在实际收到和支出时，应做相反方向的纳税调整。

案例分析

【例 16-1】2022 年 11 月，A、B 两公司因商标权引起纠纷，A 公司向法院提起诉讼。至 2022 年 12 月 31 日法院尚未判决。B 公司向律师咨询得知，B 公司败诉的可能性为 80%，如果败诉，赔偿金额可能为 100 万元至 120 万元，诉讼费 3 000 元。企业得税税率为 25%。假设企业 2022 年会计利润总额为 200 万元。不考虑其他纳税调整事项（见表 16-1）。

表 16-1　　　　　　　　　　　税会差异分析

会计处理	税收处理	税会差异分析
2022 年 12 月 31 日		
按照最佳估计数计算应确认的预计负债 =（100 + 120）÷ 2 = 110（万元），确认预计负债 110.3 万元，营业外支出 110 万元，管理费用 0.3 万元	在利润总额的基础上纳税调增 110.3 万元，应纳税所得额为 77.575［(200 + 110.3) × 25%］万元	确认的预计负债不能在当期税前扣除，在实际发生时扣除

【例 16-2】承【例 16-1】，假设 2022 年 5 月经法院判决 B 公司败诉，应向 A 公司赔偿 100 万元，承担诉讼费 3 000 元。企业所得税税率为 25%。B 公司 2023 年会计利润为 200 万元。不考虑其他纳税调整事项（见表 16-2）。

表 16-2　　　　　　　　税会差异分析

会计处理	税收处理	税会差异分析
2023 年 12 月 31 日		
冲减 2022 年确认的预计负债，并冲销当期营业外支出 10 万元	实际发生损失 100 万元和诉讼费 0.3 万元可按税法规定在当期申报扣除，冲销的营业外支出 10 万元也不予税前扣除，故调减金额 110.3 万元，应纳税所得额为 89.7（200－110.3）万元，应纳税额为 22.425 万元	确认的预计负债不能在当期税前扣除，在实际发生时扣除

第三节　煤矿企业维简费和高危行业安全生产费的会计与税法差异

一、煤矿企业维简费和高危行业安全生产费的会计处理

《财政部关于印发〈企业会计准则解释第 3 号〉的通知》（财会〔2009〕8 号）规定：高危行业企业按照国家规定提取的安全生产费，应当计入相关产品的成本或当期损益，同时记入"专项储备"科目。"专项储备"科目期末余额在资产负债表所有者权益项目"减：库存股"和"盈余公积"之间增设"专项储备"项目反映。企业在使用提取的安全生产费时，属于费用性支出的，直接冲减专项储备。企业使用提取的安全生产费建造固定资产的，应当通过"在建工程"科目归集所发生的支出，待安全项目完工达到预定可使用状态时确认为固定资产。同时，按照形成固定资产的成本冲减专项储备，并确认相同金额的累计折旧。该固定资产在以后期间不再计提折旧。企业提取的维简费和其他具有类似性质的费用，比照上述规定处理。另外，需要注意的是，企业安全生产费用提取和使用，应严格按照《财政部、安全监管总局关于印发〈企业安全生产费用提取和使用管理办法〉的通知》（财企

〔2012〕16号）的相关规定执行。

二、煤矿企业维简费和高危行业安全生产费的税法处理

根据《国家税务总局关于企业维简费支出企业所得税税前扣除问题的公告》（国家税务总局公告2013年第67号）规定：企业实际发生的维简费支出，属于收益性支出的，可作为当期费用税前扣除；属于资本性支出的，应计入有关资产成本，并按《企业所得税法》的规定计提折旧或摊销费用在税前扣除。企业按照有关规定预提的维简费，不得在当期税前扣除。关于煤矿企业，根据《国家税务总局关于煤矿企业维简费和高危行业企业安全生产费用企业所得税税前扣除问题的公告》（国家税务总局公告2011年第26号）规定：煤矿企业实际发生的维简费支出和高危行业企业实际发生的安全生产费用支出，属于收益性支出的，可直接作为当期费用在税前扣除；属于资本性支出的，应计入有关资产成本，并按《企业所得税法》的规定计提折旧或摊销费用在税前扣除。企业按照有关规定预提的维简费和安全生产费用，不得在税前扣除。

三、煤矿企业维简费和高危行业企业安全生产费的税会差异分析

煤矿企业维简费和高危行业企业的安全生产费的税会处理差异主要表为以下两个方面：第一，计提安全生产费时，会计处理上，按照规定提取的安全生产费，计入相关资产成本或当期损益，将影响当期利润。税务处理上，只有企业实际发生的属于收益性支出的维简费和高危行业企业安全生产费用，才能在当期税前扣除。企业按照有关规定预提的维简费和安全生产费用，不得在税前扣除。企业当年提取但没有实际使用的安全生产费需要做纳税调整。第二，使用提取的安全生产费时，会计处理上，属于费用性支出的，直接冲减专项储备，不影响当期利润；企业使用提取的安全生产费形成固定资产的，冲减直接专项储备，并确认相同金额的累计折旧。以后期间不再计提折旧，在发生后续支出即形成费用性支出时，也不记入损益科目，仍冲减专项储备，不影响当期利润。税务处理上，实际发生安全生产费，属于收益性支出时，可以在发生期税前扣除；属于资本性支出且形成固定资产的，以后期间可以计提折旧，分期在税前扣除。可以看出，企业已计提但未实际发生的安全生产费会形成暂时性差异，按照《企业会计准则第18号——所得税》的规定，应确认递延所得税资产，即借记"递延所得税资产"科目，贷记"所得税费用"科目，待实际发生安全生产费时予以转回，即借记"所得税费用"科目，

贷记"递延所得税资产"科目。企业实际发生的安全生产费如果形成固定资产，以后其折旧的扣除也将形成暂时性差异。

案例分析

【例16-3】某矿山企业（非上市公司）2022年开始依据开采的原矿产量计提安全生产费，计提标准为每吨矿石10元，该原矿年产销量100 000吨。2022年6月，该企业购入一批需要安装用于完善和改造矿井作业的安全防护设备，价款为40万元，增值税进项税额为5.2万元，安装过程中支付安装费5万元，6月20日安装完成。该设备采用年限平均法计提折旧，预计使用年限为10年，预计净残值率为5%。2022年10月，该企业实际支付安检费用2万元，支付安全技能培训及进行应急救援支出3万元。2023年，发生安检及安全技能培训费用4万元，假设该企业每年利润总额为2 000万元，制造费用均已结转至销售成本，不考虑其他纳税调整事项（见表16-3）。

表16-3 税会差异分析

会计处理	税收处理	税会差异分析
（1）2022年提取安全生产费		
提取安全生产费=100 000×10=1 000 000（元），同时确认制造费用和专项储备100万元	计提但未实际支出的安全生产费不能在税前扣除，纳税调增100万元	账面发生的制造费用100万元企业所得税上因未实际发生，不予以税前扣除
（2）2022年6月购置安全防护设备等固定资产		
形成固定资产45万元，同时一次性确认累计折旧对应冲减专项储备	按照税法规定，安全防护设备应计提折旧=[450 000×(1-5%)÷120]×6=21 375（元），准予税前扣除。该固定资产的账面价值=450 000-450 000=0，计税基础=45 000-21 375=428 625（元），计税基础大于账面价值，形成可抵扣暂时性差异。纳税调减2.1375万元	形成固定资产的支出属于资本化支出，不得在发生当期直接扣除，应当分期扣除
（3）2022年10月支付安检费用、技能培训、应急救援等费用性支出		
冲减专项储备5万元	实际发生的费用可以在税前扣除，纳税调减5万元，2020年累计应纳税调增=50+(45-2.1375)=92.8625（万元）	账面未发生支出，税收上调减5元，形成税会差异

续表

会计处理	税收处理	税会差异分析
（4）2023年发生支付安检及安全技能培训费用		
冲减专项储备4万元	实际发生的费用可以在税前扣除，纳税调减4万元，安全防护设备应计提折旧＝[450 000×（1－5%）÷120]×12＝42 750（元）	计提安全防护设备应计提折旧和实际发生安检及安全技能培训费用可以税前扣除
（5）2023年提取安全生产费		
提取安全生产费＝100 000×10＝1 000 000（元），同时确认制造费用和专项储备100万元	计提但未实际支出的安全生产费不能在税前扣除，纳税调增100万元	账面发生的制造费用100万元企业所得税上因未实际发生，不予以税前扣除

▎本章政策依据▎

1. 《企业会计准则第13号——或有事项》（财会〔2006〕3号）

2. 《财政部关于印发〈企业会计准则解释第3号〉的通知》（财会〔2009〕8号）

3. 《财政部、安全监管总局关于印发〈企业安全生产费用提取和使用管理办法〉的通知》（财企〔2012〕16号）

4. 《中华人民共和国企业所得税法实施条例》（中华人民共和国国务院令第714号）

5. 《国家税务总局关于煤矿企业维简费和高危行业企业安全生产费用企业所得税税前扣除问题的公告》（国家税务总局公告2011年第26号）

6. 《国家税务总局关于企业维简费支出企业所得税税前扣除问题的公告》（国家税务总局公告2013年第67号）

第十七章 金融工具确认和计量会计与税法差异

第一节 金融工具的会计与税法概念的差异

一、金融工具概述

根据《企业会计准则第 22 号——金融工具确认和计量》（财会〔2017〕7 号）第二条规定：金融工具是指形成一个企业的金融资产，并形成其他单位的金融负债或权益工具的合同。

二、金融工具税法概念

根据《中华人民共和国企业所得税法实施条例》（中华人民共和国国务院令第 714 号）第五十六条规定：企业的各项资产，包括固定资产、生物资产、无形资产、长期待摊费用、投资资产、存货等，以历史成本为计税基础；第七十一条规定：企业所得税法第十四条所称投资资产，是指企业对外进行权益性投资和债权性投资形成的资产。

三、会计与税法差异分析

企业在税法上按照历史成本计量的属性和会计准则中以公允价值计量的属性，造成了金融工具在确认、持有期间和处理等各个环节都会存在差异。

1. 企业确认为交易性金融资产或金融负债发生的交易费用应记入"投资收益"科目，税法要求计入投资的计税基础；购入持有至到期投资、可供出售金融资产发生的交易费用计入投资成本，税法要求与其一致。

2. 股息所得的确认为被投资方作出利润分配决定的日期，利息收入按照合同约定的债务人应付利息的日期确认收入的实现会计处理与税务处理一致。而对于已到付息期但尚未领取的利息或已宣告但尚未发放的现金股利，作为企业的垫款处理，税务处理与会计处理相同。

3. 交易性金融负债或其他金融负债在持有期间发生的现金股利或利息，计入当期损益，符合资本化条件的计入相关资产。会计处理与税务处理一致。被投资方发放股票股利，投资方作备查登记不做账务处理，但税法要求视同"先分配再投资"处理，确认红利所得，同时追加投资计税基础。

4. 资产负债表日，交易性金融资产或交易性金融负债的公允价值与其账面余额的差额记入"公允价值变动损益"科目，计算应纳税所得税时应做纳税调整。资产负债表日，可供出售金融资产的公允价值与其账面的余额的差额记入"资本公积——其他资本公积"科目，与税法要求一致。

5. 出售交易性金融资产、持有至到期投资、可供出售金融资产，会计上按照账面价值结转，计算资产转让所得应按计税成本扣除。账面价值与计税成本的差额应作纳税调整处理。"交易性金融资产——公允价值变动损益"和可"资本公积——其他资本公积"科目结转"投资收益"，对损益无影响，不作纳税调整。交易性金融负债或其他金融负债到期，会计上按账面价值结转，差额计入当期损益，符合资本化条件的计入相关资产，与税法要求一致。

第二节　金融资产和金融负债的计量与税法差异概述

一、金融资产和金融负债的计量

（一）金融资产和金融负债的初始计量

企业初始确认金融资产或金融负债时，应当按照公允价值计量。对于以公允价值计量且其变动计入当期损益的金融资产或金融负债，相关交易费用应当直接计入当期损益；对于其他类别的金融资产或金融负债，相关交易费用应当计入初始确认金额。其中，金融资产或金融负债的公允价值，通常应当以市场交易价格为基础确定。

交易费用，是指可直接归属于购买、发行或处置金融工具增量费用。增量费用,是指企业没有发生购买、发行或处置金融工具的情形就不会发生的费用,包括支付给代理机构、咨询公司、券商、证券交易所、政府有关部门等的手续费、佣金、相关税费及其他必要支出,不包括溢价、折价、融资费用、内部管理成本和持有成本及其他与交易不直接相关的费用。交易费用构成实际利息的组成部分。

企业取得金融资产所支付的价款中包含的已宣告但尚未发放的债券利息或现金股利,应当单独确认为应收项目进行处理。

(二) 金融资产的后续计量

1. 金融资产后续计量的原则

金融资产的后续计量与金融资产的分类密切相关。企业应当按照发下原则对金融资产进行后续计量:

(1) 以公允价值计量且其变动计入当期损益的金融资产(交易性金融资产),应当按照公允价值计量,且不扣除将来处置该金融资产时可能发生的交易费用;

(2) 以摊余成本计量的金融资产(应收账款、贷款、债权投资),应当采用实际利率法,按摊余成本计量;

(3) 以公允价值计量且其变动计入其他综合收益的金融资产(其他权益工具投资、其他权益投资),应当按公允价值计量,且不扣除将来处置该金融资产时可能发生的交易费用。

2. 实际利率法及摊余成本

(1) 实际利率法。实际利率法,是指计算金融资产或金融负债(含一组金融资产或金融负债)的摊余成本以及将利息收入或利息费用分摊计入各个会计期间的方法。

(2) 摊余成本,金融资产或金融负债的摊余成本,是指该金融资产或金融负债的初始确认金额经下列调整后的结果:

①扣除已偿还的本金;

②加上或减去采用实际利率法将该初始确认金额与到期日金额之间的差额进行摊销形成的累计摊销额;

③扣除累计计提的损失准备(仅适用于金融资产)。

需要说明的是,对于要求采用实际利率法摊余成本进行后续计量的金融资产或金融负债,如果有客观证据表明按该金融资产或金融负债的实际利率与名义利率分别计算的各期利息收入或利息费用相差很小,也可以采用名义利率摊余成本进行后续计量。

3. 金融资产相关利得或损失的处理

（1）对于按照公允价值进行后续计量的金融资产，其公允价值变动形成利得或损失，除与套期保值有关外，应当按照下列规定处理：

①以公允价值计量且其变动计入当期损益的金融资产公允价值变动形成的利得或损失，应当计入当期损益。

②以公允价值计量且其变动计入其他的综合收益的金融资产，其公允价值变动形成的利得或损失，除减值损失和外币货币性金融资产形成的汇兑差额外，应当直接计入所有者权益（其他综合收益），并且中国证券监督管理委员会会计部函〔2008〕50号要求："在相关法律有明确规定前上述计入其他资本公积（相应改为其他综合收益）的公允价值变动部分，暂不得用于转增股份；以公允价值计量的相关资产，其公允价值变动形成的收益，暂不得用于利润分配。"在该金融资产终止确认时转出，计入当期损益。

（2）以摊余成本计量的金融资产，在发生减值、摊销或终止确认时产生的利得或损失，应当计入当期损益。但是，该金融资产被指定为被套期项目的，相关的利得或损失的处理，适用《企业会计准则第24号——套期保值》。

二、金融资产和金融负债的税法处理

1.《中华人民共和国企业所得税法实施条例》（中华人民共和国国务院令第714号）第七十一条规定：企业对外进行权益性投资和债权性投资形成的投资资产，以实际支付的购买价款作为计税基础。其中，通过支付现金方式取得的投资资产，以购买价款为成本；通过支付现金以外的方式取得的投资资产，以该资产的公允价值和支付的相关税费为成本。企业对转让该资产的收入中扣除，据以计算财产所得或损失。

根据上述规定，投资资产在持有期间公允价值与计税基础之前的差额，既不确认所得，也不确认损失。

2.《中华人民共和国企业所得税法实施条例》（中华人民共和国国务院令第714号）第五十五条规定：未经核准的准备金不得在税前扣除。

3.《中华人民共和国企业所得税法实施条例》（中华人民共和国国务院令第714号）第十七条、第八十三条规定：股息、红利等权益投资收益，除国务院财政、税务主管部门另有规定外，按照被投资方作出利润分配决定的日期确认收入的实现。居民企业直接投资于其他居民企业取得的股息、红利等权益性投资收益，免征企业所得税。为鼓励长期投资，居民企业连续持有居民企业公开发行并上市流通的股票不足12个月取得的投资收益不得享受免税优惠。

4. 关于债券利息的企业所得税优惠。《中华人民共和国企业所得税法》（中华人民共和国主席令第 23 号）第二十六条规定：国债利息收入免征企业所得税。

5. 《财政部、国家税务总局关于企业所得税若干优惠政策的通知》（财税〔2008〕1 号）规定：对证券投资基金从证券市场中取得的收入，包括买卖股票、债券的差价收入，股权的股息、红利收入，债券的利息收入及其他收入，暂不征收企业所得税；对投资者从证券投资基金分配中取得的收入，暂不征收企业所得税；对证券投资基金管理人运用基金买卖股票、债券的差价收入，暂不征收企业所得税。

6. 关于利息收入的确认时间，《中华人民共和国企业所得税法实施条例》（中华人民共和国国务院令第 714 号）第十八条规定：利息收入是指企业将资金提供给他人使用但不构成权益性投资，或者因他人占用本企业资金取得的收入，包括存款利息、贷款利息、债券利息、欠款利息等收入，利息收入，按照合同约定的债务人应付利息的日期确认收入的实现。

第三节　以公允价值计量且其变动计入当期损益金融资产的会计与税法差异

一、以公允价值计量且其变动计入当期损益金融资产的会计处理

《企业会计准则第 22 号——金融工具确认和计量》（财会〔2017〕7 号）第十九条规定：按照本准则分类为以摊余成本计量的金融资产和以公允价值计量且其变动计入其他综合收益的金融资产之外的金融资产，企业应当将其分类为以公允价值计量且其变动计入当期损益的金融资产的会计处理见表 17-1。

表 17-1　以公允价值计量且其变动计入当期损益的金融资产的会计处理

阶段	项目	会计处理
取得		借：交易性金融资产——成本（公允价值） 　　投资收益（发生的交易费用） 　　应收股利（已宣告但尚未发放的现金股利） 　　应收利息（已到付息日但尚未领取的债券利息） 　贷：银行存款（实际支付的金额）

续表

阶段	项目	会计处理
持有	收回垫支的现金股利或债券利息	借：银行存款 　　贷：应收股利（或应收利息）
持有	被投资单位宣告发放现金股利或资产负债表日计算利息	借：应收股利（被投资单位宣告发放的现金股利×持股比例） 　　应收利息（资产负债表日计算的应收利息） 　　贷：投资收益
持有	收到现金股利或债券利息	借：银行存款 　　贷：应收股利（或应收利息）
期末	公允价值＞账面价值	借：交易性金融资产——公允价值变动（差额） 　　贷：公允价值变动损益
期末	公允价值＜账面价值	借：公允价值变动损益 　　贷：交易性金融资产——公允价值变动（差额）
处置		借：银行存款（出售净价，即价款扣除手续费） 　　贷：交易性金融资产——成本 　　　　　　　　　　——公允价值变动（或借记） 　　　　投资收益

二、以公允价值计量且其变动计入当期损益金融资产的税务处理

以公允价值计量且其变动计入当期损益的金融资产的税务处理见表17–2。

表17–2　以公允价值计量且其变动计入当期损益的金融资产的税务处理

阶段	税务处理
取得	《中华人民共和国企业所得税法实施条例》（中华人民共和国国务院令第714号）第七十一条规定：投资资产按照以下方法确定成本：1. 通过支付现金方式取得的投资资产，以购买价款为成本；2. 通过支付现金以外的方式取得的投资资产，以该资产的公允价值和支付的相关税费为成本
持有	《中华人民共和国企业所得税法实施条例》（中华人民共和国国务院令第714号）第十七条规定：股息、红利等权益性投资收益，除国务院财政、税务主管部门另有规定外，按照被投资方作出利润分配决定的日期确认收入的实现

续表

阶段	税务处理
期末	《中华人民共和国企业所得税法实施条例》（中华人民共和国国务院令第714号）第五十六条规定：企业的各项资产，包括固定资产、生物资产、无形资产、长期待摊费用、投资资产、存货等，以历史成本为计税基础。历史成本，是指企业取得该项资产时实际发生的支出。 企业持有各项资产期间资产增值或者减值，除国务院财政、税务主管部门规定可以确认损益外不得调整该资产的计税基础
处置	《中华人民共和国企业所得税法实施条例》（中华人民共和国国务院令第714号）第十六条规定：转让财产收入，是指企业转让固定资产、生物资产、无形资产、股权、债权等财产取得的收入。 《中华人民共和国企业所得税法实施条例》（中华人民共和国国务院令第714号）第七十一条规定：企业在转让或者处置投资资产时，投资资产的成本，准予扣除

三、以公允价值计量且其变动计入当期损益金融资产的税会差异分析

以公允价值计量且其变动计入当期损益的金融资产的税会差异分析见表17-3。

表17-3　以公允价值计量且其变动计入当期损益的金融资产的税会差异分析

阶段	差异分析
取得	会计和税法的差异主要产生于交易费用的处理不同。在会计处理上，交易费用计入当期的损益；而在税务处理上，交易费用计入投资成本。因此，导致交易性金融资产的账面价值小于计税成本基础，产生可抵扣的暂时性差异；计入投资收益的交易费用当期不允许税前扣除，需要调增应纳税所得额。 注意：如果交易性金融资产的取得和出售发生在同一会计期间，不存在差异，不需要调整
持有	对于股权投资，在会计处理上，被投资方宣告发放的现金股利时确认股权投资的收益，而在税务处理上，按被投资方做出利润分配决定的日期确认收入的实现，两者在收入确认时间上有所差异。若该股息所得可享受免税优惠，还应做纳税调减处理，但如果属于持有期未满12个月的股票投资，在持有期间取得的股息应当计入所得总额征税，不做纳税调整。 被投资方发放股票股利，投资方仅备查登记不做账务处理，但税法要求视同分配处理，相当于"先分配再投资"，应确认红利所得，同时追加投资计税基础。对红利所得还应区别情况处理：通常情况下，红利所得可以享受免税优惠，这与会计上不做账务处理的核算结果是一致的，因此无须做纳税调整。但如果属于持有期未满12个月的股票投资，在持有期间取得红利所得（送股），应当按面值调增应纳税所得额

续表

阶段	差异分析
期末	以公允价值计量且其变动计入当期损益的金融资产期末计价时，会计上确认公允价值变动损益，影响利润，税法上不计入应纳税所得额，需要调整应纳税所得额；交易性金融资产的账面价值以公允价值为基础确定，而计税基础以历史成本确定，从而产生暂时性差异
处置	以公允价值计量且其变动计入当期损益的金融资产处置时，在会计处理上，用转让价款减去账面价值后得出投资收益，而在税务处理上，用转让价款减去计税基础后计算资产转让所得，当公允价值变动后，两者存在差异，需要纳税调整

案例分析

【例 17-1】 某公司在 2021 年 6 月 10 日以每股 15 元的价格（其中包含已宣告但尚未发放的现金股利 0.2 元）购进某股票 20 万股确认为交易性金融资产，另支付相关税费 1.2 万元，6 月 15 日收到现金股利，2021 年 12 月 31 日该股票每股的公允价值为 11.8 元，2022 年 12 月 31 日每股的公允价值为 12 元，2023 年 1 月 8 日，该股票以 260 万元出售，款项存入银行。

要求：根据上述资料，不考虑其他条件，做出相关会计处理和税务处理，并进行纳税调整（见表 17-4）。

表 17-4　　　　　　　　税会差异分析

会计处理	税收处理	税会差异分析
（1）2021 年 6 月 10 日，购进 20 万股股票时		
2020 年 6 月 10 日支付相关税费 1.2 万元	购入股票支付的相关税费 1.2 万元不得在本期税前扣除	应调增应纳税所得额 1.2 万元
（2）2021 年 6 月 15 日，收到现金股利时		
2021 年 6 月 15 日收到现金股利 4 万元	收到已宣告但尚未发放的现金股利，不需要纳税	与会计处理一致
（3）2021 年 12 月 31 日，每股股票的公允价值为 11.8 元时		
公允价值变动损益 -60 万元	公允价值变动损益借方金额不得税前扣除	应调增应纳税所得额 60 万元
（4）2022 年 12 月 31 日，每股股票的公允价值为 12 元时		
公允价值变动损益 4 万元	公允价值变动损益贷方金额不需要纳税	应调减应纳税所得额 4 万元

续表

会计处理	税收处理	税会差异分析
（5）2023年1月8日，该股股票以260万元出售时		
会计上股票处置收益为20万元	税法上的资产转让所得为-37.2（260-297.2）万元	应纳税调减57.2万元

第四节 以摊余成本计量的金融资产的会计与税法差异

《企业会计准则第22号——金融工具确认和计量》（财会〔2017〕7号）第十七条规定：金融资产同时符合下列条件的，应当分类为以摊余成本计量的金融资产：

（1）企业管理该金融资产的业务模式是以收取合同现金流量为目标。

（2）该金融资产的合同条款规定，在特定日期产生的现金流量，仅为对本金和以未偿付本金金额为基础的利息的支付。

一、以摊余成本计量的金融资产的会计处理

以摊余成本计量的金融资产的会计处理见表17-5。

表17-5　　　　以摊余成本计量的金融资产的会计处理

阶段	会计处理
取得	借：债权投资——成本（面值） 　　　　——利息调整（差额，也可能在贷方） 　　应收利息（实际支付的款项中包含的已到付息期但尚未领取的利息） 　贷：银行存款等
资产负债表日计算利息收益	借：应收利息（分期付息债权按票面利率计算的利息） 　　债权投资——应计利息（到期一次还本付息债权按票面利率计算的利息） 　贷：投资收益（债权投资期初账面余额或期初摊余成本乘以实际利率或经信用调整的实际利率计算确定的利息收入） 　　债权投资——利息调整（差额，利息调整摊销额，也可能在借方）

续表

阶段	会计处理
出售债权投资	借：银行存款等 　　债权投资减值准备 　贷：债权投资——成本（面值） 　　　　　　——利息调整 　　　　　　——应计利息 　　　　应收利息 　　　　投资收益（差额，也可能在借方）

二、以摊余成本计量的金融资产的税务处理

以摊余成本计量的金融资产的税务处理见表17-6。

表17-6　　　　　　以摊余成本计量的金融资产的税务处理

阶段	税务处理
取得	《中华人民共和国企业所得税法实施条例》（中华人民共和国国务院令第714号）第七十一条规定：投资资产按照以下方法确定成本：1. 通过支付现金方式取得的投资资产，以购买价款为成本；2. 通过支付现金以外的方式取得的投资资产，以该资产的公允价值和支付的相关税费为成本。 国家税务总局公告2011年第36号规定：1. 通过支付现金方式取得的国债，以买入价和支付的相关税费为成本；2. 通过支付现金以外方式取得的国债，以该资产的公允价值和支付的相关税费为成本
持有	《中华人民共和国企业所得税法实施条例》（中华人民共和国国务院令第714号）第十八条规定：利息收入，按照合同约定的债务人应付利息的日期确认收入的实现。 国家税务总局公告2011年第36号规定：企业投资国债从国务院财政部门（以下简称发行者）取得的国债利息收入，应以国债发行时约定应付利息的日期，确认利息收入的实现。企业转让国债，应在国债转让收入确认时确认利息收入的实现。 《中华人民共和国企业所得税法》（中华人民共和国主席令第23号）第二十六条规定：企业的下列收入为免税收入：1. 国债利息收入；2. 符合条件的居民企业之间的股息、红利等权益性投资收益；3. 在中国境内设立机构、场所的非居民企业从居民企业取得与该机构、场所有实际联系的股息、红利等权益性投资收益；4. 符合条件的非营利组织的收入

续表

阶段	税务处理
期末	《中华人民共和国企业所得税法实施条例》（中华人民共和国国务院令第714号）第五十六条规定：企业的各项资产，包括固定资产、生物资产、无形资产、长期待摊费用、投资资产、存货等，以历史成本为计税基础。历史成本，是指企业取得该项资产时实际发生的支出。 企业持有各项资产期间资产增值或者减值，除国务院财政、税务主管部门规定可以确认损益外不得调整该资产的计税基础
处置	《中华人民共和国企业所得税法实施条例》（中华人民共和国国务院令第714号）第十六条规定：转让财产收入，是指企业转让固定资产、生物资产、无形资产、股权、债权等财产取得的收入。 《中华人民共和国企业所得税法实施条例》（中华人民共和国国务院令第714号）第七十一条规定：企业在转让或者处置投资资产时，投资资产的成本，准予扣除

三、以摊余成本计量的金融资产的税会差异分析

（一）国债利息收益会计处理和税务处理中的差异分析

会计准则规定，国债利息收入投资收益计入当期利润，而税法规定免征企业所得税，应调减应纳税所得额。国债转让收益，会计上作为投资收益计入当期损益，税法上也正常纳税，但中途转让收益中含有的国债利息收入免税，应调减应纳税所得额。

（二）分期付息到期还本的债券投资收益会计处理和税务处理中的差异分析

会计准则规定对于分期付息到期还本的债券，按照实际利率法分期确认投资收益；税法规定按照名义利率分期确认投资收益，需要做纳税调整。

（三）到期一次还本付息的债券投资收益会计处理和税务处理中的差异分析

会计准则规定对于到期一次还本付息的债券，每一个资产负债表日按照权责发生制分期确认收益；税法规定不需要纳税，应全额调减应纳税所得额；到期一次还本付息时，再调增应纳税所得额。

（四）以摊余成本计量的金融资产计提的减值准备

税法不允许税前扣除，应调增应纳税所得额。

（五）出售以摊余成本计量的金融资产

出售以摊余成本计量的金融资产计算资产转让所得，应按计税基础扣除。账面价值与计税基础的差额，应做纳税调整。

案例分析

【例 17-2】 2020 年 1 月 1 日，某公司支付价款 9 590.12 万元（含交易费用）从上海证券交易所购入 C 公司发行的 5 年期公司债券，债券票面价值总额为 10 000 万元，票面年利率为 6%，于年末支付本年度债券利息（即每年利息为 600 万元），本金在债券到期时一次性偿还。某公司管理该金融资产的业务模式是以收取合同现金流量为目标，该金融资产的合同条款规定，在特定日期产生的现金流量，仅为对本金和未偿付本金金额为基础的利息的支付。基于上述原因，某公司将其划分为以摊余成本计量的金融资产。某公司该债券投资的实际利率为 7%。不考虑减值损失等因素。

要求：根据上述资料，不考虑其他条件，做出相关会计处理和税务处理，并进行纳税调整（见表 17-7）。

表 17-7 税会差异分析

会计处理	税收处理	税会差异分析
（1）2020 年 1 月 1 日取得时		
会计上账面价值 9 590.12 万元	以摊余成本计量的金融资产的计税基础为 9 590.12 万元，与账面价值相等	无差异
（2）2020 年 12 月 31 日摊销时		
2020 年 12 月 31 日，确认实际利息，收到票面利息时，会计上确认的投资收益为 671.31 万元	税法上确认的投资收益 600 万元	需纳税调减 71.31 万元
（3）2021 年 12 月 31 日摊销时		
2021 年 12 月 31 日取得时，确认实际利息，收到票面利息时，会计上确认的投资收益为 676.30 万元	税法上确认的投资收益 600 万元	需纳税调减 76.30 万元
（4）2022 年 12 月 31 日摊销时		
2022 年 12 月 31 日取得时，确认实际利息，收到票面利息时，会计上确认的投资收益为 681.64 万元	税法上确认的投资收益 600 万元	需纳税调减 81.64 万元
（5）2023 年 12 月 31 日摊销时		
确认实际利息，收到票面利息时，会计上确认的投资收益为 687.36 万元	税法上确认的投资收益 600 万元	需纳税调减 87.36 万元

续表

会计处理	税收处理	税会差异分析
（6）2024 年 12 月 31 日摊销时		
2024 年 12 月 31 日取得时，确认实际利息，收到票面利息时，会计上确认的投资收益为 693.27 万元	税法上确认的投资收益 600 万元	需纳税调减 93.27 万元
（7）2024 年 12 月 31 日收回本金时		
收到本金时，会计上不确认收益	税法上确认收益 409.88（10 000 - 9 590.12）万元	纳税调增 409.88 万元

第五节 以公允价值计量且其变动计入其他综合收益金融资产的会计与税法差异

一、以公允价值计量且其变动计入其他综合收益金融资产的会计处理

《企业会计准则第 22 号——金融工具确认和计量》（财会〔2017〕7 号）第十八条规定：金融资产同时符合下列条件的，应当分类为以公允价值计量且其变动计入其他综合收益的金融资产：

1. 企业管理该金融资产的业务模式既以收取合同现金流量为目标又以出售该金融资产为目标。

2. 该金融资产的合同条款规定，在特定日期产生的现金流量，仅为对本金和以未偿付本金金额为基础的利息的支付。

《企业会计准则第 22 号——金融工具确认和计量》（财会〔2017〕7 号）第十九条规定：在初始确认时，企业可以将非交易性权益工具投资指定为以公允价值计量且其变动计入其他综合收益的金融资产，并按照相关规定确认股利收入。该指定一经做出，不得撤销。企业在非同一控制下的企业合并中确认的或有对价构成金融资产的，该金融资产应当分类为以公允价值计量且其变动计入当期损益的金融资产，不得指定为以公允价值计量且其变动计入其他综合收益的金融资产。会计处理见表 17-8。

表 17 – 8　　　　以公允价值计量且其变动计入其他综合
收益的金融资产的会计处理

项目	会计处理	
	债务工具	权益工具
取得金融资产	借：其他债权投资——成本（面值） 　　　　　　　——利息调整（差额，或贷方） 　　　应收利息（购买价款中包含的已到付息期但尚未领取的债券利息） 　贷：银行存款等 （若购买的债券为到期一次性还本付息债券，则购买价款中包含的利息，记入"其他债权投资——应计利息"科目）	借：其他权益工具投资——成本（公允价值与交易费用之和） 　　　应收股利（支付的价款中包含已宣告但尚未发放的现金股利） 　贷：银行存款等
资产负债表日计算利息	借：应收利息（分期付息债权按票面利率计算的利息） 　　　其他债权投资——应计利息（到期一次还本付息债权按票面利率计算的利息） 　贷：投资收益 　　　其他债权投资——利息调整（差额，或借方） （注：实际利息＝期初账面余额×实际利率或实际利息＝期初摊余成本×实际利率或经信用调整的实际利率）	
资产负债表日公允价值变动	1. 公允价值上升 借：其他债权投资——公允价值变动 　贷：其他综合收益 2. 公允价值下降 借：其他综合收益 　贷：其他债权投资——公允价值变动	1. 公允价值上升 借：其他权益工具投资——公允价值变动 　贷：其他综合收益 2. 公允价值下降 借：其他综合收益 　贷：其他权益工具投资——公允价值变动
持有期间被投资单位宣告发放现金股利		借：应收股利 　贷：投资收益

续表

项目	会计处理	
	债务工具	权益工具
出售	借：银行存款等 　　贷：其他债权投资——成本（账面价值） 　　　　其他债权投资——应计利息 　　　　其他债权投资——利息调整（或借方） 　　　　其他债权投资——公允价值变动（或借方） 　　　　投资收益（差额，或借方） 同时： 借：其他综合收益 　　贷：投资收益 （注：或做相反分录）	借：银行存款等 　　贷：其他权益工具投资——成本（账面价值） 　　　　其他权益工具投资——公允价值变动（或借方） 　　　　盈余公积（差额，或借方） 　　　　利润分配——未分配利润（差额，或借方） 同时： 借：其他综合收益 　　贷：盈余公积 　　　　利润分配——未分配利润 （注：或做相反分录）

二、以公允价值计量且其变动计入其他综合收益金融资产的税务处理

以公允价值计量且其变动计入其他综合收益金融资产的税务处理见表17-9。

表17-9　以公允价值计量且其变动计入其他综合收益金融资产的税务处理

阶段	税务处理
取得	《中华人民共和国企业所得税法实施条例》（中华人民共和国国务院令第714号）第七十一条规定：投资资产按照以下方法确定成本：1. 通过支付现金方式取得的投资资产，以购买价款为成本；2. 通过支付现金以外的方式取得的投资资产，以该资产的公允价值和支付的相关税费为成本
持有	《中华人民共和国企业所得税法实施条例》（中华人民共和国国务院令第714号）第十七条规定：股息、红利等权益性投资收益，除国务院财政、税务主管部门另有规定外，按照被投资方作出利润分配决定的日期确认收入的实现。 《中华人民共和国企业所得税法实施条例》（中华人民共和国国务院令第714号）第十八条规定：利息收入，按照合同约定的债务人应付利息的日期确认收入的实现。 《中华人民共和国企业所得税法》（中华人民共和国主席令第23号）第二十六条规定：企业的下列收入为免税收入：1. 国债利息收入；2. 符合条件的居民企业之间的股息、红利等权益性投资收益；3. 在中国境内设立机构、场所的非居民企业从居民企业取得与该机构、场所有实际联系的股息、红利等权益性投资收益；4. 符合条件的非营利组织的收入。 《中华人民共和国企业所得税法实施条例》（中华人民共和国国务院令第714号）第八十三条规定：符合条件的居民企业之间的股息、红利等权益性投资收益，是指居民企业直接投资于其他居民企业取得的投资收益。股息、红利等权益性投资收益，不包括连续持有居民企业公开发行并上市流通不足12个月取得的投资收益

续表

阶段	税务处理
期末	《中华人民共和国企业所得税法实施条例》（中华人民共和国国务院令第714号）第五十六条规定：企业的各项资产，包括固定资产、生物资产、无形资产、长期待摊费用、投资资产、存货等，以历史成本为计税基础。历史成本，是指企业取得该项资产时实际发生的支出。 企业持有各项资产期间资产增值或者减值，除国务院财政、税务主管部门规定可以确认损益外不得调整该资产的计税基础。
处置	《中华人民共和国企业所得税法实施条例》（中华人民共和国国务院令第714号）第十六条规定：转让财产收入，是指企业转让固定资产、生物资产、无形资产、股权、债权等财产取得的收入。 《中华人民共和国企业所得税法实施条例》（中华人民共和国国务院令第714号）第七十一条规定：企业在转让或者处置投资资产时，投资资产的成本，准予扣除。

三、以公允价值计量且其变动计入其他综合收益金融资产的税会差异

以公允价值计量且其变动计入其他综合收益金融资产采用公允价值计量，而计税基础仍为原取得时的历史成本；因此，当公允价值变动时，产生了暂时性差异，但是该差异的影响计入了其他综合收益，没有影响损益，不需要纳税调整。

当以公允价值计量且其变动计入其他综合收益发生减值时，应当计入当期损益，而税前不允许扣除，需要调整应纳税所得额；当以公允价值计量且其变动计入其他综合收益金融资产的减值转回时，计入当期损益，需要纳税调减。

以公允价值计量且其变动计入其他综合收益金融资产在持有期间，被投资方宣告分配股息，符合免税条件的，免征企业所得税。申报企业所得税时，应将"投资收益"科目的金额，做纳税调减。

转让以公允价值计量且其变动计入其他综合收益的金融资产（债务工具）时，按账面价值结转计算收益，同时将持有期间的公允价值变动金额由原"其他综合收益"科目转出，记入"投资收益"科目。而资产转让所得按照转让收入扣除计税基础确定。两者的差额应做纳税调整。

指定为以公允价值计量且其变动计入其他综合收益的非交易性权益工具

投资，除了获得的股利（明确代表投资成本部分收回的股利除外）计入当期损益外，其他相关的利得和损失（包括汇兑损益）均应当计入其他综合收益，且后续不得转入当期损益，当其终止确认时，之前计入其他综合收益的累计利得或损失应当从其他综合收益中转出，计入留存收益。而资产转让所得按照转让收入扣除计税基础确定。两者的差额应做纳税调整。

案例分析

【例17-3】2021年4月10日，甲公司与乙公司签订股权转让合同，以2 600万元的价格受让乙公司所持丙公司的2%股权。同日，甲公司向乙公司支付股权转让款2 600万元；丙公司的股东变更手续完成。受让丙公司股权后，甲公司将其指定为以公允价值计量且其变动计入其他综合收益的金融资产。其他相关资料如下：

2021年12月31日，甲公司所持有上述丙公司股权的公允价值为2 800万元。

2022年5月6日，丙公司股东会批准利润分配方案，向全体股东共计分配现金股利500万元，2022年7月12日，甲公司收到丙公司分配的股利10万元。

2022年12月31日，甲公司所持有的上述丙公司股权的公允价值为3 200万元。

2023年3月6日，甲公司将所持有上述丙公司股票全部出售，取得款项3 300万元。

甲公司按实现净利润的10%计提法定盈余公积，不计提任意盈余公积，不考虑其他影响因素。

要求：根据上述资料，不考虑其他条件，做出甲公司的会计处理和税务处理，并进行纳税调整（见表17-10）。

表17-10　　　　　　　　税会差异分析

会计处理	税收处理	税会差异分析
（1）2021年4月10日		
2021年4月10日其他权益工具投资——成本账面价值增加2 600万元	2021年，初始取得阶段，税务处理与会计处理一致，计税基础为2 600万元	与会计处理一致

续表

会计处理	税收处理	税会差异分析
（2）2021年12月31日		
其他权益工具投资——公允价值变动账面价值增加200万元，其他综合收益账面价值增加200万元	期末，由于以公允价值计量且其变动计入其他综合收益的金融资产的增值计入了所有者权益，没有影响当期损益，因此不做纳税调整	与会计处理一致
（3）2022年5月6日		
分配的股利10万元，投资收益账面价值增加10万元	2022年，乙公司宣告发放现金股利。税法上确认的股息红利所得10万元，符合免税条件	需要调减当期应纳税所得额10万元
（4）2022年12月31日		
其他权益工具投资——公允价值变动账面价值增加400万元，其他综合收益账面价值增加400万元	由于以公允价值计量且其变动计入其他综合收益的金融资产的增值计入了所有者权益，没有影响当期损益，因此不做纳税调整	与会计处理一致
（5）2023年3月6日		
会计上确认的股权转让收益为零	2022年，税务确认的股权转让收益为700万元（转让收入——计税基础——相关税费＝3 300－2 600）	纳税调增700万元

第六节　嵌入衍生工具的确认和计量与税法差异

一、嵌入衍生工具的会计处理

（一）嵌入衍生工具概念

衍生工具通常是独立存在的，但也可能嵌入非衍生工具或其他合同中。嵌入衍生工具，是指嵌入非衍生工具（即主合同）中的衍生工具。嵌入衍生工具与主合同构成混合合同。该嵌入衍生工具对混合合同的现金流量产生影响的方式，应当与单独存在的衍生工具类似，且该混合合同的全部或部分现金流量随特定利率、金融工具价格、商品价格、汇率、价格指数、费率指数、信用等级、信用指数或其他变量变动而变动，变量为非金融变量的，该变量不应与合同的任何一方存在特定关系。衍生工具如果附属于一项金融工具但根据合同规定可以独立于该金融工具进行转让，或者具有与该金融工具不同的交易对手方，则该衍生工具不是嵌入衍生工具，应当作为一项单独存在的衍生工具处理。

（二）嵌入衍生工具的处理原则

混合合同包含的主合同属于金融工具确认和计量准则规范的资产的，企业不应从该混合合同中分拆嵌入衍生工具，而应当将该混合合同作为一个整体适用金融工具确认和计量准则关于金融资产分类的相关规定。

混合合同包含主合同不属于金融工具确认和计量准则规范的资产，且同时符合下列条件的，企业应当从混合合同中分拆嵌入衍生工具，将其作为单独存在的衍生工具处理：

1. 嵌入衍生工具的经济特征和风险与主合同的经济特征和风险不紧密相关。

2. 与嵌入衍生工具具有相同条款的单独工具符合衍生工具的定义。

3. 该混合合同不是以公价值计量且其变动计入当期损益进行会计处理。

嵌入衍生工具从混合合同中分拆的，企业应当按照适用的会计准则规定，对混合合同的主合同进行会计处理。企业无法根据嵌入衍生工具的条款和条件对嵌入衍生工具的公允价值进行可靠计量的，该嵌入衍生工具的公允价值应当根据混合合同公允价值和主合同公允价值之间的差额确定。使用上述方法后，该嵌入衍生工具在取得日或后续资产负债表日的公允价值仍然无法单独计量的，企业应当将该混合合同整体指定为以公允价值计量且其变动计入当期损益的金融工具。

混合合同包含一项或多项嵌入衍生工具，且其主合同不属于金融工具确认和计量准则规范的资产的，企业可以将其整体指定为以公允价值计量且其变动计入当期损益的金融工具。但下列情况除外：

1. 嵌入衍生工具不会对混合合同的现金流量产生重大改变。

2. 在初次确定类似的混合合同是否需要分拆时，几乎不需要分析就能明确其包含的嵌入衍生工具不应分拆，如嵌入贷款的提前还款权，允许持有人以接近摊余成本的金额提前偿还贷款，该提前还款权不需要分拆。

二、嵌入衍生工具的税法处理

税法处理方面，目前，由于混合合同对价的拆分存在很大的不确定性，税法也从未对此做出规定,因此无须人为拆分出衍生工具部分。会计处理方面,若嵌入衍生工具从混合合同中拆分的,则应作为单独存在的衍生工具处理,并根据金融工具确认和计量准则分类为特定金融资产或金融负债。由此,会计税法差异的纳税调整适用前述处理办法。

第七节 金融工具特殊业务的会计与税法差异

一、金融工具特殊业务的会计处理

(一)负债与权益的区分会计准则的有关规定及会计处理

《企业会计准则第22号——金融工具确认和计量》(财会〔2017〕7号)第四条规定:金融负债,是指企业的下列负债:(一)向其他方交付现金或其他金融资产的合同义务;(二)在潜在不利条件下,与其他方交换金融资产或金融负债的合同义务;(三)将来须用或可用企业自身权益工具进行结算的非衍生工具合同,且企业根据该合同将交付可变数量的自身权益工具;(四)将来须用或可用企业自身权益工具进行结算的衍生工具合同,但以固定数量的自身权益工具交换固定金额的现金或其他金融资产的衍生工具合同除外。其中,企业自身权益工具不包括按规定分类为权益工具的可回售工具或发行方仅在清算时才有义务向另一方按比例交付其净资产的金融工具,也不包括本身就要求在将来收取或支付企业自身权益工具的合同。第五十八条规定,权益工具,是指能证明拥有某个企业在扣除所有负债后的资产中的剩余权益的合同。《企业会计准则第37号——金融工具列报》第七条规定,企业发行金融工具,应当按照该金融工具的实质,以及金融资产、金融负债和权益的定义,在初始确认时将该金融工具或其组成部分确认为金融资产、金融负债或权益工具。

(二)金融资产终止确认会计准则的有关规定及会计处理

《企业会计准则第22号——金融工具确认和计量》(财会〔2017〕7号)第十一条规定:金融资产满足下列条件之一的,应当终止确认:(1)收取该金融资产现金流量的合同权利终止;(2)该金融资产已转移,且符合《企业会计准则第23号——金融资产转移》(财会〔2017〕8号)规定的金融资产终止确认条件。终止确认,是指将金融资产或金融负债从企业的账户和资产负债表内予以转出；《企业会计准则第 23 号——金融资产转移》（财会〔2017〕8 号）第六条规定：企业金融资产转移，包括下列两种情形：（1）将收取金融资产现金流量的合同权利转移给另一方；（2）企业保留了收取金融资产现金流量的合同权利，但承担了将收取的该现金流量支付给一个或多个最终收款方的合同义务，且同时满足下列条件：（1）从该金融资产收到对等的现金流量时，才有义务将其支付给最终收款方。企业发生短期垫付款，但有权全额收回该垫付款并按照市场上同期银行贷款利率计收利息的，视同满足本条件。（2）根据合同约定，不能出售或抵押该金融资产，但可以将其作为对最终收款方支付现金流量义务的保证。（3）有义务将代表最终收款方收取的所有现金流量及时支付给最终收款方，且无重大延误。企业无权将该现金流量进行再投资，但按照合同约定在相邻两次支付间隔内将所收到的现金流量进行现金或现金等价物投资的，并且按照合同约定将此类投资的收益支付给最终收款方的除外。

二、金融工具特殊业务的税法处理

（一）负债与权益的区分税务处理

通常情况下，企业债务融资发生的利息支出，允许按照税法规定的标准和方法在税前扣除，如果为股权融资，则不得在税前扣除融资费用。近年来，随着我国金融工具交易和金融产品创新快速发展，出现了许多既具有传统业务特征，同时有别于传统业务的创新业务，例如明股暗债方式的房地产基金融资或信托融资就属于此种情形。根据当前税收实际征管需要，国家税务总局于 2013 年 7 月 15 日发布了《国家税务总局关于混合性投资业务企业所得税处理问题的公告》（国家税务总局公告 2013 年第 41 号）。

企业混合性投资业务，是指兼具权益和债权双重特性的投资业务。同时符合下列条件的混合性投资业务，按该公告进行企业所得税处理：

1. 被投资企业接受投资后，需要按投资合同或协议约定的利率定期支付利息（或定期支付保底利息、固定利润、固定股息，下同）；

2. 有明确的投资期限或特定的投资条件，并在投资期满或者满足特定投资条件后，被投资企业需要赎回投资或偿还本金；

3. 投资企业对被投资企业净资产不拥有所有权；

4. 投资企业不具有选举权和被选举权；

5. 投资企业不参与被投资企业日常生产经营活动。

符合公告第一条规定的混合性投资业务，按下列规定进行企业所得税处理：

1. 对于被投资企业支付的利息，投资企业应于被投资企业应付利息的日期，确认收入的实现并计入当期应纳税所得额；被投资企业应于应付利息的日期，确认利息支出，并在不超过同期同类金融企业贷款利率标准的范围内进行税前扣除。

2. 对于被投资企业赎回的投资，投资双方应于赎回时将赎价与投资成本之间的差额确认为债务重组损益，分别计入当期应纳税所得额。

上述文件部分解决了信托融资、投资基金的利息扣除问题。事实上，信托公司以股权方式对企业融资，但信托公司并不参与经营，不承担经营风险，其取得的收益是固定的，其实质属于贷款性质。根据《销售服务、不动产、无形资产注释》规定，以货币资金投资但收取固定利润或保底利润的行为，按贷款服务缴纳增值税。由于信托公司属于金融企业，根据《中华人民共和国企业所得税法实施条例》第三十八条规定，非金融企业在生产经营活动中发生向金融企业借款的利息支出可以扣除。

对于以股权"售后回购"方式融资的，根据《国家税务总局关于确认企业所得税收入若干问题的通知》（国税函〔2008〕875号）规定的精神，转让方收到的股权转让款项应确认为负债，回购价格大于原转让价的，差额应在回购期间确认为利息费用。

（二）金融资产终止确认的税务处理

关于金融资产终止确认条件的判断，除非税法有特别规定外，一般按照经济交易的法律形式作为依据，以减少人为判断。例如，税法对融资性售后回购、融资性售后回租业务已明确按融资业务处理，倘若税法没有这样的具体规定，则只能按照销售、回购或回租两笔业务处理。

本章政策依据

1. 《企业会计准则第22号——金融工具确认和计量》（财会〔2017〕7号）
2. 《中华人民共和国企业所得税法》（中华人民共和国主席令第23号）
3. 《中华人民共和国企业所得税法实施条例》（中华人民共和国国务院令第714号）
4. 《财政部 国家税务总局关于企业所得税若干优惠政策的通知》（财税〔2008〕1号）

5.《国家税务总局关于混合性投资业务企业所得税处理问题的公告》(国家税务总局公告 2013 年第 41 号)

6.《国家税务总局关于确认企业所得税收入若干问题的通知》(国税函〔2008〕875 号)

第十八章 金融资产转移会计与税法差异

第一节 金融资产转移的概念的会计与税法差异

一、金融资产转移的会计概念

根据《企业会计准则第 23 号——金融资产转移》（财会〔2017〕8 号）第二条规定：金融资产转移，是指企业（转出方）将金融资产（或其：现金流量）让与或交付给该金融资产发行方之外的另一方（转入方）。

金融资产终止确认，是指企业将之前确认的金融资产从其资产负债表中予以转出。

根据金融资产转移准则规定，企业金融资产转移，包括下列两种情形：

一是将收取金融资产现金流量的合同权利转移给其他方，意味着该项金融资产发生了全部或部分转移。例如，企业将收取贷款本金的权利整体或部分地转让给另一方；或将收取贷款利息的权利整体或部分地转让给另一方；或将收取贷款本金和利息的权利整体或部分地转让给另一方；将收取应收款项的权利转让给另一方等，均属于金融资产转移的情形。

二是企业保留了收取金融资产现金流量的合同权利，但承担了将收取的该现金流量支付给一个或多个最终收款方的合同义务，且同时满足下列条件：（1）企业只有从该金融资产收到对等的现金流量时，才有义务将其支付给最终收款方，收到对等的现金流量指企业收到转移的金融资产所产生的现金流量，其金额往往与该所转移的金融资产的现金流量相同。在某些情况下，金融资产转移过程中会存在一些机构（如服务机构等）代收现金流量的情况，这些代理机构不属于最终收款方。例如，商业银行将附追索权或不附追索权的信贷资产出售给买方，同时受买方委托代收所售信贷资产本金和利息，并将收到的本金和利息及时交付买方。这里的商业银行不属于最终收款方。企业发生的短期垫付款项，比如垫付期限不超过 3 个月，如果有权全额收回该垫付款并按照市场上同期银行贷款利率计收利息的，视同满足上述条件。（2）转让合同规定禁止企业出售或抵押该金融资产，但企业可以将其作为向最终收款方支付现金流量义务的保证。（3）企业有义务将代表最终收款方收取的所有现金流量及时划转给最终收款方，且无重大延误。企业无权将该现金流量进行再投资，但在收款日和最终收款方要求的划转日之间的短暂结算期内，将所收到的现金流量进行现金或现金等价物投资，并且按照合同约定将此类投资的收益支付给最终收款方的，视同满足本条件。

二、金融资产转移的税法概念

根据《中华人民共和国企业所得税法》（中华人民共和国主席令第 23 号）第六条第（三）项规定：金融资产转移取得的收入属于转让财产收入。根据《中华人民共和国企业所得税法实施条例》（中华人民共和国国务院令第 714 号）第十六条规定，《中华人民共和国企业所得税法》（中华人民共和国主席令第 23 号）第六条第（三）项所称转让财产收入，是指企业转让固定资产、生物资产、无形资产、股权、债权等财产取得的收入。金融资产转移，无论是单项金融资产还是一组类似的金融资产转移，无论是单项金融资产（或一组类似金融资产）的一部分转移，还是单项金融资产（或一组类似金融资产）整体转移，均属于转让财产收入。

第二节　金融资产转移的终止确认与税法处理

一、金融资产终止确认的会计处理

根据会计准则规定，根据《企业会计准则第 23 号——金融资产转移》（财会〔2017〕8 号）第二条规定：金融资产终止确认，是指企业将之前确认的金融资产从其资产负债表中予以转出。

1. 企业已将金融资产所有权上几乎所有的风险和报酬转移给转入方的，应当终止确认该金融资产，并将转移中产生或保留的权利和义务单独确认为资产或负债。企业在评估金融资产所有权上风险和报酬的转移程度时，应当比较转移前后该金融资产未来现金流量净现值及时间分布变动的风险。企业承担的金融资产未来净现金流量现值变动的风险相对于金融资产的未来净现金流量现值的全部变动风险不再显著的，表明该企业已经转移了金融资产所有权上几乎所有风险和报酬。如无条件出售金融资产，或者出售金融资产且仅保留以其在回购时的公允价值进行回购的选择权。

以下情形表明企业已将金融资产所有权上几乎所有的风险和报酬转移给了转入方：

（1）不附任何追索权方式出售金融资产。企业出售金融资产时，如果根据与购买方之间的协议约定，在所出售金融资产的现金流量无法收回时，购买方不能够向企业进行追偿，企业也不承担任何未来损失。此时，企业可以认定几乎所有的风险和报酬已经转移，应当终止确认该金融资产。

（2）附回购协议的金融资产出售，回购价为回购时该金融资产的公允价值。通过企业与购买方之间签订的协议，企业按一定价格出售了一项金融资产，同时约定到期日企业再将该金融资产购回，回购价为到期日该金融资产的公允价值。此时，该项金融资产如果发生减值，其减值损失由购买方承担，可以认定企业已经转移了该项金融资产所有权上几乎所有的风险和报酬，因此，应当终止确认该金融资产。

（3）附优先回购权的金融资产出售，回购价为回购时该金融资产的公允价值。企业将金融资产出售，同时按照与购买方之间的协议，在购买方随后出售该金融资产时，企业有以公允价值优先回购该金融资产的权利，此时可以认定企业已经转移了该项金融资产所有权上几乎所有的风险和报酬，因此，应当终止确认该金融资产。

（4）附重大价外看跌期权的金融资产出售，持有该看跌期权的买方在期权到期时或到期前行权的可能性极小。企业将金融资产出售，同时按照与购买方之间签订的看跌期权合约，购买方有权将该金融资产返售给该企业，但从合约条款判断，由于该期权为重大价外看跌期权，购买方到期时或到期前行权的可能性极小，此时可以认定企业已经转移了该项金融资产所有权上几乎所有的风险和报酬，因此，应当终止确认该金融资产。

（5）附重大价外看涨期权的金融资产出售，持有该看涨期权的卖方在期权到期时或到期前行权的可能性极小。

2. 企业既没有转移也没有保留金融资产所有权上几乎所有的风险和报酬，但放弃了对该金融资产控制的，应当终止确认该金融资产。既没有转移也没有保留金融资产所有权上几乎所有的风险和报酬时，企业应当判断是否放弃了对该金融资产的控制。如果放弃了对该金融资产控制的，应当终止确认该金融资产。

以下情形通常表明企业放弃了对金融资产的控制：

（1）该金融资产与企业实现了破产隔离，即使企业破产或发生类似情况，企业及其债权人也不能对该金融资产进行追偿；

（2）受让方能够单独将该金融资产整体出售给与其不存在关联方关系的第三方，且没有额外条件对该项出售施以限制；

（3）企业将金融资产出售，同时按照与购买方签订的回购协议，在到期时企业能按到期日的公允价值对该资产进行回购。

二、金融资产终止确认的税法处理

根据《中华人民共和国企业所得税法》（中华人民共和国主席令第 23 号）第六条规定，企业以货币形式和非货币形式从各种来源取得的收入，为收入总额。其中包括转让财产收入。当企业对金融资产进行终止确认后，此时，应当认定转让财产收入已经实现，应当将收入计入收入总额。根据第十四条规定，企业对外投资期间，投资资产的成本在计算应纳税所得额时不得扣除。《中华人民共和国企业所得税法实施条例》（中华人民共和国国务院令第 714 号）第七十一条进一步解释，企业所得税法第十四条所称投资资产，是指企业对外进行权益性投资和债权性投资形成的资产。企业在转让或者处置投资资产时，投资资产的成本准予扣除。投资资产按照以下方法确定成本：（1）通过支付现金方式取得的投资资产，以购买价款为成本；（2）通过支付现金以外的方式取得的投资资产，以该资产的公允价值和支付的相关税费为成本。企业的金融资产属于投资资产，在金融资产进行终止确认后，金融资产的成本应允许在税前扣除。

第三节 金融资产转移的未终止确认与税法处理

一、金融资产转移的未终止确认的会计处理

根据会计准则规定，与终止确认相对应，未终止确认时，企业不得将金

融资产或金融负债从企业的账户和资产负债表内予以转销。

1. 企业保留了金融资产所有权上几乎所有的风险和报酬的，不应当终止确认该金融资产，并将收到的对价确认为一项金融负债。

企业在判断是否已将金融资产所有权上几乎所有的风险和报酬转移给了转入方时，应当比较转移前后该金融资产未来现金流量净现值及时间分布的波动使其面临的风险。企业面临的风险没有因金融资产转移发生实质性改变的，表明该企业仍保留了金融资产所有权上几乎所有的风险和报酬。以下情形通常表明企业保留了金融资产所有权上几乎所有的风险和报酬：

（1）采用附追索权方式出售金融资产。企业出售金融资产时，如果根据与购买方之间的协议约定，在所出售金融资产的现金流量无法收回时，购买方能够向企业进行追偿，企业也应承担任何未来损失。此时，可以认定企业保留了该金融资产所有权上几乎所有的风险和报酬，不应当终止确认该金融资产。

（2）附回购协议的金融资产出售，回购价固定或是原售价加合理回报。在附回购协议的金融资产出售中，转出方将予回购的资产与售出的金融资产相同或实质上相同、回购价格固定或是原售价加上合理回报的，表明企业保留了该金融资产所有权上几乎所有的风险和报酬，因此不应当终止确认所出售的金融资产。例如，采用买断式回购、质押式回购交易卖出债券等。

（3）附总回报互换的金融资产出售，该互换使市场风险又转回给了金融资产出售方。在附总回报互换的金融资产出售中，企业出售了一项金融资产，并与转入方达成一项总回报互换协议，如将该资产产生的利息现金流量支付给企业以换取固定付款额或变动利率付款额，该项资产公允价值的所有增减变动由企业承担，从而使市场风险等又转回企业。在这种情况下，企业保留了该金融资产所有权上几乎所有的风险和报酬，因此不应当终止确认所出售的金融资产。

（4）将信贷资产或应收款项整体出售，同时保证对金融资产购买方可能发生的信用损失等进行全额补偿。企业将信贷资产或应收款项整体出售，符合金融资产转移的条件，但由于企业出售金融资产时做出承诺，当已转移的金融资产将来发生信用损失时，由企业（出售方）进行全额补偿。在这种情况下，企业实质上保留了该金融资产所有权上几乎所有的风险和报酬，因此不应当终止确认所出售的金融资产。

（5）附重大价内看跌期权的金融资产出售，持有该看跌期权的金融资产买方很可能在期权到期时或到期前行权。企业将金融资产出售，同时按照与购买方之间签订的看跌期权合约，购买方有权将该金融资产返售给该企业，但从合约条款判断，由于该看跌期权为重大价内期权，购买方到期时或到期前很可能会行权，此时可以认定企业保留了该项金融资产所有权上几乎所有的风险和报酬，故不应当终止确认该金融资产。

（6）附重大价内看涨期权的金融资产出售，持有该看涨期权的金融资产卖方很可能在期权到期时或到期前行权。

2. 企业既没有转移也没有保留金融资产所有权上几乎所有的风险和报酬，且保留了对该金融资产控制的，应当按照其继续涉入所转移金融资产的程度继续确认有关金融资产，并相应确认有关负债。被转移金融资产和相关负债应当在充分反映企业因金融资产转移所保留的权利和承担的义务的基础上进行计量。

继续涉入所转移金融资产的程度，是指该金融资产价值变动使企业面临的风险水平。在这种情况下，这种转移实际上反映了企业对所转移金融资产风险和报酬的风险敞口，这一风险敞口并不与资产整体有关，而是限制为一定的金额。即企业对被转移资产继续涉入的程度。继续涉入的方式主要有：具有追索权、享有继续服务权、签订回购协议、签发或持有期权以及提供担保等。有时，企业仅继续涉入所转移金融资产的一部分，例如，保留一项买入期权，以回购所转移金融资产的某一部分；保留所转移金融资产上的一项剩余权益，该剩余权益使企业仅保留了所转移金融资产所有权上的部分重大风险和报酬。此时，企业应当按照其继续涉入所转移金融资产的部分确认有关金融资产，并相应确认有关负债。

二、金融资产转移的未终止确认的税法处理

转移未终止确认的，从理论上讲尚不满足计入收入总额的条件，不应当确认为应税收入，因为此时企业在税务处理上，金融资产业尚未具备纳税能力。

第四节 金融资产整体转移满足终止确认条件时的计量和税法处理

一、金融资产整体转移满足终止确认条件时的会计处理

根据会计准则规定，金融资产整体转移满足终止确认条件的，应当将下

列两项金额的差额计入当期损益：（1）被转移金融资产在终止确认日的账面价值；（2）因转移金融资产而收到的对价，与原直接计入其他综合收益的公允价值变动累计额中对应终止确认部分的金额（涉及转移的金融资产为根据《企业会计准则第22号——金融工具确认和计量》第十八条分类为以公允价值计量且其变动计入其他综合收益的金融资产的情形）之和。具体计算公式如下：金融资产整体转移的损益＝因转移收到的对价＋原直接计入所有者权益的公允价值变动累计利得（如为累计损失，应为减项）－所转移金融资产的账面价值。其中，因转移收到的对价＝因转移交易收到的价款＋新获得金融资产的公允价值＋因转移获得服务资产的公允价值－新承担金融负债的公允价值－因转移承担的服务负债的公允价值。

企业在运用上述金融资产整体转移形成的损益的计算公式时，应当注意以下问题：一是因金融资产转移获得了新金融资产或承担了新金融负债的，应当在转移日确认该金融资产、金融负债（包括看涨期权、看跌期权、担保负债、远期合同、互换等）或服务负债，并以公允价值进行初始计量。应当在转移日确认该金融资产、金融负债（包括看涨期权、看跌期权、担保负债、远期合同、互换等）或服务负债，并以公允价值进行初始计量。二是原直接计入所有者权益的公允价值变动累计利得或损失，涉及转移的金融资产为可供出售金融资产的情形，是指所转移金融资产转移前公允价值变动直接计入所有者权益的累计额。

金融资产划分为其他债权投资、其他权益工具投资的，按照规定应当按照公允价值进行计量，并且公允价值的变动计入所有者权益。因此，对于其他债权投资、其他权益工具投资整体转移满足终止确认条件的，在计量该项转移形成的损益时，应当将原直接计入所有者权益的公允价值变动累计利得或损失予以转出。

二、金融资产整体转移满足终止确认条件时的税法处理

根据税法规定，金融资产整体转移满足终止确认条件的，金融资产转移取得的收入属于《中华人民共和国企业所得税法》（中华人民共和国主席令第23号）第六条第（三）项规定的转让财产收入。根据《中华人民共和国企业所得税法实施条例》（中华人民共和国国务院令第714号）第十六条规定，企业所得税法第六条第（三）项所称转让财产收入，是指企业转让固定资产、生物资产、无形资产、股权、债权等财产取得的收入。《中华人民共和国企业所得税法》（中华人民共和国主席令第23号）第六条规定，企业以货币形式

和非货币形式从各种来源取得的收入,为收入总额。《中华人民共和国企业所得税法实施条例》(中华人民共和国国务院令第714号)第十二条规定,《中华人民共和国企业所得税法》(中华人民共和国主席令第23号)第六条所称企业取得收入的货币形式,包括现金、存款、应收账款、应收票据、准备持有至到期的债券投资以及债务的豁免等。《中华人民共和国企业所得税法》(中华人民共和国主席令第23号)第六条所称企业取得收入的非货币形式,包括固定资产、生物资产、无形资产、股权投资、存货、不准备持有至到期的债券投资、劳务以及有关权益等。第十三条规定,《中华人民共和国企业所得税法》(中华人民共和国主席令第23号)第六条所称企业以非货币形式取得的收入,应当按照公允价值确定收入额。前款所称公允价值,是指按照市场价格确定的价值。所以,企业因转移交易收到的价款、新获得金融资产的公允价值、因转移获得服务资产的公允价值等都应当计入收入总额。

然后,根据《中华人民共和国企业所得税法实施条例》(中华人民共和国国务院令第714号)第七十一条规定,《中华人民共和国企业所得税法》(中华人民共和国主席令第23号)第十四条所称投资资产,是指企业对外进行权益性投资和债权性投资形成的资产。企业在转让或者处置投资资产时,投资资产的成本,准予扣除。投资资产按照以下方法确定成本:(1)通过支付现金方式取得的投资资产,以购买价款为成本;(2)通过支付现金以外的方式取得的投资资产,以该资产的公允价值和支付的相关税费为成本。企业的金融资产属于投资资产,金融资产整体转移满足终止确认条件并已计入收入总额的,金融资产的成本应允许在税前扣除。

案例分析

【例18-1】2022年1月20日,甲银行与乙资产管理公司签订协议,甲银行将100笔贷款打包出售给乙资产管理公司。该组贷款总金额为8 000万元人民币,原已计提减值准备为1 200万元人民币,双方协议转让价为6 000万元人民币,转让后甲银行不再保留任何权利和义务。2022年2月20日,甲银行收到该批贷款出售价款。

要求:根据上述资料,不考虑其他条件,做出相关会计处理和税务处理,并进行纳税调整(见表18-1)。

表 18-1　　　　　　　　　　　税会差异分析

会计处理	税收处理	税会差异分析
收到贷款出售价款		
由于甲银行将贷款转让后不再保留任何权利和义务，可以判断，贷款所有权上的风险和报酬已经全部转移给乙资产管理公司，甲银行应当终止确认该组贷款。会计上的投资收益为-800万元	税法上的资产转让所得为 -2 000（6 000 - 8 000）万元	应纳税调减 1 200 万元

第五节　金融资产部分转移满足终止确认条件时的计量与税法处理

一、金融资产部分转移满足终止确认条件时的会计处理

根据会计准则规定，金融资产部分转移满足终止确认条件的，应当将所转移金融资产整体的账面价值，在终止确认部分和未终止确认部分之间，按照各自的相对公允价值进行分摊，并将下列两项金额的差额计入当期损益：（一）被转移金融资产在终止确认日的账面价值；（二）因转移金融资产而收到的对价，与原直接计入其他综合收益的公允价值变动累计额中对应终止确认部分的金额（涉及部分转移的金融资产为根据《企业会计准则第 22 号——金融工具确认和计量》第十八条分类为以公允价值计量且其变动计入其他综合收益的金融资产的情形）之和。也就是说，当金融资产部分转移满足终止确认条件时，应当将满足终止确认的部分从企业的账户及资产负债表上予以转销，并确认此项转移损益。为确定应从企业的账户及资产负债表上转销部分的金额，企业应将所转移金融资产整体的账面价值在终止确认部分和未终止确认部分之间按各自相对公允价值进行分摊，在这种情况下，如果企业存在一项因提供服务而确认的服务资产的，应将所保留的服务资产视同未终止确认金融资产的一部分。同时，原直接计入所有者权益的公允价值变动累计额中对应终止确认部分的金额，也是指涉及转移的金融资产为可供出售金融资产的情形，此时，应当按照金融资产终止确认部分和未终止确认部分的相对公允价值，对该累计额进行分摊后确定。

企业在终止确认部分和未终止确认部分之间分配所转移金融资产整体的账面价值时，需要确定未终止确认部分的公允价值，将所转移金融资产整体的账面价值按相对公允价值在终止确认部分和未终止确认部分之间进行分摊。具体而言，未终止确认部分的公允价值应当按照下列规定确定：（1）企业出售过与未终止确认部分类似的金融资产，或发生过与未终止确认部分有关的其他市场交易的，应当按照最近实际交易价格确定。（2）未终止确认部分在活跃市场上没有报价，且最近市场上也没有与其有关的实际交易价格的，应当按照所转移金融资产整体的公允价值扣除终止确认部分的对价后的余额确定。该金融资产整体的公允价值确实难以合理确定的，按照金融资产整体的账面价值扣除终止确认部分的对价后的余额确定。

二、金融资产部分转移满足终止确认条件时的税法处理

根据税法规定，金融资产部分转移满足终止确认条件并已计入收入总额的，应与金融资产部分转移未终止确认部分按照收入与扣除相配比的原则，合理分摊投资资产的成本。未终止确认部分金融资产的成本不允许在税前扣除。

第六节　金融资产未满足终止确认条件时的计量与税法处理

一、金融资产未满足终止确认条件时的会计处理

根据会计准则规定，企业仍保留与所转移金融资产所有权上几乎所有的风险和报酬的，应当继续确认所转移金融资产整体，并将收到的对价确认为一项金融负债。企业保留所转移金融资产所有权上几乎所有的风险和报酬的，表明企业所转移的金融资产不满足终止确认的条件，不应当将其从企业的账户及资产负债表上予以转销。此时，企业应当继续确认所转移的金融资产整体，因资产转移而收到的对价，视同企业的融资借款，应当在收到时确认为一项金融负债。

需要注意的是，该金融资产与确认的相关金融负债应当分别计量，不得相互抵销。在随后的会计期间，企业应当继续确认该金融资产产生的收入和

该金融负债产生的费用。此时，所转移金融资产和相关负债应在反映企业所保留的权利和义务的基础上进行计量，即如果所转移的金融资产以摊余成本计量的，对相关负债的计量应当使所转移金融资产和相关负债的账面价值等于企业保留的权利和义务的摊余成本；如果所转移金融资产以公允价值计量的，对相关负债的计量应当使所转移金融资产和相关负债的账面价值等于企业保留的权利和义务的公允价值。但是，如果所转移的金融资产以摊余成本计量的，确认的相关负债不得指定为以公允价值计量且其变动计入当期损益的金融负债。

二、金融资产未满足终止确认条件时的税法处理

根据税法规定，金融资产未满足终止确认条件时的计量由于没有计入收入总额确认为应税收入，所以其会计处理对企业所得税处理没有影响。

第七节 继续涉入条件下金融资产转移的计量与税法处理

一、继续涉入条件下金融资产转移的会计处理

根据《企业会计准则第23号——金融资产转移》（财会〔2017〕8号）第十九条规定：企业既没有转移也没有保留金融资产所有权上几乎所有的风险和报酬，且未放弃对该金融资产控制的，应当根据其继续涉入所转移金融资产的程度继续确认该被转移金融资产，并相应确认相关负债。企业所确认的金融资产和金融负债，应当充分反映企业所保留的权利和承担的义务。

企业应当对因继续涉入被转移金融资产的有关资产确认相关收益，对继续涉入形成的有关负债确认相关费用。按继续涉入程度继续确认的被转移金融资产应根据所转移金融资产的原性质及其分类，继续列报于资产负债表中的贷款、应收款项等项目。相关负债应当根据被转移的资产是按公允价值计量还是摊余成本计量予以计量，使得被转移资产和相关负债的账面价值：（1）被转移的金融资产以摊余成本计量的，等于企业保留的权利和义务的摊余成本；（2）被转移金融资产以公允价值计量的，等于企业保留的权利和义务按独立基础计量的公允价值。如果所转移的金融资产以摊余成本计量，确

认的相关负债不得指定为以公允价值计量且其变动计入当期损益。

（一）通过担保方式继续涉入

根据会计准则规定，企业通过对所转移金融资产提供财务担保方式继续涉入的，应当在转移日按照金融资产的账面价值和担保金额两者之中的较低者，确认继续涉入形成的资产，同时按照担保金额和担保合同的公允价值（通常是提供担保收到的对价）之和确认相关负债。这里的担保金额，是指企业所收到的对价中，将被要求偿还的最高金额。财务担保合同的公允价值，通常是指提供担保而收取的费用，如果财务担保合同的公允价值不能合理确定，则应当视同其等于零。在随后的会计期间，财务担保合同的初始确认金额应当在该财务担保合同期间内按照时间比例摊销，并按照收入准则的相关规定，确认为各期收入。因担保形成的资产的账面价值，应当在资产负债表日进行减值测试，当可收回金额低于其账面价值时，应当按其差额计提减值准备。

（二）附期权合同并且所转移金融资产按摊余成本计量方式下的继续涉入

根据会计准则规定，企业因卖出一项看跌期权或持有一项看涨期权，使所转移金融资产不符合终止确认条件，且按照摊余成本计量该金融资产的，应当在转移日按照收到的对价确认继续涉入形成的负债。所转移金融资产在期权到期日的摊余成本和继续涉入形成的负债初始确认金额之间的差额，应当采用实际利率法摊销，计入当期损益；同时，调整继续涉入所形成负债的账面价值。相关期权行权的，应当在行权时，将继续涉入形成负债的账面价值与行权价格之间的差额计入当期损益。

（三）持有看涨期权、出售看跌期权、附上下期权且所转移金融资产以公允价值计量方式下的继续涉入

根据会计准则规定，企业因持有一项看涨期权、卖出一项看跌期权、卖出一项看跌期权和购入一项看涨期权（即上下期权）使所转移金融资产不满足终止确认条件，且按照公允价值计量该金融资产的，应当在转移日仍按照公允价值确认所转移金融资产、或按照该金融资产的公允价值和该期权行权价格之间的较低者确认继续涉入形成的资产。

二、继续涉入条件下金融资产转移的税法处理

（一）通过担保方式继续涉入

根据税法规定，企业通过对所转移金融资产提供财务担保方式继续涉入的，暂不应改变所转移金融资产的计税基础；未确认为应税收入的，金融资产转移损失不得扣除。在随后的会计期间，财务担保合同的初始确认金额应

当在该财务担保合同期间内按照时间比例摊销，按照收入准则的相关规定确认为各期收入，计入收入总额的，可配比摊销扣除。但因担保形成的资产的账面价值按可收回金额低于其账面价值计提减值准备，在计提时不允许在税前扣除。

（二）附期权合同并且所转移金融资产按摊余成本计量方式下的继续涉入

根据税法规定，企业因卖出一项看跌期权或持有一项看涨期权，使所转移金融资产不符合终止确认条件，暂不应改变所转移金融资产的计税基础。相关期权行权的，应当在行权时，分别确认收入总额与税前扣除额。

（三）持有看涨期权、出售看跌期权、附上下期权且所转移金融资产以公允价值计量方式下的继续涉入

根据税法规定，企业因持有一项看涨期权、卖出一项看跌期、卖出一项看跌期权和购入一项看涨期权（即上下期权）使所转移金融资产不满足终止确认条件，且按照公允价值计量该金融资产的，在转移日不应改变所转移金融资产的计税基础。

案例分析

【例 18-2】 甲银行与乙银行签订一笔贷款转让协议，由甲银行将其本金为 1 000 万元、年利率为 10%、贷款期限为 9 年的组合贷款出售给乙银行，售价为 990 万元。双方约定，由甲银行为该笔贷款提供担保，担保金额为 300 万元，实际贷款损失超过担保金额的部分由乙银行承担。转移日，该笔贷款（包括担保）的公允价值为 1 000 万元，其中，担保的公允价值为 100 万元。甲银行没有保留对该笔贷款的管理服务权。

要求：根据上述资料，不考虑其他条件，做出相关会计处理和税务处理，并进行纳税调整（见表 18-2）。

表 18-2　　　　　　　　税会差异分析

会计处理	税收处理	税会差异分析
转移日		
由于转移日该笔贷款的账面价值为 1 000 万元，提供的担保金额为 300 万元，甲银行应当按照 300 万元继续确认该笔贷款。由于担保合同的公允价值为 100 万元，所以甲银行确认相关负债金额为 400（300 + 100）万元。会计上的转移损失 100 万元	税务处理上，企业通过对所转移金融资产提供财务担保方式继续涉入的，金融资产转移损失不得扣除，税法上的资产转让损失为 0	应纳税调增 100 万元

本章政策依据

1. 《企业会计准则第 23 号——金融资产转移》(财会〔2017〕8 号)
2. 《中华人民共和国企业所得税法》(中华人民共和国主席令第 23 号)
3. 《中华人民共和国企业所得税法实施条例》(中华人民共和国国务院令第 714 号)

第十九章 合营安排会计与税法差异

第一节 合营安排的概念

2011年5月12日,国际会计准则理事会发布《国际财务报告准则第11号——合营安排》,取代了《国际会计准则第31号——合营中的权益》和《解释公告第13号——共同控制主体:合营方的非货币性投入》。其中主要涉及三方面的变化:一是将合营安排三分类(共同控制资产、共同控制经营和共同控制主体)改为两分类(共同经营和合营企业)。二是要求基于合营安排下各方的权利和义务来确定某项合营安排是共同经营还是合营企业,是否存在单独主体不再是作出判断的唯一因素。三是要求在合并财务报表中统一采用权益法核算合营企业中的权益,取消比例合并法。财政部会计司借鉴《国际财务报告准则第11号——合营安排》中的做法,并结合我国实际情况,制定并颁布了《企业会计准则第40号——合营安排》。

根据《企业会计准则第40号——合营安排》(财会〔2014〕11号)第二条规定:合营安排,是指一项由两个或两个以上的参与方共同控制的安排。合营安排具有下列特征:(一)各参与方均受到该安排的约束;(二)两个或两个以上的参与方对该安排实施共同控制。任何一个参与方都不能够单独控制该安排,对该安排具有共同控制的任何一个参与方均能够阻止其他参与方或参与方组合单独控制该安排。第三条规定:合营安排不要求所有参与方都对该安排实施共同控制。合营安排参与方既包括对合营安排享有共同控制的参与方(即合营方),也包括对合营安排不享有共同控制的参与方。第四条规定:合营方在合营安排中权益的披露,适用《企业会计准则第41号——在其他主体中权益的披露》。

第二节　合营安排的认定和分类

一、合营安排的认定

对于合营安排的理解，可以从其特征入手，主要的关键词是共同控制，同时需要结合对"参与方"的理解。

（一）共同控制

根据《企业会计准则第 40 号——合营安排》（财会〔2014〕11 号）第五条规定：共同控制，是指按照相关约定对某项安排所共有的控制，并且该安排的相关活动必须经过分享控制权的参与方一致同意后才能决策。相关活动，是指对某项安排的回报产生重大影响的活动。某项安排的相关活动应当根据具体情况进行判断，通常包括商品或劳务的销售和购买、金融资产的管理、资产的购买和处置、研究与开发活动以及融资活动等。

对共同控制的判断，需要同时满足以下两个条件：

（1）任何一个参与方均不能单独控制合营安排的相关活动；

（2）涉及合营安排相关活动的决策需要分享控制权参与方一致同意。

在判断是否存在共同控制时，首先，判断两个或两个以上的参与方或者参与方组合是否集体控制合营安排；其次，再判断合营安排相关活动的决策是否必须经过这些集体控制该安排的参与方一致同意。即共同控制 = 集体控制 + 参与方（集体控制的参与方而不是其他参与方，即合营方）一致同意。需要注意的是，集体控制参与方的数量应是维持集体控制所需的最少的参与方个数。

根据《企业会计准则第 40 号——合营安排》（财会〔2014〕11 号）第七条规定：如果存在两个或两个以上的参与方组合能够集体控制某项安排的，不构成共同控制。

另外，投资企业能够对被投资单位施加重大影响的，被投资单位为其联营企业，不是合营安排，即不是共同经营和合营企业。

（二）参与方

合营安排强调的是共同控制，而非单独控制，对合营安排享有共同控制的参与方，即合营方至少需要两个，否则就是单独控制。这是合营安排定义对于参与方的数量要求两个或两个以上的含义所在。

根据《企业会计准则第40号——合营安排》（财会〔2014〕11号）第三条规定：合营安排不要求所有参与方都对该安排实施共同控制。合营安排参与方既包括对合营安排享有共同控制的参与方（即合营方），也包括对合营安排不享有共同控制的参与方。

当合营安排的参与方为两个时，则这两个参与方都是合营方，即这两个参与方分享合营安排的控制权，任何一方均没有单独控制权，合营安排的相关活动需经双方一致同意，任何一方反对，活动决议不能通过。当合营安排的参与方超过两个、为多个时，又存在两种情况：一是各参与方都是合营方，即各参与方集体控制着合营安排，这时，任何一方都没有单独控制权，合营安排的相关活动需要各参与方一致同意，任何一方反对，活动决议不能通过。二是合营方与对合营安排不享有共同控制的参与方组合，其中合营方不少于两个参与方，合营安排的相关活动需要经过这两个或两个以上合营方一致同意，任何一个合营方反对，活动决议不能通过；对合营安排不享有共同控制的参与方没有共同决定权和一票否决权，即不论这些参与者同意或是反对，合营安排的相关活动将按照合营方协商一致的结果进行。

对合营安排定义的理解可见表19-1。

表19-1　　　　　　　　　　合营安排定义的理解

参与方数量	两个	两个以上	
参与方性质	都是合营方	都是合营方	合营方对于合营安排不享有共同控制的参与方组合，合营方至少两个
单独控制权	双方都没有单独控制权	各方都没有单独控制权	合营各方没有单独控制权
共同决定权	合营安排的相关活动需经合营双方一致同意	合营安排的相关活动需经合营各方一致同意	合营安排的相关活动需经合营各方一致同意；对合营安排不享有共同控制的参与方没有控制权，不改变合营方达成的一致协议
一票否决权	只要一方反对，相关活动决议无法通过	只要一方反对，相关活动决议无法通过	只要一个合营方反对，相关活动决议无法通过；对合营安排不享有共同控制的参与方没有一票否决权，不改变合营方达成的一致协议

（三）相关活动

《企业会计准则第 40 号——合营安排》所称相关活动，是指对某项安排的回报产生重大影响的活动。某项安排的相关活动应当根据具体情况进行判断，通常包括商品或劳务的销售和购买、金融资产的管理、资产的购买和处置、研究与开发活动以及融资活动等。用"相关活动"取代"财务决策、经营决策"，是出于合营安排中的共同经营没有成立单独主体，不能由董事会行使生产经营决策权的考虑。

上述相关活动的定义可以从以下两个方面加以理解：

第一，某项安排的回报是指合营安排（共同经营或者合营企业）本身能够产生的经济利益，而不是指参与方能够从合营安排中获得的回报；

第二，企业所处的阶段不同，对某项安排的回报产生重大影响的活动就可能有所不同。

（四）合营方在合营安排中权益的披露

根据《企业会计准则第 41 号——在其他主体中权益的披露》第四章的规定，合营方应区分在合营安排中的权益是否重要，披露不同信息。

1. 存在重要的合营安排的，企业应当披露下列信息

（1）合营安排的名称、主要经营地及注册地。

（2）企业与合营安排的关系的性质，包括合营安排活动的性质，以及合营安排对企业活动是否具有战略性等。

（3）企业的持股比例。持股比例不同于企业持有的表决权比例的，企业还应当披露该表决权比例。

（4）对合营企业投资的会计处理方法，从合营企业收到的股利，以及合营企业在其自身财务报表中的主要财务信息。

企业对上述合营企业投资采用权益法进行会计处理的，上述主要财务信息应当是按照权益法对合营企业相关财务信息调整后的金额；同时，企业应当披露将上述主要财务信息按照权益法调整至企业对合营企业投资账面价值的调节过程。企业对上述合营企业投资采用权益法进行会计处理但该投资存在公开报价的，还应当披露其公允价值。

2. 在单个合营企业中的权益不重要的，企业应披露下列信息

（1）按照权益法进行会计处理的对合营企业投资的账面价值合计数。

（2）对合营企业的净利润、终止经营的净利润、其他综合收益、综合收益等项目，企业按照其持股比例计算的金额的合计数。

3. 除区分在合营安排中的权益是否重要，披露上述不同信息外，企业还

应披露与合营安排相关的下列信息：

（1）合营企业以发放现金股利、归还贷款或垫款等形式向企业转移资金的能力存在重大限制的，企业应当披露该限制的性质和程度。

（2）企业对合营企业投资采用权益法进行会计处理，被投资方发生超额亏损且投资方不再确认其应分担合营企业或损失份额的，应当披露未确认的合营企业损失份额，包括当期份额和累积份额。

（3）企业应当单独披露与其对合营企业投资相关的未确认承诺，以及与其对合营企业投资相关的或有负债。

4. 企业是投资性主体的，不需要披露上述第1点中第（4）项和第2点中规定的信息。

二、合营安排的分类

根据《企业会计准则第40号——合营安排》（财会〔2014〕11号）第九条规定：合营安排分为共同经营和合营企业。共同经营，是指合营方享有该安排相关资产且承担该安排相关负债的合营安排。合营企业，是指合营方仅对该安排的净资产享有权利的合营安排。

（一）共同经营

满足下列条件之一，并且符合相关法律、法规规定的合营安排应当划分为共同经营：

（1）合营各方各自对其投入的资产拥有所有权并承担相应的负债义务（合营安排仅通过合营合同、协议约定双方的权利与义务）；

（2）当合营各方成立单独主体时，其法律形式规定合营各方各自对其投入的资产拥有所有权并承担相应的负债义务；

（3）当合营各方成立单独主体时，尽管其法律形式规定单独主体对合营资产拥有所有权并承担负债义务，但合营合同、协议约定合营各方承担各自相关的权利与义务；

（4）当合营各方成立单独主体时，即使法律形式和合营合同、协议同时规定单独主体对合营资产拥有所有权并承担负债义务，但在实际经济业以合营各方仍然对其投入的资产拥有所有权并承担相应的负债义务。

以上条件表明，不管合营各方是否成立单独主体，也不管是合营安排法律形式的规定，还是合营合同、协议的约定，抑或是实际情况，只要合营各方投入资产的所有权并承担相应的负债义务，合营安排就应被划分为共同经营。

(二) 合营企业

同时满足下列条件，并且符合相关法律、法规规定的合营安排应当划分为合营企业：

(1) 合营各方成立单独主体；

(2) 合营各方对单独主体的净资产拥有所有权；

(3) 单独主体同时拥有下列经济特征：

a. 法律形式和合营合同、协议未赋予合营各方对其投入的资产拥有所有权并承担相应的负债义务；

b. 单独主体独立承担经营活动中所出现的各类风险，如产品需求、客户信用、存货等风险。

这表明，合营安排被划分为合营企业，第一，合营各方应成立单独主体；第二，合营各方是单独主体的投资者，即所有者，不再拥有其投入单独主体资产的所有权，并不再按其投入的资产份额承担相应的负债义务，合营各方只享有单独主体资产减去负债后的剩余权益，即只对单独主体的净资产拥有所有权；第三，单独主体拥有合营各方投入资产（即合营资产）的所有权，并以其资产对其负债承担责任；第四，合营安排经营活动所产生的收益和风险，由单独主体而不是合营各方，独立获得和承担。

由此，单独主体的存在是某一合营安排被划分为合营企业的必要条件，但非充分条件。即，如果合营安排被划分为合营企业，则合营各方一定成立了单独主体；但合营各方成立了单独主体，合营安排却不一定就是合营企业。因为合营安排被划分为合营企业需要同时满足三个条件，合营各方成立单独主体仅是其中之一，三个条件缺一不可，否则合营安排应被划分为共同经营。除此之外，还有一点可以肯定，合营各方没有成立单独主体，合营安排一定是共同经营。

根据《企业会计准则第 40 号——合营安排》（财会〔2014〕11 号）第十一条规定：单独主体，是指具有单独可辨认的财务架构的主体，包括单独的法人主体和不具备法人主体资格但法律认可的主体。需要特别注意的是，单独主体不等同于会计主体，单独主体强调主体的单一性、独立性。例如编制合并报表时，企业集团就被视作一个会计主体，但它不是一个单独主体，因为它包括很多子公司，子公司又包括很多孙子公司。

(三) 共同经营和合营企业的判断

对合营安排是共同经营还是合营企业的判断，可以用流程（见图 19-1）表示。

第十九章 合营安排会计与税法差异 | 357

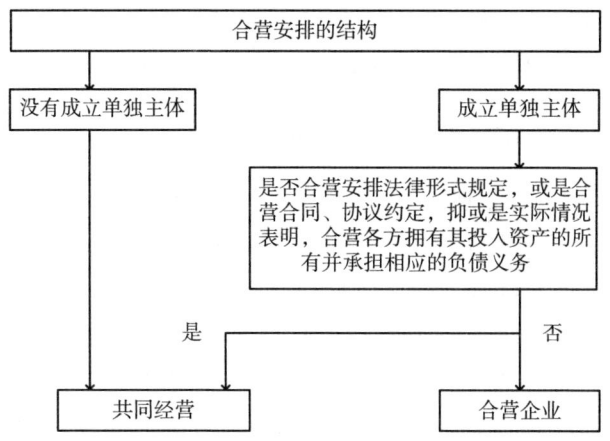

图 19-1 判断共同经营与合营企业的流程

根据以上分析和图 19-1 可知，区分共同经营与合营企业的难点是在参与方成立单独主体的情况下如何区分两者。此时，需要根据合营方在合营安排享有的权利和承担的义务，并考虑相关影响因素这一标准进行判断。进一步剖析这个判断标准，按照实质重于形式的要求，这个判断标准可以分解为资产、负债、收益和风险的归属四个方面，对两类合营安排进行区分。区分结果见表 19-2。

表 19-2 参与方成立单独主体情况下共同经营与合营企业的区别

比较项目	共同经营	合营企业
合营安排资产的归属	合营方拥有其投入资产的全部或部分所有权	合营方投入资产的所有权归属于合营企业，没有保留这些所有权
合营安排负债的归属	合营方按其出资比例对共同经营债务承担有限付款责任	合营企业对其债务承担责任，合营方没有连带付款责任
合营安排收入、费用和损益的归属	合营方按其出资比例直接分享和分担共同经营的收入和费用	合营企业享有经营收入，承担经营费用，合营方按其出资比例分享合营企业经营损益
合营安排风险的归属	合营方承担全部风险	合营企业承担全部风险

第三节 共同经营参与方的会计处理与税法处理概述

根据企业会计准则的规定，共同经营的本质是合营方享有合营安排的相关资产且承担该安排的相关负债,因此,共同经营合营方按其投入的资产份额进行会计处理,同时对其税务处理进行分析。

一、共同经营参与方的会计处理

(一) 资产的会计处理

根据《企业会计准则第 40 号——合营安排》(财会〔2014〕11 号) 第十五条规定:共同经营合营方确认单独所持有的资产,以及按其份额确认共同持有的资产。在进行会计处理时,应将其在共同经营中拥有全部所有权的资产(合营方单独持有的共同经营资产) 和部分所有权的资产(合营方按其份额确认的共同持有资产),按全部金额或合营方在共同经营中的份额,借记"原材料",等资产类账户,贷记"银行存款"或"应付账款"等负债类账户。

(二) 负债的会计处理

根据《企业会计准则第 40 号——合营安排》(财会〔2014〕11 号) 第十五条规定:共同经营中合营方确认单独所承担的负债,以及按其份额确认共同承担的负债。合营方单独承担和由各参与方共同承担的负债,按全部金额或合营方在共同经营中的份额,借记相关账户,贷记"应付账款"或"应付职工薪酬"等负债类账户。

(三) 收入的会计处理

根据《企业会计准则第 40 号——合营安排》(财会〔2014〕11 号) 第十五条规定:共同经营中合营方确认出售其享有的共同经营产出份额所产生的收入,或者按其份额确认共同经营因出售产出所产生的收入。

1. 合营方等到合营方将其享有的共同经营产出出售时,借记"应收账款"等账户,贷记"主营业务收入"账户和"应交税费——应交增值税(销项税额)"账户。

2. 合营方按其份额确认共同经营出售产出所产生的收入时,借记"应收账款"等账户,贷记"主营业务收入"账户和"应交税费——应交增值税(销项税额)"账户。

(四) 费用的会计处理

根据《企业会计准则第 40 号——合营安排》(财会〔2014〕11 号) 第十五条规定:共同经营中合营方确认单独所发生的费用,以及按其份额确认共同经营发生的费用。

1. 合营方在确认享有的共同经营产出份额所产生的收入时,同时确认单独发生的费用，借记"主营业务成本"账户，贷记"库存商品"账户。

2. 合营方在按其份额确认共同经营出售产出所产生的收入，同时按其份额确认共同经营发生的费用，借记"主营业务成本"账户，贷记"库存商品"账户。

期末，合营方对其在共同经营中单独持有的资产和按其份额确认的共同持有的资产，并进行减值测试，如果发生减值损失，应全部或者按其份额确认资产减值损失，计提资产减值损失；期末，合营方还应对其持有的固定资产和无形资产，采用一定的方法全额或者按其份额计提折旧和进行价值摊销。

二、共同经营参与方的税法处理

（一）增值税

根据《中华人民共和国增值税法（征求意见稿）》第一章第二条，发生应税交易，应当按照一般计税方法计算缴纳增值税。共同合营参与方投入的资产，按税法规定抵扣进项税额。共同合营参与方对外销售产品收入，按税法规定缴纳增值税。会计与税法在处理上不存在差异。

（二）企业所得税

针对共同合营参与方单独投入合营安排中的资产和享有份额的资产，按照税法规定，考虑到该项资产的所有权或控制权完全没有转移，故不属于视同销售。按照会计上的实质重于形式原则，此类从共同合营的参与方投入合营安排的资产不视同销售，故不涉及所得税的处理。通过对比共同经营参与方的会计处理与税务处理可以发现，共同经营的合营安排单位并未对此项资产进行会计与税务处理，所以不存在税会处理的差异，也不存在重新核算的问题。

案例分析

【例19-1】2022年1月，A公司和B公司各出资50%设立一个合营安排，该合营安排为共同经营。双方合同约定，各自按出资比例确认持有的共同经营资产。现共同经营用A、B公司投入的资金购入如下资产：材料物资200 000元，增值税额26 000元；生产用固定资产700 000元，增值税额91 000元；管理用固定资产50 000元，增值税额6 500元。

（1）共同经营合营方A公司按其出资比例确认持有的共同经营资产；

(2) 双方合同约定，A公司独自承担共同经营人员工资及福利费。现共同经营2022年度人员工资及福利费如下：生产人员工资及福利费40 000元，销售人员工资及福利费30 000元，管理人员工资及福利费20 000元；

(3) 2022年年末，共同经营计提存货跌价准备1 800元，计提生产用固定资产折旧4 000元，计提管理用固定资产折旧500元，确认固定资产资产减值损失1 800元，无形资产本期摊销1 600元，确认无形资产减值损失900元。

(4) 2022年度，A公司将共同经营生产的甲产品对外出售，取得收入700 000元，增值税额91 000元，款项全部收存银行，甲产品生产成本540 000元（见表19-3）。

表19-3　　　　　　　　　　　税会差异分析

会计处理	税收处理	税会差异分析
（1）2022年1月A公司确认出资份额		
根据出资份额确认取得的原材料100 000元、固定资产375 000元以及相应的增值税进项税额61 750元	计税基础根据实际取得的资产价值确认原材料100 000元和固定资产375 000元	增值税取得合规发票可进项抵扣；入账价值和计税基础相同，不产生所得税差异影响
（2）2022年度A公司确认人员工资及福利费		
会计入账价值生产成本40 000元，销售费用30 000元和管理费用20 000元	计税基础生产成本40 000元，销售费用30 000元和管理费用20 000元	所得税计税基础与会计价值相同，不产生所得税差异影响
（3）2022年年末确认存货跌价准备、固定资产无形资产相关费用损失		
根据出资份额制造费用2 000元，管理费用1 050元，资产减值损失2 250元	计税基础3 050元（固定资产折旧和无形资产摊销）	未实际发生的存货跌价准备、固定资产资产减值损失和无形资产减值损失均不得所得税前扣除，应纳税调增
（4）2022年年末共同经营对外销售产品，A公司确认收入		
根据出资份额确认营业收入700 000元，营业成本540 000元，并确认增值税销项税额91 000元	A公司对外销售产品确认收入700 000元，营业成本540 000元，并缴纳增值税	增值税和所得税计税基础会计价值相同，不产生差异影响

第四节 合营方与共同经营发生业务往来的会计处理与税法处理

一、合营方与共同经营发生业务往来的会计处理

按照《企业会计准则第 40 号——合营安排》（财会〔2014〕11 号）第十六条和第十七条的规定，合营方向共同经营投出或出售资产等，以及自共同经营购买资产等，除该资产构成业务外，应进行如下会计处理：

第十六条 合营方向共同经营投出或出售资产等，在该资产等由共同经营出售给第三方之前，应当仅确认因该交易产生的损益中归属于共同经营其他参与方的部分。投出或出售的资产发生符合《企业会计准则第 8 号——资产减值》等规定的资产减值损失的，合营方应当全额确认该损失。

第十七条 合营方自共同经营购买资产等（该资产构成业务的除外），在将该资产等出售给第三方之前，应当仅确认因该交易产生的损益中归属于共同经营其他参与方的部分。购入的资产发生符合《企业会计准则第 8 号——资产减值》等规定的资产减值损失的，合营方应当按其承担的份额确认该部分损失。

以上两条规定表明：

第一，合营方将资产向共同经营投出或者出售，在共同经营将该资产出售给第三方之前，相关损益中归属于合营方的部分，相当于合营方将资产卖给自己，不满足损益确认条件，不予确认；并且，由于所投出或者出售资产的所有权没有全部从合营方转出，因此，期末时合营方应对该资产进行减值测试，确认该资产是否发生减值损失，如发生，应当全部确认为本方的资产减值损失。

第二，合营方从共同经营购入的资产，在合营方将该资产出售给第三方之前，相关损益中归属于合营方的部分，相当于自己购买自己的资产，不满足损益的确认条件，不予确认；并且，该资产从共同经营资产变成合营方资产并没有改变合营方持有份额的所有权，因此，期末时，共同经营对该资产确认的减值损失，合营应按其承担的份额确认该部分损失。

第三，不管是将资产卖给共同经营，还是从共同经营购买资产，在资产

出售给第三方之前，相关损益中归属于其他参与方的部分，相当于合营方独立销售给其他参与方，或者独立从其他参与方那里购入，满足损益确认条件，应当予以确认。

第四，构成业务的买卖行为，由于不需要销售给第三方，形成参与一方自己使用的构成业务的资产，因此除外。例如，合营方从共同经营中购入一项固定资产，如果构成业务，这项固定资产属于自己份额的部分相当于自行建造的固定资产；属于其他参与方份额的部分相当于从独立第三方购入固定资产，由于合营方购入该项固定资产后，不再出售给第三方，这表明对于合营方而言，这笔交易不会产生损益。合营方应按照共同经营中形成固定资产的成本中归属于自己的份额，加上按照协议约定销售价格中属于其他参与方的金额之和，作为购入这项固定资产的成本。

在账务处理上，合营方将资产向共同经营投出或者出售时，按其他参与方享有的份额，确认主营业务收入应编制会计分录如下：

借：应收账款

　　贷：主营业务收入

　　　　应交税费——应交增值税（销项税额）

确认相关损益中归属于其他参与方的部分，应编制会计分录如下：

借：主营业务收入

　　贷：应付账款

期末，合营方对投出或者出售资产进行减值测试，如果发生减值，应按减值的全部金额，计提资产减值损失，应编制会计分录如下：

借：资产减值损失

　　贷：资产减值准备

共同经营将资产出售给第三方时，合营方按其份额，应编制会计分录如下：

借：应收账款

　　贷：主营业务收入

　　　　应交税费——应交增值税

按出售给第三方资产的全部成本扣除提取的资产减值准备，结转至相应科目，应编制会计分录如下：

借：主营业务成本

　　资产减值准备

　　贷：库存商品

按出售给第三方实际收到的价款,应编制会计分录如下:
借:银行存款
　　贷:应收账款
按归属于其他参与方的相关损益,应编制会计分录如下:
借:应付账款
　　贷:银行存款

合营方从共同经营购入资产时,按资产售价中由其他参与方享有的份额及其这一份额对应的税额,应编制会计分录如下:
借:库存商品
　　应交税费——应交增值税(进项税额)
　　贷:银行存款

期末,共同经营对该资产进行减值测试,如果发生减值,合营方应按其份额,应编制会计分录如下:
借:资产减值损失
　　贷:资产减值准备

合营方将该资产出售给第三方时,按收到的价款,应编制会计分录如下:
借:应收账款
　　贷:主营业务收入
　　　　应交税费——应交增值税

按资产售价中由其他参与方享有的份额加上资产成本中由合营方承担的份额,扣除提取的"资产减值准备",应编制会计分录如下:
借:主营业务成本
　　资产减值准备
　　贷:库存商品

二、合营方与共同经营发生业务往来的税法处理

(一)增值税

根据《中华人民共和国增值税法(征求意见稿)》第一章第二条,发生应税交易,应当按照一般计税方法计算缴纳增值税。共同合营参与方在共同经营发生业务往来,在税法上属于内部转移的,由于主体未发生变化,不能视为视同销售,无须缴纳增值税;属于对外销售产品收入的,应按税法规定缴纳增值税。

（二）企业所得税

合营方与共同经营发生业务往来会发生顺销（合营方向共同经营销售产品）和逆销（合营方购入共同经营的产品）两种情况。

针对顺销：共同经营安排的合营方向其他参与方销售的产品以市场销售价格确认应税所得，对其成本按照账面价值允许税前扣除。

针对逆销：共同经营安排的合营方向购入的产品，以其市场销售价格作为该产品在税法上的计税基础。

三、合营方与共同经营发生业务往来的税会差异分析

将顺销（合营方向共同经营销售产品）与逆销（合营方购入共同经营的产品）的税会处理进行对比，可以发现其中的差异：

针对顺销：根据《企业会计准则第 40 号——合营安排》的规定，顺销中共同经营参与方以其在合营安排中享有的该资产份额扣除归属于自己的未实现利润作为入账价值，该入账价值在金额上等于该参与方在该项销售业务中尚未结转的那部分资产的成本。而税法的规定则是按照公允价值确认应税所得，对应成本税前扣除，计税基础即变为零。财税对比可以发现，二者产生可抵扣的暂时性差异，待后期该项产品的转让或在其使用过程中将差异逐渐转回。

针对逆销：根据《企业会计准则第 40 号——合营安排》的规定，合营安排的参与方在购买此项产品时未确认针对自己实现的内部销售利润，而税法上针对自己实现的内部销售利润由于共同经营主体未发生转移，也不确认内部销售利润，故不产生所得税差异。

▍案例分析▍

【例 19-2】2022 年 12 月，A、B、C 公司各出资 1/3 共同设立一个合营安排，该合营安排为共同经营。三方协议约定，各参与方按其出资比例持有共同经营资产、分享共同经营收入和承担共同经营负债、成本及费用。

（一）顺销：2022 年 12 月，合营方 A 公司将其生产的甲产品销售给共同经营，该产品销售给第三方的价格为 900 000 元。该产品成本为 780 000 元。12 月末，合营方 A 公司对甲产品进行减值测试，发现甲产品的可变现净值为 760 000 元。2023 年 1 月，共同经营按 900 000 元的价格将甲产品销售给第三方，同时收到了款项（见表 19-4）。

表 19-4　税会差异分析

会计处理	税收处理	税会差异分析
（1）2022年12月合营方A公司把甲产品销售给共同经营		
A公司应按B、C两家公司在共同经营中所占的2/3份额确认销售收入的实现，即600 000元，同时确认归属于他们的相关损益80 000元，即冲减收入80 000元	税法上，对B、C而言为对外销售，计税基础营业收入600 000元，并结转相应的营业成本520 000元	会计上共同经营未对第三方销售，不结转成本，税法上对B、C的销售即视为对外销售，这块产生的收入成本产生时间性差异，进行纳税调整
（2）2022年12月末甲产品发生减值		
A公司确认存货跌价准备20 000元	计税基础0元	存货跌价准备未实际发生时不得税前列支，需纳税调增
（3）2023年1月，共同经营对第三方销售甲产品，并收到款项		
A公司确认属于出资份额部分的收入300 000元，并结转产品成本760 000元。收到款项，支付属于B、C公司的相关损益，即80 000元	计税基础收入300 000元，成本260 000元	产品对外销售，共同经营和合营方内部交易产生的收入成本时间性差异，进行所得税纳税调整

若案例中A公司销售给共同经营的产品价格未按照公允价值计量，则增值税和所得税均需按照公允价值计量，产生所得税时间性差异，具体请参考相关章节。

（二）逆销：2022年12月，合营方A公司购入共同经营生产的甲产品，该产品成本为780 000元，销售给第三方的价格为900 000元。12月末，共同经营对甲产品进行减值测试，发现甲产品的可变现净值为750 000元。2023年1月，合营方A公司将甲产品销售给第三方，并收到款项（见表19-5）。

表 19-5　税会差异分析

会计处理	税收处理	税会差异分析
（1）2022年12月A公司购入共同经营的甲产品		
共同经营生产完工时，A公司确认属于自己份额的生产成本即转入库存商品260 000元。购入甲成品时，确认归属于B、C公司的部分，计入库存商品600 000元	税法上，针对B、C而言为对外销售，计税基础营业收入600 000元，并结转相应的营业成本520 000元	会计上共同经营对A公司的销售不属于对外销售，A公司不确认收入，税法上对B、C的销售即视为对外销售，这块产生的收入成本产生时间性差异，进行纳税调整

续表

会计处理	税收处理	税会差异分析
（2）2022年12月末甲产品发生减值		
A公司确认存货跌价准备10 000元	计税基础0元	存货跌价准备未实际发生时不得税前列支，需纳税调增
（3）2023年1月，A公司对第三方销售产品，并收到款项		
A公司确认属于出资份额部分的收入300 000元，并结转产品成本850 000元	计税基础收入300 000元，成本260 000元	产品对外销售，共同经营和合营方内部交易产生的收入成本时间性差异，进行所得税纳税调整

若案例中共同经营销售给A公司的产品价格未按照公允价值计量，则增值税和所得税均需按照公允价值计量，产生时间性差异，具体请参考相关章节。

第五节 合营企业参与方的会计处理与税法差异

一、合营企业参与方的会计处理

（一）相关的条款

按照《企业会计准则第40号——合营安排》（财会〔2014〕11号）第十九条的规定，合营方应当按照《企业会计准则第2号——长期股权投资》的规定对合营企业的投资进行会计处理。

按照《企业会计准则第40号——合营安排》（财会〔2014〕11号）第二十条第一款的规定，对合营企业不享有共同控制的参与方，对该合营企业具有重大影响的，应当按照《企业会计准则第2号——长期股权投资》的规定进行会计处理。

（二）有关合营企业参与方会计处理的具体规定

根据财政部2014年3月13日发布的修订《企业会计准则第2号——长期股权投资》，其中有关合营企业参与方会计处理的具体规定可归纳如下：

第二条 《企业会计准则第2号——长期股权投资》所称长期股权投资，是指投资方对被投资单位实施控制、重大影响的权益性投资，以及对其合营企业的权益性投资。在确定被投资单位是否为合营企业时，应当按照《企会计准则第 40 号——合营安排》的有关规定进行判断。

第九条　投资方对合营企业的长期股权投资，应当按照《企业会计准则第 2 号——长期股权投资》第十条至第十三条规定，采用权益法核算。

第十条　长期股权投资的初始投资成本大于投资时应享有被投资单位可辨认净资产公允价值份额的，不调整长期股权投资的初始投资成本；长期股权投资的初始投资成本小于投资时应享有被投资单位可辨认净资产公允价值份额的，其差额应当计入当期损益，同时调整长期股权投资的成本。被投资单位可辨认净资产的公允价值，应当比照《企业会计准则第 20 号——企业合并》的有关规定确定。

第十一条　投资方取得长期股权投资后，应当按照应享有或应分担的被投资单位实现的净损益和其他综合收益的份额，分别确认投资收益和其他综合收益，同时调整长期股权投资的账面价值；投资方按照被投资单位宣告分派的利润或现金股利计算应享有的部分，相应减少长期股权投资的账面价值；投资方对于被投资单位除净损益、其他综合收益和利润分配以外所有者权益的其他变动，应当调整长期股权投资的账面价值并计入所有者权益。

投资方在确认应享有被投资单位净损益的份额时，应当以取得投资时被投资单位可辨认净资产的公允价值为基础，对被投资单位的净利润进行调整后确认。被投资单位采用的会计政策及会计期间不一致的，应当按照投资方的会计政策及会计期间对被投资单位的财务报表进行调整，并据以确认投资收益和其他综合收益等。

第十二条　投资方确认被投资单位发生的净亏损，应当以长期股权投资的账面价值以及其他实质上构成对被投资单位净投资的长期权益减至零为限，投资方负有承担额外损失义务的除外。被投资单位以后实现净利润的，投资方在其收益分享额弥补未确认的亏损分担额后，恢复确认收益分享额。

第十三条　投资方计算确认应享有或应分担被投资单位的净损益时，与合营企业之间发生的未实现内部交易损益按照应享有的比例计算归属于投资方的部分，应当予以抵销，在此基础上确认投资收益。投资方与被投资单位发生的未实现内部交易损失，按照《企业会计准则第 8 号——资产减值》等的有关规定属于资产减值损失的，应当全额确认。

第十四条　投资方因追加投资等原因能够对被投资单位施加重大影响或实施共同控制但不构成控制的，应当按照《企业会计准则第 22 号——金融工具确认和计量》确定的原持有的股权投资的公允价值加上新增投资成本之和，作为改按权益法核算的初始投资成本。原持有的股权投资分类为可供出售金融资产的，其公允价值与账面价值之间的差额，以及原计入其他综合收益的累计公允价值变动应当转入改按权益法核算的当期损益。

第十六条　对合营企业的权益性投资全部或部分分类为持有待售资产，投资方应当按照《企业会计准则第 4 号——固定资产》的有关规定处理，对于未划分为持有待售资产的剩余权益性投资，应当采用权益法进行会计处理。

已划分为持有待售的对合营企业的权益性投资，不再符合持有待售资产分类条件的，应当从被分类为持有待售资产之日起采用权益法进行追溯调整。分类为持有待售期间的财务报表应当做相应调整。

第十七条　处置长期股权投资，其账面价值与实际取得价款之间的差额，应当计入当期损益。采用权益法核算的长期股权投资，在处置该项投资时，采用与被投资单位直接处置相关资产或负债相同的基础，按相应比例对原计入其他综合收益的部分进行会计处理。

第十八条　投资方应当关注长期股权投资的账面价值是否大于享有被投资单位所有者权益账面价值的份额等类似情况。出现类似情况使，投资方应当按照《企业会计准则第 8 号——资产减值》对长期股权投资进行减值测试，可收回金额低于长期股权投资账面价值的，应当计提减值准备。

二、合营企业参与方的税法处理

根据《中华人民共和国企业所得税法实施条例》（中华人民共和国国务院令第 714 号）第七十一条第（一）款和第（二）款规定：通过支付现金方式取得的投资资产，以购买价款为成本；通过支付现金以外的方式取得的投资资产，以该资产的公允价值和支付的相关税费为成本。即合营企业参与方取得的长期股权投资，以初始入账价值作为其计税基础。

三、合营企业参与方的会计处理的税会差异分析

合营企业参与方取得长期股权投资后，已按照应享有或应分担的合营企业实现的净损益的份额确认投资损益并调整长期股权的账面价值的，在计算应纳税所得额时应进行纳税调整。合营企业参与方接受合营企业宣告分派的利润或现金股利时，不应减少长期股权投资的计税基础。

合营企业参与方不能确认合营企业发生的净亏损，合营企业发生的净亏损只能由合营企业以后年度的所得弥补。合营企业参与方对外投资期间，长期股权投资的计税基础保持不变。合营企业参与方确认了合营企业发生净损失的，应按照税法规定进行纳税调整。

合营企业参与方从合营企业的累计净利润（包括累计未分配利润和盈余公积）中取得的任何分配支付额，在合营企业宣告分派现金股利或利润时，应当确认为当期股息、红利等权益性收益。《国家税务总局关于贯彻落实企业所得税法若干税收问题的通知》（国税函〔2010〕79号）规定，企业权益性投资取得股息、红利等收入，应以合营企业股东会或股东大会做出利润分配或转股决定的日期，确认收入的实现。合营企业宣告分派股票股利，也应确认收益，进行纳税调增。但符合条件的居民企业之间的股息、红利收入和在中国境内设立机构、场所的非居民企业从居民企业取得与该机构、场所有实际联系的股息、红利收入属于免税收入，应按照税法规定进行纳税调减。

合营企业将股权溢价所形成的资本公积转为股本的，不作为合营企业参与方的股息、红利收入，合营企业参与方也不得增加该项长期投资的计税基础。

此节内容与长期股权投资权益法后续计量的税会差异分析有所重合，可参考长期股权投资内容一起查看。

案例分析

【例19-3】（1）2021年1月1日，A、B、C、D四家公司签订一项合营安排协议，四方成立单独主体W专门用于丁产品的生产。按照合营协议的约定，A、B、C、D公司按其出资比例分别拥有单独主体W 40%、30%、15%和15%的表决权；主体W公司的相关活动需经70%的表决权通过。合营各方对单独主体的净资产拥有所有权，对投入的资产不拥有所有权并不承担相应的负债义务，单独主体独立承担经营活动中所出现的各类风险。A公司在单独主体W中40%的表决权通过投资4 000 000元获得。

（2）若（1）中2021年1月1日A公司以货币资金2 000 000元以及一批库存商品、一台机器设备投资，获得在合营企业中40%的表决权。库存商品账面价值为800 000元，计提存货跌价准备4 000元，不含增值税的公允价值为900 000元，增值税销项税额为117 000元；机器设备不含增值税的购置成本为1 000 000元，累计折旧为2 000 000元，不含增值税的公允价值为850 000元，增值税销项税额为110 500元。此外，A公司还以货币资金支付审计、评估咨询费10 000元。A公司投资日，合营企业所有者权益的账面价值为10 000 000元。

（3）承接（2），2021年1月1日，A公司对合营企业投资日，合营企业所有者权益的账面价值为 10 000 000 元，公允价值为 11 000 000 元。其他条件不变。

（4）若（1）中，A 公司 2021 年年初投资合营企业时，合营企业的固定资产账面价值为 4 500 000 元，公允价值为 5 000 000 元，其他可辨认资产的公允价值与账面价值一致。按照固定资产账面价值计提的年折旧额为 350 000 元，按照公允价值应计提的年折旧额为 450 000 元。合营企业 2020 年度实现账面净利润 2 000 000 元，不考虑所得税的影响。

（5）承接（2），合营企业 2021 年实现账面利润 1 800 000 元。当年，A 公司从合营企业购入其生产的产品作为固定资产，产品不含税售价为 4 800 000 元，成本为 4 000 000 元，A 公司预计该产品可以使用 8 年，采用直线法计提折旧，不考虑残值。其他条件不变。

（6）若（1）中，2021 年 12 月 31 日，A 公司长期股权投资的账面价值为 4 800 000 元，其中，"投资成本"为 4 000 000 元，"损益调整"为 800 000 元；长期应收款账面价值为 900 000 元，属于其他实质上构成对合营企业净投资的长期权益。2021 年，合营企业发生巨额亏损，以可辨认资产等的公允价值为基础调整后的净亏损为 15 000 000 元，2022 年，合营企业实现账面净利润为 1 100 000 元，以各项可辨认资产等的公允价值为基础调整的净利润为 100 000 元。

（7）合营企业 2022 年 3 月 15 日宣告分派利润 1 500 000 元；4 月 20 日实际发放利润 1 500 000 元（见表 19 - 6）。

表 19 - 6　　　　　　　　税会差异分析

会计处理	税收处理	税会差异分析
（1）合营方 A 公司直接投资获得合营企业 40% 表决权时		
确认长期股权投资——投资成本 4 000 000 元	投资时 A 公司长期股权投资计税基础为 4 000 000 元	初始投资时不存在税会差异
（2）A 公司以货币资金 2 000 000 元以及一批库存商品、一台机器设备投资时		
确认 A 公司的初始投资成本 = 2 000 000 + 900 000 + 117 000 + 850 000 + 110 500 + 10 000 = 3 987 500（元），同时确认存货跌价准备 4 000 元	投资时 A 公司长期股权投资计税基础为 3 987 500 元，存货跌价准备计税基础 0 元	初始投资时，长期股权投资账面价值等于计税基础，存货跌价准备不能所得税前列支，需纳税调增

续表

会计处理	税收处理	税会差异分析
（3）A 公司投资日所有者权益账面价值与公允价值存在差异，确认的长期股权投资		
A 公司享有合营企业可辨认净资产公允价值的份额 = 11 000 000 × 40% = 4 400 000（元），A 公司应调整投资成本 = 4 400 000 - 3 987 500 = 412 500（元），并计入营业外收入	投资时 A 公司长期股权投资计税基础为 3 987 500 元，存货跌价准备计税基础 0 元	初始投资时，长期股权投资账面价值大于计税基础的部分不能税前列支，需纳税调减；存货跌价准备不能所得税前列支，需纳税调增
（4）A 公司投资固定资产账面价值与公允价值存在差异，确认的长期股权投资		
A 公司 2021 年对合营企业的投资收益，应以各项可辨认资产等的公允价值为基础调整的合营企业净利润确实。因此，首先，按照投资是固定资产的公允价值，对合营企业净利润进行调整，得到调整后的净利润为 1 900 000 [2 000 000 - （450 000 - 350 000）] 元；然后，A 公司按其表决权份额，计算确认的当年投资收益为 760 000（1900 000 × 40%）元	税法上因合营企业尚未做出利润分配决定，不确认投资收益，计税基础为 0 元	投资收益在所得税前不能列支，需进行纳税调减
（5）2021 年合营公司实现利润		
合营企业 2021 年度按照投资时固定资产的公允价值调整后的净利润为 1 700 000 [1 800 000 - （450 000 - 350 000）] 元；合营企业向 A 公司销售产品利润为未实现利润，应从合营企业当年调整后的净利润中抵销，金额为 800 000（4 800 000 - 4 000 000）元；A 公司把购入的产品当作固定资产使用，2021 年计提折旧对合营企业调整后净利润的影响额为 100 000（4 800 000 ÷ 8 - 4 000 000 ÷ 8）元，应予以抵销。因此，A 公司按其表决权比例计算确认的 2012 年度投资收益为 400 000 [（1 700 000 - 800 000 + 100 000）× 40%] 元	2021 年年末确认投资收益时，税法规定不调整长期股权投资成本，投资时 A 公司长期股权投资计税基础为 3 987 500 元	长期股权投资损益调整 400 000 元，在所得税前不能列支，需进行纳税调减

续表

会计处理	税收处理	税会差异分析
（6）合营公司2021年亏损，2022年实现利润		
2021年年末应承担的合营企业经营损失6 000 000元，以长期股权投资账面价值和长期权益账面价值为限确认的投资损失 = 4 800 000 + 900 000 = 5 700 000（元），2021年度未确认的投资损失 = 6 000 000 - 5 700 000 = 300 000（元）；2022年年末享有的净利润 = 1 000 000 × 40% = 400 000（元），2022年度应确认的投资收益 = 400 000 - 300 000 = 100 000（元）	税法上合营企业不能确认合营企业发生的净亏损，合营企业参与方对外投资期间，长期股权投资的计税基础保持不变	A公司确认了合营企业发生净损失，应按照税法规定进行纳税调增
（7）2022年合营企业分派利润		
合营企业3月15日宣告分派利润A公司应享有600 000元，并冲减长期股权投资——损益调整科目	税法上，A公司不能将收到的投资收益调减长期股权投资——损益调整，长期股权投资的计税基础不变，收到的分红为税后收益，计税基础0元	税法上A公司应当确认投资收益后所得税进行纳税调减

第六节 对合营安排不享有共同控制参与方的会计处理与税法差异

一、对合营安排不享有共同控制参与方的会计处理

对合营安排不享有共同控制的参与方，由于合营安排的类别不同，存在两类不同的会计处理：一是对共同经营不享有共同控制的参与方的会计处理；二是对合营企业不享有共同控制的参与方的会计处理。

（一）对共同经营不享有共同控制参与方的会计处理

根据《企业会计准则第40号——合营安排》（财会〔2014〕11号）第十

八条的规定：对共同经营不享有共同控制的参与方，如果享有该共同经营相关资产且承担该共同经营相关负债的，应当按照本准则第十五条至第十七条的规定进行会计处理；否则，应当按照相关企业会计准则的规定进行会计处理。

该规定表明，对共同经营不享有共同控制的参与方，如果与享有共同控制的合营方一样，拥有该共同经营的相关资产，并承担该共同经营的相关负债的，则其会计处理也与享有共同控制的合营方的会计处理一样；否则，按照相关企业会计准则的规定进行会计处理。

（二）对合营企业不享有共同控制参与方的会计处理

视参与方对合营企业的影响程度，分别进行会计处理：

1. 对合营企业具有重大影响的，应当按照《企业会计准则第 2 号——长期股权投资》的规定进行会计处理；

2. 对合营企业不具有重大影响的，应当按照《企业会计准则 22 号——金融工具确认和计量》的规定进行会计处理。

二、对合营安排不享有共同控制参与方的税法处理

（一）对共同经营不享有共同控制参与方的税法处理

对共同经营不享有共同控制的参与方，如果与享有共同控制的合营方一样，拥有该共同经营的相关资产，并承担该共同经营的相关负债的，则其税法处理也与享有共同控制的合营方的税法处理一样，且不存在税会差异。对合营企业不享有共同控制参与方，需要根据其适用的会计科目使用相应的税法规定。

（二）对合营企业不享有共同控制参与方的税法处理

视参与方对合营企业的具体情况，分别进行税法处理：

1. 对合营企业具有重大影响的，应当按照长期股权投资的税法规定进行税法处理；

2. 对合营企业不具有重大影响的，应当按照金融工具确认和计量的税法规定进行税法处理。

三、对合营安排不享有共同控制参与方的税会差异分析

根据合营安排参与方适用的不同会计准则和税法规定，参考相应章节的税会差异分析，本章不再赘述。

本章政策依据

1. 《企业会计准则第 40 号——合营安排》（财会〔2014〕11 号）
2. 《中华人民共和国企业所得税法》（中华人民共和国主席令第 23 号）
3. 《中华人民共和国企业所得税法实施条例》（中华人民共和国国务院令第 714 号）

第二十章　企业合并会计与税法差异

第一节　企业合并概念的会计与税法差异

一、企业合并的会计概念

根据《企业会计准则第 20 号——企业合并》（财会〔2006〕3 号）第二条规定：企业合并，是指将两个或者两个以上单独的企业合并形成一个报告主体的交易或事项。企业合并分为同一控制下的企业合并和非同一控制下的企业合并。

根据《企业会计准则第 20 号——企业合并》（财会〔2006〕3 号）应用指南第一条规定，企业合并的方式包括以下几种：

（一）控股合并

控股合并指合并方（或购买方）在企业合并中取得对被合并方（或被购买方）的控制权，被合并方（或被购买方）在合并后仍保持其独立的法人资格并继续经营，合并方（或购买方）确认企业合并形成的对被合并方（或被购买方）的投资。

（二）吸收合并

吸收合并指合并方（或购买方）通过企业合并取得被合并方（或被购买方）的全部净资产，合并后注销被合并方（或被购买方）的法人资格，被合并方（或被购买方）原持有的资产、负债，在合并后成为合并方（或购买方）的资产、负债。

（三）新设合并

新设合并指参与合并的各方在合并后法人资格均被注销，重新注册成立一家新的企业。

二、企业合并的税法概念

【企业所得税】

根据《财政部 国家税务总局关于企业重组业务企业所得税处理若干问题的通知》（财税〔2009〕59号）第一条规定……（三）股权收购，是指一家企业购买另一家企业的股权，以实现对被收购企业控制的交易。收购企业支付对价的形式包括股权支付、非股权支付或两者的组合。……（五）合并，是指一家或多家企业将其全部资产和负债转让给另一家现存或新设企业，被合并企业股东换取合并企业的股权或非股权支付，实现两个或两个以上企业的依法合并。

三、企业合并概念的税会差异分析

会计准则规定依据参与合并交易的每一家企业在合并发生前是否受到同一或相同多方的长期性的最终控制，将合并分为两种，同一控制下的企业合并和非同一控制下的企业合并，按照不同的原则和方法进行处理。其中同一控制下的企业合并采用权益结合法进行处理，按照合并日被合并方的相当于最终控制方来说的账面价值计量进行各项资产及负债的入账价值估计；非同一控制下的企业合并采用购买法进行处理，按照各项资产和负债的公允价值计量进行各项资产及负债的入账价值估计。此外，根据参与合并各方在合并后的存续情况，会计上又将企业合并分为控股合并、吸收合并和新设合并，其中在控股合并方式下形成合并报告主体，合并企业在合并日编制合并财务报表，而吸收合并和新设合并方式下形成个别报告主体，合并企业无须在合并日编制合并财务报表。企业所得税法规定将企业合并作为企业重组的一种方式，根据是否符合一定的条件，在处理方法分为一般性税务处理及特殊性税务处理两种。其中选择采用一般性税务处理方法的，只有在企业合并交易行为发生的时候，才对有关的资产转让所得或损失进行确认，资产所有权改变时依据市场上的交易价格确定计税基础；特殊性税务处理方法下，对企业合并过程中的货币支付部分相关资产的转让所得或损失应及时进行确认，而股权支付部分可以在合并中暂不对相关的资产转让所得和损失进行确认。此外，企业所得税上没有控股合并的概念，而是作为股权收购处理，即会计上企业合并的概念包括企业所得税上的企业合并以及股权收购。

第二节 企业合并的会计处理和税法处理

一、同一控制下控股合并形成长期股权投资的差异

(一) 同一控制下控股合并形成长期股权投资的会计处理

根据《企业会计准则第 2 号——长期股权投资》(财会〔2014〕14 号)第五条第(一)款规定:同一控制下的企业合并,合并方以支付现金、转让非现金资产或承担债务方式作为合并对价的,应当在合并日按照被合并方所有者权益在最终控制方合并财务报表中的账面价值的份额作为长期股权投资的初始投资成本。长期股权投资初始投资成本与支付的现金、转让的非现金资产以及所承担债务账面价值之间的差额,应当调整资本公积;资本公积不足冲减的,调整留存收益。合并方以发行权益性证券作为合并对价的,应当在合并日按照被合并方所有者权益在最终控制方合并财务报表中的账面价值的份额作为长期股权投资的初始投资成本。按照发行股份的面值总额作为股本,长期股权投资初始投资成本与所发行股份面值总额之间的差额,应当调整资本公积;资本公积不足冲减的,调整留存收益。

(二) 同一控制下控股合并形成长期股权投资的税法处理

【企业所得税】

根据《财政部 国家税务总局关于企业重组业务企业所得税处理若干问题的通知》(财税〔2009〕59 号),企业合并的税务处理方式包括以下两种:

1. 一般性税务处理

财税〔2009〕59 号第四条规定:企业重组,除符合本通知规定适用特殊性税务处理规定的外,按以下规定进行税务处理:(三)企业股权收购、资产收购重组交易,相关交易应按以下规定处理:(1)被收购方应确认股权、资产转让所得或损失。(2)收购方取得股权或资产的计税基础应以公允价值为基础确定。(3)被收购企业的相关所得税事项原则上保持不变。(四)企业合并,当事各方应按下列规定处理:(1)合并企业应按公允价值确定接受被合并企业各项资产和负债的计税基础。(2)被合并企业及其股东都应按清算进行所得税处理。(3)被合并企业的亏损不得在合并企业结转弥补。

2. 特殊性税务处理

财税〔2009〕59 号第五条规定:企业重组同时符合下列条件的,适用特

殊性税务处理规定：（一）具有合理的商业目的，且不以减少、免除或者推迟缴纳税款为主要目的。（二）被收购、合并或分立部分的资产或股权比例符合本通知规定的比例。（三）企业重组后的连续12个月内不改变重组资产原来的实质性经营活动。（四）重组交易对价中涉及股权支付金额符合本通知规定比例。（五）企业重组中取得股权支付的原主要股东，在重组后连续12个月内，不得转让所取得的股权。

财税〔2009〕59号第六条规定：企业重组符合本通知第五条规定条件的，交易各方对其交易中的股权支付部分，可以按以下规定进行特殊性税务处理：（二）股权收购，收购企业购买的股权不低于被收购企业全部股权的75%（财税〔2014〕109号文将比例调整为50%），且收购企业在该股权收购发生时的股权支付金额不低于其交易支付总额的85%，可以选择按以下规定处理：（1）被收购企业的股东取得收购企业股权的计税基础，以被收购股权的原有计税基础确定。（2）收购企业取得被收购企业股权的计税基础，以被收购股权的原有计税基础确定。（3）收购企业、被收购企业的原有各项资产和负债的计税基础和其他相关所得税事项保持不变。（四）企业合并，企业股东在该企业合并发生时取得的股权支付金额不低于其交易支付总额的85%，以及同一控制下且不需要支付对价的企业合并，可以选择按以下规定处理：（1）合并企业接受被合并企业资产和负债的计税基础，以被合并企业的原有计税基础确定。（2）被合并企业合并前的相关所得税事项由合并企业承继。（3）可由合并企业弥补的被合并企业亏损的限额=被合并企业净资产公允价值×截至合并业务发生当年年末国家发行的最长期限的国债利率。（4）被合并企业股东取得合并企业股权的计税基础，以其原持有的被合并企业股权的计税基础确定。

（三）同一控制下控股合并形成长期股权投资的税会差异分析

会计准则规定在同一控制下企业合并中，合并方取得的长期股权投资应当按照合并日取得被合并方所有者权益在最终控制方合并财务报表中的账面价值的份额作为初始投资成本，而税法规定应以取得该投资时实际发生的支出作为成本，其中所支付对价为非货币性资产的，以公允价值和相关税费作为投资的成本。因此，同一控制下企业合并在初始确认时账面价值和计税基础不同，产生税会差异。

二、非同一控制下控股合并形成长期股权投资的差异

（一）非同一控制下控股合并形成长期股权投资的会计处理

根据《企业会计准则第2号——长期股权投资》（财会〔2014〕14号）

第五条第（二）款规定：非同一控制下的企业合并，购买方在购买日应当按照《企业会计准则第 20 号——企业合并》的有关规定确定的合并成本作为长期股权投资的初始投资成本。合并方或购买方为企业合并发生的审计、法律服务、评估咨询等中介费用以及其他相关管理费用，应当于发生时计入当期损益。

根据《企业会计准则第 20 号——企业合并》（财会〔2006〕3 号）第十一条规定：购买方应当区别下列情况确定合并成本：（一）一次交换交易实现的企业合并，合并成本为购买方在购买日为取得对被购买方的控制权而付出的资产、发生或承担的负债以及发行的权益性证券的公允价值。（二）通过多次交换交易分步实现的企业合并，合并成本为每一单项交易成本之和。（三）购买方为进行企业合并发生的各项直接相关费用也应当计入企业合并成本。（四）在合并合同或协议中对可能影响合并成本的未来事项做出约定的，购买日如果估计未来事项很可能发生并且对合并成本的影响金额能够可靠计量的，购买方应当将其计入合并成本。

根据《企业会计准则第 2 号——长期股权投资》（财会〔2014〕14 号）应用指南第五条第（二）款规定：企业无论是以何种方式取得长期股权投资，取得投资时，对于支付的对价中包含的应享有被投资单位已经宣告但尚未发放的现金股利或利润应确认为应收项目，不构成取得长期股权投资的初始投资成本。

（二）非同一控制下控股合并形成长期股权投资的税法处理

【企业所得税】

根据《财政部 国家税务总局关于企业重组业务企业所得税处理若干问题的通知》（财税〔2009〕59 号），企业合并的税务处理方式包括以下两种：

1. 一般性税务处理

财税〔2009〕59 号第四条规定：企业重组，除符合本通知规定适用特殊性税务处理规定的外，按以下规定进行税务处理：（三）企业股权收购、资产收购重组交易，相关交易应按以下规定处理：1. 被收购方应确认股权、资产转让所得或损失。2. 收购方取得股权或资产的计税基础应以公允价值为基础确定。3. 被收购企业的相关所得税事项原则上保持不变。（四）企业合并，当事各方应按下列规定处理：1. 合并企业应按公允价值确定接受被合并企业各项资产和负债的计税基础。2. 被合并企业及其股东都应按清算进行所得税处理。3. 被合并企业的亏损不得在合并企业结转弥补。

2. 特殊性税务处理

财税〔2009〕59号第五条规定：企业重组同时符合下列条件的，适用特殊性税务处理规定：（一）具有合理的商业目的，且不以减少、免除或者推迟缴纳税款为主要目的。（二）被收购、合并或分立部分的资产或股权比例符合本通知规定的比例。（三）企业重组后的连续12个月内不改变重组资产原来的实质性经营活动。（四）重组交易对价中涉及股权支付金额符合本通知规定比例。（五）企业重组中取得股权支付的原主要股东，在重组后连续12个月内，不得转让所取得的股权。

财税〔2009〕59号第六条规定：企业重组符合本通知第五条规定条件的，交易各方对其交易中的股权支付部分，可以按以下规定进行特殊性税务处理：（二）股权收购，收购企业购买的股权不低于被收购企业全部股权的75%（财税〔2014〕109号文将比例调整为50%），且收购企业在该股权收购发生时的股权支付金额不低于其交易支付总额的85%，可以选择按以下规定处理：（1）被收购企业的股东取得收购企业股权的计税基础，以被收购股权的原有计税基础确定。（2）收购企业取得被收购企业股权的计税基础，以被收购股权的原有计税基础确定。（3）收购企业、被收购企业的原有各项资产和负债的计税基础和其他相关所得税事项保持不变。（四）企业合并，企业股东在该企业合并发生时取得的股权支付金额不低于其交易支付总额的85%，以及同一控制下且不需要支付对价的企业合并，可以选择按以下规定处理：（1）合并企业接受被合并企业资产和负债的计税基础，以被合并企业的原有计税基础确定。（2）被合并企业合并前的相关所得税事项由合并企业承继。（3）可由合并企业弥补的被合并企业亏损的限额＝被合并企业净资产公允价值×截至合并业务发生当年年末国家发行的最长期限的国债利率。（4）被合并企业股东取得合并企业股权的计税基础，以其原持有的被合并企业股权的计税基础确定。

（三）非同一控制下控股合并形成长期股权投资的税会差异分析

根据上述税法与会计准则的规定，对一次交换交易实现非同一控制下控股合并而形成的长期股权投资，其初始计量一般不存在税会差异，但因追加投资等原因导致原权益法核算的长期股权投资或公允价值计量核算的金融资产转换为成本法核算的长期股权投资，且构成非同一控制下企业合并的，该长期股权投资的初始投资成本为原股权投资的公允价值（权益法下为账面价值）和新增投资成本之和，而计税基础为原持有股权投资的计税基础和新增投资计税基础之和，二者之间可能会存在差异。

案例分析

【例 20-1】 2022 年 7 月 1 日，甲企业向同一集团内乙企业的原股东 A 企业定向增发 1 000 万股普通股（每股面值为 1 元，市价为 5.86 元），取得乙企业 100% 的股权，相关手续于当日完成，并能够对乙企业实施控制。合并后乙企业仍维持其独立法人资格继续经营。乙企业之前为 A 企业于 2021 年以非同一控制下企业合并的方式收购的全资子企业。合并日，乙企业财务报表中净资产的账面价值为 2 200 万元，A 企业合并财务报表中的乙企业净资产账面价值为 4 000 万元（含商誉 500 万元），假定甲企业和乙企业都受 A 企业同一控制（见表 20-1）。

表 20-1　　　　　　　　　　税会差异分析

会计处理	税收处理	税会差异分析
2022 年 7 月 1 日长期股权投资入账		
甲企业取得同一控制下长期股权投资，初始投资成本 = 在合并日被合并方所有者权益在最终控制方合并财务报表中的账面价值的份额 = 4 000 × 100% = 4 000（万元）	税法规定以取得该投资时实际发生的支出作为成本，其中所支付对价为非货币性资产的，以公允价值和相关税费作为投资的成本，因此该长期股权投资的计税基础 = 1 000 × 5.86 = 5 860（万元）	该同一控制下企业合并产生的长期股权投资在初始确认时账面价值和计税基础不同，产生税会差异

本章政策依据

1. 《企业会计准则第 2 号——长期股权投资》（财会〔2014〕14 号）
2. 《企业会计准则第 20 号——企业合并》（财会〔2006〕3 号）
3. 《中华人民共和国企业所得税法》（中华人民共和国主席令第 23 号）
4. 《中华人民共和国企业所得税法实施条例》（中华人民共和国国务院令第 714 号）
5. 《财政部 国家税务总局关于企业重组业务企业所得税处理若干问题的通知》（财税〔2009〕59 号）

第二十一章 会计政策、会计估计变更和差错更正会计与税法差异

第一节 会计政策变更的会计与税法差异

一、会计政策的概念

会计政策,是指企业在会计确认、计量和报告中所采用的原则、基础和会计处理方法。企业采用的会计计量基础也属于会计政策。

原则是指按照企业会计准则规定的、适合于企业会计核算所采用的具体会计原则。

基础是指为了将会计原则应用于交易或者事项而采用的基础,主要是计量基础(即计量属性),包括历史成本、重置成本、可变现净值、现值和公允价值等。

会计处理方法是指企业在会计核算中按照法律、行政法规或者国家统一的会计制度等规定采用或者选择的、适合于本企业的具体会计处理方法。

判断会计政策是否重要,应当考虑与会计政策相关项目的性质和金额。企业应当披露的重要会计政策包括以下几类:

(一)发出存货成本的计量

发出存货成本的计量是指企业确定发出存货成本所采用的会计处理方法。例如,企业发出存货成本的计量是采用先进先出法,还是采用其他计量方法。

(二)长期股权投资的后续计量

长期股权投资的后续计量是指企业取得长期股权投资后的会计处理方法。例如,企业对被投资单位的长期股权投资是采用成本法,还是采用权益法核算。

(三) 投资性房地产的后续计量

投资性房地产的后续计量是指企业在资产负债表日对投资性房地产进行后续计量所采用的会计处理方法。例如，企业对投资性房地产的后续计量是采用成本模式，还是公允价值模式。

(四) 固定资产的初始计量

固定资产的初始计量是指对取得的固定资产初始成本的计量。例如，企业取得的固定资产初始成本是以购买价款，还是以购买价款的现值为基础进行计量。

(五) 生物资产的初始计量

生物资产的初始计量是指对取得的生物资产初始成本的计量。例如，企业为取得生物资产而产生的借款费用，应当予以资本化，还是应当计入当期损益。

(六) 无形资产的确认

无形资产的确认是指将无形项目的支出确认为无形资产。例如，企业内部研究开发项目开发阶段的支出是确认为无形资产，还是在发生时计入当期损益。

(七) 非货币性资产交换的计量

非货币性资产交换的计量是指非货币性资产交换事项中对换入资产成本的计量。例如，非货币性资产交换是以换出资产的公允价值作为确定换入资产成本的基础，还是以换出资产的账面价值作为确定换入资产成本的基础。

(八) 收入的确认

收入的确认是指收入确认所采用的会计原则。例如，企业确认收入时要同时满足已将商品所有权上的主要风险和报酬转移给购货方、收入的金额能够可靠计量、相关经济利益很可能流入企业等条件。

(九) 合同收入与费用的确认

合同收入与费用的确认是指确认建造合同的收入和费用所采用的会计处理方法。例如，企业确认建造合同的合同收入和合同费用采用完工百分比法。

(十) 借款费用的处理

借款费用的处理是指借款费用的会计处理方法，既是采用资本化，还是采用费用化。

(十一) 合并政策

合并政策是指编制合并财务报表所采纳的原则。例如，母公司与子公司的会计年度不一致的处理原则及合并范围的确定原则等。

(十二) 其他重要会计政策

二、会计政策变更的概念

会计政策变更是指企业对相同的交易或者事项由原来采用的会计政策改用另一会计政策的行为。为保证会计信息的可比性使财务报表使用者在比较企业一个以上期间的财务报表时，能够正确判断企业的财务状况、经营成果和现金流量的趋势，一般情况下，企业采用的会计政策，在每一会计期间和前后各期应当保持一致，不得随意变更；否则，势必削弱会计信息的可比性。但是，在下述两种情形下，企业可以变更会计政策：

第一，法律、行政法规或者国家统一的会计制度等要求变更。这种情况是指按照法律、行政法规以及国家统一的会计制度的规定，要求企业采用新的会计政策，则企业应当按照法律、行政法规以及国家统一的会计制度的规定改变原会计政策，按照新的会计政策执行。

第二，会计政策变更能够提供更可靠、更相关的会计信息。由于经济环境、客观情况的改变，使企业原采用的会计政策所提供的会计信息，已不能恰当地反映企业的财务状况、经营成果和现金流量等情况。在这种情况下，应改变原有会计政策，按变更后新的会计政策进行会计处理，以便对外提供更可靠、更相关的会计信息。

需要注意的是，除法律、行政法规以及国家统一的会计制度要求变更会计政策的，应当按照国家的相关规定执行外，企业因满足上述第二个条件变更会计政策时，必须有充分、合理的证据表明其变更的合理性，并说明变更会计政策后，能够提供关于企业财务状况、经营成果和现金流量等更可靠、更相关的会计信息的理由。

下列两种情况不属于会计政策变更。

第一，本期发生的交易或者事项与以前相比具有本质差别而采用新的会计政策。这是因为，会计政策是针对特定类型的交易或事项，如果发生的交易或事项与其他交易或事项有本质区别，那么，企业实际上是为新的交易或事项选择适当的会计政策，并没有改变原有的会计政策。例如，企业以往租入的设备均为临时需要而租入的，所以企业按经营租赁会计处理方法核算，但自本年度起租入的设备均采用融资租赁方式，则该企业自本年度起对新租赁的设备采用融资租赁会计处理方法核算。由于该企业原租入的设备均为经营性租赁，本年度起租赁的设备均改为融资租赁，经营租赁和融资租赁有着本质差别，因而改变会计政策不属于会计政策变更。

第二，对初次发生的或不重要的交易或者事项采用新的会计政策。对初次发生的某类交易或事项采用适当的会计政策，并未改变原有的会计政策。例如，企业以前没有建造合同业务，当年却签订一项建造合同为另一企业建造三栋厂房，对该项建造合同采用完工百分比法确认收入，不是会计政策变更。至于对不重要的交易或事项采用新的会计政策，不按会计政策变更做出会计处理，并不影响会计信息的可比性，所以也不作为会计政策变更。

三、会计政策变更的税会差异

（一）会计政策变更的准则规定

会计政策，是指企业在会计确认、计量和报告中所采用的原则、基础和会计处理方法。企业应当对相同或者相似的交易或者事项采用相同的会计政策进行处理。但是，其他会计准则另有规定的除外。企业会计政策一经确定，不得随意变更。如需变更，应重新履行上述程序，并按会计准则的规定处理。

企业采用的会计政策，在每一会计期间和前后各期应当保持一致，不得随意变更。但是，满足下列条件之一的，可以变更会计政策：

（1）法律、行政法规或者国家统一的会计制度等要求变更；

（2）会计政策变更能够提供更可靠、更相关的会计信息。

下列各项不属于会计政策变更：

（1）本期发生的交易或者事项与以前相比具有本质差别而采用新的会计政策；

（2）对初次发生的或不重要的交易或者事项采用新的会计政策。

企业根据法律、行政法规或者国家统一的会计制度等要求变更会计政策的，应当按照国家相关会计规定执行。会计政策变更能够提供更可靠、更相关的会计信息的，应当采用追溯调整法处理，将会计政策变更累积影响数调整列报前期最早期初留存收益，其他相关项目的期初余额和列报前期披露的其他比较数据也应当一并调整，但确定该项会计政策变更累积影响数不切实可行的除外。

确定会计政策变更对列报前期影响数不切实可行的，应当从可追溯调整的最早期间期初开始应用变更后的会计政策。在当期期初确定会计政策变更对以前各期累积影响数不切实可行的，应采用未来适用法处理。

（二）会计政策变更的税法规定

会计政策是企业计算应纳税所得额的基础，但税法规定很多与会计政策不一致。根据《中华人民共和国企业所得税法》（主席令第 23 号修正）第二十一条规定，在计算应纳税所得额时，企业财务、会计处理办法与税收法律、行政法规的规定不一致的，应当依照税收法律、行政法规的规定计算。

根据《中华人民共和国税收征收管理法》（主席令第 23 号修正）第二十条规定，从事生产、经营的纳税人的财务、会计制度或者财务、会计处理办法和会计核算软件，应当报送税务机关备案。因此，企业根据会计准则的规定，结合本企业的实际情况，确定会计政策，经股东大会或董事会、经理（厂长）会议或类似机构批准后，按照税收征管法等法律、行政法规、税务规章的规定应报送税务机关备案。企业的会计政策一经确定，不得随意变更。如需变更，应重新履行程序并按会计准则的规定处理后，将变更理由向税务机关说明，变更后的会计政策应再报送税务机关备案。

企业因法律、行政法规或者国家统一的会计制度等要求变更会计政策，或者因为能够提供更可靠、更相关的会计信息而变更会计政策的，在计算缴纳企业所得税时应依照税法规定计算应纳税所得额，会计政策变更不能影响应纳税所得额的计算。采用的会计政策，在每一纳税年度内应当保持一致，不得随意变更。对企业本期发生的交易或者事项与以前相比具有本质差别而采用新的会计政策，或者对初次发生的或不重要的交易或者事项采用新的会计政策，如果影响了应纳税所得额的计算的，应进行纳税影响数额的调整。

四、会计政策变更的税会差异的处理方法

（一）追溯调整法

1. 会计处理

会计政策变更采用追溯调整法，应当将会计政策变更的累积影响数调整期初留存收益。留存收益包括当年和以前年度的未分配利润和按照相关法律规定提取并累积的盈余公积。调整期初留存收益是指对期初未分配利润和留存收益两个项目的调整。

2. 税法处理

【企业所得税】

采用追溯调整法时，因会计政策变更而调整留存收益，不会影响以前年度应纳税所得额的变动，也就是说，不会影响以前年度应纳税所得额的调整，但追溯调整时如果涉及暂时性差异，则应考虑递延所得税的调整，按所得税会计准则调整所得税费用。

【例 21-1】某公司于 2020 年 12 月建造完工的办公楼作为投资性房地产对外出租，至 2022 年 1 月 1 日，该办公楼的原价为 3 300 万元，残值为 300 万元，按 25 年计提折旧，2021 年计提折旧 120 万元，2022 年 12 月 31 日计提减值准备 180 万元。2023 年 1 月 1 日，该公司决定采用公允价值对出租的办

公楼进行后续计量。该办公楼2022年1月1日的公允价值为2 800万元,该公司按净利润的10%提取盈余公积,适用所得税率为25%。2022年12月31日,该办公楼的公允价值为2 900万元。假定2022年1月1日前无法取得该办公楼的公允价值,会计折旧和税法折旧相同。2021年和2022年的会计利润分别为1 000万元、1 200万元,不考虑其他纳税调整因素(见表21-1)。

表21-1　　　　　　　　　　税会差异分析

会计处理	税收处理	税会差异分析
(1) 2021年计提的减值准备不得在税前扣除:		
2021年12月31日,投资性房地产的账面价值为3 000万元。确认递延所得税资产——投资性房地产减值准备450 000元	2021年12月31日,计税基础为3 180万元。应纳所得税额 = (1 000 + 180) × 25% = 295(万元)	2021年12月31日,投资性房地产的账面价值为3 000万元,计税基础为3 180万元。存在税会差异
(2) 2022年1月1日:		
成本法转公允价值法,转出投资性房地产原值、累计折旧、投资性房地产减值准备等,同时确认递延所得税资产500 000元,利润分配——未分配利润 -1 500 000元,并调整盈余公积150 000元	公允价值低于账面价值的差额200万元,由于直接调整了期初留存收益,没有影响2021年会计利润,故不调整2021年应纳税所得额。至于2021年计提的减值准备不能在税前扣除,属于2021年度的纳税调整事项,与会计政策调整无关	投资性房地产账面价值为2 800万元,而计税基础为3 180万元。存在税会差异
(3) 2022年12月31日:		
确认公允价值变动损益1 000 000元;递延所得税资产——公允价值变动250 000元	2022年应纳税所得额 = (会计利润 + 纳税调整) × 税率 = (会计利润 - 公允价值变动损益 - 调整允许扣除的折旧) × 25% = (1 200 - 100 - 120) × 25% = 245(万元)	2022年12月31日,投资性房地产账面价值为2 900万元,计税基础为3 300 - 240 = 3 060(万元)。存在税会差异

(二) 未来适用法

1. 会计处理

在未来适用法下,不需要计算会计政策变更产生的累积影响数,也无须重编以前年度的财务报表。企业会计账簿记录及财务报表上反映的金额,变更之日仍保留原有的金额，不因会计政策变更而改变以前年度的既定结果，并在现有金额的基础上再按新的会计政策进行核算。

2. 税法处理

【企业所得税】

采用未来适用法时，是将变更后的会计政策应用于变更日、变更当期，以及以后发生的交易或事项。因此这种变更，对以前年度的会计损益、以前年度应纳税所得额、期初留存收益均无影响，不涉及以前年度递延税款、应交所得税的调整。只需对变更后的会计处理方法与税法存在差异的金额，做纳税调整即可。

如果发生税法变更，按照"实体从旧，程序从新"原则，按照变更后的政策计算应纳税所得额和应纳所得税额，税收法规另有规定的除外。

无论是会计政策变更，还是税法变更，或者会计政策与税法同时变更，只要会计损益与应纳税所得额存在差异且税法有规定时，就必须依照税法的规定计算税款。

第二节 会计估计变更的会计与税法差异

一、会计估计的概念

（一）会计估计的概念及特点

会计估计，是指企业对其结果不确定的交易或事项以最近可利用的信息为基础所作的判断。

会计估计具有以下特点：

1. 会计估计的存在是由于经济活动中内在的不确定性因素的影响；
2. 会计估计应当以最近可利用的信息或资料为基础；
3. 进行会计估计并不会削弱会计核算的可靠性。

下列各项属于常见的需要进行估计的项目：（1）坏账；（2）存货遭受毁损、全部或部分陈旧过时；（3）固定资产的耐用年限与净残值；（4）无形资产的受益期；（5）或有事项中的估计；（6）收入确认中的估计，等等。

（二）应披露的会计估计事项

企业应当披露重要的会计估计，不具有重要性的会计政策和会计估计可以不披露。判断会计估计是否重要，应当考虑与会计估计相关项目的性质和金额。企业应当披露的重要的会计估计包括：

1. 存货可变现净值的确定；
2. 采用公允价值模式下的投资性房地产公允价值的确定；
3. 固定资产的预计使用寿命与净残值；固定资产的折旧方法；
4. 生物资产的预计使用寿命与净残值；各类生产性生物资产的折旧方法；
5. 使用寿命有限的无形资产的预计使用寿命与净残值；
6. 可收回金额按照资产组的公允价值减去处置费用后的净额确定的，确定公允价值减去处置费用后的净额的方法；可收回金额按照资产组预计未来现金流量的现值确定的，预计未来现金流量及其折现率的确定；
7. 合同完工进度的确定；
8. 权益工具公允价值的确定；
9. 债务人债务重组中转让的非现金资产的公允价值、由债务转成的股份的公允价值和修改其他债务条件后债务的公允价值的确定；

债权人债务重组中受让的非现金资产的公允价值、由债权转成的股份的公允价值和修改其他债务条件后债权的公允价值的确定；

10. 预计负债初始计量的最佳估计数的确定；
11. 金融资产公允价值的确定；
12. 承租人对未确认融资费用的分摊；出租人对未实现融资收益的分配；
13. 探明矿区权益、井及相关设施的折耗方法。与油气开采活动相关的辅助设备及设施的折旧方法；
14. 非同一控制下企业合并成本的公允价值的确定；
15. 其他重要会计估计。

二、会计估计变更的概念

（一）会计估计变更的概念

根据《企业会计准则第 28 号——会计政策、会计估计变更和差错更正》第八条规定，会计估计变更是指由于资产和负债的当前状况及预期经济利益和义务发生了变化，从而对资产或负债的账面价值或者资产的定期消耗金额进行调整。

（二）会计估计变更的情形

会计估计变更的情形包括以下几类：

1. 赖以进行估计的基础发生了变化

企业进行会计估计总是依赖于一定的基础，如果其所依赖的基础发生了变化，则会计估计也应相应发生变化。例如，企业的某项无形资产摊销年限原定为10年，以后发生的情况表明，该资产的受益年限已不足10年，这时需相应调减摊销年限。

2. 取得了新的信息、积累了更多的经验

企业进行会计估计是就现有资料对未来所做的判断，随着时间的推移，企业有可能取得新的信息、积累更多的经验，在这种情况下，企业可能不得不对会计估计进行修订，即发生会计估计变更。

如果以前期间的会计估计是错误的，则属于差错，按前期差错更正的规定进行会计处理。

三、会计政策变更与会计估计变更的划分

企业应当正确划分会计政策变更与会计估计变更，并按照不同的方法进行相关会计处理。企业应当以变更事项的会计确认、计量基础和列报项目是否发生变更作为判断该变更是会计政策变更，还是会计估计变更的划分基础。

1. 以会计确认是否发生变更作为判断基础。资产、负债、所有者权益、收入、费用和利润等6项会计要素的确认标准，是会计处理的首要环节。一般地，对会计确认的指定或选择是会计政策，其相应的变更是会计政策变更。

2. 以计量基础是否发生变更作为判断基础。历史成本、重置成本、可变现净值、现值和公允价值等5项会计计量属性，是会计处理的计量基础。一般地，对计量基础的判定或选择是会计政策，其相应的变更是会计政策变更。

3. 以列报项目是否发生变更作为判断基础。财务报表项目应采用的列报原则。一般地，对列报项目的指定或选择是会计政策，其相应的变更是会计政策变更。

4. 根据会计确认、计量基础和列报项目所选择的、为取得与资产负债表项目有关的金额或数值（如预计使用寿命、净残值等）所采用的处理方法，不是会计政策，而是会计估计，其相应的变更是会计估计变更。

企业可以采用以下具体方法划分会计政策变更与会计估计变更：分析并判断该事项是否涉及会计确认、计量基础选择或列报项目的变更，应当至少涉及上述一项划分基础变更时，该事项是会计政策变更；不涉及上述划分基础变更时，该事项可以判断为会计估计变更。例如，企业在前期将购建固定资产相关的一般借款利息计入当期损益，当期根据会计准则的规定，将其予以资本化，企业因此将对该事项进行变更。该事项的计量基础未发生变更，

即都是以历史成本作为计量基础；该事项的会计确认发生变更，即前期将借款费用确认为一项费用，而当期将其确认为一项资产；同时，会计确认的变更导致该事项在资产负债表和利润表相关项目的列报也发生变更。该事项涉及会计确认和列报的变更所以属于会计政策变更。

四、会计估计变更的会计处理

企业对会计估计变更应当采用未来适用法处理，即在会计估计变更当期及以后期间采用新的会计估计不改变以前期间的会计估计，也不调整以前期间的报告结果。

1. 会计估计变更仅影响变更当期的，其影响数应当在变更当期予以确认。例如，企业原按应收账款余额的5%提取坏账准备，由于企业不能收回应收账款的比例已达10%，则企业改按应收账款余额的10%提取坏账准备。这类会计估计的变更，只影响变更当期，因此，应于变更当期确认。

2. 既影响变更当期又影响未来期间的，其影响数应当在变更当期和未来期间予以确认。例如，企业的某项可计提折旧的固定资产，其有效使用年限或预计净残值的估计发生的变更，常常影响变更当期及资产以后使用年限内各个期间的折旧费用，这类会计估计的变更，应于变更当期及以后各期确认。

会计估计变更的影响数应计入变更当期与前期相同的项目中。为了保证不同期间的财务报表具有可比性，如果以前期间的会计估计变更的影响数计入企业日常经营活动损益，则以后期间也应计入日常经营活动损益；如果以前期间的会计估计变更的影响数计入特殊项目中，则以后期间也应计入特殊项目。

3. 企业应当正确划分会计政策变更和会计估计变更，并按不同的方法进行相关会计处理。企业通过判断会计政策变更和会计估计变更划分基础仍然难以对某项变更进行区分的，应当将其作为会计估计变更处理。

五、会计估计变更的税法处理

根据《企业所得税法实施条例》第五十六条规定，企业的各项资产，包括固定资产、生物资产、无形资产、长期待摊费用、投资资产、存货等，以历史成本为计税基础。前款所称历史成本，是指企业取得该项资产时实际发生的支出。

企业持有各项资产期间资产增值或者减值，除国务院财政、税务主管部门规定可以确认损益外，不得调整该资产的计税基础。所以，企业因会计估计变更，从而对资产或负债的账面价值或者资产的定期消耗金额进行调整的，在税法处理上不得调整资产的计税基础，造成差异的应进行纳税调整。企业对会计估计变更应当采用未来适用法处理。会计估计变更仅影响变更当期的，其影响数应当在变更当期予以确认，并在当期进行纳税调整；既影响变更当期又影响未来期间的，其影响数应当在变更当期和未来期间予以确认，并在当期和未来期间进行纳税调整。

第三节　差错更正的会计与税法差异

一、差错的概念

（一）前期差错的概念

前期差错，是指由于没有运用或错误运用下列两种信息，而对前期财务报表造成省略、漏报或错报：

一是编报前期财务报表时预期能够取得并加以考虑的可靠信息。

二是前期财务报告批准报出时能够取得的可靠信息。

前期差错通常包括计算错误、应用会计政策错误、疏忽或曲解事实以及舞弊产生的影响以及存货、固定资产盘盈等。

（二）前期差错的情形

没有运用或错误运用上述两种信息而形成前期差错的情形主要有以下几类。

1. 计算以及账户分类错误。例如，企业购入的 5 年期国债，意图长期持有，但在记账时记入了交易性金融资产，导致账户分类上的错误，并导致在资产负债表上流动资产和非流动资产的分类也有错误。

2. 采用法律、行政法规或者国家统一的会计制度等不允许的会计政策。例如，按照《企业会计准则第 17 号——借款费用》的规定，为购建固定资产的专门借款而发生的借款费用，满足一定条件的，在固定资产达到预定可使用状态前发生的，应予资本化，计入所购建固定资产的成本；在固定资产达到预定可使用状态后发生的，计入当期损益。如果企业固定资产已达到预定可使用状态后发生的借款费用，也计入了该固定资产的价值，予以资本化，则属于采用法律或会计准则等行政法规、规章所不允许的会计政策。

3. 对事实的疏忽或曲解，以及舞弊。例如，企业对某项建造合同应按建造合同规定的方法确认营业收入，但该企业却按确认商品销售收入的原则确认收入。

4. 在期末对应计项目与递延项目未予调整。例如，企业应在本期摊销的费用在期末未予摊销。

5. 漏记已完成的交易。例如，企业销售一批商品，商品已经发出，开出增值税专用发票，商品销售收入确认条件均已满足，但企业在期末时未将已实现的销售收入入账。

6. 提前确认尚未实现的收入或不确认已实现的收入。例如，在采用委托代销商品的销售方式下，应以收到代销单位的代销清单时，确认商品销售收入的实现，如企业在发出委托代销商品时即确认为收入，则为提前确认尚未实现的收入。

7. 资本性支出与收益性支出划分差错等。例如，企业发生的管理人员的工资一般作为收益性支出，而发生的在建工程人员工资一般作为资本性支出。如果企业将发生的在建工程人员工资计入了当期损益，则属于资本性支出与收益性支出的划分差错。

需要注意的是，就会计估计的性质来说，它是个近似值，随着更多信息的获得，估计可能需要进行修正，但是会计估计变更不属于前期差错更正。

二、前期差错更正的会计处理

企业应当采用追溯重述法更正重要的前期差错，但确定前期差错累积影响数不切实可行的除外。追溯重述法是指在发现前期差错时，视同该项前期差错从未发生过，从而对财务报表相关项目进行更正的方法。

如果财务报表项目的遗漏或错误表述可能影响财务报表使用者根据财务报表所做出的经济决策，则该项目的遗漏或错误是重要的。重要的前期差错是指足以影响财务报表使用者对企业财务状况、经营成果和现金流量做出正确判断的前期差错。不重要的前期差错是指不足以影响财务报表使用者对企业财务状况、经营成果和现金流量做出正确判断的会计差错。

前期差错的重要性取决于在相关环境下对遗漏或错误表述的规模和性质的判断。前期差错所影响的财务报表项目的金额或性质，是判断该前期差错是否具有重要性的决定性因素。一般来说，前期差错所影响的财务报表项目的金额越大、性质越严重，其重要性程度越高。

（一）不重要的前期差错的会计处理

对于不重要的前期差错，企业不需调整财务报表相关项目的期初数，但应调整发现当期与前期相同的相关项目；属于影响损益的，应直接计入本期与上期相同的净损益项目；属于不影响损益的，应调整本期与前期相同的相关项目。

（二）重要的前期差错的会计处理

对于重要的前期差错，企业应当在其发现当期的财务报表中，调整前期比较数据。具体地说，企业应当在重要的前期差错发现当期的财务报表中，通过下述处理对其进行追溯更正。

1. 追溯重述差错发生期间列报的前期比较金额。

2. 如果前期差错发生在列报的最早前期之前，则追溯重述列报的最早前期的资产、负债和所有者权益相关项目的期初余额。

对于发生的重要的前期差错，如影响损益，则应将其对损益的影响数调整发现当期的期初留存收益，财务报表其他相关项目的期初数也应一并调整；如不影响损益，则应调整财务报表相关项目的期初数。

企业在编制比较财务报表时，对于比较财务报表期间的重要的前期差错，应调整各该期间的净损益和其他相关项目，视同该差错在产生的当期已经更正；对于比较财务报表期间以前的重要的前期差错，应调整比较财务报表最早期间的期初留存收益，财务报表其他相关项目的数字也应一并调整。

确定前期差错影响数不切实可行的，可以从可追溯重述的最早期间开始调整留存收益的期初余额，财务报表其他相关项目的期初余额也应当一并调整，也可以采用未来适用法。当企业确定前期差错对列报的一个或者多个前期比较信息的特定期间的累积影响数不切实可行时，应当追溯重述切实可行的最早期间的资产、负债和所有者权益相关项目的期初余额（可能是当期）；当企业在当期期初确定前期差错对所有前期的累积影响数不切实可行时，应当从确定前期差错影响数切实可行的最早日期开始采用未来适用法追溯重述比较信息。

需要注意的是，为了保证经营活动的正常进行，企业应当建立健全内部稽核制度，保证会计资料的真实、完整。对于年度资产负债表日至财务报告批准报出日之间发现的报告年度的会计差错及报告年度前不重要的前期差错，应按照《企业会计准则第29号——资产负债表日后事项》的规定进行处理。

三、前期差错更正的税法处理

根据税法规定，企业因计算错误、应用会计政策错误、疏忽或曲解事实以及舞弊产生的影响和存货、固定资产盘盈等情况，在发现前期差错时，应按照税法规定重新计算前期应纳税所得额，向主管税务机关说明原因并重新申报，由主管税务机关按照税法规定进行处理，补征税款、退还税款、加收滞纳金等。对纳税人超过应纳税额缴纳的税款，税务机关发现后应当立即退还，纳税人自结算缴纳税款之日起3年内发现的，可以向税务机关要求退还多缴的税款并加算银行同期存款利息，税务机关及时查实后应当立即退还；涉及从国库中退库的，依照法律、行政法规有关国库管理的规定退还。对因纳税人计算错误等失误，未缴或者少缴税款的，税务机关在3年内可以追征税款、滞纳金，有特殊情况的，追征期可以延长到5年。对偷税、抗税、骗税的，税务机关追征其未缴或者少缴的税款、滞纳金或者所骗取的税款，不受前述规定期限的限制。

1. 应纳税所得额的调整。

应纳税所得额按税法的规定执行。具体来说，当会计准则和税法对涉及的损益调整事项处理的口径相同时，则应考虑应交所得税和所得税费用的调整；当会计准则和税法对涉及的损益类调整事项处理的口径不同时，则不应考虑应交所得税的调整。

2. 递延所得税资产和递延所得税负债的调整。

若调整事项涉及暂时性差异，则应调整递延所得税资产和递延所得税负债。

3. 对不重要的前期差错纳税调整方法。

会计准则按"重要性"原则，对不重要的前期差错和重要的前期差错给予了不同的更正方法。而税法不执行"重要性"原则，必须按照税收政策的规定准确计算各期应纳税所得额。对于以前年度非重大会计差错，涉及损益的，仍然并入差错年度的应纳税所得额。

▌ 本章政策依据 ▌

1. 《企业会计准则第28号——会计政策、会计估计变更和差错更正》
2. 《中华人民共和国企业所得税法》（中华人民共和国主席令第23号）
3. 《中华人民共和国企业所得税法实施条例》（中华人民共和国国务院令第714号）

第二十二章 资产负债表日后事项会计与税法差异

第一节 资产负债表日后事项的概念

一、资产负债表日后事项的概念

资产负债表日后事项，是指资产负债表日至财务报告批准报出日之间发生的有利或不利事项。财务报告批准报出日，是指董事会或类似机构批准财务报告报出的日期。

资产负债表日后事项包括资产负债表日后调整事项和资产负债表日后非调整事项。

资产负债表日后调整事项，是指对资产负债表日已经存在的情况提供了新的或进一步证据的事项。

资产负债表日后非调整事项，是指表明资产负债表日后发生的情况的事项。

二、资产负债表日后事项涵盖的期间

资产负债表日后事项所涵盖的期间是指资产负债表日至财务报告批准报出日之间。财务报告批准报出日应当为董事会等类似机构批准财务报告对外报出的日期。如果批准报出日与实际报出日又发生了资产负债表日后事项，影响财务报告对外公布日期的，应当以董事会，或经理（厂长）会议或类似机构再次批准财务报告对外公布的日期为截止日期。

三、资产负债表日后事项的内容

"资产负债表日后事项"中的"事项",是指资产负债表至财务报告批准报出日之间发生的"需要调整"和"需要说明的事项",并不是指发生的所有事项。可以对资产负债表日后期间发生的事项归为三类。

第一类是企业经营过程中的正常业务。这些业务也是在这一期间发生,但这些事项的发生不足以影响会计信息使用者对企业财务状况做出正确判断和决策。如企业的日常销售业务、购买材料、计提折旧等。

第二类是资产负债表日后发生的,会影响财务报告使用者对企业财务状况和经营成果做出正确判断和决策的事项。如企业对其他企业提供的巨额担保、发行股票和债券等。

第三类是在资产负债表日后期间发生,但是可以为资产负债表日存在状况提供进一步的证据,据此可以重新判定企业资产负债表日的存在状况,可以为企业信息使用者提供更真实可用的信息。如企业未决诉讼在资产负债表日后期间得以结案确定,资产负债表日后发现财务报表舞弊和差错等。

上述三类事项是企业在资产负债表日后期间会发生的所有事项。第一类与第二类事项的相同点在于是新发生的事项,与资产负债表日企业的存在状况无关,因此,在会计处理上只是按照企业日常业务的确认计量方法进行确认计量即可。二者的不同在于,第二类的重要程度和对财务报表使用者的影响程度远远大于第一类,因此在会计披露上对两者的处理不同,应对第二类事项在报告年度的财务报告附注中予以披露。

上述分类中的第二类和第三类事项就是会计准则中规定的"非调整事项"和"调整事项"。两者的相同点在于都具有"重要性"特征,被称为"期后事项"。但是前者属于新发生的事项、后者是与资产负债表日存在状况有关的事项,两者的会计处理原则是不同的。前者只需要在会计报表附注中进行披露,而后者需要做调整分录,并相应调整资产负债表日的数据。

四、调整事项

调整事项是资产负债表日至财务报告批准报出日之间发生的,对资产负债表日已存在的情况提供进一步的证据,会直接影响报告期财务报表状况的事项。所以,发生调整事项时需要调整尚未报出的财务报表。

资产负债表日后发生的调整事项,应当分别对以下情况进行账务处理。

一是涉及损益的事项,通过"以前年度损益调整"账户核算。调整增加以前年度收益或调减以前年度损失的事项，以及调整减少的所得税，记入"以前年度损益调整"贷方；调整减少以前年度收益或调增以前年度损失的事项，以及调整增加的所得税，记入"以前年度损益调整"借方。"以前年度损益调整"账户的贷方或借方余额，转入"利润分配——未分配利润"账户。

二是涉及利润分配调整的事项，直接在"利润分配——未分配利润"账户核算（董事会批准的利润分配方案分配的利润除外）。

三是不涉及损益及利润分配的事项，仅调整相关科目即可。

四是上述会计处理后，应同时调整会计报表相关项目的数字，包括资产负债表日编制的会计报表相关项目的数字，也包括当期编制的一些会计报表的年初数，以及会计报表附注有关项目的数字。

【例22-1】甲公司和乙公司于2022年签订了一项供销合同，合同中规定甲公司在2021年10月内向乙公司提供一批物资。但是甲公司未能按照合同发货，致使乙公司发生重大经济损失55万元。乙公司通过运用法律程序要求甲公司赔偿经济损失55万元，该诉讼案件在2022年12月31日尚未结案。甲公司确认了40万元的预计负债并将该项赔偿款在2022年度的会计报表中进行了反映；乙公司未记录应收赔偿款。2023年2月22日，经法院一审判决，甲公司需要赔付乙公司经济损失50万元，甲公司不再上诉，支付了赔偿款。两企业均已进行了纳税申报。

上述例子中甲公司已经确认了预计负债，其确认预计负债的会计分录为：

借：营业外支出　　　　　　　　　　　　　　　400 000
　　贷：预计负债　　　　　　　　　　　　　　　　400 000

而按照《企业会计准则第13号——或有事项》的规定，乙公司不应当确认或有资产。对此调整事项的会计处理为：

甲公司：

①记录支付的赔偿款，并将企业的或有负债确定为一项真实负债。

借：以前年度损益调整——调整营业外支出　　　100 000
　　贷：其他应付款　　　　　　　　　　　　　　　100 000
借：预计负债　　　　　　　　　　　　　　　　400 000
　　贷：其他应付款　　　　　　　　　　　　　　　400 000

支付赔款：

借：其他应付款　　　　　　　　　　　　　　　500 000
　　贷：银行存款　　　　　　　　　　　　　　　　500 000

②调整应交所得税。

该企业已完成纳税申报,故将此事项对上期所得税的影响额于本期调整。根据新的会计准则对所得税的处理规定,做会计分录如下:

借:递延所得税资产　　　　　　　　　　　　25 000
　　贷:以前年度损益调整　　　　　　　　　　　　25 000

③将"以前年度损益调整"科目余额转入"利润分配——未分配利润"。

借:利润分配——未分配利润　　　　　　　　75 000
　　贷:以前年度损益调整　　　　　　　　　　　　75 000

④调整利润分配有关数字。

借:盈余公积　　　　　　　　　　　　　　　11 250
　　贷:利润分配——未分配利润　　　　　　　　　11 250

⑤调整报告年度2022年会计报表相关项目的数字。

其一,资产负债表项目的调整:

调增递延所得税资产2.5万元;调增应付及预收款项50万元;调减预计负债40万元;调减盈余公积1.125万元,调减未分配利润6.375万元。

其二,利润及利润分配表项目的调整:

调增营业成本10万元;调减所得税2.5万元;调减提取法定盈余公积0.75万元;调减提取法定公益金0.375万元;调减"未分配利润"6.375万元。

其三,所有者权益变动表项目的调整:

调减提取法定盈余公积0.75万元;调减提取法定公益金0.375万元;调减"未分配利润"6.375万元。

⑥调整2022年3月资产负债表相关项目的年初数。

乙公司:

①核算已收到的赔偿款。

借:其他应收款　　　　　　　　　　　　　500 000
　　贷:以前年度损益调整——调整营业外收入　　500 000
借:银行存款　　　　　　　　　　　　　　500 000
　　贷:其他应收款　　　　　　　　　　　　　　500 000

②调整所得税费用。

该企业已完成纳税申报,故将此事项对上期所得税的影响额于本期调整。根据新的会计准则对所得税的处理规定,做会计分录如下:

借:以前年度损益调整　　　　　　　　　　125 000
　　贷:递延所得税负债　　　　　　　　　　　　125 000

③将"以前年度损益调整"科目余额转入利润分配。

借：以前年度损益调整　　　　　　　　　　　　375 000
　　贷：利润分配——未分配利润　　　　　　　　　　375 000

④调整利润分配有关数字。

借：利润分配——未分配利润　　　　　　　　　　56 250
　　贷：盈余公积　　　　　　　　　　　　　　　　　56 250

⑤调整报告年度会计报表相关项目的数字。

其一，资产负债表相关项目的调整：

调增应收及预付款项 50 万元；调增递延所得税负债 12.5 万元；调增盈余公积 5.625 万元；调增未分配利润 31.875 万元。

其二，利润表及利润分配表项目的调整：

调增营业收入 50 万元；调增所得税费用 12.5 万元；调增提取法定盈余公积 3.75 万元，调增提取法定公益金 1.875 万元；调增未分配利润 31.875 万元。

其三，所有者权益变动表的调整：

调增提取法定盈余公积 3.75 万元；调增提取法定公益金 1.875 万元；调增未分配利润 31.875 万元。

⑥调整 2022 年 3 月资产负债表相关项目的年初数。

五、非调整事项

非调整事项，是指资产负债表日以后才发生或存在的事项，不影响资产负债表日的存在状况，所以不需要对资产负债表日编制的会计报表进行调整。但由于此类事项事关重大，如不加以说明将会影响财务报告的使用者做出正确估计和决策。非调整事项具有以下特点：(1) 资产负债表日并未发生或存在，完全是期后才发生的事项；(2) 对理解和分析财务报告具有重大影响。

资产负债表日后发生的非调整事项，应当在会计报表附注中说明事项的性质、内容，该事项对企业财务状况、经营结果的影响；如无法做出估计，应当说明无法估计的理由。

【例 22 - 2】A 公司应收 B 公司一笔货款，在 2022 年 12 月 31 日结账时，B 公司经营状况良好，没有任何财务困难的迹象。但在 2023 年 1 月 20 日，B 公司突发一场火灾，烧毁了全部厂房、设备和存货，无法偿还 A 公司的账款。对这一事项，完全是资产负债表日后才发生的，与资产负债表日的资产、负债和所有者权益的存在状况无关，应作为非调整事项。

【例 22 - 3】A 公司 2022 年度财务报告于 2023 年 3 月 20 日由董事会批准

对外公布，该公司于 2023 年 3 月 1 日与 B 公司及其股东签订了收购 B 公司 80% 股权的协议并能控制 B 公司，2023 年 3 月 15 日该收购协议经董事会批准。收购 B 公司股权的事项发生于 2023 年度，并在 A 公司 2022 年度财务报告未批准对外公布的期间内。收购 B 公司股权的事项在 2022 年 12 月 31 日资产负债表日尚未发生，即在资产负债表日不存在收购 B 公司的事项，与资产负债表日存在的状况无关。但是，收购 B 公司股权并将其作为子公司，属于重大事项，将会影响以后期间的财务状况和经营成果，因此，该事项属于非调整事项。

【例 22-4】甲公司欠乙公司货款 100 万元，按合同规定，甲公司应当于 2022 年 1 月 10 日还清所有货款，但甲公司因为财务状况不良未按期偿付。双方谈判不成，乙公司于 2022 年 2 月 20 日将甲公司告上法庭。2022 年 4 月 10 日法庭宣布裁决结果。甲公司的财务报告批准日是在 2022 年 4 月 25 日。在这一例子中无论是甲公司还是乙公司都应当作为非调整事项，在 2021 年的会计报表附注中进行披露。

第二节　资产负债表日后事项的会计与税法差异

一、非调整事项

（一）非调整事项的会计处理

在会计处理上，企业发生的资产负债表日后非调整事项，不应当调整资产负债表日的财务报表。企业发生的资产负债表日后非调整事项，通常包括下列各项：（一）资产负债表日后发生重大诉讼、仲裁、承诺。（二）资产负债表日后资产价格、税收政策、外汇汇率发生重大变化。（三）资产负债表日后因自然灾害导致资产发生重大损失。（四）资产负债表日后发行股票和债券以及其他巨额举债。（五）资产负债表日后资本公积转增资本。（六）资产负债表日后发生巨额亏损。（七）资产负债表日后发生企业合并或处置子公司。（八）资产负债表日后，企业利润分配方案中拟分配的以及经审议批准宣告发放的股利或利润。

（二）非调整事项的税法处理

在税法处理上，因为企业发生的资产负债表日后非调整事项，不调整资产负债表日的财务报表，对纳税年度应纳税所得额的计算不产生影响，企业只要根据会计处理的结果，依照税法规定计算应纳税所得额并进行纳税调整即可。

二、调整事项

（一）调整事项的会计处理

在会计处理上，企业发生的资产负债表日后调整事项，应当调整资产负债表日的财务报表。企业发生的资产负债表日后调整事项，通常包括下列各项：资产负债表日后诉讼案件结案，法院判决证实了企业在资产负债表日已经存在现时义务，需要调整原先确认的与该诉讼案件相关的预计负债，或确认一项新负债；资产负债表日后取得确凿证据，表明某项资产在资产负债表日发生了减值或者需要调整该项资产原先确认的减值金额，资产负债表日后进一步确定了资产负债表日前购入资产的成本或售出资产的收入；资产负债表日后发现了财务报表舞弊或差错。

例如，企业在资产负债表日以前发生正常销售业务，由于种种原因在资产负债表日至年度财务报告批准上报日之间发生的销货退回，基本调整思路是：做与发生正常销售业务时相反的会计处理。在具体调整时，涉及损益类账户的通过以前年度损益调整账户调整；涉及利润分配中的提取盈余公积的直接通过未分配利润账户调整。会计处理程序基本上可以分为以下四个部分：（1）冲销收入、成本与减值损失；（2）调整所得税；（3）将以前年度损益调整转入未分配利润账户；（4）调整盈余公积。

另外，由于资产负债表日后事项形成影响数性质不同，所以在具体调整所得税时，调整账户也有所不同。

（二）调整事项的税法处理

在税法处理上，企业发生的资产负债表日后调整事项，在调整资产负债表日的财务报表后，如果是在所得税汇算清缴期内尚未办理纳税申报的，应按调整后的会计处理依照税法规定计算应纳税所得额，如果是在所得税汇算清缴期内已办理纳税申报的，应重新按调整后的会计处理依照税法规定计算应纳税所得额，办理变更纳税申报；如果是在所得税汇算清缴期后已汇算清缴的，所涉及的应纳所得税调整，应作为本年度（即财务报告年度或纳税年度的次年）的纳税调整。

资产负债表日前购入资产的成本或者售出资产的收入未确定，或售出的存货发生退回，可能涉及应交所得税，处理时要区分所得税汇算清缴前和所得税汇算清缴后两种情况。如果所得税汇算清缴发生于报告年度财务报告批准报出日之前，对于所得税汇算清缴时涉及的需调整报告年度所得税费用的，应通过"以前年度损益调整"科目进行会计核算并调整报告年度会计报表相关项目的期末数；如果所得税汇算清缴发生于报告年度财务报告批准报出日之后，对于所得税汇算清缴时涉及的需调整报告年度所得税费用的，应通过"以前年度损益调整"科目进行核算并相应调整本年度会计报表相关项目的期初数。

【例22-5】2021年11月A公司销售给B公司一批产品，售价25 000元（不含向购买方收取的增值税），成本20 000元。货款于当年12月31日尚未收到。2021年12月25日A公司接到B公司通知，B公司在验收物资时，发现该批产品存在严重的质量问题需要退货。A公司希望通过与B公司协商解决办法。A公司在12月31日编制资产负债表时，将该应收账款28 250元（包括向购买方收取的增值税额）列示于资产负债表的"应收账款"项目内，公司按应收账款的5%计提坏账准备。2022年2月10日双方协商未成，A公司收到B公司的通知，该批产品已经全部退回。A公司于2022年2月15日收到退回的产品以及购货方退回的增值税专用发票的发票联和抵扣联。该批物资增值税税率为13%，A公司为增值税一般纳税人，不考虑其他税费因素。A公司财务报告批准报出日均为次年4月30日，资产负债日计算的税前利润等于按所得税法规定计算的应纳税所得额。公司按净利润的10%提取法定盈余公积，之后不再分配（见表22-1）。

表22-1　　　　　　　税会差异分析

会计处理	税收处理	税会差异分析
（1）若在2月收到退货		
将库存商品和应收账款冲回，同时将销售收入与销售成本之间的差额作为以前年度（2021年）损益的调整项目	必须调整当期损益，在销售退回实际发生的当期（2022年）确认应纳税所得额	作为以前年度（2021年）损益的调整项目，当期（2022年）确认应纳税所得额，存在税会差异
（2）若在5月（报告批准日后）收到退货		
记入2022年的会计报表	必须调整当期损益，在销售退回实际发生的当期（2022年）确认应纳税所得额	不存在税会差异

当资产负债表日后资产发生了报废、毁损、坏账，或发生永久性、实质性损害时，此时会计处理中转销的财产损失或全额计提的资产减值准备能否

在税前扣除，需要看年终所得税汇算清缴是否结束。如已结束，则不能追溯调整会计报告期所对应纳税难度的税前扣除金额，也不能要求退还报告期所得税额，资产损失的金额在最终实际发生的本年度做税前扣除。如果所得税汇算清缴尚未结束，则资产损失金额可以作为报告期所对应纳税年度的税前扣除项目，但税法规定需要报经主管税务机关审核批准的财产损失在汇算清缴期内未报经批准的，则不得做税前扣除。客观原因或税务机关原因等导致的滞后审批，待批准后再做抵退税款处理。

【例22-6】C公司在2022年年末积压了一批原材料，价格为500 000元，在2022年12月31日计提了30%的存货跌价准备。2023年4月5日，该批原材料所供生产的产品停产，在市场上已丧失了使用价值和转让价值，且原材料因积压时间过长已超过保质期，全部报废。C公司财务报告批准报出日为4月15日，计提盈余公积的比例为10%。

显然，上述事项属于资产负债表日后事项，C公司结转存货报废损失为415 000元，调整的会计处理如下：此时，假定C公司2022年度所得税汇算清缴工作尚未结束，资产负债表日后事项未做调整前的2022年度会计利润为1 000 000元，无其他纳税调整事项。C公司原先按税法规定未将损货跌价准备在税前扣除，所计算的应纳税所得额为1 150 000元，所得税费用及应交所得税为287 500元。现C公司向主管税务机关提起财产损失扣除申请并获批准，则非但原先提取的30%存货跌价准备可在税前扣除，资产负债表日后调增的另70%的财产损失也可在税前扣除。重新计算的应纳税所得额为585 000元，所得税费用及应交所得税为146 250元，在原先计算结果的基础上调减141 250元，正好为税前扣除财产损失565 000元所对应的所得税额（见表22-2）。

表22-2　　　　　　　　　税会差异分析

会计处理	税收处理	税会差异分析
（1）若2022年度所得税汇算清缴未结束		
2022年12月31日资产负债表中"存货"减少350 000元，"应交税费"减少76 250元，"盈余公积"减少27 375元，"未分配利润"减少246 375元。2022年度利润表中"管理费用"增加415 000元，"所得税"减少141 250元，"营业利润"和"利润总额"减少273 750元	财产损失因故未报经主管税务机关批准，则在资产负债表日后结转的财产损失415 000元及原先提取的30%的存货跌价准备金均不得在税前扣除，原先计算出的所得税费用及应交所得税287 500元保持不变，将"以前年度损益调整"账户的415 000元直接转入利润分配，并调整利润分配的有关数字	"营业利润"和"利润总额"减少273 750元，原先计算出的所得税费用及应交所得税287 500元保持不变，存在税会差异

续表

会计处理	税收处理	税会差异分析
（2）若 2022 年度所得税汇算清缴已结束		
2022 年 12 月 31 日资产负债表中"存货"减少 350 000 元，"应交税费"增加 65 000 元，"盈余公积"减少 415 000 元，"未分配利润"减少 373 500 元。2022 年度利润表中"管理费用"增加 415 000 元，"营业利润"和"利润总额"减少 415 000 元	在资产负债表日后结转的财产损失 415 000 元不得在 2022 年度税前追溯扣除，原先提取的 30% 的存货跌价准备也不得在税前扣除。财产损失 565 000 元可作为 2023 年实际发生的金额，在 2023 年度所得税汇算清缴前向主管税务机关申请扣除，并全额调减 2023 年度应纳税所得额	"营业利润"和"利润总额"减少 415 000 元，应纳税所得额调增 565 000 元，存在税会差异

资产负债表日后调增资产减损金额，会计处理方法一般为补提资产减值。在这种情况表，资产损失金额尚未最终确定，提取的减值准备均为会计估计的结果，那么无论企业是否处于所得税汇算清缴期内，原先计提的资产减值准备及调增的资产减值准备均不得在报告期税前扣除，原先计算的所得税费用及应交所得税保持不变。

三、调整事项的会计与税法差异分析及处理技巧

税法对于调整事项，不确认是否属于重大差异，凡是处理有误的或不合理的，一律进行调整，并入调整当期的所得额。因此，涉及资产负债表日后事项，在申报所得税时需要进行纳税调整，合理区分并确定报告年度和调整年度的应纳税所得额。

（一）确认金额的差异

对于某些调整事项而言，会计调整需要全额确认损益，而税法可能不允许确认所得，或不能全额确认所得。比如长期投资减值准备，在会计上应当全部计入损益，但税法规定，长期投资减值准备不得作为所得税前的扣除项目。再如坏账准备，在会计上可以于计提时全部计入损益，但税法只允许按照不超过年末应收账款余额 0.5% 的比例提取，超过部分不得在所得税前扣除。

（二）确认时间不同

对于某些调整事项，虽然会计准则和税法都允许确认所得或准予扣除，但二者在确认的时间上存在差异。如坏账损失，在会计上可以根据预估的金额提取坏账准备，调整以前年度损益，而现行税法规定，除经税务机关批准，

可以按照每年年末应收账款一定比例提取坏账准备之外，纳税人的坏账损失都应在实际发生时，据实计入发生当期的税前扣除项目。再如销售退回，在会计上应将库存商品和应收账款冲回，同时将销售收入与销售成本之间的差额作为以前年度损益调整项目，税法规定，销售退回必须调整当期损益，在销售退回实际发生的会计期间确认为应纳税所得额。这种时间上的差异也往往会因为不同年度使用不同的所得税税率或所得税减免税政策而最终影响到企业所得税的负担。

（三）确认条件的差异

对于某些调整事项，虽然会计准则和税法都允许确认所得或准予扣除，但二者在确认条件上存在差异。如坏账损失，在会计上可以根据坏账损失的实际发生数和坏账准备的计提数，直接确认损益；而作为所得税前的扣除项目，则必须在扣除前报经税务机关批准。再如销售退回，在会计上可以根据原入账的销售收入和销售成本以及退回货物的验收入库记录，直接做退回处理确认相关损益；而税法要求必须根据购买方退回的原始发票，销售方另开具红字增值税专用发票冲销原来的增值税销项税额，方可退回并冲减应纳增值税额。

本章政策依据

1. 《企业会计准则第 29 号——资产负债表日后事项》
2. 《中华人民共和国企业所得税法》（中华人民共和国主席令第 23 号）
3. 《中华人民共和国企业所得税法实施条例》（中华人民共和国国务院令第 714 号）

第二十三章　关联方披露会计与税法差异

第一节　关联方披露会计与税法差异

我国对于关联交易的规定，主要集中在《企业会计准则第36号——关联方披露》（以下简称"36号准则"）、《中华人民共和国税收征收管理法》及其实施细则、《中华人民共和国企业所得税法》及其实施条例、《国家税务总局关于印发〈特别纳税调整实施办法（试行）〉的通知》（国税发〔2009〕2号，以下简称"《办法》"）《国家税务总局关于完善关联申报和同期资料管理有关事项的公告》（国家税务总局公告2016年第42号，以下简称"42号公告"）、《国家税务总局关于完善预约定价安排管理有关事项的公告》（国家税务总局公告2016年第64号，以下简称"64号公告"）、《国家税务总局关于发布〈特别纳税调查调整及相互协商程序管理办法〉的公告》（国家税务总局公告2017年第6号，以下简称"6号公告"）等财税法规、政策文件中。使得会计与税收在处理上的差异进一步缩小，有利于降低企业计税、征税机关征税的成本，同时也促进了国家的反避税工作。但两者对关联方交易规定的差异仍然存在，主要体现在以下方面：一、关联方关系的界定；二、关联交易的类型；三、同期资料的披露规定；四、影响所得额的关联方交易处理。

一、关联方关系界定对比

（一）会计准则规定

36号准则规定，一方控制、共同控制另一方或对另一方施加重大影响，以及两方或两方以上同受一方控制、共同控制或重大影响的，构成关联方。

具体包括：(1) 该企业的母公司。(2) 该企业的子公司。(3) 与该企业受同一母公司控制的其他企业。(4) 对该企业实施共同控制的投资方。(5) 对该企业施加重大影响的投资方。(6) 该企业的合营企业。(7) 该企业的联营企业。(8) 该企业的主要投资者个人及与其关系密切的家庭成员。主要投资者个人，是指能够控制、共同控制一个企业或者对一个企业施加重大影响的个人投资者。(9) 该企业或其母公司的关键管理人员及与其关系密切的家庭成员。关键管理人员，是指有权力并负责计划、指挥和控制企业活动的人员。与主要投资者个人或关键管理人员关系密切的家庭成员，是指在处理与企业的交易时可能影响该个人或受该个人影响的家庭成员。(10) 该企业主要投资者个人、关键管理人员或与其关系密切的家庭成员控制、共同控制或施加重大影响的其他企业。但将三种情形排除在外：(1) 与该企业发生日常往来的资金提供者、公用事业部门、政府部门和机构。(2) 与该企业发生大量交易而存在经济依存关系的单个客户、供应商、特许商、经销商或代理商。(3) 与该企业共同控制合营企业的合营者。

（二）税法规定

《中华人民共和国税收征收管理法实施细则》（国务院令第 666 号，以下简称"实施细则"）和《中华人民共和国企业所得税法实施条例》（国务院令第 714 号，以下简称"实施条例"）对关联企业规定一致，关联企业，是指有下列关系之一的公司、企业和其他经济组织：(1) 在资金、经营、购销等方面，存在直接或者间接的拥有或者控制关系；(2) 直接或者间接地同为第三者所拥有或者控制；(3) 在利益上具有相关联的其他关系。42 号公告对关联关系作了进一步举例释义，并较为详细地涉及了关联方关系的持股比例控制标准、借贷资金控制标准、高级管理人员控制标准以及其他实质控制的标准等。企业与其他企业、组织或者个人具有下列关系之一的，即为关联企业：(1) 一方直接或者间接持有另一方的股份总和达到 25% 以上；双方直接或者间接同为第三方所持有的股份达到 25% 以上。如果一方通过中间方对另一方间接持有股份，只要其对中间方持股比例达到 25% 以上，则其对另一方的持股比例按照中间方对另一方的持股比例计算。两个以上具有夫妻、直系血亲、兄弟姐妹以及其他抚养、赡养关系的自然人共同持股同一企业，在判定关联关系时持股比例合并计算。(2) 双方存在持股关系或者同为第三方持股，虽持股比例未达到第 (1) 项规定，但双方之间借贷资金总额占任一方实收资本比例达到 50% 以上，或者一方全部借贷资金总额的 10% 以上由另一方担保（与独立金融机构之间的借贷或者担保除外）。借贷资金总额占实收资本比例＝年度加权平均借贷资金÷年度加权平均实收资本，其中，年度加权平均借贷资金＝i 笔借入或者贷出资金账面金额×i 笔借入或者贷出资金年度实际占用天数/365；年度加权平均实收资本＝i 笔实收资本账面金额×i 笔实收资本年度实际占用天数/365；(3) 双方存在持股关系或者同为第三方持股，虽持股比例未达到第 (1) 项规定，但一方的生产经营活动必须由另一方提供专利权、非专利技术、商标权、著作权等特许权才能正常进行。(4) 双方存在持股关系或者同为第三方持股，虽持股比例未达到第 (1) 项规定，但一方的购买、销售、接受劳务、提供劳务等经营活动由另一方控制。上述控制是指一方有权决定另一方的财务和经营政策，并能据以从另一方的经营活动中获取利益。(5) 一方半数以上董事或者半数以上高级管理人员（包括上市公司董事会秘书、经理、副经理、财务负责人和公司章程规定的其他人员）由另一方任命或者委派，或者同时担任另一方的董事或者高级管理人员；或者双方各自半数以上董事或者半数以上高级管理人员同为第三方任命或者委派。(6) 具有夫妻、直系血亲、兄弟姐妹以及其他抚养、赡养关系的两个自然人分别与双方具有本条第 (1) 至第 (5) 项关系之一。(7) 双方在实质上具有其他共同利益（见表 23-1）。

表 23-1　　　　　　　　　　关联方关系界定对比表

	项目	会计	税法
内涵	政策依据	36 号准则第三条	实施细则第五十一条 实施条例第一百零九条
	关联方主体	企业、个人	企业、其他组织或者个人
	对关联方关系的表述	用"控制、共同控制、重大影响"来覆盖关联方关系的含义，并通过对"控制""共同控制""重大影响"的注释将关联方关联关系限定为对企业财务和经营政策的控制或影响	用"资金、经营、购销等方面""直接或者间接""控制关系""利益上相关联的其他关系"等词语来诠释关联方关系

续表

	项目	会计	税法
	政策依据	36号准则第四条、第五条	42号公告第二条
外延	以持股比例为标准	未直接、明确规定	一方直接或者间接持有另一方的股份总和达到25%以上；双方直接或者间接同为第三方所持有的股份达到25%以上
	以借贷资金为标准	未直接、明确规定	双方之间借贷资金总额占任一方实收资本比例达到50%以上，或者一方全部借贷资金总额的10%以上由另一方担保
	以高级管理人员为标准	未直接、明确规定	一方半数以上董事或者半数以上高级管理人员（包括上市公司董事会秘书、经理、副经理、财务负责人和公司章程规定的其他人员）由另一方任命或者委派，或者同时担任另一方的董事或高级管理人员；或者双方各自半数以上董事或者半数以上高级管理人员同为第三方任命或者委派
	其他控制关系	未直接、明确规定	将"特许权""购买、销售、接受劳务、提供劳务等经营活动"的控制，以及具有家族、亲属、抚养、赡养关系、实质上具有其他共同利益纳入了关联方关系

从表23-1可以看出，36号准则没有对关联方关系的持股比例控制标准、高级管理人员控制标准等做出明确规定，主要将关联方关系界定为"控制、共同控制、重大影响"，并将其限定在了对企业财务和经营政策的控制或影响关系上。但根据国际会计惯例，"当一方拥有另一方20%或以上至50%表决权资本时，一般对被投资企业具有重大影响"，由此看来关联方关系在会计中的持股比例控制标准可看作是一方拥有另一方不少于20%的持股比例。另外，42号公告第二条规定的"借贷资金""高级管理人员""特许权""购买、销售、接受劳务、提供劳务等经营活动"的控制，以及具有家族、亲属、抚养、

赡养关系、实质上具有其他共同利益等界定标准，也应当确认为对被投资企业具有重大影响。因此，我们不能单纯地认为36号准则完全没有将借贷资金、高级管理人员、特许权、经营活动等控制标准纳入判别关联方关系的标准之中，但36号准则规定"与企业发生日常往来的资金提供者、公用事业部门、政府部门和机构""与企业发生大量交易而存在经济依存关系的单个客户、供应商、特许商、经销商或代理商""与企业共同控制合营企业的合营者"不属于关联方，将资金借贷、交易、合营等其他可构成实质控制的关系剥离出关联方关系的范畴。相比之下税法对关联方关系的界定较36号准则的相关内容来说，所规定关联方交易的涵盖面更广、控制标准的说明也更为具体，然而，这样的差异给企业财务、税务机关的征纳税都在一定程度上增加了工作量与工作难度，也无疑为存在实质关联方关系的一方或双方提供了逃避这一关系所带来的相关税收义务的温床。

二、关联交易类型规定对比

（一）会计准则规定

根据《企业会计准则36号——关联方披露》的规定，关联方之间转移资源、劳务或义务的行为，而不论是否收取价款均认定为关联方交易。具体包括：(1) 购买或销售商品；(2) 购买或销售除商品以外的其他资产；(3) 提供或接受劳务；(4) 代理；(5) 租赁；(6) 提供资金（包括以现金或实物形式的贷款或权益性资金）；(7) 担保和抵押；(8) 管理方面的合同；(9) 研究与开发项目的转移；(10) 许可协议；(11) 关键管理人员报酬。

（二）税法规定

42号公告规定的关联交易类型及其内容主要包括：(1) 有形资产使用权或者所有权的转让。有形资产包括商品、产品、房屋建筑物、交通工具、机器设备、工具器具等。(2) 金融资产的转让。金融资产包括应收账款、应收票据、其他应收款项、股权投资、债权投资和衍生金融工具形成的资产等。(3) 无形资产使用权或者所有权的转让。无形资产包括专利权、非专利技术、商业秘密、商标权、品牌、客户名单、销售渠道、特许经营权、政府许可、著作权等。(4) 资金融通。资金包括各类长短期借贷资金（含集团资金池）、担保费、各类应计息预付款和延期收付款等。(5) 劳务交易。劳务包括市场调查、营销策划、代理、设计、咨询、行政管理、技术服务、合约研发、维修、法律服务、财务管理、审计、招聘、培训、集中采购等（见表23-2）。

表 23-2　　　　　　　　　　关联交易类型规定对比表

关联交易		会计	税法
定义		关联方之间转移资源、劳务或义务的行为，而不论是否收取价款均认定为关联方交易	无
类型	研究与开发项目的转移	有规定	无规定
	关键管理人员薪酬	有规定	无规定

从表 23-2 可以看出，36 号准则将"研究与开发项目的转移""关键管理人员薪酬"纳入了关联交易的类型之中，但税法没有对这两种情形做出规定。

三、信息披露的规定对比

《企业会计准则 36 号——关联方披露》和 42 号公告分别对企业关联交易的资料管理、信息披露做了会计与税法层面上的规定（见表 23-3）。

表 23-3　　　　　　　　　　信息披露的规定对比表

	项目	会计	税法
主体文档	主体	无	年度发生跨境关联交易，且合并该企业财务报表的最终控股企业所属企业集团已准备主体文档；年度关联交易总额超过 10 亿元的企业
	组织架构	无	以图表形式说明企业集团的全球组织架构、股权结构和所有成员实体的地理分布。成员实体是指企业集团内任一营运实体，包括公司制企业、合伙企业和常设机构等
	企业集团业务	无	1. 企业集团业务描述，包括利润的重要价值贡献因素。 2. 企业集团营业收入前五位以及占营业收入超过 5% 的产品或者劳务的供应链及其主要市场地域分布情况。供应链情况可以采用图表形式进行说明。 3. 企业集团除研发外的重要关联劳务及简要说明，说明内容包括主要劳务提供方提供劳务的胜任能力、分配劳务成本以及确定关联劳务价格的转让定价政策。 4. 企业集团内各成员实体主要价值贡献分析，包括执行的关键功能、承担的重大风险以及使用的重要资产。 5. 企业集团会计年度内发生的业务重组，产业结构调整，集团内企业功能、风险或者资产的转移。 6. 企业集团会计年度内发生的企业法律形式改变、债务重组、股权收购、资产收购、合并、分立等

续表

	项目	会计	税法
主体文档	无形资产	无	1. 企业集团开发、应用无形资产及确定无形资产所有权归属的整体战略,包括主要研发机构所在地和研发管理活动发生地及其主要功能、风险、资产和人员情况。 2. 企业集团对转让定价安排有显著影响的无形资产或者无形资产组合,以及对应的无形资产所有权人。 3. 企业集团内各成员实体与其关联方的无形资产重要协议清单,重要协议包括成本分摊协议、主要研发服务协议和许可协议等。 4. 企业集团内与研发活动及无形资产相关的转让定价政策。 5. 企业集团会计年度内重要无形资产所有权和使用权关联转让情况,包括转让涉及的企业、国家以及转让价格等
主体文档	融资活动	无	1. 企业集团内部各关联方之间的融资安排以及与非关联方的主要融资安排。 2. 企业集团内提供集中融资功能的成员实体情况,包括其注册地和实际管理机构所在地。 3. 企业集团内部各关联方之间融资安排的总体转让定价政策
主体文档	财务与税务状况	无	1. 企业集团最近一个会计年度的合并财务报表。 2. 企业集团内各成员实体签订的单边预约定价安排、双边预约定价安排以及涉及国家之间所得分配的其他税收裁定的清单及简要说明。 3. 报送国别报告的企业名称及其所在地
本地文档	主体	无	有形资产所有权转让金额(来料加工业务按照年度进出口报关价格计算)超过2亿元;金融资产转让金额超过1亿元;无形资产所有权转让金额超过1亿元;其他关联交易金额合计超过4 000万元的企业

续表

项目		会计	税法
本地文档	企业概况	无	1. 组织结构，包括企业各职能部门的设置、职责范围和雇员数量等。 2. 管理架构，包括企业各级管理层的汇报对象以及汇报对象主要办公所在地等。 3. 业务描述，包括企业所属行业的发展概况、产业政策、行业限制等影响企业和行业的主要经济和法律问题，主要竞争者等。 4. 经营策略，包括企业各部门、各环节的业务流程，运营模式，价值贡献因素等。 5. 财务数据，包括企业不同类型业务及产品的收入、成本、费用及利润。 6. 涉及本企业或者对本企业产生影响的重组或者无形资产转让情况，以及对本企业的影响分析
	关联关系	1. 母公司和子公司的名称。母公司不是该企业最终控制方的，还应当披露最终控制方名称。母公司和最终控制方均不对外提供财务报表的，还应当披露母公司之上与其相近的对外提供财务报表的母公司名称。 2. 母公司和子公司的业务性质、注册地、注册资本（或实收资本、股本）及其变化。 3. 母公司对该企业或者该企业对子公司的持股比例和表决权比例	1. 关联方信息，包括直接或者间接拥有企业股权的关联方，以及与企业发生交易的关联方，内容涵盖关联方名称、法定代表人、高级管理人员的构成情况、注册地址、实际经营地址，以及关联个人的姓名、国籍、居住地等情况。 2. 上述关联方适用的具有所得税性质的税种、税率及相应可享受的税收优惠。 3. 本会计年度内，企业关联关系的变化情况

续表

	项目	会计	税法
本地文档	关联交易	关联方关系的性质、交易类型及交易要素。交易要素至少应当包括： 1. 交易的金额。 2. 未结算项目的金额、条款和条件，以及有关提供或取得担保的信息。 3. 未结算应收项目的坏账准备金额	1. 关联交易概况。 （1）关联交易描述和明细，包括关联交易相关合同或者协议副本及其执行情况的说明，交易标的的特性，关联交易的类型、参与方、时间、金额、结算货币、交易条件、贸易形式，以及关联交易与非关联交易业务的异同等。 （2）关联交易流程，包括关联交易的信息流、物流和资金流，与非关联交易业务流程的异同。 （3）功能风险描述，包括企业及其关联方在各类关联交易中执行的功能、承担的风险和使用的资产。 （4）交易定价影响要素，包括关联交易涉及的无形资产及其影响，成本节约、市场溢价等地域特殊因素。地域特殊因素应从劳动力成本、环境成本、市场规模、市场竞争程度、消费者购买力、商品或者劳务的可替代性、政府管制等方面进行分析。 （5）关联交易数据，包括各关联方、各类关联交易涉及的交易金额。分别披露关联交易和非关联交易的收入、成本、费用和利润，不能直接归集的，按照合理比例划分，并说明该划分比例的依据。 2. 价值链分析。 （1）企业集团内业务流、物流和资金流，包括商品、劳务或者其他交易标的从设计、开发、生产制造、营销、销售、交货、结算、消费、售后服务、循环利用等各环节及其参与方。 （2）上述各环节参与方最近会计年度的财务报表。 （3）地域特殊因素对企业创造价值贡献的计量及其归属。 （4）企业集团利润在全球价值链条中的分配原则和分配结果。 3. 对外投资。 （1）对外投资基本信息，包括对外投资项目的投资地区、金额、主营业务及战略规划。 （2）对外投资项目概况，包括对外投资项目的股权架构、组织结构，高级管理人员的雇佣方式，项目决策权限的归属。 （3）对外投资项目数据，包括对外投资项目的营运数据。

续表

项目		会计	税法
本地文档			4. 关联股权转让。 （1）股权转让概况，包括转让背景、参与方、时间、价格、支付方式，以及影响股权转让的其他因素。 （2）股权转让标的的相关信息，包括股权转让标的所在地，出让方获取该股权的时间、方式和成本，股权转让收益等信息。 （3）尽职调查报告或者资产评估报告等与股权转让相关的其他信息。 5. 关联劳务。 （1）关联劳务概况，包括劳务提供方和接受方，劳务的具体内容、特性、开展方式、定价原则、支付形式，以及劳务发生后各方受益情况等。 （2）劳务成本费用的归集方法、项目、金额、分配标准、计算过程及结果等。 （3）企业及其所属企业集团与非关联方存在相同或者类似劳务交易的，还应当详细说明关联劳务与非关联劳务在定价原则和交易结果上的异同。 6. 与企业关联交易直接相关的，中国以外其他国家税务主管当局签订的预约定价安排和做出的其他税收裁定
	可比性分析	无	1. 可比性分析考虑的因素，包括交易资产或者劳务特性，交易各方功能、风险和资产、合同条款、经济环境、经营策略等。 2. 可比企业执行的功能、承担的风险以及使用的资产等相关信息。 3. 可比对象搜索方法、信息来源、选择条件及理由。 4. 所选取的内部或者外部可比非受控交易信息和可比企业的财务信息。 5. 可比数据的差异调整及理由
	转让定价方法的选择和使用	无	1. 被测试方的选择及理由。 2. 转让定价方法的选用及理由，无论选择何种转让定价方法，均须说明企业对集团整体利润或者剩余利润所做的贡献。 3. 确定可比非关联交易价格或者利润的过程中所做的假设和判断。

续表

	项目	会计	税法
本地文档			4. 运用合理的转让定价方法和可比性分析结果，确定可比非关联交易价格或者利润。 5. 其他支持所选用转让定价方法的资料。 6. 关联交易定价是否符合独立交易原则的分析及结论
特殊事项文档	成本分摊协议	无	1. 成本分摊协议副本。 2. 各参与方之间达成的为实施成本分摊协议的其他协议。 3. 非参与方使用协议成果的情况、支付的金额和形式，以及支付金额在参与方之间的分配方式。 4. 本年度成本分摊协议的参与方加入或者退出的情况，包括加入或者退出的参与方名称、所在国家和关联关系，加入支付或者退出补偿的金额及形式。 5. 成本分摊协议的变更或者终止情况，包括变更或者终止的原因、对已形成协议成果的处理或者分配。 6. 本年度按照成本分摊协议发生的成本总额及构成情况。 7. 本年度各参与方成本分摊的情况，包括成本支付的金额、形式和对象，做出或者接受补偿支付的金额、形式和对象。 8. 本年度协议预期收益与实际收益的比较以及由此做出的调整。 9. 预期收益的计算，包括计量参数的选取、计算方法和改变理由
	资本弱化	无	1. 企业偿债能力和举债能力分析。 2. 企业集团举债能力及融资结构情况分析。 3. 企业注册资本等权益投资的变动情况说明。 4. 关联债权投资的性质、目的及取得时的市场状况。 5. 关联债权投资的货币种类、金额、利率、期限及融资条件。 6. 非关联方是否能够并且愿意接受上述融资条件、融资金额及利率。 7. 企业为取得债权性投资而提供的抵押品情况及条件。 8. 担保人状况及担保条件。 9. 同类同期贷款的利率情况及融资条件。 10. 可转换公司债券的转换条件。 11. 其他能够证明符合独立交易原则的资料

四、关联方业务往来处理对比

会计准则与税法对关联方业务往来的处理存在一些差异，而这些差异大多会对企业利润以及纳税所得额等重要指标的计算产生影响。

(一) 关联方交易的账面价值确定问题

1. 会计准则规定

会计秉承实质重于形式原则，一般以交易价格确认收入，这样就给企业以一定的操纵利润的空间，而关联方之间实际交易价格超过确认为收入的部分，可按其差价计入资本公积。

2. 税法规定

6号公告规定，税务机关应当在可比性分析的基础上，选择合理的转让定价方法，对企业关联交易进行分析评估。转让定价方法包括可比非受控价格法、再销售价格法、成本加成法、交易净利润法、利润分割法及其他符合独立交易原则的方法。

(二) 关联方借款利息的税前扣除问题

1. 会计准则规定

《企业会计准则第17号——借款费用》第二条规定，企业发生的借款费用，可直接归属于符合资本化条件的资产的购建或者生产的，应当予以资本化，计入相关资产成本，其他借款费用，应当在发生时根据其发生额确认为费用，计入当期损益，而对于关联方之间的借款利息扣除并没有其他专门的限制规定。

2. 税法规定

按照《中华人民共和国企业所得税法》（中华人民共和国主席令第23号，以下简称"所得税法"）第四十六条规定，企业从其关联方接受的债权性投资与权益性投资的比例超过规定标准而发生的利息支出，不得在计算应纳税所得额时扣除；根据《办法》第八十五条对其做了详细的补充说明，所得税法第四十六条所称不得在计算应纳税所得额时扣除的利息支出应按"不得扣除利息支出＝年度实际支付的全部关联方利息×（1－标准比例÷关联债资比例）"公式计算，标准比例根据《财政部 国家税务总局关于企业关联方利息支出税前扣除标准有关税收政策问题的通知》（财税〔2008〕121号，以下简称"财税〔2008〕121号文"）的规定，企业实际支付给关联方的利息支出，其接受关联方债权性投资与其权益性投资比例为：金融企业为5∶1，其他企业为2∶1；按照《国家税务总局关于企业向自然人借款的利息支出企业所得税前扣除问题的通知》（国税函〔2009〕777号）的规定，企业向股东或其他与企业有关联关系的自然人借款的利息支出，按照所得税法第四十六条和财税〔2008〕121号文的规定计算企业所得税扣除额，而企业向股东和有关联关系的自然人以外的内部职工或其他人员借款的利息支出，其借款情况同时符合（1）企业与个人之间的借贷是真实、合法、有效的，并且不具有非法集资目的或其他违反法律、法规的行为；（2）企业与个人之间签订了借款合同条件的，其利息支出在不超过按照金融企业同期同类贷款利率计算的数额的部分准予扣除；同时，按照42号公告第十五条规定，企业关联债资比例超过标准比例需要说明符合独立交易原则的，应当准备资本弱化特殊事项文档。

（三）关联方之间债务、费用的承担问题

1. 会计准则规定

关联方之间一方为另一方承担债务的，承担方应按所承担的债务，计入营业外支出（承担关联方债务）；被承担方应按承担方实际承担的债务，计入资本公积（关联交易差价）。如果关联方之间一方为另一方承担费用的，若这些费用是被承担方经营活动所必需的支出，被承担方收到承担方支付的款项，计入资本公积（关联交易差价）；若承担方直接将承担的费用支付给其他单位的，被承担方应按承担方实际支付的金额，计入资本公积（关联交易差价）。承担方承担的费用，直接计入当期营业外支出（承担关联方费用）。

被承担方应按承担方实际承担的债务或费用，记入资本公积（关联交易价差）这种处理是能够如实反映的内容及特点。但是，关联方之间一方为另一方承担债务或费用的，承担方应按承担的债务或费用记入营业外支出（承担关联方债务），应当重新考虑，处理方法应改变如下：（1）关联方是上市公司的子公司时，关联方之间一方为另一方承担债务或费用的，承担方应按承担的债务或费用记入营业外支出（承担关联方债务）。（2）关联方是上市公司的母公司或同受一个公司的控制或共同控制时，关联方之间一方为另一方承担债务或费用的，承担方应按承担的债务或费用作为对母公司的利润分配。（3）关联方是上市公司的董事、监事、高层管理人员的关系形成的关联方，关联方之间一方为另一方承担债务或费用的，承担方应按承担的债务或费用作为对董事、监事、高层管理人员的报酬支付或形成债权。

2. 税法规定

税法处理为承担方将所承担的债务费用记入"其他各项支出"，不得在税前扣除；被承担方将其计入捐赠收入（非公益性），并按所得额缴纳所得税。此外，《办法》第七章对"成本分摊协议管理"做了详细规定与说明，其第七十五条规定企业与其关联方签署成本分摊协议，有"不具有合理商业目的和经济实质""不符合独立交易原则""不符合独立交易原则""没有遵循成本与收益配比原则"等所示情形之一的，其自行分摊的成本不得税前扣除。

（四）关联方应收账款处理问题

1. 会计准则规定

《财政部关于印发〈企业会计制度〉的通知》（财会〔2000〕25号）第五十三条规定："除有确凿证据表明该项应收款项不能够收回或收回的可能性不大外（如债务单位已撤销、破产、资不抵债、现金流量严重不足、发生严重的自然灾害等导致停产而在短时间内无法偿付债务等，以及3年以上的应收款项），下列各种情况不能全额计提坏账准备：（一）当年发生的应收款项；（二）计划对应收款项进行重组；（三）与关联方发生的应收款项；（四）其他已逾期，但无确凿证据表明不能收回的应收款项。"也就是说，会计对于关联方之间发生的应收账款的处理为有确凿证据表明该项应收款项不能够收回或收回的可能性不大的，可全额计提坏账准备；否则，不可全额计提坏账准备，但并没有完全限制关联方之间往来账款提取坏账准备金。

2. 税法规定

《企业资产损失所得税税前扣除管理办法》（国家税务总局公告2011年第25号）第四十五条规定："企业按独立交易原则向关联企业转让资产而发生的损失，或向关联企业提供借款、担保而形成的债权损失，准予扣除，但企业应作专项说明，同时出具中介机构出具的专项报告及其相关的证明材料。"（见表23-4）。

表23-4　　　　　　　　关联方业务往来处理对比表

		会计	税法
账面价值的确定	原则	实质重于形式原则	独立交易原则
	金额	可按实际交易价格确认收入或费用	按照独立企业之间的业务往来收取的价款或支付的费用入账，否则将调整其应纳税额

续表

		会计	税法
借款利息的税前扣除		企业发生的借款费用，可直接归属于符合资本化条件的资产的购建或者生产的，应当予以资本化，计入相关资产成本，其他借款费用，应当在发生时根据其发生额确认为费用，计入当期损益	规定企业从其关联方接受的债权性投资与权益性投资的比例超过规定标准（金额企业：5∶1；其他企业：2∶1）而发生的利息支出，不得在计算应纳税所得额时扣除；企业向除股东或其他与企业有关联关系的自然人以外的内部职工或其他人员借款的利息支出，其借款情况符合条件的，其利息支出在不超过按照金融企业同期同类贷款利息计算的数额的部分准予扣除；但当企业关联方债权性投资超过规定比例后，准予在一定条件下，超过部分的利息支出仍能获得税前抵扣
承担债务、费用的处理	债务承担	关联方之间一方为另一方承担债务的，承担方应按所承担的债务，计入营业外支出（承担关联方债务）；被承担方应按承担方实际承担的债务，计入资本公积（关联交易差价）	承担方将所承担的债务费用计入"其他各项支出"，不得在税前扣除；被承担方将其计入捐赠收入（非公益性），并按所得额缴纳所得税
	费用承担	若这些费用是被承担方经营活动所必需的支出，被承担方收到承担方支付的款项，计入资本公积（关联交易差价）；若承担方直接将承担的费用支付给其他单位，被承担方应按承担方实际支付的金额，计入资本公积（关联交易差价）。承担方承担的费用，直接计入当期营业外支出（承担关联方费用）	

续表

		会计	税法
应收账款的处理	有确凿证据	允许全额计提坏账准备金	企业按独立交易原则向关联企业转让资产而发生的损失，或向关联企业提供借款、担保而形成的债权损失，准予扣除，但企业应作专项说明，同时出具中介机构出具的专项报告及其相关的证明材料
	无确凿证据	不得全额计提坏账准备金	

第二节 特别纳税调整

2009年1月8日，《办法》正式出台，对反避税操作管理进行了全面规范。随着《办法》的发布实施，我国已经形成了较全面的反避税法律框架和管理指南，为税务机关执法和纳税人遵从提供了法律依据。

特别纳税调整，也被称为反避税。特别纳税调整是针对"一般纳税调整"而言的，是税务机关出于实施反避税目的而对纳税人特定纳税事项所做的税收调整，包括针对纳税人转让定价、资本弱化、受控外国公司及其他避税情形而进行的税收调整。更通俗地讲，一般纳税调整是基于企业的日常经营，而特别纳税调整则是基于企业存在关联交易，违背独立交易原则的"特别情况"。与我们常说的"反避税"比较而言，他们在本质上是一样的，只是"反避税"是一个通俗化、中国化的说法，而"特别纳税调整"则是一个专业化、国际化的说法。独立交易原则是指没有关联关系的交易各方，按照公平成交价格和营业常规进行业务往来遵循的原则，即完全独立的无关联关系的企业或者个人，依据市场条件下所采用的计价标准或者价格来处理其相互之间的收入和费用分配的原则。

一、特别纳税调整的基本逻辑

税务合规仅仅是关联交易决策的考量因素之一，关联交易是否公平、独立并不一定会损害中国税收利益。并且，市场交易以经济利益为焦点，关联交易的公平性、独立性本身不具有独立价值。因此，我国特别纳税调整的关注焦点是关联交易有无导致中国税收利益损失。

（一）无损中国税收利益不调整

只要关联交易没有直接或者间接导致国家整体总体税收收入的减少，税务机关原则上不做特别纳税调整。该原则在《办法》第三十条、《国家税务总局关于2008年反避税工作情况的通报》（国税函〔2009〕106号）第二条第三款、财税〔2008〕121号文第二条、6号公告第三十八条中均有体现。上述条款规定，实际税负相同的境内关联方之间的交易，只要该交易没有直接或者间接导致国家总体税收收入的减少，原则上不做特别纳税调整。

（二）有损中国税收利益有权调整

无论避税的具体形式如何，只要不公平的关联交易损害了中国税收利益，税务机关均有权作特别纳税调整。尤其针对跨境避税行为，《一般反避税管理办法（试行）》（国家税务总局令第32号）第四条和第五条赋予了税务机关实施特别纳税调整的一般性权力。

对于跨境关联交易，即使跨国企业集团整体税负因为不公平关联交易整体税负增加，但只要导致向中国政府负有的纳税义务减少，中国税务机关也有权依法采取特别纳税调整措施。例如，A跨国企业是诞生于甲国的一家非上市家族企业，该家族有着强烈的爱国主义情怀，转让定价以向甲国分配更多税基为宗旨。尽管甲国税率高于25%，转让定价并非出于避税考虑，但客观上损害了中国税收利益，因此我国的转让定价条款并未排除此种情形下的特别纳税调整权力。

（三）避税行为具有合法性

因为不存在少计、隐瞒收入，虚列成本费用等逃税行为，纳税义务的履行符合交易的法律事实，符合相关税收法律法规，利用关联交易等实施的避税行为具有合法性。根据信赖利益原则，税法规定对基于特别纳税调整补缴的税款，不加收滞纳金，而加收税收利息，利息率按照同期中国人民银行人民币贷款基准利率加5个百分点计算。

鉴于当前税法并未规定不合规披露关联交易的法律后果，税法又规定按照有关规定提供同期资料及有关资料的，或者按照有关规定不需要准备同期资料但根据税务机关要求提供其他相关资料的，可以只按照基准利率加收利息，通过正向激励间接规定了违规披露的法律后果。

二、分级披露制度

消除信息不对称是有效税收征管的前提，由于会计规定的披露信息难以满足税收征管需要，且披露义务的法律强制性不足，因此税法规定了纳税人对关联交易的分级披露义务，关联交易尤其是跨境关联交易年度金额越大，披露要求越高。42 号公告对此作了详尽规定。

（一）关联业务往来报告

实行查账征收的居民企业和在中国境内设立机构、场所并据实申报缴纳企业所得税的非居民企业，无论关联交易金额多少，向税务机关报送年度企业所得税纳税申报表时，均应当就其与关联方之间的业务往来进行关联申报，附送《中华人民共和国企业年度关联业务往来报告表》。该表主要披露关联关系，以及区分交易类型（有形资产、无形资产、金融资产转让，提供劳务等）、区分境内和境外等，报告统计关联交易的绝对金额和相对占比。

企业与其他企业、组织或者个人具有下列关系之一的，构成关联关系：

（1）一方直接或者间接持有另一方的股份总和达到 25% 以上；双方直接或者间接同为第三方所持有的股份达到 25% 以上。如果一方通过中间方对另一方间接持有股份，只要其对中间方持股比例达到 25% 以上，则其对另一方的持股比例按照中间方对另一方的持股比例计算。两个以上具有夫妻、直系血亲、兄弟姐妹以及其他抚养、赡养关系的自然人共同持股同一企业，在判定关联关系时持股比例合并计算。

（2）双方存在持股关系或者同为第三方持股，虽持股比例未达到本条第（一）项规定，但双方之间借贷资金总额占任一方实收资本比例达到 50% 以上，或者一方全部借贷资金总额的 10% 以上由另一方担保（与独立金融机构之间的借贷或者担保除外）。

借贷资金总额占实收资本比例 = 年度加权平均借贷资金 ÷ 年度加权平均实收资本，其中：

年度加权平均借贷资金 = i 笔借入或者贷出资金账面金额 × i 笔借入或者贷出资金年度实际占用天数 ÷ 365

年度加权平均实收资本 = i 笔实收资本账面金额 × i 笔实收资本年度实际占用天数 ÷ 365

（3）双方存在持股关系或者同为第三方持股，虽持股比例未达到本条第（一）项规定，但一方的生产经营活动必须由另一方提供专利权、非专利技术、商标权、著作权等特许权才能正常进行。

（4）双方存在持股关系或者同为第三方持股，虽持股比例未达到本条第（一）项规定，但一方的购买、销售、接受劳务、提供劳务等经营活动由另一方控制。上述控制是指一方有权决定另一方的财务和经营政策，并能据以从另一方的经营活动中获取利益。

（5）一方半数以上董事或者半数以上高级管理人员（包括上市公司董事会秘书、经理、副经理、财务负责人和公司章程规定的其他人员）由另一方任命或者委派，或者同时担任另一方的董事或者高级管理人员；或者双方各自半数以上董事或者半数以上高级管理人员同为第三方任命或者委派。

（6）具有夫妻、直系血亲、兄弟姐妹以及其他抚养、赡养关系的两个自然人分别与双方具有第（1）至第（5）项关系之一。

（7）双方在实质上具有其他共同利益。

仅因国家持股或者由国有资产管理部门委派董事、高级管理人员而存在第（1）至第（5）项关系的，不构成关联关系。

（二）同期资料

同期资料包括主体文档、本地文档和特殊事项文档。

主体文档主要披露最终控股企业所属企业集团的全球业务整体情况，包括组织架构、企业集团业务、无形资产、融资活动、财务与税务状况。符合下列条件之一的企业，应当准备主体文档：（1）年度发生跨境关联交易，且合并该企业财务报表的最终控股企业所属企业集团已准备主体文档；（2）年度关联交易总额超过10亿元。

本地文档主要披露企业关联交易的详细信息，包括企业概况、关联关系、关联交易、可比性分析、转让定价方法的选择和使用。年度关联交易金额符合下列条件之一的企业，应当准备本地文档：（1）有形资产所有权转让金额（来料加工业务按照年度进出口报关价格计算）超过2亿元；（2）金融资产转让金额超过1亿元；（3）无形资产所有权转让金额超过1亿元；（4）其他关联交易金额合计超过4 000万元。

特殊事项文档包括成本分摊协议特殊事项文档和资本弱化特殊事项文档。企业签订或者执行成本分摊协议的，应当准备成本分摊协议特殊事项文档。企业关联债资比例超过标准比例需要说明符合独立交易原则的，应当准备资本弱化特殊事项文档。

企业仅与境内关联方发生关联交易的，可以不准备主体文档、本地文档和特殊事项文档。企业执行预约定价安排的，可以不准备预约定价安排涉及关联交易的本地文档和特殊事项文档，且关联交易金额不计入本地文档准备义务条款中的关联交易金额范围。

（三）国别报告

国别报告是BEPS第13项行动计划《转让定价文档和国别报告》中的一

项重要内容，42号公告是对该项行动计划的国内法转化。国别报告主要披露最终控股企业所属跨国企业集团所有成员实体的全球所得、税收和业务活动的国别分布情况。国别报告属于税收情报交换的对象，税务机关可以按照我国对外签订的协定、协议或者安排实施国别报告的信息交换。

存在下列情形之一的居民企业，应当在报送年度关联业务往来报告表时，填报国别报告：（1）该居民企业为跨国企业集团的最终控股企业，且其上一会计年度合并财务报表中的各类收入金额合计超过55亿元；（2）该居民企业被跨国企业集团指定为国别报告的报送企业；（3）最终控股企业为中国居民企业的跨国企业集团，其信息涉及国家安全的，可以按照国家有关规定，豁免填报部分或者全部国别报告。

如果居民企业所属跨国企业集团按照其他国家有关规定应当准备国别报告，且符合下列条件之一的，税务机关可以在实施特别纳税调查时要求企业提供国别报告：（1）跨国企业集团未向任何国家提供国别报告（2）虽然跨国企业集团已向其他国家提供国别报告，但我国与该国尚未建立国别报告信息交换机制；（3）虽然跨国企业集团已向其他国家提供国别报告，且我国与该国已建立国别报告信息交换机制，但国别报告实际未成功交换至我国。

三、特别纳税调整

特别纳税调整制度的内容包括税务机关对企业的转让定价、预约定价安排、成本分摊协议、受控外国企业、资本弱化以及一般反避税等特别纳税调整事项的管理。

（一）转让定价管理

《办法》第三条规定，转让定价管理是指税务机关按照所得税法第六章和征管法第三十六条的有关规定，对企业与其关联方之间的业务往来（以下简称关联交易）是否符合独立交易原则进行审核评估和调查调整等工作的总称。转让定价管理的核心是关联交易定价是否符合独立交易原则，以及是否因此损害中国税收利益。

如果企业实际税负高于境内关联方税负，税务机关可以对该企业进行转让定价调查调整，但为了避免各地之间开展转让定价相应调整谈判，应按照该企业与其关联方的实际税负差补税，关联方不退税；对于跨境关联交易的转让定价调整，为了避免调整带来的重复征税问题，企业应根据税收协定中关联企业条款予以解决。

需要注意的是，实际税负的比较不能简单地理解为税负率的比较。例如，一方享受项目所得减免优惠，而关联交易又不涉及减免项目的，尽管最终来看两者实际税负不同，但就关联交易部分的实际税负而言，两者是相同的，因此不应作转让定价调整。

此外，关于地方税收返还是否应纳入实际税负的计算问题，有观点认为地方税收返还属于地方财政纪律问题，应通过严肃财政纪律予以解决，而非通过税法予以规范。笔者认为上述观点符合立法原理，但鉴于地方财政返还问题当前非常突出，严格税法规定，多管齐下并无大碍。

（二）预约定价安排

《办法》第四条规定，预约定价安排管理是指税务机关按照所得税法第四十二条和征管法实施细则第五十三条的规定，对企业提出的未来年度关联交易的定价原则和计算方法进行审核评估，并与企业协商达成预约定价安排等工作的总称。

实务中，各方交易的条款不尽相同，并且在全球化分工下可能集团内某一成员企业的交易全部为关联交易，缺乏作可比性分析的样本，因此转让定价是否符合独立交易原则更多地依赖于个人主观判断，企业面临极大的税务不确定性风险。为此，我国引入了国际税收中的预约定价制度，即税务机关和纳税人预先就转让定价签订协议，只要纳税人的转让定价符合协议规定，税务机关应当予以认可。

（三）成本分摊协议

《办法》第五条规定，成本分摊协议管理是指税务机关按照所得税法第四十一条第二款的规定，对企业与其关联方签署的成本分摊协议是否符合独立交易原则进行审核评估和调查调整等工作的总称。成本分协议管理的核心问题，同样属于转让定价范畴。

（四）受控外国企业管理

《办法》第六条规定，受控外国企业管理是指税务机关按照所得税法第四十五条的规定，对受控外国企业不作利润分配或减少分配进行审核评估和调查，并对归属于中国居民企业所得进行调整等工作的总称。受控外国企业是指由居民企业，或者由居民企业和居民个人控制的设立在实际税负低于所得税法第四条第一款规定税率水平50%的国家（地区），并非出于合理经营需要对利润不作分配或减少分配的外国企业。

当然，为了避免重复征税，税法又规定计入中国居民企业股东当期所得已在境外缴纳的企业所得税税款，可按照所得税法或税收协定的有关规定抵免。受控外国企业已视同分配征税的，未来实际分配时，不再重复计入中国居民企业股东的当期所得。

（五）向境外关联方支付费用

企业向境外关联方支付费用，若属于预提所得税征收范围的，非居民企业向我国政府负担的实际税负水平低于居民企业，存在税基侵蚀风险；若我国对境外关联方取得的该笔收入不具有课税权的（如发生在境外劳务服务），税基侵蚀风险更为突出。因此，6号公告对居民企业向境外关联方支付费用的税前扣除问题做了规定。

居民企业向境外关联方支付费用的特别纳税调整，其要义包括：一是受益性原则，如果居民企业并未从付费中获得经济利益，税务机关可以按照已税前扣除的金额全额实施特别纳税调整；二是独立交易原则，即支付费用的定价应符合转让定价要求；三是特别关注无形资产交易。例如税法规定企业向仅拥有无形资产所有权而未对其价值创造做出贡献的关联方支付特许权使用费，不符合独立交易原则的，税务机关可以按照已税前扣除的金额全额实施特别纳税调整；例如又规定，企业以融资上市为主要目的在境外成立控股公司或者融资公司，仅因融资上市活动所产生的附带利益向境外关联方支付特许权使用费，不符合独立交易原则的，税务机关可以按照已税前扣除的金额全额实施特别纳税调整。

（六）一般反避税

《办法》第八条规定，一般反避税管理是指税务机关按照所得税法第四十七条的规定，对企业实施其他不具有合理商业目的的安排而减少其应纳税收入或所得额进行审核评估和调查调整等工作的总称。

一般反避税只适用于与跨境交易或者支付相关的安排。税务机关应当以具有合理商业目的和经济实质的类似安排为基准，按照实质重于形式的原则实施特别纳税调整。调整方法包括：（1）对安排的全部或者部分交易重新定性；（2）在税收上否定交易方的存在，或者将该交易方与其他交易方视为同一实体；（3）对相关所得、扣除、税收优惠、境外税收抵免等重新定性或者在交易各方间重新分配；（4）其他合理方法。

避税安排具有以下特征：（1）以获取税收利益为唯一目的或者主要目的；（2）以形式符合税法规定、但与其经济实质不符的方式获取税收利益。常见的避税安排有间接转让财产以及滥用税收协定。

间接转让中国应税财产，是指非居民企业通过转让直接或间接持有中国应税财产的境外企业（不含境外注册中国居民企业）股权及其他类似权益，产生与直接转让中国应税财产相同或相近实质结果的交易，包括非居民企业重组引起境外企业股东发生变化的情形。非居民企业通过实施不具有合理商业目的的安排，间接转让中国居民企业股权等财产，规避企业所得税纳税义务的，应重新定性该间接转让交易，确认为直接转让中国居民企业股权等财产。

本章政策依据

1. 《企业会计准则第 36 号——关联方披露》
2. 《特别纳税调整实施办法》（国税发〔2009〕2 号）
3. 《财政部 国家税务总局关于企业关联方利息支出税前扣除标准有关税收政策问题的通知》（财税〔2008〕121 号）
4. 《国家税务总局关于 2008 年反避税工作情况的通报》（国税函〔2009〕106 号）
5. 《国家税务总局关于企业向境外关联方支付费用有关企业所得税问题的公告》（国家税务总局公告 2015 年第 16 号）
6. 《国家税务总局关于发布〈特别纳税调查调整及相互协商程序管理办法〉的公告》（国家税务总局公告 2017 年第 6 号）

后 记

"企业会计准则"与"税法"分属于不同的法律、法规和政策规范,这导致决定两者在企业涉税业务的处理过程中不可避免地存在差异。为适应社会主义市场经济发展变化的新情况,"企业会计准则"与"税法"及具体政策规定也越来越丰富,从而两者之间的关系也变得较为复杂。不断细化规范、变革发展的企业会计准则和税收法规,使得两者的差异日益明显,对财务会计工作者的专业知识和技能水平提出了更高的要求,也相应增加了企业会计核算和税务管理工作的成本,同时也增加了税务机关工作人员税收征管的工作难度。因此,无论是企业财务会计人员、会计及税务中介机构的执业人员,还是税务机关的工作人员都应当充分认识会计准则与税法差异存在的原因,正确理解交易或事项的会计概念和税法概念以及相互之间的差异,并全面掌握相关交易或事项会计处理和税法处理的方法,以确保涉税事项会计处理和税务处理的正确与规范。

本书根据《企业会计准则》和税收法规编写,是一本旨在为企业财务会计人员、会计及税务中介机构的执业人员、税务机关工作人员以及相关教学工作者解决会计准则和税法差异问题的实用指导书。本书针对会计准则和税法中的差异问题,就存货、长期股权投资、投资性房地产、固定资产、无形资产、非货币性资产交换、资产减值、应付职工薪酬、股份支付、债务重组、或有事项、收入、政府补助、借款费用、所得税、企业合并、租赁、金融工具确认和计量、金融资产转移、会计政策、会计估计变更和差错更正、资产负债表日后事项、合营安排、关联方披露等这些具体项目的会计处理和税法处理中的差异情况,运用丰富示例、政策依据进行详细的分析与讲解,兼具理论性和实操性,不仅可以作为高校财会类专业教材,供广大师生阅读参考,而且可以作为专业读物,供企业各级财务会计人员、会计及税务中介机构执业人员、税务机关的工作人员学习参考,以指导实务工作。

本书的出版得到了中国财政经济出版社的大力支持,在编写过程中也得到了身边工作人员的大力支持与协助,在此一并表示诚挚的感谢!

徐珺婷
2023 年 1 月于杭州